编委会名单

主编　赵增强　陈国良　安文成

编委　陈树平　周红玲　向青滕

齐　霁　任一寰

我们的入学照

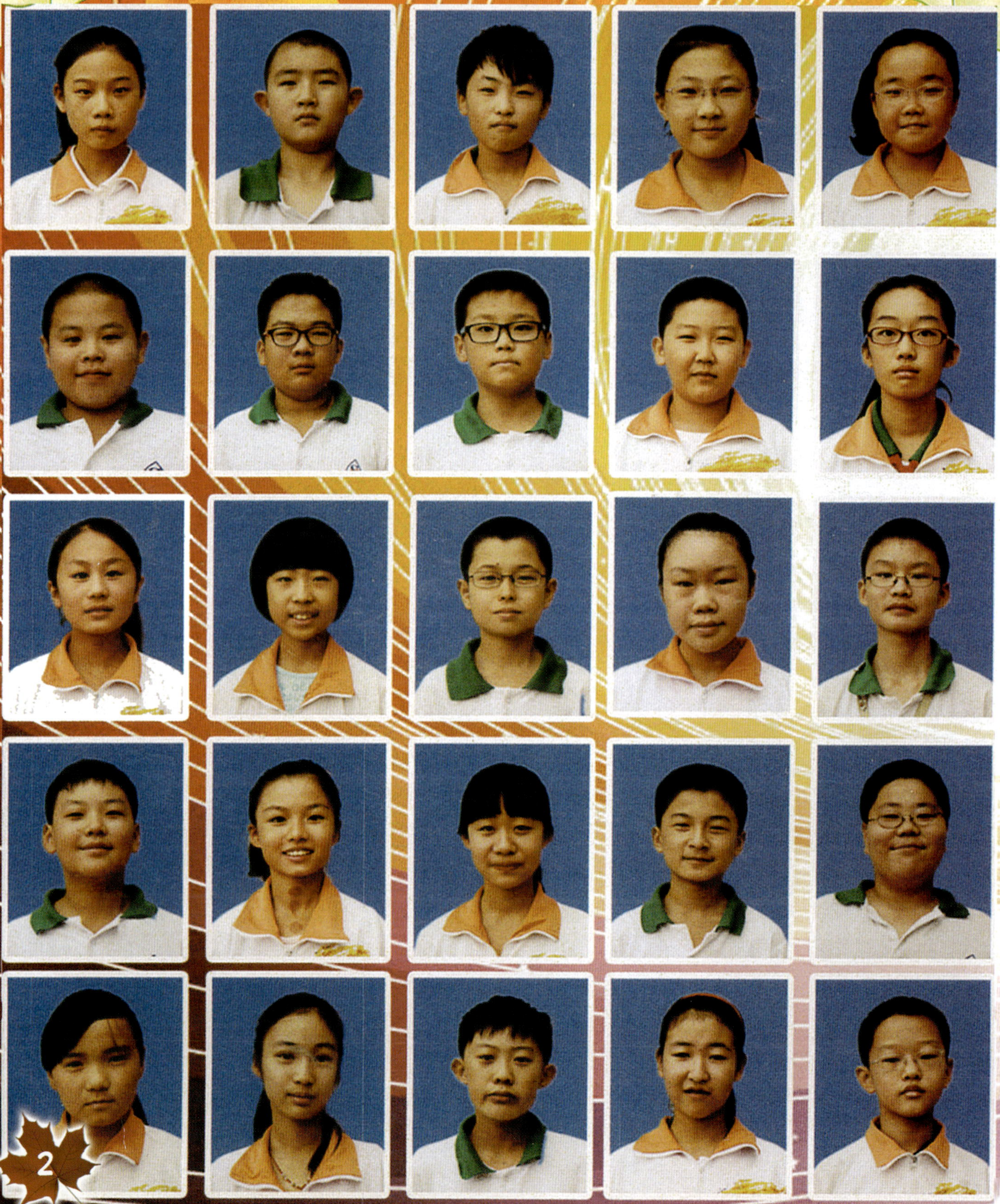

九班精神

九班是朵“向阳花”，我们将“向阳花”的三个特质作为我九班之精神：

1 充满阳光，积极向上；
2 团结一心，亲密无间；
3 谦虚低调，不骄不躁。

九班班徽

寓意：

班徽整体像一朵绚烂的向阳花，象征着九班像向阳花一样，向着太阳，向着成功不断迸发。

花盘中间的“九”和“力”融为一体，象征着九班同学齐心协力，把团结作为前进路上最大的动力！

班徽整体还像一个太阳，中间有一轮弯月，日月同辉，喻示着九班的明天越来越美好！

九班班训

勤能补拙 天道酬勤

九班日常行为指南

守时 有序 高效 到位

九班，每一天闪亮

（九班班歌）

1=C 4/4

汉字英雄

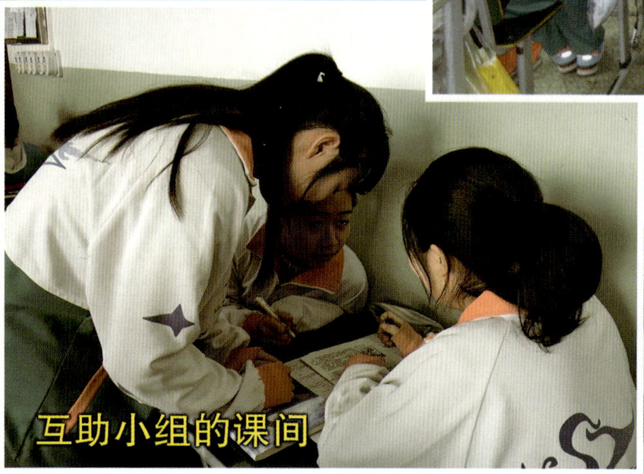
互助小组的课间

劳技课

与外教老师合影

九班因我而精彩 我在九班我骄傲

激情四射

行为规范小记录员

草根榜样座谈会

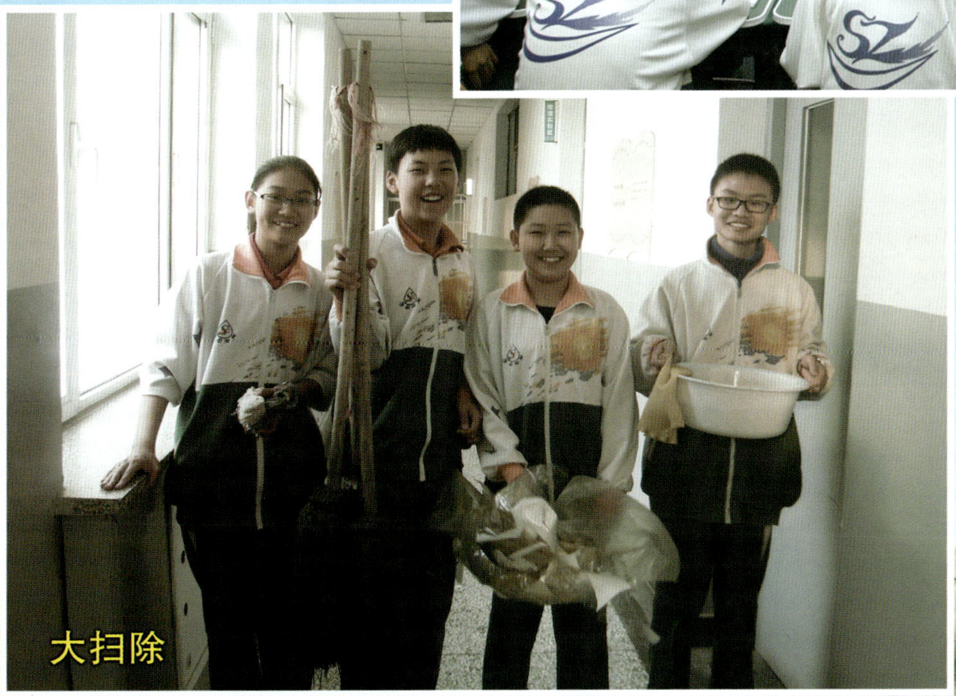
大扫除

大合唱

模拟法庭

模拟法庭

情系大山捐赠仪式

九班因我而精彩 我在九班我骄傲

义卖

慰问扶助对象

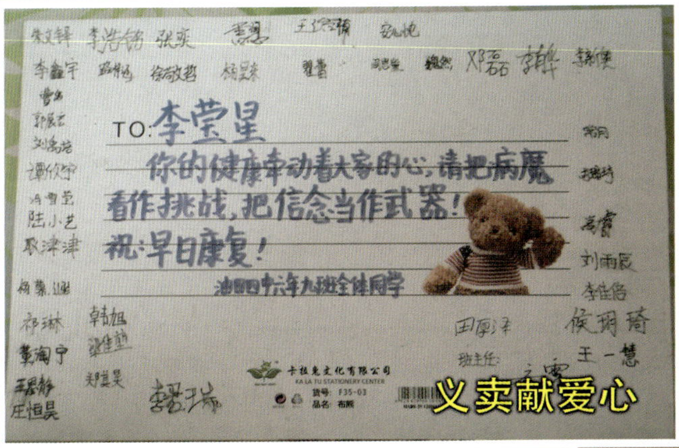

义卖献爱心

班长组织策划班会

师哥师姐取经会

大课间跑步

跳绳比赛

课间操

运动会

九班因我而精彩 我在九班我骄傲

军训

农家院

薰衣草庄园

雾灵西峰漂流

志愿者活动

北京TIP训练营

北京TIP训练营

天津武清绿博园采风

九班因我而精彩　我在九班我骄傲

班主任陈老师

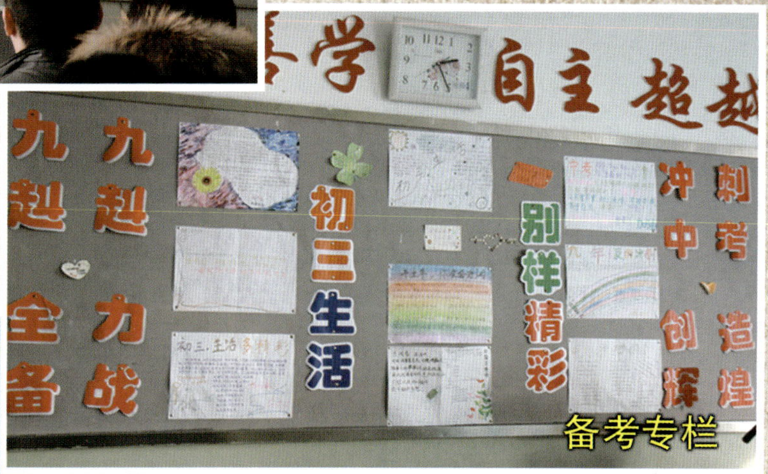

备考专栏

学生代表发言

誓师大会

9班

荣誉榜

奖状

七年九班

在 2013-2014 学年度油田四中七年级庆六一跳绳比赛中获一等奖。

天津市滨海新区大港油田第四中学

二〇一四年五月

奖状

八年九班

在 2015 年学校田径运动会中，荣获八年级团体总分第一名

特颁此证，以资鼓励！

天津市滨海新区大港油田第四中学

2015 年 4 月 29 日

奖状

八年九班

在 2015 年学校春季运动会中，被评为精神文明班级。

特颁此证，以资鼓励！

天津市滨海新区大港油田第四中学

2015 年 4 月 29 日

奖状

八年九班：

在“文明礼仪.行为规范”班级展示活动中，被评为一等奖。

班主任：陈树平

天津市滨海新区大港油田第四中学

二〇一四年九月

奖状

七年九班：

在 2013-2014 学年度被评为校级三好班集体。

班主任：陈树平

天津市滨海新区大港油田第四中学

二〇一四年四月

荣誉证书

八年九班：

在 2015 年油田四中首届心理短剧大赛中，获得二等奖。

班主任：陈树平

天津市滨海新区大港油田第四中学

二〇一五年六月

9班

荣誉榜

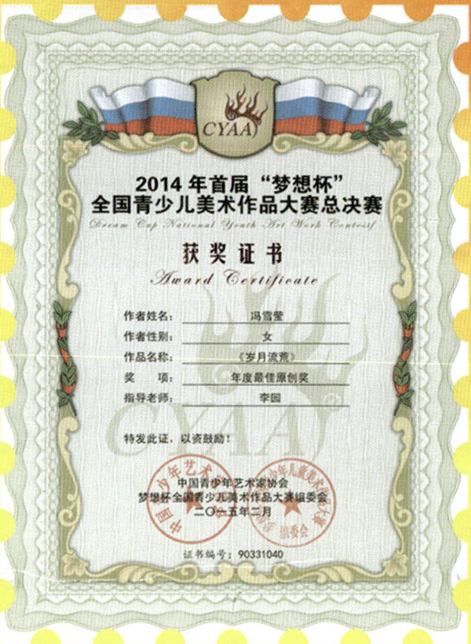

2014 年首届“梦想杯”
全国青少儿美术作品大赛总决赛
Dream Cup National Youth Art Work Contest

获奖证书
Award Certificate

作者姓名：冯雪莹
作者性别：女
作品名称：《岁月流荒》
奖　　项：年度最佳原创奖
指导老师：李园

特发此证，以资鼓励！

中国青少年艺术家协会
梦想杯全国青少儿美术作品大赛组委会
二〇一五年二月

证书编号：90331040

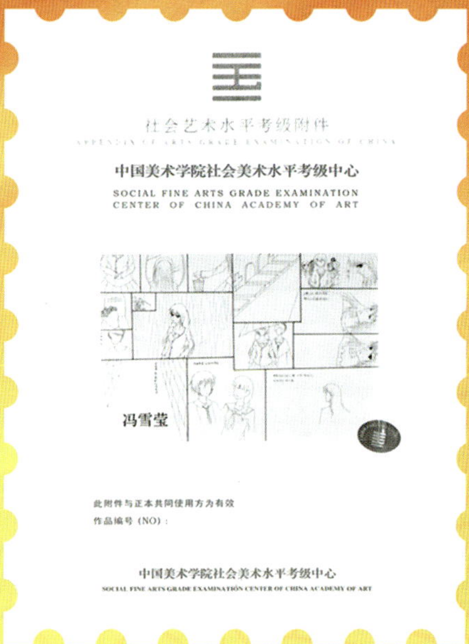

社会艺术水平考级附件

中国美术学院社会美术水平考级中心
SOCIAL FINE ARTS GRADE EXAMINATION
CENTER OF CHINA ACADEMY OF ART

冯雪莹

此附件与正本共同使用方为有效
作品编号（NO）：

中国美术学院社会美术水平考级中心
SOCIAL FINE ARTS GRADE EXAMINATION CENTER OF CHINA ACADEMY OF ART

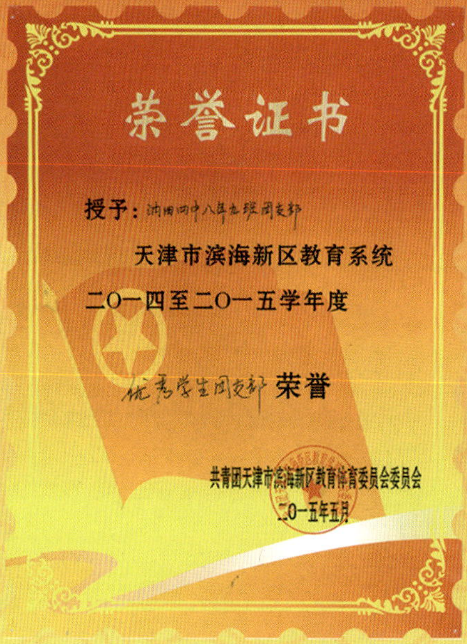

荣誉证书

授予：油田四中八年九班团支部
天津市滨海新区教育系统
二〇一四至二〇一五学年度
优秀学生团支部 荣誉

共青团天津市滨海新区教育体育委员会委员会
二〇一五年五月

奖状

天津市滨海新区
大港油田第四中学八年九班在二零一五 年度社会实践
活动中成绩优异，被评为优秀班集体。

荣誉证书

八年九班：
被评为 2014—2015 学年度大港油田第四中学三好班集体。

班主任：陈树平

天津市滨海新区大港油田第四中学
二〇一五年四月

9班

荣誉榜

获奖证书

第九届七彩阳光2014全国青少年才艺展评

The ninth session of the 2014 National Youth Art Exhibition of Colorful sunshine

谭欣宇

你在第九届七彩阳光2014全国青少年才艺展评天津赛区选拔赛中，荣获 少年 组 声乐（独唱）项目 一等 奖。

特颁此证 以资鼓励

The Total Immersion Program

Facilitators and Staff of Educational Services Exchange with China in partnership with Peking University recognize

Cao Yu

For successful course completion of T.I.P. Session 98

Upon this 19th day of August, Two Thousand Fifteen.

120 hours of English immersion

10-minute successful speech delivery using English

荣誉证书

谭欣宇

祝贺你在荣膺参加第九届"和谐春晚·全国青少年才艺电视展演"活动中，荣获 葫芦丝 类 金 奖。

望再接再厉，取得更好的成绩。

特颁此证

2015年2月清华大学

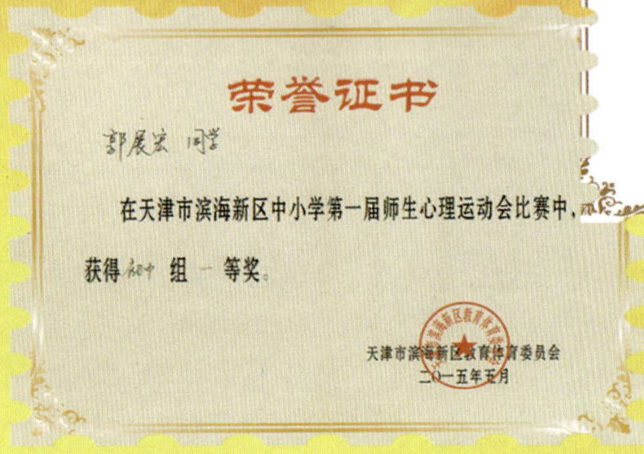
荣誉证书

郭展宏 同学

在天津市滨海新区中小学第一届师生心理运动会比赛中，获得初中组一等奖。

天津市滨海新区教育体育委员会

二〇一五年五月

The Total Immersion Program

Facilitators and Staff of Educational Services Exchange with China in partnership with Peking University recognize

Liu Yupei

For successful course completion of T.I.P. Session 98

Upon this 19th day of August, Two Thousand Fifteen.

120 hours of English immersion

10-minute successful speech delivery using English

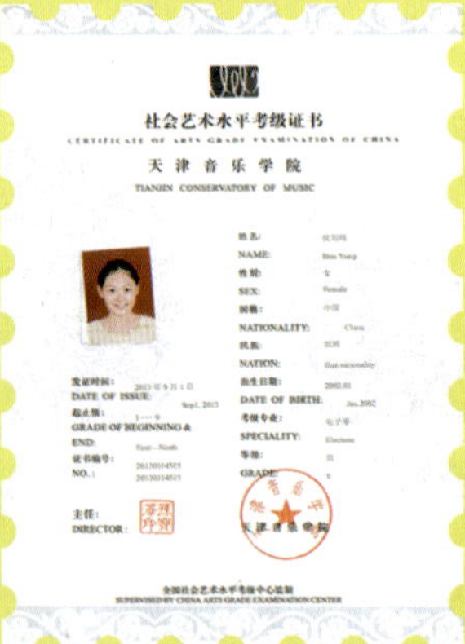
社会艺术水平考级证书

天津音乐学院

TIANJIN CONSERVATORY OF MUSIC

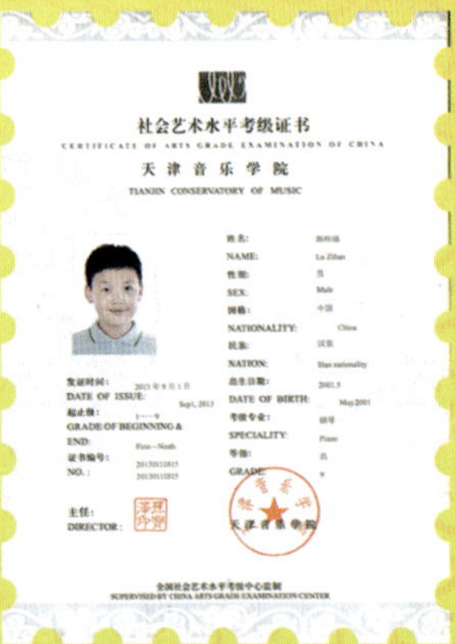
社会艺术水平考级证书

天津音乐学院

TIANJIN CONSERVATORY OF MUSIC

结业证书

CERTIFICATE

获奖证书

天津市学校文艺展演

节目名称：小合唱（集体项目）《太阳出来了》

姓 名：李佳倍

奖 项：贰等奖

时间地点：天津市少年宫 二〇一二年六月

天津市教育委员会

结业证书

CERTIFICATE

天津市滨海新区体育竞赛

获奖证书

天津市滨海新区教育局 天津市滨海新区体育局

天津市滨海新区体育竞赛

获奖证书

天津市滨海新区教育局 天津市滨海新区体育局

天津市滨海新区体育竞赛

获奖证书

九班奇迹背后的故事

JIUBAN QIJI BEIHOU DE GUSHI

——陈树平班级建设思想方法研究

赵增强 陈国良 安文成 主编

天津出版传媒集团
天津教育出版社
TIANJIN EDUCATION PRESS

图书在版编目(CIP)数据

九班奇迹背后的故事:陈树平班级建设思想方法研究／赵增强,陈国良,安文成主编. —天津:天津教育出版社,2017.6
ISBN 978-7-5309-8040-8

Ⅰ.①九… Ⅱ.①赵…②陈…③安… Ⅲ.①班级—建设—研究—中学 Ⅳ.①G632.421

中国版本图书馆CIP数据核字(2017)第075986号

九班奇迹背后的故事——陈树平班级建设思想方法研究
JIUBAN QIJI BEIHOU DE GUSHI—CHENSHUPING BANJI JIANSHE SIXIANG FANGFA YANJIU

出 版 人	刘志刚
作　　者	赵增强　陈国良　安文成
选题策划	徐　彤
责任编辑	颜　歌
装帧设计	郭亚非
出版发行	天津出版传媒集团 天津教育出版社 天津市和平区西康路35号　邮政编码300051 http://www.tjeph.com.cn
印　　刷	天津金彩美术印刷有限公司
版　　次	2017年6月第1版
印　　次	2017年6月第1次印刷
规　　格	16开(890×1240毫米)
字　　数	350千字
插　　页	8
印　　张	18.5
定　　价	49.00元

遵循教育规律　创新班级管理

——《九班奇迹背后的故事》序

《九班奇迹背后的故事》和大家见面了。我有幸成为它的第一读者,享受了先睹为快的“权利”。通读书稿以后,再次为之一振。这本专门介绍班主任工作的书,能够把对“奇迹”的感性认识,升华为对“背后”的理性思考,大概正是这些“故事”的价值所在。

说“再次”为之一振,是因为早在两个多月以前,就认识了这本书的“主人公”——油田四中的陈树平老师;就知道了她带过的两个四年制初中的“九班”,曾经发生了许多感人故事。当时,由于共同参与“十二五”课题,得以见面沟通。乍一看,这位班主任非常朴实;细一听,“九班”的故事真的难以想象。

实话实说,初中教育很难,当初中的班主任更难,当“一般”初中的班主任尤其更难。个中缘由是众所周知的。这些难事儿毫无例外都让陈老师“摊上”了;但是,陈老师又让这些难事儿变成了“奇迹”般的“故事”。如果对陈老师的成果进行一番分析和提炼,总的来说,是专业创新和教育良知已经融为一体;具体地说,可以从四个方面,让大家了解班主任工作“背后”的规律。

其一是迂回策略。“头痛医头,脚痛医脚”的方法虽然直指“患处”,却往往适得其反:你指东他偏向西,学生跟你对着干。陈老师说,“班主任工作,更要讲策略。‘直给’学生不好接受,就‘迂回’到侧面试试。反正你‘靠’不上去,教育就没有效果。”“不是‘静’不下来吗?那就先‘动’起来。”于是,她组织学生开展球赛;带领学生坚持长跑;鼓励学生创编文艺节目;指导学生设计模拟法庭……“九班”同学显现了空前的热情。尤其是那些过去家长管不了、学校管不住的孩子,更是兴奋不已。此时,他们是为自己的“九班”,努力约束个人的行为,纠正各自的缺点。你想,要削减多年的“负面存量”,不努力行吗?同时,他们还为自己的“九班”,主动帮助团队的同伴,维护老师的“权威”。你想,要积累新生的“进步增量”,不主动行吗?陈老师有这样一句“名言”:“班级要想‘活’,学生就要‘动’。”

就是在这些丰富多彩的活动中,大家开始填补着九班的“空白”。夺得了运动会的一块块奖牌,收获了艺术节的一张张奖状。由此而产生的班级凝聚力,自然会传递到学习、生活的各个领域,并形成极大的后发优势。一旦学生形成后发优势,谁也挡不住。在一定意义上,这是通过“迂回策略”凝心聚力,实践证明它真的管用。

其二是网络的作用，在信息技术改变人们的生活、生产方式，促进经济、社会发展的同时，也在影响着学生的成长，很大程度上这也是学校老师和家长焦虑的原因。但是，陈老师看到的却是另一面。她说，“信息技术给咱们带来海量资源，根本没法儿阻止。这是教育机遇，不能因噎废食。”“班主任的思维方式必须跟上时代，不断‘升级’。”于是，她提出了“运用网络思维，创新班级管理”的构想。而且，利用虚拟空间的同时，还把这种思维拓展到现实世界里面，在九班构建了校内、校外紧密合作，学校、家庭、社会三位一体的班级建设网络。不断丰富教育内容，创新教育方式，使网络思维的“互联、互通”机制，得到了充分开发。不管是哪里发生的故事，只要是“正能量”，就会被收入“九班”的资源库，适时而巧妙地被陈老师传播给九班，输送去养分，让孩子尽情地吸收、转化、吐故、纳新，为他们有朝一日绽放出最美的自己浇水施肥。于是，这里网络思维的“共建、共享”新优势，得到了极致发挥。家长与家长聊天，家长约同学谈心，学生同家长交流，家长带同学活动……尽管同学们各自属于不同家庭，但是共同属于九班。正因为如此，看似没有关系的彼此，可以相互介绍经验，也可以消除家校误解；可以聆听孩子倾诉，也可以化解父子“僵局”；可以协助组织活动，也可以亲自“上阵”助威……多难的事儿，到九班也不难。因为，教育资源比比皆是。

谁都知道，假期要是遇上难以逾越的“代沟”，更是难熬。此时，家长想的是，玩儿疯了肯定耽误学习；孩子想的是，假期本来就该玩儿个痛快。家庭矛盾已经放大成社会难题。而在这里，你能看到另一番风光。几个家庭居然能够联合起来，家长、孩子居然能够一起“研讨”……他们分享了亲子活动的幸福，也见证了孩子能力的成长。其中，既有事前设计活动的创意；又有事中落实分工的严谨；更有事后完成学习的自觉。在这里，不可能“跨界”沟通的习惯性，已变成相得益彰的亲和力。用陈老师的话说，“网络思维首先是一种思维，目的是调动一切资源，保证教育效果”。

其三是自主管理。班主任工作成效也取决于班级管理的方式方法。学生是教育活动的主体，在实践中是否能相信他们可以做好这个“主体”，是真正体现“自主”的必要性和操作性的关键。特别是，那些真正意义上的自主“元素”。陈老师成功的一个重要原因，就是把“自主”管理坚持到底。她常说，“班级管理，归根结底是学生自己的事儿，是所有学生的事。千头万绪，你再有本事，也管不过来，更代替不了。”“被信任是学生的一种心理需要。老师不信任学生，就把学生推到了班级的‘对面’。久而久之就成了‘对立面’。”于是，她创立了“双轨制”班级干部机制，欢迎更多的学生参与到班级管理中来。只要表现好、有意愿，就可以申请并被推荐做班干部。这样，逐渐形成一个动态竞争、团队合作、目标统一、互相补充的崭新局面。于是，她创立了“按需求设岗，按优势分工”的班级全员管理机制。学生可以结合自身实际，主动申报工作岗位。每个孩子都能体会到为班集体做贡献的感觉。班级管理机制的有序运行，是由于每个人都全心全意为集体服务，尽心尽力为同学服务。大家的努力，也为班集体的方方面面增光添彩：课堂上，学生主动要求登台讲课；下课后，学生自愿结成互助小组；体育赛事，学生组织选拔队员、安排参赛、编制集锦；文艺联欢，学生自己编写剧本、制作道具、排练演出；卫生检查，学生自己细化标准、组织人员、落实任务；家长会上，学生报告班级情况，提出意见和建议……

在九班，学生自己创作了班歌，设计了班徽；自己创立班级期刊，采编稿件。在九班，一切活动都能发现“奇迹”，都有鲜活故事。老“九班”的幸福回忆，已经编写了三辑——2009年的《军训风采》、2010年的《恰同学少年》和2013年的《风华正茂》。书中，同学们饱含深情地诉说着对母校的热爱和对老师的感恩。《军训风采》有一半内容是用英文撰写，这对于八年级的孩子来说，自信之志可以想见。新“九班”的激情生活，也已编写多册。仅去年一年，就先后编写了《阳光之下跑道之上》《军训感悟》《九班人九班事》和《九班时报》。《九班人九班事》更是述说着孩子们彼此间心中的你我，一个个闪光点被发现、被放大，让孩子们自信满满，每一个学生都有自己是“明星”的感觉。一本本小册子积聚着正能量，诉说着同学情，也让九班凝聚得更为紧密，以至于他们能够做到“聚是一团火，散是满天星”。九班的学生阳光、自信、活力无限。正如陈老师说的，“孩子本身蕴藏着无穷的创造力，这正是他们自主管理的原动力”。

其四是人文关怀。教育应该以人为本，学生需要人文关怀。但是在实践中，能够做到自始至终体现这种先进理念是有各种阻力因素存在的，陈老师对此有独到见解。她说，“失去信心和尊严的孩子，将来难免破罐破摔，对社会危害很大”。“人文关怀首先要在班主任工作中落地生根”。这些年，她一直坚持自己的三个“传统”：接班就和学生一起制订班级四年规划——给予孩子美好未来的期许；经常抓住机会来段儿“老陈讲故事”——针对具体问题进行心理调适；抓住关键“节点”挨家逐一家访——“一对一”落实成长指导。

陈老师认为，班级就像“动车组”，在运行之前，先要让学生知道大方向，再按年度、学期、月份分解为中目标、小目标，大家才会为之奋发努力。而且，每个目标实现以后，班级都会总结庆祝，阶段性的成就激发着持续性的奋进。陈老师认为，十二三岁的孩子，最讨厌的就是没完没了的“絮叨”。所以，她没有说教，也极少批评，给学生讲得最多的是故事。在一个个故事的浸润下，九班的孩子先是目光温和了，举止文明了，说话和气了，接着心胸宽广了，视野开阔了，随之学习也认真刻苦了。就连学生的情感问题，都能在她的精心呵护和耐心引导中，非常平和、理性地解决。陈老师说，“青春期其实很美好，每个孩子都应该珍惜”。陈老师认为，电话、邮件、微信，效率是高了，质量却低了；时间是省了，感情却淡了。家访则大不一样。老师进了门，就像是一家人。大家坐下来、面对面，气氛立刻就热乎了，感觉自然就亲近了。这是电子设备无法取代的效果。所以，越是困难学生、问题学生，她就越是首先家访，甚至不止一次。就这样，班里的“短板”不断加长，班级的建设也更加出彩。

在九班的学生身上，你看不到自卑，也找不到高傲；家长没有怨言，学生没有遗憾；谁都能说出别人的优点，谁都在享受集体的温馨。正如陈老师所说，“学校的人文关怀，是以人为本的具体体现，是咱们教师的社会责任。”

目前，正值大家都在思考新时期班主任工作如何走出艰难的当口儿，陈老师给咱们带来一份可贵的经验。她的这份经验，其实并不神秘。专业创新其实就是一种智慧，教育良知其实就是一种责任。只有这两者发生“反应”，才能出现“奇迹”。

另外，以此为课题研究，立项、调研、设计、实施、总结、验证，环环相扣、事事落实，是一个发现问题、分析问题、解决问题的过程。但是，这个课题真的有些与众不同。一是，选题比较独到；二是，将经验转化为成果。同样，陈老师在实践的过程中，非常需要更加专业的教育科研理论作为支撑，并以此为纲完善实践。可以说，双方的结合促进了实践的深化过程。

这些创新，无论是陈老师的思想和方法，还是课题组的研究和归纳，在一定意义上，都是在揭示现代学校班级建设的一些基本规律。真的需要思考，也真的值得借鉴。

刘长兴

注：刘长兴，天津市教育学会学术委员会主任，中国教育学会理事。曾任天津市教育委员会副局级督学、国家督学天津市首席督学，天津市教育学会会长。

目　录

陈树平班级建设思想方法的个案研究

安文成　陈国良　向青腾

摘要：陈树平，天津市滨海新区大港油田第四中学英语教师，2010 届及 2016 届九班班主任，其带领 2010 届九班学生从六年级到九年级历经四年，取得骄人业绩，让人惊叹！全班 53 名学生全部升入高中，其中 30 名（占总人数的 56.6%）学生考入了市级重点中学（其中 2 名考入南开中学、4 名考入耀华中学），且至少 24 名学生进入高一时担任班长、班委、团支书、学生会副主席等职务。班中 4 名学生在油区中考进入前五名，其中一人夺魁；3 名学生的英语成绩并列油区第一名；全班英语中考成绩平均 112 分（满分 120 分）。可贵的是，全班同学每人都会一种乐器，是学校管乐队的核心主力军；同时也是学校篮球队的中坚力量；在学校体育运动会上的成绩更是大步前进，摘得全部（7 项）团体项目的第一名。

在惊叹的同时，滨海新区海滨教育中心成立课题组进行专项研究。一方面，通过与 2010 届学生座谈，请学生撰写回顾九班学习生活的文章；另一方面，陈老师于 2013 年 9 月再次接手 2016 届九班任班主任，进行了验证性实践，课题组得以进一步总结提炼班级建设思想与方法。历时三年多的时间，我们看到陈老师的带班方法及效果是可以复制的，2016 届九班同样显现出强大的凝聚力，家长、班主任、学生拧成一股绳，那场景让人羡慕不已，事迹让人动容。

三年来，我们绘制了陈老师班级建设模式的思维导图，总结出“一树、二抓、三培＋特色活动”缔造强大的班级凝聚力的班级建设思想方法，编写了本书，在编写的过程中，编者为之动容，时不时眼中噙着泪花，被陈老师的事迹所感动，也为九班的学生庆幸，有这样一位优秀的班主任陪伴他们度过了青春叛逆期，使他们初中的学习生活为今后的成长积累了正能量；同时，也为能够成功总结提炼出陈老师班级建设的思想与方法而庆幸——藉此把这样接地气的、老师们看得懂、学得会的思想与方法推广开来，将带动多少年轻班主任教师快速成长，又将有多少学生从中受益！

通过班级建设模式的思维导图，老师们可以从中悟出班级建设的整体构想和模式，可以体会出陈老师在班级建设过程中是从绘制班级发展愿景、制定班级规章制度、注重班委群体建设、强身健体奠基发展基础、开展班级文化建设、设计系列团体活动、有效调试学生心理、营造和谐学习环境等八个宏观的角度规划，并拓展了相对应的各种具体的操作方法与实施措施。最终实现班级建设发展愿景，创建和谐、自信、勇于拼搏、具有超强凝聚力的班集体。现在的九班，2016 年的中考总平均分比入学时大幅提升，优秀率达到 57.1%，及格率达到 92.9%。

在体育考试中，九班的体育成绩居全年级第一，满分率达到 90.48%，在新高一的运动会上，九班同学参赛人数占全班的 70%。在各种文体活动中，九班同学积极踊跃，有的项目还是主力军和领跑者。

九班班长祁琳，以油田状元被南开中学实验班录取，在开学初的英语测试中取得全班第二名的好成绩，并通过竞选担任班长。张奕、崔怡然等 11 名同学考入油田实验中学，郭展宏被滨海一中录取，王润宇进入红桥区重点中学，共 14 名同学进入天津市重点中学。

李有华、杨慕涵等 19 人进入油田一中、二中普高学习；梁佳堃、李君瑞等 4 人进入德远高中学习；曹禺、田厚泽等 5 名同学进入“3 + 2”职业中学进修。

据不完全统计，九班同学在高中担任班级职务的达到 90% 以上，这一切都是因为九班同学每一个人都具有积极向上、奋勇争先的精神。再一次印证了九班“聚是一团火，散是满天星”的班级精神。

自信的九班，聚是一团火，散是满天星。

关键词：班级建设；班级管理；班级凝聚力；教育思想；教育方法；班主任

一、课题的提出

（一）研究背景

2010 年冬季，一次偶然的机会，教研中心科研室的安老师从英语教研员高老师手中的一本小册子《恰同学少年——大港油田第四中学 2010 届九年级九班毕业纪念册》中看到，九班学生体育运动会成绩强悍得让人惊叹！班级凝聚力强大得让人嫉妒！通过进一步了解，其学习成绩同样让人望之项背，全区中无班可比。大家都在思索：这是怎样的一位班主任，他（她）是用的什么思想方法获得这样的成就，由此拉开了对陈树平班级建设思想与方法研究的序幕。

陈树平，天津市滨海新区大港油田第四中学英语教师，2010 届及 2016 届九班班主任，在其班主任与英语教学岗位上，带领 2010 届九班学生从六年级到九年级历经四年，取得骄人业绩。临近中考，她不抓学习抓体育，别人抢课，她松绑，允许学生在英语课时间打篮球；家庭作业多时，允许学生不做英语作业。在她的班上，同学间亲密友爱，空前的团结一心，班级凝聚力强大得让人嫉妒，最终迎来了令人瞩目的教育成果：2010 年 9 月全班 53 名学生全部升入高中，其中 30 名（占总人数的 56.6%）学生考入了市级重点中学（其中 2 名考入南开中学、4名考入耀华中学)，且至少24名学生进入高一后担任班长、班委、团支书、学生会副主席等职务，另有多名学生任课代表。班中4名学生在油区中考进入前五名，其中一人夺魁；3名学生的英语成绩并列油区第一名，全班英语中考成绩平均112分(满分120分)。可贵的是，全班同学每人都会一种乐器，是学校管乐队的核心主力军；同时也是学校篮球队的中坚力量；在学校体育运动会上成绩更是大步前进，摘得全部(7项)团体项目的第一名。这是一个怎样的班级？通过进一步了解，一个优秀的班主任和其所带的优秀班集体展现在我们面前。

(二)国内优秀班主任先进典型

近若干年来，在我国有关班主任工作的论著、论文已出版和发表了很多，一般多以教育学理论为依据，以德育为主线，论述班主任工作和班级管理工作。这期间也涌现出了很多的优秀班主任的典型代表，为班主任工作及班级建设与管理提供了很好的经验与理论支撑。

魏书生，在其自我教育思想影响下，学生实现了“思想自我教育，语文自我学习，班级自我管理”，魏书生用于语文教学的时间仅占其全部工作时间的十分之一，而且外出期间从不请人代课，回校后也不补课，但所教班级的升学率遥遥领先；孙维刚，北京22中学特级教师，从初一到高三带班6年，以其“全面育人、德育第一、整体教学”的教育教学思想，使全班55%的学生考上了清华、北大；李镇西的语文民主教育思想还学生以应有的尊重与自由的权利，实现了学生独立的人格价值和个性发展。

纵观国内有成就的教育家，在其取得优异的教学成绩的同时，都为中国的基础教育理论做出了突出贡献，其鲜活的教育思想与教育案例激励并鼓舞着一批批后来者继续进行着教育改革的实验，推进着教育改革的实验进程。

(三)课题研究价值

本课题理论价值在于，通过对陈树平老师的班级建设思想与方法的研究，探求班级建设与管理的最佳方法，为班级建设与管理提供理论依据与典型案例。对陈树平老师班级建设思想与方法的系统总结必将进一步丰富我国的班级建设思想理论，为全国普教系统教师提供班级建设与管理的教育范例，其教育成果的推广必将展现给全国教师一个让学生在和谐的班级氛围中真正全面发展的美好前景。

本课题实践价值在于，通过班级建设工作中有针对性地应用、借鉴陈树平班级建设思想与方法的研究成果，可以有效提高班级建设工作的效率和质量，加强班级的凝聚力，使学生在和谐的班级氛围中获得全面发展。

本课题推广价值在于，班主任要在教育实践中不断提升专业素养，需要榜样引路。在这个过程中，班主任需要贴近实际的、可操作性强的经验，需要看得懂、学得会的方法，使榜样的效能与作用更直接、更有效。陈树平老师的班级建设思想及工作经验源于教学一线，对提高广大班主任教师的教育效果具有重要价值。

二、课题研究核心概念与理论依据

（一）课题研究核心概念

1. 班主任。

班主任是学校中全面负责一个教学班学生的思想、学习、健康和生活等工作的教师。班主任是班的教育者和组织者，是学校领导进行教导工作的得力助手。他对一个班全面负责，组织学生的活动、协调各方面对学生的要求，对一个班集体的发展起主导作用。班主任是中小学日常思想道德教育和学生管理工作的主要实施者，是中小学生健康成长的引领者，班主任要努力成为中小学生的人生导师。班主任是中小学的重要岗位，从事班主任工作是中小学教师的重要职责。

2. 班主任的职责与任务。

班主任应全面了解班级内每一个学生，深入分析学生的思想、心理、学习、生活状况。关心爱护全体学生，平等对待每一个学生，尊重学生人格。采取多种方式与学生沟通，有针对性地进行思想道德教育，促进学生德智体美全面发展；认真做好班级的日常管理工作，维护班级良好秩序，培养学生的规则意识、责任意识和集体荣誉感，营造民主和谐、团结互助、健康向上的集体氛围。指导班委会和团队工作；组织、指导开展班会、团队会（日）、文体娱乐、社会实践、春（秋）游等形式多样的班级活动，注重调动学生的积极性和主动性，并做好安全防护工作；组织做好学生的综合素质评价工作，指导学生认真记载成长记录，实事求是地评定学生操行，向学校提出奖惩建议；经常与任课教师和其他教职员工沟通，主动与学生家长、学生所在社区联系，努力形成教育合力。

3. 班级。

班级是一种组织形式，是学校进行教育教学的基本单位。学校根据授课的需要，依据学籍管理规范把学生编排到一个个单位中，并指派至少一名班主任进行日常的管理。班级在学生的学习生活中具有最基础、最直接的作用。对班级成员的成长和发展具有潜移默化的影响，班级建设所形成的文化氛围对班级学生具有一种隐性而强有力的约束力量，对整个班级价值理念和凝聚力的形成都有着重要的影响。这其中，班主任起着至关重要的作用。

4. 班集体。

班集体具有以下显著特征：第一，班集体是一个规范化的社会组织。从班级发展到班集体，必须建立相应的组织规范以作为班集体发展的基础。第二，班集体是一个被优化了群体心理的社会组织。班集体有着积极的价值共识和舆论，具有强烈的自豪感、凝聚力和合作精神。第三，班集体是一个具有集体主体性的社会组织。集体舆论和人际关系能体现集体积极自觉的价值共识。第四，班集体是一个能保证个性自由发展的社会组织。保证每个学生的个性和谐、充分地发展是班集体的重要职能。

5. 班级建设。

班级建设是一个内容十分广泛的过程，这个过程的实质就是把班级转化成为班集体。班级是一个教育技术概念，是“班级授课制”的组织基础。班集体则是一个社会学概念，是班级建设的结果。胡麟祥先生认为，从班级发展到班集体一般要经过四个阶段：建立组织规范阶段、优化群体心理阶段、发展集体主体性阶段、关注集体每一个成员个性发展阶段。经过建设的班级才具有共同的目标，具有较高的自觉性和较强的自觉意识，以及自我教育和创新能力，有较强的集体观念及集体荣誉感。

6. 班级共同目标建设。

班级共同目标具有引导、规范、发动、检验等功能，班级建设最重要的一环就是帮助建立共同愿景，制定切实可行的班级发展目标。在班级建设过程中，班级共同目标是起点也是关键环节。

一般来说，学生不能自由选择加入哪个班级，班级成员构成具有偶然性、随机性、强制性，因此，班级如果不能得到有效的管理，轻则人心涣散，难以完成既定任务，重则危机四起，隐藏诸多不安定因素。要让班集体充分发挥应有的育人作用，必须加强班级建设。

7. 班级团体凝聚力。

我国心理学家时蓉华认为团体凝聚力是指团体成员发生作用的所有力量的汇合，它表现在成员的心理感受方面，即为认同感、归属感与力量感。郑日昌、张承芳等人认为班级团体凝聚力是指班级成员之间彼此吸引以及分担团体目标的程度。彭德华教授指出，班级团体凝聚力是指团体在其规范的基础上，使全体成员情感共鸣，价值定向相同或行为变成一致的内在聚合力量。还有人认为，班级团体凝聚力是指团体的每个成员对其所在的团体产生向往倾向的总和。这种对团体向往的倾向是个体得到团体的关怀和帮助，获得了个体单独无法取得的心理满足后而产生的行为或意识倾向。李宁认为，班级团体凝聚力是指班级成员在班级团体中获得了心理满足后对团体产生的向往倾向或亲和力。由此可见，关于班级团体凝聚力的概念界定，至今仍未形成一致的看法。

归结以上观点，班级团体凝聚力可以定义为：班级成员在班级团体中获得了心理满足后对团体产生的向往倾向或亲和力，表现为成员内心的认同感、归属感与力量感，外显的共同价值观、情感的共鸣及行为趋同的内在聚合力量。

（二）课题研究理论依据

1. 教育心理学基础理论。

教育心理学中有关学生心理发展的特点，儿童认知发展规律，人格发展的八个阶段，学生在智力、认知、性格方面的差异，学生学习的特点、学习的分类等相关理论对课题研究中识辨因学生不同个体的差异所实施的不同教育方法具有指导意义。教育心理学理论让我们认识到，人的心理是一个不断发展变化的动态过程，处于青春逆反期的初中学生更是如此。进入初中以后，随着学习科目的增加和学习难度的增大，学生原已形成的行为习惯和既有的心理素质与教育的要求会不相适应。此时,如果学生对自己的认识、评判失误,就易引发行为上的过错,这就需要教育工作者予以正确的引导和干预。在学校,主题班会是最直接有效的群体心理辅导教育活动,通过师生、生生互动,化解消极因素,为班级学生的共同进步创造和谐的环境与氛围。课题研究过程中将会依据教育心理学的有关理论进行分析、总结并提炼相关研究成果。

2. 教育部《中小学班主任工作规定》。

为了进一步加强中小学班主任工作,发挥班主任在中小学教育中的重要作用,保障班主任的合法权益,全面推进素质教育,教育部于 2009 年 8 月 12 日特别制定印发《中小学班主任工作规定》,课题组将参照《中小学班主任工作规定》中有关班主任的职责与任务的有关要求,进行相应的研究。

3. 教育部《关于培育和践行社会主义核心价值观,进一步加强中小学德育工作的意见》。

《意见》号召各级教育部门和中小学校要加强德育规律研究,从中小学生的身心特点和思想实际出发,注重循序渐进、注重因材施教,润物细无声,真正把德育工作做到学生心坎上。要突出知行结合,着力培养学生养成良好的行为习惯,客观真实记录学生行为表现情况,引导学生将道德认知转化为道德实践。要勇于改革创新,探索德育工作的新途径、新方法,定期开展德育教研活动,提升教师德育专业能力。课题组将在研究过程中,就"着力培养学生养成良好的行为习惯"进行相应的研究。

三、课题研究目标、研究内容与研究方法

(一)研究目标

1. 通过课题研究,梳理出陈树平老师的班级建设基本思想与方法。

2. 编辑《九班——奇迹背后的故事》一书,从陈树平老师的同事、学生、家长、研究者等不同的角度讲述九班的建设成长过程,呈现陈老师的班级建设思想与方法,以期能够为年轻的班主任提供可资借鉴的班级建设指导与典型案例。

3. 通过陈老师的带班实践再次验证其班级建设思想方法的可行性和可复制性。

(二)研究内容

1. 陈树平班级建设思想方法的核心是什么?

2. 陈树平班级建设的基本模式是什么?

3. 九班的班级凝聚力是如何形成的?

4. 2010 届九班的追踪调查研究。

5. 2016 届九班的跟踪调查研究。

（三）课题研究的切入点

课题研究的切入点为九班强大的班级凝聚力形成的原因。通过分别由教师、学生及家长总结，撰写文章、教育案例来予以呈现。

（四）课题研究对象

油田四中陈树平老师及其所带班级开展的活动与学生发展情况。

（五）课题研究方法

1. 文献法。

对国内外学者关于班主任工作、班级建设与管理的研究成果进行梳理和分析，为本研究奠定基础，参考借鉴的同时结合本课题的研究范畴，作进一步深入思考。

2. 访谈法。

本课题选择油田第四中学原九班学生、现九班学生、现九班学生家长、同年级学生及各科任课教师为调查对象，有主题、有针对性地进行深入访谈，全面了解九班的班级建设工作，同时进行比较研究，分析班主任工作及班级建设与管理普遍存在的主要问题及原因，为课题研究奠定基础。

3. 经验总结法。

在文献研究及访谈调查的基础上，归纳、总结九班所取得成就的基础、途径、典型案例，提炼陈树平老师班主任工作思想的核心内容。

4. 理论与成果验证法。

在总结理论的基础上，进行新一轮的验证与创新，提升陈树平老师班级建设思想的研究水平。

5. 叙事研究法。

在研究的过程中，通过班级建设的实践中发生的典型事件与活动，进行叙事研究，在叙事的过程中加以反思与总结，阐述核心观点。

四、课题研究过程

（一）文献研究与理论学习阶段

课题研究初期，首先组织课题组成员学习了教育部制定的《中小学班主任工作规定》以及班主任工作方面的论著、视频讲座，通过文献研究，了解了国内重点大学的部分博士、硕士有关学校班级建设、班主任工作的研究报告，以及一些期刊近五年来的相关报道。在研究中期，课题组成员学习了教育部《关于培育和践行社会主义核心价值观，进一步加强中小学德育工作的意见》，深入理解教育部的相关规定和要求，搜集、研究了魏书生、孙维刚、李镇西、李吉林、雷夫·艾斯奎斯等国内外先进班主任的典型事迹与教育工作经验。

（二）开展访谈与整理资料阶段

课题组利用假期与2010届的九班学生进行了多次深入的座谈，获得了大量一手资料。“九班”这一称谓对于九班的学生来讲具有极强的号召力，其班级团体凝聚力至今犹存，大家虽然已经升入高中，乃至大学，但对初中阶段仍然记忆犹新，怀念之情溢于言表，纷纷根据课题组的要求就九班班级建设与团体凝聚力的形成进行回顾，各自从不同的角度撰写回顾文章，回顾了九班四年走过的心路历程，分析了九班强大凝聚力产生的原因。2014年9月，2010届九班学生利用高中毕业的假期期间编辑了《风华正茂》一书。书中记录了九班的人和事，阐述如何营造班级的和谐氛围，如何形成班级强大的团体凝聚力。课题组通过对原九班及现九班的任课教师、学校领导的访谈，佐证了九班成功的必然性与客观性。

（三）陈老师带班实践验证阶段

课题组在总结陈树平老师的班级建设思想与方法、学习班级建设与管理的理论基础上，认为有必要进行新一轮的验证与创新。机缘巧合，陈老师于2013年9月接手了2016届七年级的一个班，这个班的班号竟然也是“九”。至此，陈老师担任了九班的班主任和英语教学工作。通过再次的带班实践，开始了其班级建设思想方法的可行性与可复制性的验证实践。

1. 接班时的情况。

陈老师接手新的七年九班在六年级入学时，由于这一届学生在六年级时是均衡分班，与其他班没有明显区别。到七年级时，由于原班主任家中的一些特殊情况，多少影响了班级的管理，以至于班级成绩下滑至年级倒数第四的位置，体育成绩倒数第二。具体情况可以从陈老师的《带着学生翻山越岭》一文中摘录几句：“这个班，因为之前六年级一年中就换了两位班主任，班级建设的工作基本没有进行，面对班级的种种问题，我对自己说，这一次要带着学生试着挑战不可能。刚接班时，班里较乱，班委人员欠佳，几个捣蛋鬼把班里搅得不得安宁，家长也不配合，似乎想干点儿什么都不可能。”

2. 练就健康体魄，奠基成长基石。

陈老师接班后在绘制班级发展愿景的同时，第一项落地的举措仍然是从体育锻炼抓起。自陈老师将校内外体育锻炼的号角正式吹响之后至今，已经是两年半的时间了。这期间经历了两个春夏秋冬，走过三伏越过三九，孩子们身体健康了，也长高长壮了，脸庞晒黑了，由内而外透着自信与自豪，因为这只有九班的孩子做到了。也是因为锻炼，班级的运动会成绩由六年级的倒数第二，到七年级时的年级正数第二，再到八年级时的全年级第一、全校第一。再一次书写了和上届九班一样的神话，课题组就此问题对九班同学们进行了访谈，结果整理摘录如下：

（1）许多同学的体育成绩刚开始不及格，但是假期锻炼之后，有了很大的进步，目前九班的体育考试成绩有80%的同学能得满分。

（2）学校运动会上的成绩由六年级的倒数第二变成八年级的全校第一。这也是假期锻炼及平时上学的时候每天加跑一圈的成果体现。

(3)跑步增强了同学们的身体素质,班里的同学感冒发烧的少了很多,在假期中也增强了同学们的相互联络,同学关系更加密切。

(4)原来只要一提到跑步,同学们都愁眉苦脸,但是现在提到跑步,大家都很自豪。

(5)跑得快的同学带着跑得慢的同学,大家一起跑,分享跑步的好方法,一举两得。

(6)原来跑步的时候很多人都会跟不上,但是现在几乎没有跟不上的了。

(7)同学们跑步时都会约束自己,也会在别人说话时提醒,也能让每一个同学都能提高自己的管理能力。

(8)跑步也对同学们的学习成绩有影响,因为跑步能缓解压力,让人放松,跑完后能够以平静的心态去学习。

(9)有的同学跟不上,大家都会给他加油鼓劲,班级的凝聚力也增强了。

(10)班里很多同学因为一起跑步和锻炼成为了好朋友,收获了友谊。

通过访谈我们体会到,长期的体育锻炼,增强了学生的体魄,磨练了学生的意志,增进了学生间的友谊,强化了班集体的凝聚力,奠定了学生及班集体长远发展的基石。

3.带着学生翻山越岭,挑战不可能。

以下摘自陈树平《带着学生翻山越岭》。

有一位名人曾说过,“人生无小事,每做一件事情,实际上就是对自身素养、品行、见识的再一次进修。”中国有句古话,“大丈夫应扫天下,但一屋不扫,何以扫天下?”

要做就做到最好,它体现的是态度、能力、敬业精神,一种高度的自驱力,一种找准目标、永不放弃的执着精神,一种有思想、知道自己该干什么、怎样干的负责态度。

接了这个班,因为之前六年级一年中就换了两位班主任,班级建设的工作基本没有进行,面对班级的种种问题,我对自己说,这一次要带着学生试着挑战不可能。

刚接班时,班里较乱,班委人员欠佳,几个捣蛋鬼把班里搅得不得安宁,家长也不配合,似乎想干点儿什么都不可能,就在这时,学校组织的大合唱来了,我问学生:想拿第一吗?学生答:不可能,我们去年是倒数第二。班里的士气很低,所有的人都觉得九班拿第一名是不可能的,此时我讲了一个老九班的故事:当时是按特长分班,当时的三、四班是体育特长班,而九班是管乐班,六年级时的运动会名次倒数,在师生的共同努力下,和现在一样坚持体育锻炼,一天也不停歇,后来终于挑战了不可能。

只有想不到的,没有做不到的,要把合唱唱好,首先是要每个人都唱好,那就一个一个地过。合唱我也不会,那就趁着上音乐课的时候跟着学生一起学,通过学习也就知道了学生的练习哪里需要调整并进行改进。接着我满世界找学校搞活动用过的衣服,解决大合唱的服装问题,甚至孩子们的头型和扎头发的皮筋我都做了具体的要求,就这样拿下了一等奖。

在赛后我这样总结:有些事,人们总是不去做,那是因为他们认为那是不可能的,其实有许多的不可能只是存在于人们的想象中,我们每一个同学都应该勇于挑战学习和生活中的各种不可能。

合唱的一等奖打响我接班后的第一炮，大大提高了学生们的士气，接下来是转年春天的运动会，难度可就大了，去年九班倒数第二，班级总分22，今年怎么办，如何逆转？只有一个字：练！

这是一个难度极大的不可能，不像唱歌多练几遍就行了，体育运动要持之以恒、日积月累。

我先从每天的课间操抓起，再到放学训练，抓考勤，抓运动量，就连寒暑假也不停止训练，果然七年级的运动会上，九班的总分68分，提高了40分，居年级第二。再练，把家长都用起来，八年级运动会上，九班的总分128分，不仅年级第一，全校也是第一，又是一个更大的"不可能"让九班师生拧成一股绳共同实现了。

由此，九班学生士气大振，班级各项活动全面提升，包括板报、征文、班会等。可见，只要我们老师潜心经营，把每一个学生的潜能都激发出来，那孩子们的创造力以及效率也会大大提高。

随后就是对学习热情的激发，我在班上讲了《一匹马和一头驴》的故事，有一匹马用一生的时间始终向东方行走，有一天遇到了一头驴，就和它聊起来，马跟驴讲了自己在路上的种种奇遇和美景，天边的沙漠，青翠的山岭，寒冷的雪山……像童话般的经历让驴惊叹："马大哥，你是我见过的知识最丰富的人，多么遥远的路程啊，我想都不敢想！""驴兄弟，你知道吗？其实我们走过的距离是差不多的，只不过你被蒙住了眼睛，只能围着磨盘打转，而我却是一直向前走、向前冲的。"

在不长的文字里我们捕捉到了活动、故事、激励、锻炼、文化等词汇，这种种都是九班完成华丽转身的关键点。陈老师把学生们认为的不可能变成了现实，极大地激发了学生的自信心和班集体自豪感，从此，班级建设渐入佳境。

4. 结对帮扶，互进共赢。

为了促进大家的学习，九班开展了"一帮一"的学习互助活动。具体做法是：①班里成绩前10名的学生作为师傅人选，11到20名可以是师傅也可以是徒弟，21名以后的是徒弟人选，本着双方自愿的原则确定师徒关系，签订师徒协议。②由老师和学生组成的监督帮促小组，每周根据上课、作业、改错情况进行评比，每月进行一次优秀师徒的评比活动，评出若干对优秀师徒，并进行奖励。③对于在实际工作中发现师傅不尽责任者，取消师傅资格，在各种评优中这一项被扣分；对于不按师傅要求去做的徒弟，提醒三次之后仍然不改者，中断师徒关系，并将此情况如实告知家长，请家长帮助教育。如在活动开展中发现师徒性格不太融洽，由监督促进小组的老师和同学负责调整师徒对子。④帮扶内容不仅限于学习，包括学生生活的各个方面，帮扶的徒弟成绩不作横向对比，只作纵向比较。所有的活动均在家长会上汇报给家长。

在实际的推进中，一帮一的互助机制有所发展，逐渐产生了"一帮多""多帮一""多帮多”的模式，具体如下：

一帮多：由于陈老师鼓励学生互相问问题，讲解问题，部分尖子生甚至“开坛授课”，坐在自己的座位上，身旁围着四五个学生，仔细聆听“师傅”的教导，学生们获得了知识，且效率比之“一帮一”大大提高。

多帮一：由于各科学习的一步步深入，部分学生对其中的重、难点掌握不好，而师傅们有时也不能将这个知识点全面透彻地呈现给徒弟们，这时就凸显了团体的重要性了，这个师傅讲不懂，就问其他的师傅，一共十个师傅，一共有十种讲解，总有一个相对容易理解。集百家之长，就是“多帮一”的优势所在。

“多帮多“的实质是各个成绩段的学生互相问问题、互相讲解，没有师徒之分，人人都是老师，人人都是徒弟，集中了大多数人的问题，探讨知识面更广，能学到的知识点更多，是“百尺竿头更进一步”的良方。

“一帮一”“一帮多”“多帮一”及“多帮多”互助小组活动的开展，深受学生与家长的欢迎与好评，实施效果极佳。互助小组在实施内容上不仅仅限于学习上的互助，而是拓展涵盖了学生在校甚至在家的种种活动和行为的帮助和督促。伴随着互助组活动的推进，班风班貌焕然一新，下课时打逗的少了，互相讲题的多了；课上纪律好了，课余看课外书的多了；传闲话的少了，文明行为多了。事实表明，互助活动的开展，进一步促进了九班学生整体学习成绩的提升，增进了学生间的友谊，增强了班级凝聚力。

副班长韩旭说道：一帮一的活动让我们能设身处地地为他人着想，师傅帮我了，如果我不好好学习，成绩没有提高，那师傅该多伤心呀，所以我不能让真心帮我的老师和师傅伤心和失望，我要好好学，尽力学。

身为徒弟的曹禺在日记中写道：同学之间的一帮一，课间同学们互相帮助，改变着班级的大环境，让班级充满正能量，学习的风气很浓。对于学习效果老师说循序渐进，不会因为急于求成而对我们失望，而是耐心地等待我们成长。

班长祁琳这样对我们说：开展一帮一的学习互助活动，让成绩好的同学去帮助学习费劲一点儿的学生，这样极大地调动了后进生的积极性和学习热情，让他们感到自己没有被忽略和抛弃；学习好的同学通过给徒弟讲题，更加促进了自己学习和钻研的热情，在这过程中，同学们收获了友谊，增加了班级凝聚力和向心力。

5. 在学校的大型活动项目中集聚班级凝聚力。

（1）运动会——凝心聚力共创辉煌。

“2015 年 4 月 29 日，大港油田第四中学春季运动会，变成了八年九班体育锻炼汇报表演和展示自信与实力的舞台。赛前同学们积极准备，互相鼓舞。上场竞赛的学生勇于拼搏，场下的学生呐喊助威、周到服务，场上场下一股劲——为九班争辉。最终以 128 分获得团体第一名和“精神文明班级”称号。

汗水挥洒绿茵场，青春绽放竞芬芳。每每回想起运动会赛场上的点点滴滴，学生们依旧激动万分，仿佛又回到了激情四溢的赛场。

体育委员路梓涵在运动会纪念册上留下这样的感悟：

在运动会这一天，九班人两年来每天大课间的辛勤付出，每一次放学后的操场集训，终于在这一刻凝结成了胜利的果实。所有九班人的心情和体育委员一样，每每想到那一刻，便有万种激情涌上心头。

班里的“捣蛋鬼”王润宇依然清晰地记得那场引以为傲的比赛。“最让我感动的还数张奕，在男子4×100米接力开跑之前，我十分紧张，他就在一旁做我的思想工作，其实我知道，他很累，因为他刚跑完800米的比赛。最后大家互相鼓励，取得了4×100米的第一名。而我在冲过终点之后的第一件事情就是找到张奕，与他击掌，在击掌的一瞬间，我仿佛看到了前两周，我们重复地练习着接力，一次又一次……

“小胖子”李浩铭虽然没有参赛，却关注着运动员的一举一动：“‘啪’的一声发令枪响，运动员们起跑了，看着郭展宏跑了起来，本以为他能跑第一，但是没有，名落孙山，可我们并无埋怨之意，知道他低估了对手，但实属偶然，我们相信他会更好。所以他在下午的200米比赛中我们依然为他喊破了喉咙：‘郭展宏，加油！’他果然不负众望，跑了年级第一，我们的助威呐喊也更加起劲，不仅仅是第一名的喜悦，更是对朋友坚定的认可。”像陈老师说的：“绽放是一朵花，凝聚是一枚果。”因为我们是九班人，不怕困难的九班人。

接下来，是女子1500米的比赛，不过同学们胸有成竹，因为我们班的1500米运动员——李佳培，那可相当的厉害，别看她小小的个子，毫不显眼，但是体内却有无穷能量，蓄势待发。“起跑了！”李佳培首先冲到了前面，并且速度越来越快，“冠军宝座”拿下！同学们意气风发！

作为运动员上场的张奕同学对那场比赛也依然念念不忘：

运动会最后一个项目——4×100米接力。九班男女生各四名运动员，加上教练朱文峰共九人，正忐忑不安地在准备区等待着比赛的开始。可以说，情况不容乐观！男生这边，我和李新奥都刚跑完800米，身体疲惫，状态不好；女生这边，因为上学期的掉棒事件，心里都有阴影，信心不足。焦虑渐渐侵蚀了我们本来充足的信心，照这样下去，冠军花落谁家真不好说。这时，一双手伸了出来，接着，另一只手搭了上去，我们仿佛心有灵犀一般，八双大小不一、颜色不同的手一层又一层地叠在一起，八个声音凝成一股劲，“加油！”鼓舞激励着每一个运动员。与此同时，八颗心也紧紧地连接在一起，再不分彼此。那时那刻，我分明感受到“班魂”的凝聚。

侯玥琦同学在赛后回忆道：

那一刻，我们放声大笑；那一刻；我们激动万分；那一刻，我们泪眼蒙胧……因为那一刻我们获得了女子4×100米比赛的桂冠。回想着当初为了比赛，我们几个女生早早起床到校训练；中午草草吃完午饭到校训练；下午一放学迅速到操场上训练……当然我们也争吵过，也抱怨过，可是我们从不放弃。因为我们只有这一个梦想，那就是啃下这块硬骨头，争取获得冠军，弥补去年的遗憾！走到赛场跑道上的那一刻，我听到起跑的枪响，对自己说："冲吧！拼了！"当我成功地把接力棒递给第二位同学时，看着被甩在身后的对手时，我开心极了！胜利一定属于九班！同学们排山倒海的加油声激励着我们，第一非九班莫属！

当同学们都为赛场上的英雄们奋力喝彩时，李有华同学也关注到了在默默为大家服务的人："看！那个在草丛中拿着相机为大家照相的人，正是我们八年九班的田厚泽。让我不妨来介绍一下他吧：田厚泽，性别男，体形硕大，为人厚道，是班里的大胃王，也是班中的一级吃货。可据可靠消息称，他今天整整一天没有吃一点点的零食。其实刚听到这个消息时我是'拒绝'的。'怎么可能，他怎么可能不吃零食，这一定是同学们为了缓解尴尬的气氛而编的笑话。'可就当我知道这个消息绝对可靠时，我和我的小伙伴们都惊呆了。这还不算完，据说他还在一天内为班级拍照了300张照片。'哦，我的上帝，这一定是一个伟大的孩子。'我这样想。同时，他也在我的内心中留下了一份感动。"

我们运动员满场出彩，观战的同学也毫不逊色。田厚泽、曹禹、魏然等同学穿梭于运动场，手举相机，不失时机地抓拍运动员比赛的精彩瞬间，间隙还不忘给运动员加油；有些细心的同学还准备了垃圾袋，大家把所有垃圾都放进袋子里，即使有人不小心掉在地上一两片垃圾，也会被旁边的同学捡起来放进垃圾袋中。离场时同学们随手将垃圾袋带走，留下一片干净的操场，赢得了校领导、老师们和其他班同学的一片赞扬。我们肆意地绽放青春，我们继续精彩。

一场运动会，成就了九班人，更树立了九班魂。正如李新奥同学所说的：

通过本次运动会，我们收获了成功的喜悦也得到了失败的教训，我们每个人深深地懂得了没有拼搏就没有收获，没有努力就没有成功！每个人只有付出了，拼搏了，努力了，才能体会到一分耕耘一分收获的艰辛和快乐。运动项目如此，我们的学习也是如此。"

或许多年后，我们依然还能想起这届让我们为之骄傲和自豪，让我们懂得成长的运动会！

运动的美不言而喻，孩子的成长轨迹清晰可见，陈老师多年坚持的强身健体，奠基人生的教育成果在运动会上再一次得到绚丽的展示。通过运动会，九班凝聚力更强，更展现出奋力向上的勃勃生机。

（2）军训活动中磨练意志、增进友谊。

军训活动是学校社会实践教育活动的重要组成部分。如何利用好这一契机加强班级建设，陈老师有着自己的一套方法与措施。

从学校通知军训之日起，陈老师就考虑了各个环节，把握各个细节，开学生会、家长会、班委会、宿舍长会、特殊学生会，把各个方面需要预设的问题都想到了前面。然后自己备好武器——照相机和摄像机，从学校出发之时起，她就端着照相机一个一个地给学生照相，上车的、下车的、吃饭的、睡觉的、练军姿的、拉歌的、游戏的、做手工的、欢笑的、哭泣的、悲伤的、消沉的，一次军训往往都是几千张照片。在陈老师这里，照相从来不是光照表现好的、关系近的、会和老师沟通的或者是其他的。在陈老师这里，没有谁特殊，也没有谁不重要，都是她的宝贝，每个人的照片都很多很多。到今年的军训活动，已经54岁的她身体本不太好，完全可以让年轻人代替，但是她坚持和她的孩子们在一起。按陈老师的话说，这么重要的时刻，我一定要见证他们的成长，他们也离不开我。今年的军训时间短，来回共三天，这么短的时间内，她给她的孩子们照了1745张照片。

孩子们都看着、听着、亲身体会着老师的倾情付出，所以他们在社会实践中的成长是可喜的，一次又一次都实现了质的飞跃。今年，八年九班的孩子们在实践基地表现出了良好的品质和惊人的班级凝聚力，由于在各项活动中的优秀表现，被评为优秀班集体，在训练中甚至连教官都感叹说，九班的孩子真是不一样！按照传统，军训回来后要制作纪念册，由于陈老师多年来的示范效应带动了全校的班主任都开始制作社会实践纪念册，学校德育处还组织评选，这项工作也作为学校的德育特色坚持了下来。但是九班的纪念册在别人都有的情况下仍然有自己的独到之处，学生百分之百地参与，图片多角度广，每个学生都写了自己的收获，纪念册制作得水平高，有特色。也许在我们看来这只是一本普通的纪念册，但对孩子们来说却是十分珍贵的，因为这是他们第一次离家的生活、第一次大集体的生活、第一次与学校学习完全不一样的生活，而最重要的是他们和自己的小伙伴们在一起同吃同睡，同甘苦共荣辱，那份情谊、那份感动、那份付出，他们会永生难忘。

军训之后，九班编辑印制了《绽放在军营里的向阳花》一书，在此摘录部分学生短文如下：

军训三天，面对镜子，我黑了，面对自己的心，我成熟了。懂得了什么是团结，什么是担当。

每当烈日当头，和我们在一起的不只是教官，还有我们的陈老师，年过半百的她一直拿着照相机、摄像机，跟随着我们，为了我们，为了班级，陈老师变黑了，腰变得更弯了，但是她似乎完全不在乎这些。这两晚我们都睡得不踏实，每次都是早早地起床，拖着酸痛的身子去洗漱，每次晨跑，不论是七年级还是八年级都有许多人坚持不住了，每个班都有请假的，而我们班一个也没有。每天都有在阳光下晕倒的，而我们班没有。到这一刻才我们真正懂得了陈老师的良苦用心，那就是我们从七年级到八年级，大家一天也没有松懈，我们一直跑了两个春夏秋冬，岁月已将我们磨练得不再稚嫩，不再脆弱。现在的我们也不会因为苦和累而放弃，因为这一切早已成为了我们的习惯，因为我们知道只要坚持，一切的一切都会有结果。（刘瑞琦）

鸟的羽毛可以起到保护作用，但如果你想要飞翔，就必须离开避风港，去经历挫折，使自己褪去绒毛换上新的羽毛。如果你躲在家中，就永远不可能学会飞翔，永远体会不到在天空中自由翱翔的滋味，所以，让我们迎接挫折吧！（刘禹培）

记得才训练一天的时候，平日拖拖拉拉的我早已疲惫不堪。刚学立正时，我就疑惑，为什么体育课中要常做的动作，早已会的动作，教官要如此仔细地讲解，为什么一个左转一个右转要如此煞费苦心地练习，直到结束，我才明白小小的一个立正所包含的内涵，几个转体所容纳的博大。站军姿，给了你不屈的脊梁，练转体，展示了你服从命令的坚定，更体现了集体主义的伟大。不积小流，无以成江海。没有我们每一个人的努力，就不可能有一个完整的、高质量的方队，不可能有那一瞬间整齐的踏步声。训练的每一个动作，都让我深深体会到了团结的力量，或许我学到的东西还远不止这些。（杨慕涵）

到现在一想起来自己在军训时被评为优秀学员，我还感到激动和不可思议。那天孔哥（我们的教官）让我在纸上写上自己的名字，还笑着说我的字太丑他看不懂，让我再写一遍，后来才知道我被评为优秀学员，坐在我后面的路子涵也想当，而且他比我要优秀得多，如果要竞争这个名额，我肯定被他“秒杀”，但我又觉得这个称号很牛，很想要，所以我就更加努力地去做好每一步，这是我人生为数不多的很牛的荣誉。（李君瑞）

第三天上午，我们进行了一个比赛，女生没有男生完成得好，老师却“惩罚”了男生，让他们用不同的方式走过一段路。台下的八个班笑翻了，可我们女生却觉得笑不出来，觉得挺难过的，一个个绷着脸，男生们很大度，嘻嘻哈哈一笑就过去了。可女生却把这件事记在心里，想着以后无论什么事都要努力去干，这也许就是一种成长吧。（刘雨辰）

以前在学校无论是站队还是做操，总会有个别同学在聊天，我有时也会捋一下头发。军训第一天，教官就告诉我们不能出声，不能做小动作，要像一名军人一样纪律严明。一开始我十分不适应，控制不住自己，想和同学们悄悄分享一下心得，总是被火眼金睛的教官及时制止。顶着35度的高温，汗水流进眼睛里一阵阵剧痛，我想伸手揉揉，又怕被教官批评，只好忍着，忍着，当休息的哨声响起时，我膝盖早已僵硬，不会弯曲了。尽管身体疲惫不堪，但心中还是有成就感的，至少我坚持住了，战胜了心中的懒惰，我情不自禁地为自己骄傲起来。

这只是军训中的一个小小的细节，却让我品尝到了些许成就感。我恍然悟出了军训的意义，军训是一个过程，一个挑战自我、超越自我、完善自我的过程，是我成长的宝贵经历。（李佳培）

军训的前一天好像还是抱着手机度过的，军训第一天早上还在对电子产品恋恋不舍。我准备了一个大箱子，做好了应对各种突发状况的准备，在车上，同学们唱着歌迎接军训，而我只是不时地搭个腔，心中还在想着关于游戏的事。

三天……

转眼分别的时候到了，三天的军训时光一瞬间就过去了，这三天里站的军姿、挨的罚、玩的集体游戏统统地刻在我的记忆里。三天后，我的腰板直了，服从命令了，我最后望了一眼我们训练的场地，上了回家的车。

回家的路上，同学们还是唱歌，可不一样的是，我参与得更多了，我好像更加融入这个集体了。再拿起手机，发现电子产品是如此枯燥乏味，可能我还是喜欢和同学们在一起吧。

或许这也是成长？（李鑫宇）

6. 精心设计特色活动，拓展学生成长教育契机。

学校的大型活动是比较固定的，但是面对班级建设的实际需求，远不能满足对学生教育历练的需求。陈树平老师根据历届班主任工作经验，每届带班过程中都会根据学生发展的不同阶段，在学校开展的活动基础之上，顺势创建、设计一些特色活动，营造、捕捉一些教育契机。

对于一些活动，可能教师和班级自己单独承担不了，或者会受到某些方面的限制，但对班级建设与学生的长远发展又是十分有益的活动，陈老师会利用一切社会资源，包括学生家长、往届优秀学生、往届优秀家长及一些其他社会教育资源。通过这些活动形成了强大的班级凝聚力，同时学生在活动中得到锻炼成长。在2016届九班的成长历程中，九班设计组织了模拟法庭、北京TIP学习、草根榜样座谈会、武清绿博园采风、与湘西大山孩子手拉手、录制班歌、向师哥师姐取经会、大合唱等八项活动，获得很好的教育效果。

(1)模拟法庭——增强学生法律意识。

模拟法庭，是法律实践性教学的一种重要方式，它通过案情分析、角色划分、法律文书准备、预演、正式开庭等环节模拟刑事、民事、行政审判与仲裁的过程。

八年级下学期，九班学生们有幸承担了学校组织的“模拟法庭”录制活动。九班以此为契机，精心组织，认真排练，从台词设计、彩排预演，到法庭模拟实践、录制，终获成功。这种新颖的方式极大地提高了学生参与的积极性和创造性，为他们的实践生活添上了浓墨重彩的一笔。使学生们受益匪浅。有的同学在模拟法庭活动中学到了很多法律知识，更有同学在录制的过程中收获了永存于心的感动。许多同学谈到，模拟法庭虽已落幕，感动却存于心中。

感动一：辛勤的付出。

这次模拟法庭活动是由向老师组织的，她不辞辛苦，把大部分精力都投入到我们身上。利用宝贵的休息时间、体育课以及一切可以利用的时间帮我们排练。每一次都用手机记录好时间，一遍遍及时地录下我们的表演过程，并不厌其烦地反复观看，找出表现优秀的地方，并指出存在的不足；中场休息时，向老师为我们解说一系列的人物形象，为我们的剧本“锦上添花”。听陈老师说，向老师为了给我们排练，都没来得及给自己的孩子开家长会。我的心里对向老师充满了感激，感谢老师为我们的辛勤付出，感谢老师不厌其烦的指导。我当时在心里暗下决心：一定要尽最大努力把我的角色演好。（瞿蕾）

感动二：专注的眼神。

本次话剧，高潮部分是被告人的妈妈和被害人的父亲吵架的情景。这需要被告人的妈妈在情绪上要表现得比较极端。而瞿蕾没有辜负大家的期望。每次的彩排，她都将自己的情绪调整到最佳状态，每一次的排练，都能看到她情到深处闪烁的泪光，感染着在场的每一个人。陈老师说：“话剧每一次演到这个时候，我总不敢看，因为每一次看到这，每一次都会流泪。”瞿蕾完美地诠释了这个角色。如果说这一次的话剧是成功的，那么瞿蕾是成功的亮点。她那种投入、用心、专注是我们无法相比的。（李新奥）

感动三:认真的态度。

出发前,我们约定好了2:30在校门口集合,由学校派车送我们到法院。没想到的是,当我们到达法院时,才发现担任着重要角色的张奕还没有来。当时的我们真是心急如焚,眼睛不约而同都望向门口的方向,焦急地等待着张奕那个瘦高身影的出现。时间一分一秒地过去,张奕还没有来,正当我们不知所措的时候,突然门口传来急促的脚步声,张奕上气不接下气地跑进来,来不及喘口气就换上服装进入了演出状态,由于张奕的及时赶到,我们顺利地完成了"模拟法庭"的录制。录制结束后,张奕主动为自己的迟到写了一份检查。他的这个小小举动却触动了我的心,我应该学习他这种做事认真、严于律己的态度。(路子涵)

在排练的过程中,大家一起讨论、一起微笑、一起努力……其间发生的许多小小的感动,一点一滴都留存于我的心间。(朱文铎)

"模拟法庭"活动,让学生走出了校门,切实感到法律其实就在日常生活中,与自己密切相关,对学法、守法有了更深刻的认识;更为重要的是,在活动的过程中,每个学生都获得了自己独一无二的体验与感悟:对法律的敬畏、对同学的友谊、对班级的热爱、对社会的责任……

(2)草根榜样座谈会——为学生树立追梦的样板

当前普遍的观念是:学习好预示未来会有好的大学可上,前景一片光明;学习差很难看到前途的希望。这种观念不仅影响学生的一生,还连带扰乱着整个班级的学习环境;导致有些学生信心不足,学习信念不坚定;或有些同学感觉自己不够聪慧,不是学习的料,努力也是白搭。林林总总的不自信,严重影响着学生们的学习状态。

针对这种情况,陈老师主持召开了一次别开生面的班会,她特地请来了荣获天津市大港油田"十佳青年"荣誉称号的李勇同志,为同学们讲述他自己平凡而又精彩的追梦历程。面对一群稚气未脱而又即将面临人生转折的孩子们,李勇同志做了精心的准备。而同学们也通过他的故事受到了启发与教育。这大大地鼓舞了同学们学习的信心与斗志。会后,同学们纷纷从不同的角度写下了自己的体会与感悟。

①学会感恩。

一向在家像小公主般受宠的杨慕涵在班会课后写下了这样的感悟:"学会感恩,感恩学校,感恩老师,感恩父母。感谢学校为我们创造了如此优越的学习环境;感恩老师在军训时为我们留下了一千七百多个美好的瞬间;感恩父母,给予我生命,并给予我最大的包容与谅解。"

李博文是九年级才加入九班这个集体的,青春期的他狂放不羁,特别有自己的主意。班会课后,他感悟到:"李勇叔叔获得成功后,回思以往,不禁红了眼圈。他说:'第一要感谢父母,他们无私的爱给了我温暖,他们单薄的双臂是我坚实的后盾。'人可以不成功,但不可以不孝顺,这是人性的底限。而正处于青春期的我们,更应该与父母敞开心扉,与父母分享我们追梦的火种,让亲情的温暖驱赶我们之间的隔阂。"

王润宇也是班里的“调皮鬼”，而这一次的班会课却让他有了深刻的反思：“感恩是中华民族的传统美德，‘滴水之恩，涌泉相报’‘谁言寸草心，报得三春晖’，这是先贤们的谆谆教诲。说实话，我不是一个懂得感恩的人。就在前几天，我再一次违反了校规校纪，险些被开除。校长找我谈话时，她开口说的第一句话就是，‘你这个人不懂得感恩。’那一刻，不知怎地，我的心仿佛被触动了。感恩，简单的两个字，却意味深长。我对不起老师和父母，对不起他们一次次的良言相劝。回想从前，当我遇到挫折时，身边总是有父母陪伴，在我犯下错误时，总是会得到老师的原谅。‘当你犯了错，身边的朋友不会原谅你，能原谅你的只有老师和父母。’我很庆幸遇到了陈老师，是她用宽容让我一点点地步入人生的正轨，尽管陈老师也曾对我发过火，但我能感受到她对我深深的关爱。今后，我要做一个感恩的人。”

②不忘初心，坚持梦想。

年少时，谁不曾有过梦想，可是又有多少人能够为了自己最初的梦想坚守、拼搏？李勇同志用他自己的平凡而坚定的追梦故事激励了九班所有的孩子们。

常月在班里学习成绩处于中下游，进入青春期的她思想情绪有很大的波动起伏，对于自己的学习和前途开始怀疑和迷茫，而这一次的班会对于她来说实在是太及时、太珍贵了。她说：“回想起自己小时候的当兵梦，再看看现在的自己，似乎早已偏离了当初的轨道，李勇叔叔的话激励了我，我要从现在开始努力，重新踏上追梦的旅程，把当初对军人的羡慕化成前进的动力，去追逐我的军人梦。李勇叔叔告诉我们要‘不忘初心，坚持梦想’。我知道自己学习不好，但我不能放弃。只要肯努力，没有自己学不会的东西。每个人都要向优秀的学生学习。遇到困难，我不怕，每个人都是经历很多挫折才会长大成熟。”

班长祁琳也从这次班会中得到了很大收获：“李勇叔叔从昔日一个成绩并不突出的学生，一个职业技术院校毕业的学生，到今天的优秀技术人才，他是如何完成这样巨大的转变的呢？首先是要有改变的决心。‘过去的事就过去了，既然已经走过那个阶段了，就要准备新的旅程了。我一定要去做，迈出那一步，才会有第二步、第三步。’李勇叔叔的这番话，赢得了同学们的阵阵掌声。在我们的生活中也是这样，当我们犯下错误时，不能就此放弃停滞不前，想一想自己的初衷是什么，重整旗鼓，继续向前。其次，还要学会坚持。坚持的过程必定会有阻力，但李勇叔叔这样说：‘我也曾想过要放弃，但我想，现在的痛苦都是我以前不努力造成的，我必须忍住。以前的债，越早还上就越早轻松。’如果下定了决心，就要付诸行动。改变的决心和过程中的坚持，这是我从李勇叔叔身上学到的，也正是我们这些处于青少年时期、不断追求进步的学生们最需要的。”

④勇敢面对困难。

现在的孩子希望自己取得好的学习成绩，却又缺乏与之相当的勤奋与刻苦的意志力。李勇同志与九班学生分享他追梦的故事，就像是一剂强心针，给予了九班学生坚定的信念和强大的动力。

副班长朱文铎说：作为青少年，我在学习生活中遇到的主要问题就是面对坎坷如何去做。有些空话套话，听着很好，一旦真正遇到了困难，却没有了办法。李勇叔叔果然提到了这一点——面对困难，不要退缩，遇到挫折，不要气馁。他刚刚参加工作时，生活条件十分艰苦，吃得很简单，喝的是粗略过滤的水，但他没有因此而灰心丧气，反而觉得这是一种历练，他通宵达旦地工作，努力地做好一切，还利用课余时间自学计算机绘图技术。听陈老师说，李勇叔叔的父母都是残疾人，是啊，他的家境不好，学历也不高，但是他却凭着对梦想的坚持和一颗坚定的心活出了自己的精彩。和李勇叔叔相比，我的一道难题、一次熬夜、一次早起、一次小小的考试失利又算得了什么？遇到困难就去击破，遇到低谷就努力跳过，要努力追逐自己的梦想，绝不轻言放弃。

“小胖子”李浩铭，所有的任课老师给予的评价都是“脑子很聪明，就是懒”，经过这一节班会课，他也收获了自己的感悟：在会上，我曾经问过李勇叔叔一个问题，关于如何面对困难。李勇叔叔说：“遇到了困难不退缩，勇敢地面对并克服它。和自己较真，当一个人战胜自己的时候，他就是真正的赢家。”这让我想起了聚美优品的CEO陈欧曾经说过的一句话：“人生路上少不了质疑和嘲笑，但——那又怎样？哪怕遍体鳞伤，也要活得漂亮。”这节班会课，将会让我终生难忘。

一节与众不同的班会课，一场精彩绝伦的演讲，给了同学们面对困难与挫折的勇气，教会了同学们怀着感恩的心和坚定不移的信念走上追逐梦想的旅程。明天的旅程，只希望如他们感悟到的那样：“拥有了它们，我的未来一定会闪烁耀眼的光芒。”

(3)录制班歌——彰显九班的精气神。

九班愿景明确、志向高远，需要有一首响亮的班歌来鼓舞士气，彰显九班的精气神。而九班班歌的诞生，可以说是一波三折。录制班歌这件事情要从七年级说起。当时几个班委开会，为使九班成为更加团结向上的集体，为了凸显出九班的个性与气质，有的班委提出设计班徽和班歌，说干就干，在大家的共同努力下，同学们兴致高昂，纷纷上交了自己独具特色的设计方案，最后经过全班同学的民主投票，寓意着欣欣向荣的向阳花成为了象征九班的班徽。而录制班歌的事情因为各方面原因被搁浅了。但学生们心里却一直没有忘记这件事。在八年级暑假前，班委们又向陈老师提起了录制班歌的事情，看着孩子们期待的目光，陈老师决定帮孩子们完成这个心愿。

陈老师找到了她的同学——测井三中的音乐老师胡老师来做学生的总指挥，在专业上给九班学生进行指导。陈老师还联系了录音教师，并发动家长们与孩子们一起修改歌词。就这样，在陈老师的多方努力下，班歌录制活动正式被提上了日程。

陈老师不遗余力的支持让孩子们很感动，也激励了孩子们下定决心不管经历多大的困难也要把班歌录制成功。

班歌录制的过程是极其辛苦的。正值暑假，炎炎夏日，同学们几乎每天都要顶着烈日骑车前往三中练习，一练就是一下午，由于都没有受过专业的声乐训练，孩子们对如何发音如何发声都不得要领。还要配合着唱出好几个声部，几个孩子练到最后嗓子都是沙哑的。但是他们却都感到无比快乐。李鑫宇说:“参加班歌录制的几个同学非常敬业,推掉了自己的其他安排,在这件事上花费了很大的精力,只有认真做,喜欢做,才能做得好。陈老师常常陪着,对同学们十分关心,大家的假期也因此更为充实和快乐。这件事也让我明白了‘认真对待,就能把事情做好’。”

刘禹培说:“录制班歌是在暑假中进行的,我们几个人一起骑车或跑步往返,一起练歌,互相纠正,互帮互助,更团结、更默契了。当时嗓子已经沙哑得说不出话来了,但是我还坚持训练,乐在其中,最后去一中录制的时候,第一次进录音棚,感觉很兴奋,录制的时候也更加专注和认真,录制完毕还经常怀念一起练习的日子。听到录制出来的班歌,特别开心,有一种欣慰自豪的感觉,这真是我人生中值得留念的一笔。”

张奕收获了这样的感悟:“班歌,也是一种合唱形式,并不是为了体现出某一个人,而是展示出集体的水平,不能特别突出自己,于是我们学会了谦虚、顾及他人,并增加了团队的凝聚力。”几个孩子在这个夏天,骑着单车、带着汗水与笑容奔向同一个目的地,这是多么美妙的一幅画面。正像班长祁琳说的:“这不是一首普通的歌,是我们九班的歌,它旋律优美,它婉转动听,它牵动着每个九班人的心,它代表着九班人的精神,更是九班人的骄傲!这个夏天,我们累并快乐着!”

(4)向师哥师姐取经会——激励九班奋力向前。

2016届八年级暑假即将结束,为了让即将升入九年级的同学们从思想上和战术上提前做好准备,陈老师特地请来了她最为得意的学生、已经考入大学的老九班的师哥师姐们来给九班的同学们传授经验,意在激励九班学生奋力向前,正确面对即将到来的中考和未来的选择。这些师哥师姐们很多人如今都已成为名牌重点大学的大学生,中国语言大学、中国政法大学、中国海洋大学、上海同济大学、浙江财经大学、中国地质大学……他们都为这次见面会做了精心的准备。整个活动以问答的形式进行,同学们提出自己的问题与困惑,师哥师姐们将自己的学习经验倾囊相授。整个活动过程中,陈老师带着新老九班同学一起回忆曾经的故事、一起展望充满希望的未来,大家围坐在一起,就像融洽温馨的一家人。最后老九班同学和现九班同学结成一对一小组,师哥师姐们要在未来的日子里给自己的学弟学妹们学习和生活上的指导和帮助。

活动结束后,九班同学们的心情久久不能平复,怀着激动的心情分享了自己的收获与感悟。

高睿还清楚地记得参加见面会时的情景和心情:记得那天是下午两点多,尽管正值夏日,树上的蝉在不停地鸣叫,天空没有一片云彩能帮我挡住毒辣的太阳,但我依然兴致勃勃地赶往学校,因为我非常期待快些见到陈老师以前的学生们,更期待这些师哥师姐们能跟我们分享他们宝贵的学习经验。听陈老师说,这些师哥师姐们现在都考上了国家重点大学,我真的很羡慕他们,我希望自己也可以通过努力,像他们一样考上自己理想的大学。在这些学长之中,有一位师哥的经历最让我感动,他最初的时候学习成绩并不好,但是后来发奋苦学,终于考上了一所好大学，现在的我也是如此，我要以这位师哥为榜样，从现在开始努力学习，像他一样考上一所理想的大学。

谭欣宇的学习成绩一直都不太好，甚至一度产生了厌学情绪。他也参加了这次“传帮带”活动。会后，他说：有一个师哥说：八年级是最重要的一年，一定要把握住机会！陈老师还给我们讲了一名以前的学生，总是背不下来课文，后来他自己也特别努力，每天在背课文上花很多时间，后来他背课文是全班第一。这使我非常振奋，我想，只要我再勤奋一点，再认真一点儿，我也能把课文背好。

刘禹培说：因为我们即将面临中考，所以同学们提出的问题大多与中考和学习有关，比如“应该以一个怎样的心态面对中考？”“假期应该怎样度过？”“补课的效果好吗？”等等。学长们都经历过中考、高考，可以说是“久经沙场”，现在他们回想起初中的生活，多了几分淡然与感慨。他们向我们讲述了他们的经验：面对中考，不要患得患失，而是要踏踏实实地努力，跟陈老师一起好好享受九年级。补课对成绩的提升效果并不明显，真正想学习的人在学校就能学好，不需要依赖补课。学长们的话仿佛给我吃了一颗定心丸，让我对即将到来的九年级生活少了一丝迷茫与紧张，多了些许期待与向往，因为我相信，在九班这样一个团结奋进的班集体中，在陈老师的带领下，我们每个人最终都会取得令自己满意的成绩的。

班长祁琳很是动容，她说：最令我印象深刻并为之感动的是，师哥师姐之间以及他们和陈老师之间的那种情谊。他们已经毕业六七年了，现在就读于不同的大学，居住在不同的城市，也许在来之前他们已经很久没有见面了。而在活动那天，他们彼此亲切地打招呼，随意地开着玩笑，一起回忆初中的往事，又一起惆怅感慨。他们所展现给我们的，就好像他们从来都没有分开过。中学毕业后，他们始终保持着联系，互相关注着彼此……就像班长麻佩琦姐姐所说的：“陈老师是我生命中最重要的人，今天来的人、没来的人，都对我有着特殊的意义，初中给予了我很多很多……”说实话，我很羡慕这种经久不变的感情，我很希望、或是说相信，我们的九班，我们的同学情、师生情，也会如老九班一样，永存！

师哥师姐们的到来，让九班同学士气高涨，为他们顺利步入九年级注入了一剂强心针，九班人的精神、九班人的感情，在这里传承、延续！

（5）游武清绿博园——赏景增谊放松心情。

2015 年“十一”假期，陈老师应班委们的邀请，和班里的孩子们来了一次说走就走的旅行，一起到武清“绿博园”采风。用陈老师的话说，“学就要学得认认真真，玩也要玩得痛痛快快，会玩的孩子才会学习。”

李新奥对绿博园中的飞机模型表演兴趣浓厚，他说：“才刚刚进入大门，我就被眼前的场景所震撼，整个园区非常大，分为南湖景区和北部展园两个部分。总体的感觉就是：北方展园古朴大气，南方展园优雅灵秀，而最令人叹为观止的还是在‘水秀广场’上演的飞机模型大师表演。这场表演汇集了来自世界各国的十几位飞机模型专家，参与表演的模型不仅有战斗机，还有直升机和喷气机。每一位大师都好似与自己的飞机模型心有灵犀，用手中的遥控器就将模型操控得游刃有余，侧飞、旋转、倒飞、超低空飞行……看得台下观众连连拍手叫好。”

除了对美景赞叹不已之外，同学们收获更多的是对友谊的认识。

崔依然是班里的“学霸”，这个从河北衡水中学转来的“高材生”其实自己也有很多的困惑，之前的她是从来不参加班里的各项活动的。在她的观念中，所谓的活动都是提高学习成绩的“绊脚石”。但是一味注重成绩，把所有的精力和时间都用在学习上的她却总是和祁琳、朱文铎这些同学无法缩小差距。后来陈老师鼓励她多参加集体活动，她在这一次远途的行程中收获了很多。她说：“通过武清绿博园采风活动，我了解了每个同学的性格，收获了和同学间的友谊，增进了与老师们的交流；我锻炼了忍耐、分享的能力。我认识到只注重个人的能力是不够的，要懂得团结协作，就像陈老师经常教导我们的那样：一滴水只有流入大海才能永生。愉快的旅行结束了，我十分舍不得这样珍贵的机会，我为生活在这样的集体中感到自豪和幸运。”

瞿蕾兴奋地说：“去武清绿博园采风，是我第一次和班里的老师、同学及家长们一起出去的，特别兴奋，这次旅行让我最感兴趣的就是最后的听相声，让我在其中享受到了抛开一切烦恼后的愉悦和舒畅，这是我很喜欢的。”

李鑫宇告诉我们：“同学间感情更深厚了。大家敞开心扉，彼此沟通得更加深入，也使大家更懂了友谊的珍贵，更体谅到家长、老师的不容易。”

杨慕涵这样说道：“在出游过程中，每位同学都真正地融入了九班这个大家庭，也开拓了我们的视野，并可以在九年级紧张的学习状态下放松身心。”

说走就走的旅行，让九班越来越团结，越来越融洽，越来越像一个充满爱与欢乐的大家庭。的确是应了班长朱文铎的那句话：欣赏的是美景！增进的是友情！放松的是心情！

(6)北京TIP——远非学习英语那么简单。

八年级的暑假，陈老师和九班的部分孩子一起参加了美中教育机构(ESEC)与北京大学继续教育部联合组办的全封闭英语口语培训项目Total Immersion Program，简称TIP。该项目倡导以全封闭的形式帮助学习者建立英语思维模式。

在英语培训基地，孩子们被完全隔离，阻断与外界的一切联系，并且被要求在这十四天的培训过程中，无论是课上还是课下，只能说英语。一旦说了中文，就会被开具“罚单”，累计罚单到了一定数目就有被遣送回家的危险。这对还是初中阶段的孩子们来说确实是个不小的挑战，但同时他们也感到新奇，并且跃跃欲试。在这短短十四天中，孩子们的英语水平不仅获得了提高，他们更收获了可以帮助自己创造美好人生的真谛。

①学会积极。

一直比较内向腼腆的李佳培，在培训归来之后写下了这样的感悟：“在TIP中，交朋友可是一件很重要的事，甚至对此有明确规定：每天都要交一个新朋友。因为，在这里，保持沉默就会退步，也许你会觉得在早餐时间端着餐盘坐到陌生人对面，对他说：‘你能做我的新朋友吗?'会令人觉得十分突兀。实际上,这种事情每天都在TIP发生。'May I be your new friend today?'已经成为了这里最常听到的句子。在这里,每个人都变得外向、积极,乐于结识新朋友。就这样,走在TIP的校园里,不管迎面走来的人是否认识,大家都会互相打招呼。TIP就是一个其乐融融的大家庭。"

②懂得控制。

徐敬哲是班里比较特殊的孩子,用一句时髦的话来说,他属于高智商低情商的孩子,学习成绩优秀,却不能很好地控制自己,除了学习,对自己的其他方面都要求过低。而这一次培训归来,他有了这样的收获:"既来之,则安之。我发现,当我从使用中文一下子跳到要说英文时,居然一点儿不适应的感觉都没有。我不免有些沾沾自喜——原来我的英语也是不错的嘛!当天,我还嘲笑了已经说了七句中文的张奕。然而到第三天的时候,我就已经受不了那种'想说很多,却又都不会说'的感觉了。于是就开始偷偷地说一点儿中文。其实我自己也知道,如果一直这样下去的话,这十四天的'与世隔绝'只能换来'白费'二字,但还是会忍不住偷偷地用中文来解释我的想法。不过还好,我的行径很快就遭到了'韩书记'的痛斥,他时刻监督我,哪怕我刚刚要说一个字,便会受到他不厌其烦的'教导'。可喜的是,我竟然慢慢地克制住了想要说中文的冲动。甚至有时可以脱口而出一长串的英文句子。原来,我也是'可控'的!"

③收获友谊与乐观的心情。

刘雨辰性格腼腆,不善交际,喜欢一个人躲在角落里看书、学习。TIP培训结束后,她发生了很大的变化,变得主动积极,愿意融入到集体中,变得开朗了许多。她感慨道:"难忘的TIP生活早已成为过去,其中的往事却依旧历历在目:凉面的美味,外教赞许的目光,朋友间开怀的欢笑,都成为了我内心久久无法抹去的幸福。在这两个星期里,我交到了几十个朋友,虽然不知他们的名与姓,但我们却在这个夏天,在这个封闭的环境中,结下了最深厚的友谊。我发现,原来朋友对于一个人来说是这么重要,和朋友在一起的感觉是那么的美妙。每每想起这些朋友,想起那个夏天我们一同经历的时光,我的嘴角依旧不自觉地向上扬起。每天的体育课,我们衣衫尽湿,却依然努力坚持,挥洒青春的活力;为了结业会的个人演讲,我们每天在教室里一起反复练习,汗水顺着脸庞缓缓滑下,依旧浑然不觉,抬起头四目相对时,发现我们的嘴角已经笑得快咧到耳根了。哭,要笑着哭;笑,要笑着笑,永远要乐观,永远要自信,这是在那个炎热的夏天TIP留给我的最美的感受。"

⑤懂得分享。

班长祁琳参加了TIP之后,不仅英语口语水平有了大大的提高,她认为自己最大的收获是学会了分享:"虽说参加TIP的主要目的是提高英语水平,但我在这里学到的远比提高口语多得多。第一件事就是学会了鼓掌。也许你会奇怪,鼓掌人人都会,有什么好学的。但我在这里学到的是为每一个人鼓掌。这里我要提到我们可敬有可爱的外教们,每一天,每一节课,哪怕我只是回答了一个小问题,他们都会微笑着说'well done'或者是'good job',并给予最热烈的掌声。有时,其实我们做得并不是那么好,可他们掌声依旧。我想,人和人怎么会没有差距和区别呢?但我们的外教们,他们真正做到了平等地对待每一个人,为每一个人鼓掌。有一次,我们小组上台演示,但是大家好像对我们讲的内容不大感兴趣,我们不禁有些尴尬和紧张,就在这时,我听到了外教的掌声,这掌声给了我莫大的信心。外教的掌声曾无数次地激励我,现在,我要试着把这掌声和鼓励传递给更多的人。"

短短十四天的TIP之旅,不仅让这些孩子们在英语口语水平上得到了提高,学会了用英语思维学习英语,更重要的是,孩子们在这十四天的封闭生活中敞开心扉、勇于自省与改变,获得了珍贵的友谊,增长了人生的阅历,也领悟了很多人生的真谛。

(7)与贫困山区手拉手活动——洗涤心灵、学会感恩、奉献爱心。

九班的孩子家长基本都是油田的职工,家庭条件较好,孩子们觉得父母疼爱、衣食富足、娇生惯养都是理所当然的;普遍没有学习动力,不懂得珍惜和感恩。针对这一情况,陈老师发起与贫困山区手拉手活动,旨在希望学生们经历一次心灵的洗礼。

通过周密部署,在课题组成员向老师和班主任陈老师的共同努力下,九班发起了"情系大山,与湘西河蓬乡中学九年级学生手拉手"活动。同学们先后两次与山区学校的同学们进行了书信往来,结成了固定的帮扶对子。当陈老师向九班同学们介绍了湘西古丈县一所学校的相关情况后,孩子们都纷纷表示愿意为贫困山区的同学们献上自己的爱心与祝福。并利用班会课开展了献爱心活动。有的同学捐出了自己的旧衣裤,有的同学捐出了自己喜欢的玩具,还有的同学得到了家长的大力支持,为山区的同学们购买了全新的棉衣和文具。通过这一次献爱心活动,同学们的内心受到了极大的震撼。

"学霸"崔依然这样形容她的感受:"近期,我班开展与湘西山区学校手拉手活动,通过进一步的沟通,我了解到他们那边十分贫困,没有照片,没有手机,没有电视。因此我们捐了一些物资,希望能帮助他们解决物质上的困扰,考上自己理想的学校。与此同时,我认为我们应珍惜自己的优越环境,好好努力为自己的未来之路增砖添瓦。"

生活委员瞿蕾这样说:"通过和远方朋友的通信,让我对她更加的好奇和期待,我很心疼那里的孩子们,也很想通过我们大家的力量帮助他们,我和我远方的朋友很投缘,她还邀请我去她的家乡做客,我很期待陈老师说的九年级毕业考后的远途,希望时间过得快一点儿,让我早日与那里的朋友们见面。"

班里的左梓盈同学也深深地受到了触动:"通过与跟山区同学的两次通信,可以看出他们的生活不富裕,甚至是贫困,但在信中仍可以感受到他们的热情和对学习的渴望,现在的我并不优秀,但我会通过努力来回报我的父母,所以山区的同学对我的影响很大。"

刘雨辰同学也写下了自己的认识:"通过书信的方式,我们互相取得了联系。那些山区中的孩子都很贫苦,尽管条件不好,却依然努力学习,而我们这里的条件这样优越,哪有理由不去珍惜。"

耿津津是外来务工人员子女,父母靠租用西小区市场的摊位卖菜来供她上学,一向成绩落后的她在自己的日记中这样写道:“我非常同情湘西山区的同学们,以前总觉得自己的父母是卖菜的,觉得自己的家境不好,有时我还怪我的父母没有让我过上好日子,和那些大山里的孩子比,我觉得我比他们幸福得多,我要好好学习,将来更多地帮助他们。”

一件件被运送到大山深处的礼物,承载的是九班学生们善良的心灵,一行行朴实的文字,记录的是九班学生珍贵的自省。通过这样富有意义的爱心活动,学生们不仅了解了贫困山区的孩子们的生活状态,更能由此反省自己的学习和心态。献爱心活动,又一次激励了九班人,学会珍惜眼前的幸福,学会面对人生的苦难,学会关爱身边的家人,带着爱重新上路。

手拉手活动后,九班的孩子们更加懂事了,这是他们成长中的具有重要意义的洗礼,在此后,他们的胸怀将会更宽广,情感会更真挚。

7. 巧用哲理小故事——浸润心灵、调节心理。

在九班,孩子们称陈老师为“故事大王”,不论是早自习还是英语课,不论是学生会还是家长会、不论是活动前还是活动后,也不论是班委会还是课代表会,不论是个别谈心还是集体发言,陈老师就像一个魔法师,总是能演绎出一个个针对问题的小故事,从来没有空洞的说教,从来不会尖锐地指责,所有的道理都蕴含在那富有哲理的小故事中。每一个九班的学生都能随口说出他们听过的小故事,因为在他们最迷茫、最需要理解的时候,陈老师讲的小故事走进了他们的心里,浸润着他们迷惘的心灵,引导着他们前进的方向,鞭策着他们不断地完善自己。

对于陈老师的小故事,学生们这样写道:班主任在课余时间给我们讲述的哲理小故事,为我们的精神世界注入一股清泉。老师总是能通过富有哲理的小故事,用最朴实的语言把深奥的道理阐释给我们,给我们内心以巨大的震撼。

同学们对陈老师的哲理小故事是这样记录的:

今天陈老师在放学总结时给我们讲了一个故事——《粗心的妇人》,主要内容如下:一位妇女听闻其母亲病危便急匆匆地抱起

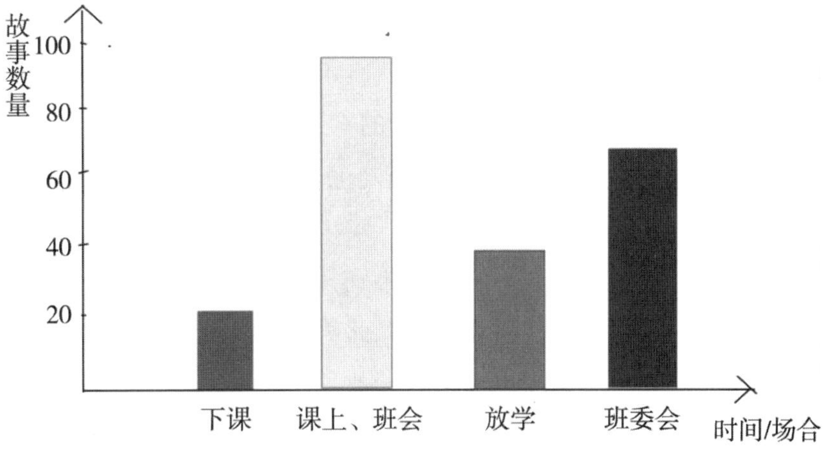

陈老师哲理小故事讲授时间/场合统计图

孩子跑出家门，但她全然不知那是一块石头。跑到瓜地时，不小心摔了一跤，“孩子”掉了，便急急忙忙起身抱着“孩子”接着跑，但她不知道其实她抱的是个大西瓜。到了母亲家，发现母亲并无大碍，便松了口气说：“我把孩子抱来给您看了！”可突然发现是西瓜，便想孩子一定是落在西瓜地里了，便又去西瓜地里找，找到天黑也没找到，便失魂落魄地回家了。回到家里才发现：孩子躺在床上……

同学们听完后都哈哈大笑，但随后意识到故事的意义所在，便开始逐渐认真了。陈老师讲的故事并不是随便拿来讲的笑话，而是有针对性的。这几天班里的一些同学经常因为不仔细而把最简单的题都做错了，各科老师有所反映，对此情况她并没有用那些苍白无力的啰嗦话来指责我们，而是心平气和地给我们讲故事，这真是不多见。（崔依然）

八年级期末检测结束了，我们班的成绩有很大进步，但是也有一些同学踏步不前甚至也有退步的，陈老师在我们的考试总结会上给我们讲了这样一个故事：一位猎人打猎时，打中了一只兔子，可受伤的兔子还在跑，猎人便让他的猎狗去追，最后兔子没有被猎狗追上，安全回窝了，其他兔子问它：“你腿受伤了，怎么还能跑过猎狗？”兔子说：“我是为自己的生命而奔跑，而它只是为它的主人而跑。”说完故事，陈老师问我们：你是为谁而学？为自己学的，争分夺秒，努力奋斗；为老师学的，心不甘情不愿，有老师督促则按要求去做，反之，则得过且过。我们每个人都应该为你自己而学！

同学们听了，有的陷入思考，有的惭愧地低下了头，有的信心满满，坚定不移。我庆幸我是第三种。我心中暗暗说：加油吧，同学们，让我们为自己的未来而奋力拼搏！（祁琳）

又是一个故事：一个小男孩捡到了一个蛹，十分爱护。有一天，他突然发现有翅膀在拱蛹，小男孩出于善意，便帮它捅破了蛹，蝴蝶飞出来了。但它却不能自由地飞，因为它的翅膀由于没有经过锻炼，最终死掉了。这个故事对我触动很大，我明白了我们每个人都是蝴蝶，必须经历过黑暗中的摸索过程，才能见到灿烂的阳光。之后，原来有几个不思进取的同学开始有所转变，主动问同学问题，上课扰乱课堂的纪律同学也能聚精会神地听课了。（杨昊东）

在小故事的浸润下，九班孩子的目光更温柔了，说话更和气了，行为举止更文明了，心胸更宽广了，视野更开阔了，学习更认真了，一切都在无形中改变着。

8. 制作精美纪念册，定格最美的青春。

运动会纪念册《阳光之下跑道之上》、社会实践纪念册《绽放在军营里的向阳花》以及九班同学风采录《九班人九班事》这三本小册子的印制，收到了意想不到的良好效果，从家长到学生，从任课教师到学校领导，再到其他班级的同学，都为之震撼，同样是搞活动，为什么九班就能在活动后给学生们留下如此美丽的印记，这种美好是一辈子的珍藏。我们从访谈九班孩子的资料中整理出以下教育效果。

（1）很好地锻炼了同学们的写作能力，许多同学开始对写作产生了兴趣。

（2）班里平时不擅长写作的同学也写了很多，每个人都认真对待，更有责任感了。

(3)因为要印制成书,每个人都当上"明星",在书上看到自己的文章有自豪感。给班里一些不自信的同学带来了满足感。

(4)每次看到这三本书,同学们都会很兴奋,一直沉浸在美好的回忆里。

(5)除了自己的故事外,还可以看看其他人的所见所闻所感,在写作方面有所借鉴,取长补短。

(6)长大后,再翻开这三本书,一定会有不同的感受。

(7)参与编写、印制的同学看到自己的劳动成果会很亲切。虽然过程很艰辛,但是体会到了努力就会有回报,有付出的结局才有可能是美好的。

(8)没有参与制作的同学,都想要成为下一本书制作组的一员,调动了同学们的积极性,能让全班都参与进来,锻炼了同学们的工作能力。

(9)这三本书大大增强了班级的凝聚力,使每个人都为班级的成长与进步,感到骄傲。

(10)这三本书向所有人传达着一个理念,那就是九班的同学们都是最棒的,九班的同学们都是陈老师的最爱,我们感到了幸福。

也许这样的描述根本不足以表达孩子们的喜悦与振奋,我们来看看学生的感言摘录吧。

她的美,就像一盆君子兰,默默无闻,却用绽放的花朵静静点缀着教室的一角;她的气息,仿佛令教室中充满了甜甜的、阳光般的味道;她真诚、善良、平易近人。她就是我们的好班长——祁琳。她是老师眼中的好学生,更是我们九班的领航人。

她很爱笑,整天都用笑呵呵的表情感染着周围的每一个人,使我们的心情也不由自主地舒畅起来,好像不论遇到如何棘手的事,她都能用笑来回答。她的笑永远是那么无暇、天然、纯真,如冬日盛开的梅花。她是我们的班长,可从她的眼神中看不出丝毫骄傲,取而代之的是谦虚,平易近人。

说到宽厚待人、无私奉献,我的脑海里立刻浮现一个身影,她勤劳,对每一位同学都尽心尽力。她就是班长祁琳。在班级中,你会听到:祁琳,帮我记一下作业,祁琳,帮我扫一下地,祁琳,帮我讲道题……在班里,这样的事数不胜数,"祁琳"已经成为我们班寻找帮助的常用词语了。而她的宽厚待人更是达到了一种更高的境界,她永远那么真诚,如冬日的阳光,让人有一种暖暖的感觉。她就像一盆君子兰,她的花不一定是最美丽的,香味不一定是最浓烈的,但她的美丽、淡雅,可以沁人心脾。(《九班人九班事》梁佳堃)

这是一位班级典型的学习后进生小梁对班长祁琳的描写,读到此文,很难把小梁同学和学习后进生联系起来,描写得情真意切,文字间似乎散发着兰花的气息,这位外表看似粗犷的男生的内心还如此细腻,不觉为之感动。

她是我的师傅,八年级时,陈老师让我们学习吃力的同学自选一位师傅,我找到了瞿蕾,本以为她会拒绝,因为我想我这样差,只会成为她的累赘,但是没想到她爽快地答应了。老师在墙上贴了一张表,让我们这些徒弟在师傅那默写古诗,默完了师父在表上签字,每一次她都是看着我默完。有一次我想偷懒,她的脸一下子就阴了下来,那是我第一次看见她生气，往日如花般的笑脸消失得无影无踪，仿佛乌云密布，压得我透不过气来，我赶紧回去认真学习。平时，她很有耐心，在我失去信心时总给我鼓励，在她的帮助下，那一年的期末考试我的语文成绩是有史以来考得最好的一次，甚至还超过了一些学习好的同学。当时我一下子就抱住了她，激动得哭了。(《九班人九班事》陆小艺)

陆小艺同学的讲述娓娓道来，瞿蕾的形象仿佛就在眼前，一帮一结对子的活动从八年级开始实施以来，班级中的各对师徒都有了明显的进步，在班级中像陆小艺和瞿蕾同学结对子互帮互助的故事有很多，正如家长们所说，孩子们在结对子中不仅提高了学习的积极性，增强了班级凝聚力，更重要的是孩子们学会了付出，懂得了感恩，还收获了友谊，这在他们的成长中或许比学习的提升更有价值和意义。

记得我们陈老师曾经发布了一项“命令”：所有体育不合格的学生，在放学后去操场跑五圈。自那以来，每晚放学后，操场上就会有他的身影，风雨无阻。现在体育早已满分的他，运动会上夺冠的他，完全可以直接回家，不去跑步了，但他不仅坚持去，还超额完成了18圈，他创造了奇迹。

以前他曾被陈老师列为“准实验生”(注：指能够进入市重点高中油田实验中学)，于是他开始把对体育几乎执拗的追求，也用到了学习上。当有学霸在讨论问题时，他总是凑上前去旁听，还主动找老师要题做，有不会的就去问，正是这样，他才得以突破自己，现在的他已经不是“准实验生”了，成绩已经跃居到年级前30名。(《九班人九班事》徐敬哲)

徐敬哲同学所写的张奕同学是由体育锻炼取得成效，然后延伸到学习上的不懈努力的典型，他的蜕变已经被传为佳话。榜样就在身边，孩子们都在看着、学着、努力着。

她曾经在校服上涂鸦被德育处的老师批评，厚厚的刘海遮住了眉毛，上课时发呆，或与前后桌的同学说话，大课间跑步偷懒，学习很不努力，也是最让班主任头疼的学生之一，经过了两年的努力，她在与九班共成长。

体育课上的黑马：原来她不喜欢上体育课。可是有一次她的态度发生了翻天覆地的变化！由于我们和八班一起上体育课，不知老师是否有意激发我们的斗志，决定让我们两个班来一场比赛，男生1000米，女生800米。因为顾忌班里的荣誉，我们田径队的也回去参加比赛了，当老师一声令下，我们像脱缰的野马冲了出去，无疑第一名是我，而第三名却让我大吃一惊，竟然是她——常月，等她稍作休息时我采访了她，她笑着说：“在跑的过程中我想过放弃，可是我想到九班的荣誉，就一直咬牙坚持了下来，而且在到达终点时，我心里有一种快乐在蔓延，我以后一定会更加努力地跑步，为九班争光！”从那以后，常月就像是换了一个人，一直到今天，甚至遥远的未来。(《九班人九班事》侯月琪)

侯月琪同学所分享的故事让人振奋，常月以及九班所有像常月一样的同学，她们被陈老师的“魔杖”点中后，发生了神奇的变化，也许他们的学习成绩还不是很优秀，也许他们在中考的较量中还不具优势，但是他们一定会以自己的节奏和方式，形成健康的人格、充盈的情感、坚强的意志，积极地实践自己的精彩人生。

她是一个热爱劳动、无私奉献的同学。我经常能在班级的一角看到她忙碌的身影。一天，我特意观察了她做卫生的情形，只见她认真地扫着地，不放过一片废纸和一点粉笔灰，她细致地扫了一遍又一遍，这时她发现地上有一块橡皮，她轻轻地将它捡起，掸一掸上面的灰，问身边的人："这块橡皮是不是你的？"那几个人都摇摇头，扫完地后，她把那块橡皮轻轻地放在讲台上的盒子里。这时她看讲台比较凌乱，又仔细地将每一块抹布叠成正方形，摆在一起。再将粉笔一根一根地放入笔盒，讲台上立刻变得井然有序了。(《九班人九班事》李佳培)

李佳培笔下的耿津津读着就让人喜欢。对于她，陈老师总是格外地关注，因为她是外地人，父母在附近的市场卖菜，无暇顾及她的学习，导致学习成绩偏低，考上高中比较困难。但是在陈老师的班级中，从来就不是以成绩来评价学生的，从佳培同学选择写津津，就是老师教育的效果，佳培各方面都很优秀，但是她和成绩平平甚至可能考不上高中的津津是好朋友，她们一起训练，一起学习，在佳培的帮助下，津津的成绩有所提升，陈老师经常鼓励和表扬津津，说她是一位勤快、贤惠的好姑娘，这可是对女孩子很高的赞誉，不论是否能进高中，相信这个肯定会记在孩子的心里，并引导着她继续努力。

李君瑞——并不出众的学习成绩配上他那平平的相貌，简直可以说是放在人群里就会找不着了，但无论多么平凡的人，亦有其不凡之处。毕竟，未来会怎样，又有谁说得准呢？

骄阳肆无忌惮地发光发热，万里晴空更是为其大施拳脚提供了绝佳的条件，平时雀跃于田野树梢间的麻雀也都踪迹全无，这一切的一切，给这个平凡的下午添上一抹莫名的惆怅。上完体育课的我，拖着疲惫的身躯挪回教室，可刚刚坐在座位上，我突然想起：跳绳落在操场上了！我只好苦着脸起身要奔向操场。这时，一个憨厚的声音在耳畔响起："你去哪儿？"我一看，是李君瑞。"跳绳落操场上了。""我帮你拿吧。"还没等我反应过来，李君瑞就风风火火地出去了，似乎一点儿也不惧怕那熊熊烈日，我不禁对其心生感激。

我慢悠悠地回到教室，随意地瞟了一眼讲台——一根跳绳赫然躺在那里。"上帝啊！我的跳绳为什么会在那里？"我有点蒙。"李君瑞他——"我连忙往楼下跑，心里正琢磨着怎么向他解释，谁知正好撞见大汗淋漓的李君瑞，他看到我，满怀歉意地说："抱歉啊，我找了一圈，还是没找着。""其实是我弄错了，跳绳在我这里。"看到他那歉意的面庞，我心中越发愧疚。正当我准备挨骂时，李君瑞却摸了摸脑袋，毫不在意地说："没事，找到就好。"他的大度深深折服了我，那时，那刻，那人，深深地铭刻在我脑海中。

成绩不好又如何，李君瑞，加油！让我们一起努力吧！(摘自《九班人九班事》张奕)

在同学们的笔下，在同学们眼中成绩并不代表一切，成绩不好的同学身上一样有很多优秀的品质。同伴的肯定对成绩不好的孩子尤其珍贵，这让他们感受到自己的重要性，不仅会继续做好事，也能带动自己的学习积极性。大家也更加积极地帮助他们，他们进步了，九班就会更好！这就是陈老师推行的"水涨船高"的理论，看来孩子们理解了并且落实得非常好。

《九班人九班事》是九班同学在八年级下学期编写的。在经历了七年级的大合唱、跳绳比赛、短剧比赛、班级中的一帮一互助小组的建立及实施、八年级的社会实践、运动会、及校内外长跑运动的活动开展，到了八年级的下学期，班级中人人有特长，人人有亮点，人人都是"superstar"，虽然学习成绩不一样，但是同学们努力的热情和积极的态度是一样的。所以在此背景下，陈老师组织召开了"说说我身边的 superstar"的班会，同学们踊跃发言，说得都很好、很感人，陈老师顺势引导同学们把这些事汇集成册。面对同学们的赞扬，每一个孩子都收获了珍贵的情感和友谊，每一位孩子都觉得自己是独一无二的，都是同学眼中最美的云彩，所以他们更加珍惜友谊，更加热爱班集体，更加坚定了努力学习、努力做事的信心和决心。

9. 放手课堂，让学生"展翅飞翔"。

八年级时，陈老师鼓励大家在英语课上摆擂台：谁有问题就写在黑板上，想回答的同学登台讲解，由此逐渐培养了学生独立思考、独立分析的能力。进入九年级第一学期，陈老师尝试着把整节的英语课让学生来上，自己在幕后指导。再进一步，学生讲课，自己当听众，有时也参与其中。学生讲课的操作机制是：学生自己选好要讲的课，提前一至三周到学习委员处报名，只要没有冲突，就会获得批准，根据课时进度确定登台讲课的时间。一周中若学生讲课比较多，陈老师会安排一节课进行知识的补充和对一周英语课的知识要点进行梳理。

在临近中考的时刻，很少有教师敢于把自己的课时让给学生来"表演"的。其实，作为教师，我们都知道，"讲"的过程是验证学习效果的过程。平时，学习水平是由考试的分数来衡量的，但成绩好，并不代表知识掌握得全面、理解得透彻。作为一个讲课者，确实需要具备一定的知识储备、语言组织和课堂驾驭能力，而这都需要经过不断的学习与锻炼来获得，只有经历了"讲"的过程，才能清楚地了解自己的知识是否掌握得全面、牢固、透彻。能够上台讲课的学生是幸运的，因为他们从中体会到了更多的学习方法，这是其他途径所不能够获得的。

（四）成果总结提炼阶段

在这一阶段，课题组将课题研究报告与论文、对各方面人员的访谈及他们的回顾文章汇集编辑成书。

五、课题研究成果

（一）研究观点

1. 班级建设需要有一个恰适的共同愿景，激励大家立志前行。

班级建设的初期，需要在学生的心里树立起一个大家为之共同奋斗的目标——班级发展愿景。这个愿景既要包含集体的发展需求，也要包含不同层次的个体的发展需求，这样大家才能够心往一处想，劲儿往一处使，朝着共同的目标笃定前行，最终实现这个愿景。

2. 健康的身心是学生学习生活发展的基础。

学习需要良好的身体素质和健康的心理素质作为支持。如果平时不注意体育锻炼，忽略了体育成绩的重要性，到了九年级，又不得不为了体育中考成绩而加紧练习以弥补平时的“欠账”，学生就会承受着更大的压力，容易顾此失彼。所以，要想体质好、体育成绩好，就要在平时坚持锻炼，养成习惯。

在陈老师的号召下，九班同学每天的体育锻炼已经成为习惯，良好的体质支撑着他们向更高的学习目标冲刺，群体的锻炼使他们团结互助，形成了良好的学习氛围，体育精神也激励着他们自己战胜自己，不断向更高的目标挑战。

3. 多彩的活动是学生体验社会、陶冶心灵、彰显个性的舞台。

主题班会、运动会等各种课余活动不仅不会耽误学习，如果安排得当还会对学习有帮助，甚至收到事半功倍的效果。

如果把学习成绩看得高于一切，把精力和时间全放在提高学习成绩上，就会忽视了学生的身心健康、品德养成等方面，学生不能全面发展，而成了学习的机器，这对其终身发展是非常不利的。

九班通过大量的有益活动和社会实践，让学生体验社会、了解社会，心灵受到熏陶，增强了社会责任感。另一方面，学生在活动中找到了自己的位置，了解了自己的能力和特长，明确了学习目标，自然能增强学习动力。

4. 扩大优秀群体，让人人成为闪耀之星。

普遍的错误观念是：学习好等于一切都好，学习差则等于一切皆差。从而导致一些“学困生”被忽略，受到歧视，从而使他们的状态更加糟糕。其实，学生各有长处，只是显现的方式不同。有的擅长自然科学，有的擅长音乐，有的擅长美术，还有的擅长体育；有的具有较好的组织能力，有的具有很好的执行能力等等。而社会发展与建设需要不同类型的人才，每个人都有用武之地。九班在班级建设中注重个人特长，建立了双轨制的班干部团队，让每个人都有机会发挥自己的特长和优点为班集体贡献力量。这让人人都受到关注，人人都有一技之长，人人都有优秀的一面，人人都是一颗闪亮的星。

5. 教育是艺术，恰当的哲理小故事胜过枯燥的说教。

初中的学生正处于青春期，开始有了自己的主见，如果约束、引导不当，就会出现逆反心理。因此，当学生有了问题，如果只是单纯的说教，很难让他们服气，收到预期的效果。而将哲理通过讲故事的形式传递给学生，让他们从中感悟为人处世的道理，会收到意想不到的效果。这种方式与单纯说教的区别在于：第一，不直接与学生起冲突；第二，不直接针对学生的问题进行批评；第三，给学生留有充分的认识与改过的余地；第四，故事中贴近学生生活的榜样的力量具有更强的示范效应。

6. 凡是学生的事情都要竭尽所能地做好。

学校教育的核心是为了学生的发展服务，因此，凡是学生的事都是应当当做大事来办，要有始有终，并尽力做到最好。这样，学生感受到自己作为主体的地位，学校师生间建立相互信任的关系，形成和谐的氛围，学生在这样的环境下才能够更好地成长。

7. 家长深度参与班级活动有助了班级建设与家庭和睦。

家校合作，说起来容易，做起来难。其实，家校合作最为基础的还是家长与班主任、家长与班级的合作。这里需要两个诚心，一是班主任诚心邀请家长的合作，二是家长诚心配合。二者为了一个共同的目标，让学生获得发展。家校合作，让家长参与班级活动的组织，最为现实的两个好处，一是家长能够及时了解孩子所在班级的情况以及孩子的在校表现，从而在家庭生活中有针对性地教育孩子；二是教师能够了解学生在家中的表现情况、行为习惯，与其在校表现相对应，进而配合家长对学生进行恰当的教育，增进家长与学生的沟通与理解，促进家庭和睦。

8. 正确使用评价，让“学困生”挺起胸膛，精彩生活。

一个班级若想和谐，就得让每一个学生都能够心情舒畅，找到自信，能够挺得起胸膛。因此，我们必须正确对待“学困生”，利用多元智能的评价理论正确评价每一位学生，找到他们身上的闪光点及特长，使其放大为自己的优势，从而能够自信地参与到班中的各项活动中来，与班集体共成长。

9. “学困生”有了班级归属感，班级就形成了真正的凝聚力。

一个班级是否具有强大的凝聚力，在一定程度上要看大家对这个班级有没有归属感，尤其是“学困生”对班级的归属感。如果“学困生”能够在班级中挺着胸膛做事、学习与生活，说明这个班具有一股正能量，不单纯以学习成绩论英雄，大家彼此尊重互助，形成和谐的学习氛围，从而铸就班级强大的凝聚力。

（二）陈树平老师的班级建设思维导图

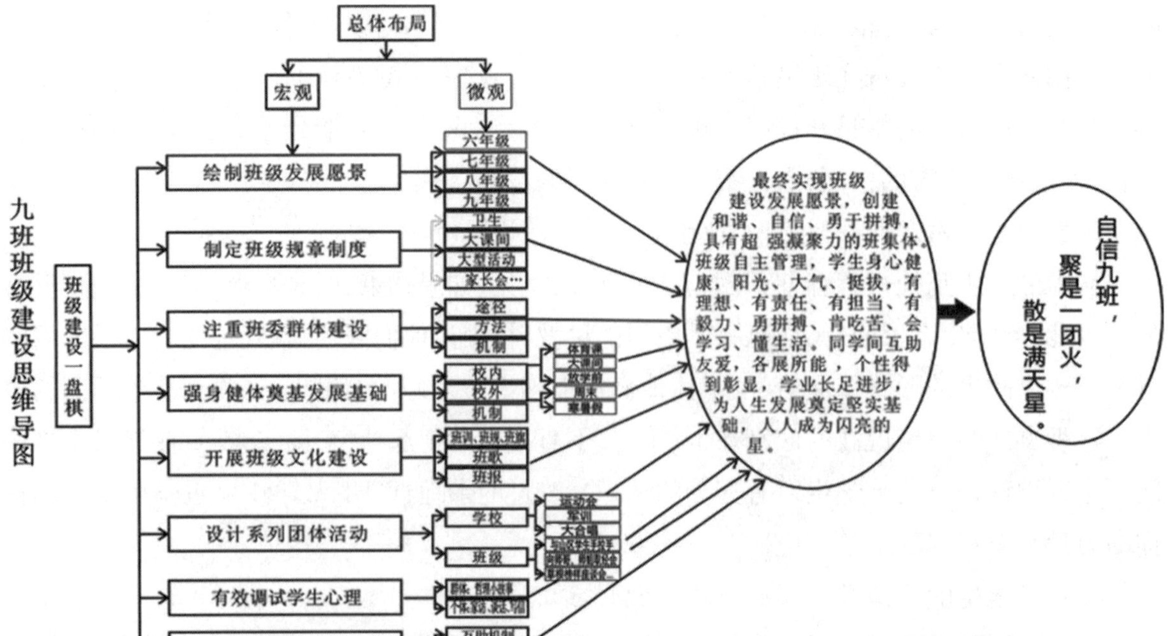

“1+8+N”管理模式

(三)陈树平老师"1 +8 +N"班级建设模式

根据课题组的研究、总结、提炼,我们将陈树平老师的班级建设模式定义为"1 +8 +N"模式。通过前述的班级建设思维导图,我们可以看出陈老师的班级建设"1 +8 +N"的基本模式。

其中的"1"即为班级建设的一盘棋。就是说,班级建设要有宏观的规划、总体策划,通盘考虑,要把它视作一盘棋,在行动之初就统一规划。其中的"8"即为班级建设的 8 个着力点。从绘制班级发展愿景、制定班级规章制度、注重班委群体建设、强身健体奠基发展基础、开展班级文化建设、设计系列团体活动、有效调试学生心理、营造和谐的学习环境等 8 个宏观的角度进行着力。其中的 N 即为由 8 个着力点拓展开来的相对应的 N 种微观的操作方法与具体实施措施。

陈树平老师在接手班级之时,心中就有了带班的总体思路,并从 8 种宏观的角度去开展班集体工作。其具体做法如下。

1. 绘制班级发展愿景。

陈老师在接班的初期与同学们绘制了班级的美好愿景,通过初中阶段的努力奋斗,创建和谐、自信、勇于拼搏、具有超强凝聚力的班集体。班级自主管理,学生身心健康,阳光、大气、挺拔,有理想、有责任、有担当、有毅力,勇于拼搏、肯吃苦、会学习、懂生活。同学间互助友爱,各展所能,个性得到彰显,学业长足进步,为人生发展奠定坚实基础,人人成为闪亮的星。与此同时,拟定了班级每年的发展规划:七年级树立奋斗目标,培养良好的学习与生活习惯,学会对自己负责,实现从老师管到班干部管理的转型,争当校级优秀班集体,积极参加学校各种活动和比赛。八年级形成较强的团体竞争合力,德智体美劳全面发展,学生不仅要做到对自己负责,还要对他人、对集体负责,实现从班干部管理到自我管理的转变,积极参加学校各种活动并要获一等奖,但可以不是第一名,争当区级优秀班集体。九年级要形成明显的竞争优势,班级学习氛围浓厚,班级凝聚力强,班级建设的软实力基本实现,如班级文化建设、环境营造、人文关怀、互助机制、自我管理效果等。班级建设的硬实力凸显,如学科竞赛、体育比赛、文艺活动、各种社会活动的表现等。班级有能力开展各种活动,并在活动中培养大气的、有思想、有理想、德智体美劳全面发展的学生群体,使学生具备初步的社会活动能力,有制定与遵守游戏规则的能力与意志力,有勇敢面对社会现实并能够在自己的可控范围之内予以积极解决的勇气和能力。争取斩获市级三好班集体,每一位同学都有着高度的责任心和使命感,形成强有力的集体荣誉感和班级凝聚力。

2. 制定班级规章制度。

(1)九班大课间管理制度。

制定的依据:要让学生和家长都明白,大课间活动是学校活动的重要组成部分,也是一个展示班级风貌的窗口,更是全班学生品质和精神面貌的展示平台,同时又是增强学生体质、对学生进行教育的良好契机,可以提高学生团结同学、关心集体、遵守纪律及一切行动听指挥的意识，为确保班级大课间的锻炼质量，特制定以下规则。

①班主任和每个学生必须参加每一天的大课间活动，不能以任何理由缺勤，医院证明疾病的除外（目前班级中没有严重疾病的学生）。

②体委负责组织，老师负责指导。

③每天填好活动记录，做好统计工作，每2个学生一组，轮流来做。

④学生每周轮流带操。

⑤根据检查和统计情况，进行每周小总结，每月大总结，把情况向家长反馈，形成合力，提高锻炼的意识，以便改正和提高。

⑥评分标准。

A. 眼保健操姿势是否正确。

B. 集合快慢，列队是否整齐，有无打闹说笑现象。

C. 做操动作是否到位，是否整齐舒展大方。

D. 跑步队伍是否整齐，出勤率状况，是否有落队跟不上、经常系鞋带、队伍中说话、打逗等情况，跑步姿势是否正确，精神是否饱满，病假是否有假条。

（2）九班卫生制度。

①卫生制度上墙，每个人都明确自己的分工和责任范围。

②每一个卫生责任区都有明确的卫生标准。

③周末换组前由卫生委员提醒下组做卫生的同学。

④每周进行卫生小结，指出不足，总结好的经验，如怎样拖地才干净，墩布怎样放干得快等。

（3）家长会制度。

在家长会前一周，由学生投票建议家长会的内容，由相关学生准备，可以是班委，可以是小组长，也可以是课代表，或者想要表达自己意愿的同学，或者根据目前班级中集中出现的问题进行讨论，学生申请，班委审批，班主任把关，通过后就执行。

（4）大型活动实施制度。

①将学校或班级即将要开展的活动告知全体学生和家长，让每一位同学和家长都了解班级所开展的活动。

②有兴趣的家长和学生针对活动拿出自己的初步方案，举行班级会议对方案进行讨论，将讨论结果再次告知家长，征求改善的意见，完善方案。

③组成活动组织机构，明确分工，有相关特长的学生参与活动，有潜力的学生给机会锻炼，不擅长此方面的学生做好其他后勤工作，每一个学生在活动中都有任务。

④每一个活动都列出需要家长做的事情，书面告知家长，家长自愿报名领任务，参与到活动中来。

⑤每一个大型活动都有总结和照片，制作成册，留作永久的记忆。

(5)九班班规。

①进校:穿戴整洁重仪表,备齐用品准时到;进校说声老师好,相互问候有礼貌。

②早读:勤奋好学争分秒,贵在自觉效率高;语文英语同重要,书声琅琅气氛好。

③两操:出操集队快静齐,动作规范做好操;每天眼操很重要,持之以恒视力保。

④上课:铃声一响教室静,专心听讲勤思考;积极发言敢提问,尊敬师长听教导。

⑤课间:课间休息不吵闹,文明整洁要做到;勤俭节约爱公物,遵守公德也重要。

⑥学习:各门功课要学好,遵守纪律最重要;预习复习要自觉,环环扣紧才生效。

⑦作业:审清题意独立做,格式规范不抄袭;簿本整洁字端正,保质保量按时交。

⑧生活:爱惜粮食要记牢,节约水电浪费少;服从管理加自律,遵守纪律觉悟高。

⑨离校:值日卫生勤打扫,按时离校关门窗;横穿马路站看行,安全法规要记牢。

3. 注重班委群体建设。

在班委群体建设上,九班采取了双轨制的班委建设机制(见下表),给更多的人以锻炼展示的机会。班中人人是主人,分工不同,没有高低优劣之分,在班级建设过程中教方法、育能力,激发潜能,发挥团队力量。团队内部互相交流,相互启发,互助共赢。

4. 强身健体奠基发展基础。

在陈树平老师带的所有班级中,这是最为显著的特色之一,从一接班起就制定体育锻炼计划,形成校内校外体育锻炼组织运行机制。校内体育抓好三个时间:一是上好每一节体育课,二是课间跑操多加一到两圈,三是考前时间紧,在体育课减少的情况下争取可利用的时间去锻炼。校外体育锻炼时间为周末与寒暑假。校外体育锻炼组织运行,积极争取家长配合,督促检查学生是否人人锻炼、天天记录、周周汇总,每学期开学会上进行总结评比,对假期间坚持锻炼的学生和积极配合的家长进行表扬。长期的体育锻炼使得九班学生个个身体强壮,体育运动会成绩突出,平时鲜见有病假出现,为个人的长远发展奠定了良好基础。

九班班委名单及职责

职务	姓名	职责
班长	祁琳	全面负责班级管理
副班长	韩序、朱文铎	协助班长全面管理班级
团支部书记	崔依然	推荐入团、入团知识介绍、积极分子培养,开展活动
副团支部书记	韩序	协助团支书一起履行职责
纪律委员	庄恒昊、张奕、曹禹	在任何需要的时候管理班级纪律
卫生委员	高睿、侯玥琦	督促值日生做卫生并检查,协助各科代表工作
学习委员	安沁忱、崔依然	组织同学课上、课下的学习,促进一帮一帮扶结对实施
体育委员	路梓涵、郭展宏、郑其昊	带领同学们进行体育运动,维持路队纪律

续表

职务	姓名	职责
生活委员	瞿蕾、耿津津	管理班费，组织同学浇花、整理书柜等
文艺委员	李鑫宇、安沁忱	组织同学布置墙报等
各科课代表	①语文：董淘宁、李佳培、杨慕涵 ②数学：韩旭、李浩铭、李有华 ③英语：瞿蕾、王浩楠、侯玥琦 ④物理：李新奥、庄恒昊	收发作业、检查小卷、布置作业等，辅助老师管理相关事务
多媒体管理员	刘禹培、朱之铎	电脑、电子白板开关、清理、使用登记、日常维护等

5. 开展班级文化建设。

一个班级要发展，要走得远，必须要有共同的价值观、世界观，进而形成特有的班级文化，凝聚班级的向心力。九班为此绘制了班徽、录制了班歌、确立了九班的班训、凝练了九班精神，制定了九班日常行为指南，并出版了每周一期的《九班时报》，精心布置了九班的教室，彰显了九班的文化。

6. 设计系列团体活动。

根据学生成长发展需求，九班积极参与学校开展的各种大型团体项目活动，如跳大绳比赛、班级合唱比赛、校园短剧比赛、运动会，社会实践。根据九班学生发展需要，陈树平老师积极开发社会资源，开展了系列班级特色大型活动，如：向师哥师姐取经会、"草根榜样"座谈会、北京 TIP 学习、与贫困山区同龄人手拉手活动、模拟法庭、武清绿博园采风、给困难家庭献爱心等丰富多彩的活动。这对增进学生间友谊、增强班级凝聚力都起到了重要作用。

7. 有效调试学生心理。

只有获得健康的心理，学生才能够更好地将精力投入到学习之中。陈老师深知其中的道理。她利用自己积累的哲理小故事和成长关键时期的三封信来调试群体学生的心理，在两届学生的教育上都起到了神奇的作用，同时给了家长以方式上的启发。对于个体需要调试的学生则采用个别谈话、家访、写信的方式，都取得了很好的效果。

8. 营造和谐的学习环境。

营造和谐的学习环境，需要学生具有健康的心理状态，学生间彼此友爱互助，形成和谐的学习氛围。为此，九班在班级中建立了"一帮一"学习互助小组，形成帮扶对子，一旦结对，不仅在学习上帮扶，在体育、心理、人际交往等多方面都予以互助。九班的良好学习氛围在学生撰写的《九班人九班事》一书中有很好的展现。

(四)班级建设可行的原则与活动组织流程

1. 班级建设8原则。

(1)先宏观,后微观。

(2)先定规,后自律。

(3)先健体,后学习。

(4)先抓头,后抓兵。

(5)先育人,后成才。

(6)先奠基,后拔高。

(7)先团体,后个人。

(8)先抓心理健康,后抓学习管理。

2. 大型活动组织流程。

(1)精心策划、严密组织与实施。

(2)活动实施后及时总结与反思,把活动的教育效益最大化。

(3)把学生的反思感悟结集成册,定格精彩瞬间,为学生留下青春的回忆。

(五)班级事务管理运行机制和模式

1. 双轨制班委会建设模式。

班委在班级中应该是一个优秀的群体。然而,通常的班委由5、6个学生组成。这是个优秀的群体,很多学生向往能够进入这个群体。那么,能否扩大这一群体的规模呢?事实上,优秀的群体越庞大,班级的凝聚力就越强、就越好管理。九班的做法是,实施双轨制班委会建设模式。

九班双轨制班干部管理机制

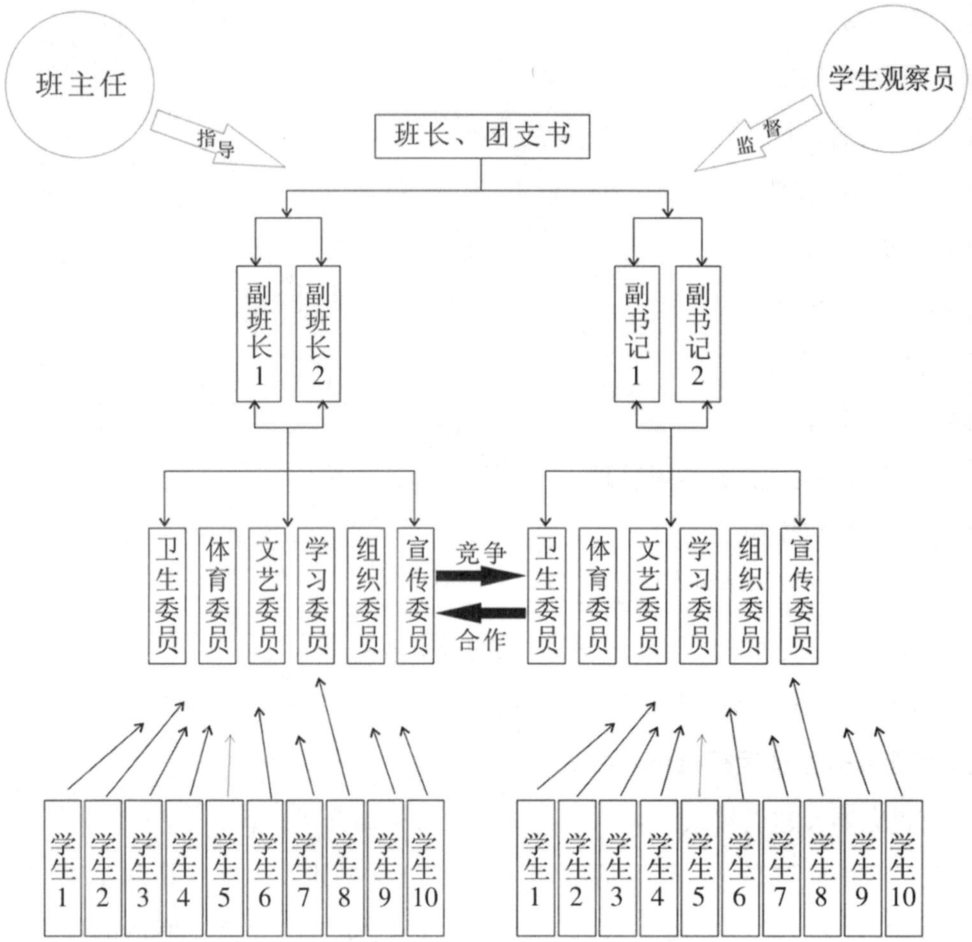

九班在班级建设中的实施双轨制的班干部建制，为学生展现自我提供了更多的机会。在班委的选择上，一是量才而用推荐做，二是毛遂自荐要求做，三是民主考察同意做，四是平等竞争能者做，五是互助竞争帮着做，由此形成了一个充满竞争又相互协作的和谐的班委团队，扩大了优秀管理团队，这让大家感到人人都有一技之长，人人都有优秀的一面，人人都是一颗闪亮的星。

双轨制的运行，顾名思义，就是有两套并行的班干部，这样实施的目的是让更多的学生参与到班级管理中来。在参与的过程中，学生首先是要加强自我教育，然后才能进入班级管理的行列。所以双轨制班干部建设管理模式的实施，极大地增加了班级中学生参与班级管理的积极性。具体运行如下：

班干部的组成为：班长 1 名、团支书 1 名、副班长 2 名、团支部副书记 2 名，学习委员、体育委员、宣传委员、组织委员、文艺委员、卫生委员各 2 名。

工作中各有分工，每人在落实自己的分工基础上相互配合，在大型活动中可以打破现有分工，根据特长进行再次分工；同时在工作中还有竞争，上岗有试用期，能真正履行职责的可以成为正式班委，如果不能做好或不太负责要停职观察，能认真做好了才可继续担任；其他同学有表现积极且有意向的也可以试用，所以有时候各种委员不止2名。每个同学都能用心地参与，也激发了自己的潜能。

在班委管理班级的同时，班主任尽量不干预，更多的是指导和帮助，另外还有几名同学担任班级事务观察员，起到监督、建议的作用。

在三种合力的作用下，九班的班级管理有条不紊，井然有序，很具特色。

在班干部的工作上，陈老师的要求是：Once you do it，you must do it best，you will be the best。同时要求每个班委都要有工作记录本，记录自己的工作情况和班里发生的问题及自己的处理方案和处理结果，定期交给班主任审阅、指导，以此培养他们的观察力、思辨力和解决问题的能力。

（1）班级事务决策制度。

班主任把权力下放，班级中的任何事务由班委集体商议决定。如违纪生的处理、大型活动的策划组织与总结、评优竞选、出游学习与采风、家长会等，班委拿出方案，并决策实施。

（2）利用“鲶鱼效应”营造班委间的竞争。

活的沙丁鱼味美且价高。但它们很懒惰，往往在被渔民捕捞上船后的返航路上就都奄奄一息了。于是渔民们在沙丁鱼群中放入了它的天敌——鲶鱼，致使沙丁鱼只有拼命游动，才能够避免自己的死亡，从而保持了旺盛的生命力。

陈老师在长期的班主任工作中发现，班委会群体同样会因为工作的长期固定不变而墨守成规、缺乏活力与创新能力。如何增强班委会这个领头羊群体的活力？借鉴“鲶鱼效应”是个很好的方法，即每个班委的岗位上配备2—3人。这样他们的工作就会生机勃勃，并且每个学生都有创新参与的机会。同时，人无完人，不可能事事都想得到，这样的配置也可以起到相互查漏补缺的作用，使得大家更加团结，共同干好班里的各项工作。

（3）引导班委在竞争中学会合作。

一位哲人说过，没有交往能力的人，就像陆地上的船，永远到不了人生的大海。所有的人都有自己的优缺点，并非完人。即便是孙悟空，也需要唐僧、猪八戒和沙和尚。取经大业是师徒一起去完成的，孙悟空再神通广大，也不可能独自完成。陈老师给班委讲这个故事，目的是让每一个班委能够有团队合作精神，既有独立工作的能力，又能够与同学合作共同完成任务。

2. 寒暑假体育锻炼管理运行模式。

组织机构如下图。

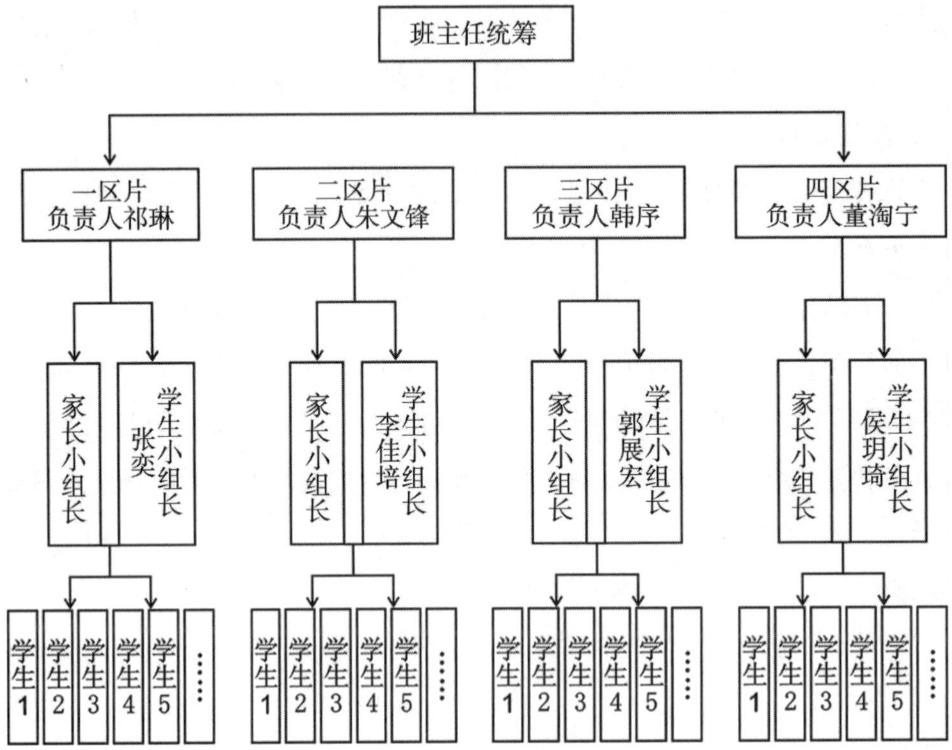

九年九班假期体育锻炼管理运行图

先分组:学生找体育委员报名,自主分成几个小组,确定组长。

具体操作:

第一步:每周家长给组长打电话汇报孩子在家情况。

第二步:组长每周给各区片负责人打电话汇报。

第三步:各区片负责人每周给陈老师打电话或发短信汇报,小组除学习和锻炼以外还可定期组织活动。

每人均有锻炼记录,开学交到班级,负责人进行点评。开学初的家长会对坚持好的学生和家长进行表彰。

3. 家长委员会参与班级事务管理运行模式。

为了使学生得到更好的发展,九班成立了家长委员会。九班的家委会绝非摆设,其职责明确,任务具体,是班级开展大型活动的坚强后盾。班里的重大事情,也让家长参与进来,了解班级中的情况,给出看法和建议。具体运行机制如下:

第一步:了解、分析家长的特长,做到心中有数。

第二步:面向全体家长,选择合适的家长委员会成员,家长们也可以主动申请。根据家长的特长提出家长委员会主任的候选人,供家长委员会讨论后投票选举。

第三步:在家长会上举行家长委员会成立仪式,让所有学生和家长见证,并宣读家长委员会的职责。

第四步:所有班级事务如班级活动、班级中不好管理的学生、不配合学生管理的家长等,在全班学生商议后再征求家长委员会的处理意见,这样使得所有家长易于接受,以免产生误会。

第五步:充分发挥家长委员会的作用,把班级中一些家长愿意且能够做的一些重要的事务交由家长委员会来做,如打印奖状、评选征文、筛选稿件、组织出游、与山区手拉手等活动。家长深入参与班级活动,体验班级学习生活的同时,也能看到自己孩子在班级中的状况,便于发现问题及时调整,促进孩子和家长的共同进步。

4. 学生三梯度能力培养模式。

最初接班的时候,陈老师将学生划分为三类群体,“站着的”“坐着的”“躺着的”。那么集体要进步,学生要发展,就要努力分类培养每个层次的学生的自信心,不断提高学生的综合能力。要让“站着的”跑起来,把“坐着的”拉起来,把“躺着的”扶起来。在培养学生的过程中决不能为了年级平均分的排序而挤走“学困生”。具体操作如下。

第一步:与全班同学进行谈话,了解其对自己在班级中的发展愿望和期望值。

第二步:在谈话、观察、试用的基础上大致确定学生的能力梯度,将之分位三级,即特长能力优势明显,特长能力潜力显露,特长能力不明显,并制定相应的培养方法。

第三步:在各项活动与班级事务中挖掘学生潜能,使之随着班级的发展与时间的推移,每个人都能够有所进步,各展所能,树立自信,健康发展。

5. 一帮一学习互助机制。

(1)确立师徒关系。

班里成绩前 10 名的学生作为师傅人选,11 到 20 名可以是师傅也可以是徒弟,21 名以后的是徒弟人选,本着双方自愿的原则确定师徒关系,签订师徒协议。

(2)组建监督帮促小组。

监督帮促小组由老师和学生组成,每周根据上课、作业、改错情况进行评比,每月进行一次优秀师徒的评比活动,评出若干优秀师徒,颁发奖状或物质奖励。

(3)师徒结对的评价与调整。

对于一帮一结对师徒由监督帮促小组进行定期的检查与评价,对于在实际工作中发现师傅不尽责者,取消师傅资格,在各种评优中这一项被扣分;对于不按师傅要求去做的徒弟,提醒三次之后仍然不改者,中断师徒关系,并将此情况如实告知家长,请家长帮助教育。如在活动开展中发现师徒性格原因不太融洽,由监督促进小组的老师和同学负责调整师徒对子。

(4)拓展“一帮一”活动的内涵。

帮扶内容不仅限于学习，包括学生生活的各方面，帮扶的徒弟成绩不与他人对比，只对比自己的考试分数和名次。所有的活动均在家长会上汇报给家长。

(5)“一帮一”活动的外延。

在实际的推进中，结合班级学生学习情况，一帮一的互助机制有所发展，这一机制进一步拓展、延伸，产生了“一帮多”“多帮一”“多帮多”的模式，具体如下。

①一帮多：由于陈老师鼓励学生互相问问题，讲解问题，部分尖子生甚至“开坛授课”，坐在自己的座位上，给有问题的几个学生同时讲解，这种方式的效率比“一帮一”大大提高了。

②多帮一：由于各科学习的一步步深入，部分学生更加难以理解其中的重、难点，而师傅们有时也不能将这个知识点全面透彻地呈现给自己的徒弟。这时就显现出多途径的重要性，这个师傅讲不懂，就问其他的师傅，班中有十个师傅，就会有十种讲解，其中总会有一个易于理解，这就形成了多帮一的局面。在帮扶的过程中，所有的师傅都毫无“门户之见”，倾囊相助，集众家之长，也是“多帮一”的优势所在。

③多帮多：其实质是各个成绩段的学生互相问问题、互相讲解，以达到互相促进的另一种互助形式，大家没有师傅与徒弟之分，人人都是老师，人人都是徒弟。好处是囊括了大多数人的问题，探讨的知识面更广，能学到的知识点更多，是“百尺竿头更进一步”的良方。

“一帮一”“多帮一”“一帮多”“多帮多”的互助机制之在九班有效地推进，进一步增进了同学间的友谊，增强了班集体的凝聚力。

(六)精神文化成果对班级建设的推动力

1. 2010届九班学生运动会后编辑制作了《恰同学少年》。

2. 2010届九班学生在高中毕业后，于2009年5月编辑制作了《我们的社会实践》，反映学生们的社会实践活动。

3. 2010届九班学生在高中毕业后，于2013年9月编辑制作了《风华正茂》，回忆了自己初中时代的成长过程、当时的感悟和高中的学习生活，汇集整理了同学们高考后的去向。

4. 2016届九班的同学在八年级运动会后，于2014年5月编辑制作了《阳光之下跑道之上》文集，记录九班在运动会上的风采与骄人的成绩。

5. 2016届九班的同学在完成军训的社会实践活动后，于2015年5月编辑制作了《绽放在军营里的向阳花》，记录九班参加军训活动的每一个同学的实践过程。

6. 2016届九班的同学在一次主题班会课后，根据大家的提议，于2015年6月编辑制作了班级同学风采录《九班人九班事》。

7. 2016届九班的同学于2015年12月编辑制作了《九班时报》合订本。

8. 九班的班歌，凸显出九班的个性与气质，彰显九班的精气神，鼓舞着九班同学团结奋进，不断向着既定的目标前行。

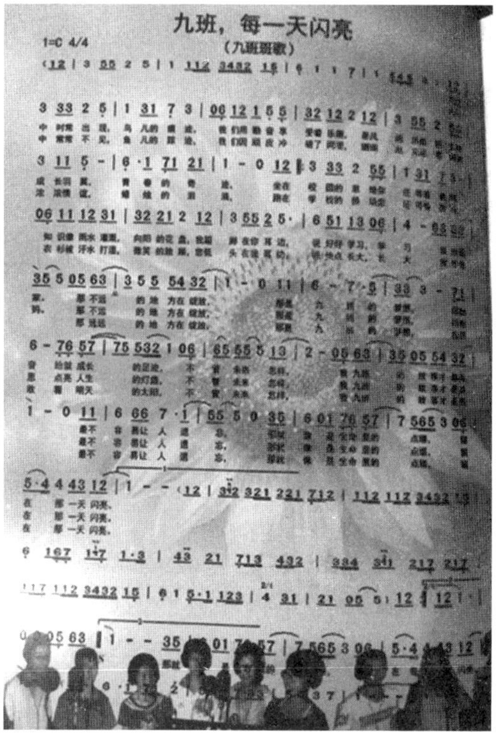

（七）陈树平老师的班级建设核心思想与方法

班级是学校的重要组织机构。建设好班级，增强班级凝聚力，营造和谐的学习环境，使学生全面发展，是每位班主任的共同希望，也是每位教育者的共同希望。经过多次假期中与学生交流、访谈，以及陈老师的再次带班实践，我们将陈老师的班级建设思想与方法归纳为“一树、二抓、三培 + 特色活动”。一树：树立长远意识与全局观念，明确班级建设远大目标；二抓：一抓班干部队伍建设，二抓学生体育锻炼，为班级及学生的全面发展奠定基础；三培：一培养健康心态，二培养良好习惯，三培育学习环境，为学生终生发展奠定基础；特色活动：在班级建设过程中，根据不同发展阶段及当时的发展需求，设计筹划不同的大型活动，通过活动培养学生正确的人生观、价值观和健康的心理，促进学生间友谊，彰显学生的个性，发展和展现学生各自的特长。具体综述如下。

1. 树立长远意识与全局观念，明确班级建设远大目标。

古人曰：“不谋万世者，不足谋一时；不谋全局者，不足谋一域。”陈老师深知长远意识与全局观念的重要性，在2010届九班六年级的起始阶段，就着力于班级建设的长远规划，与全班同学达成共识，共同绘制愿景：追求卓越，干就要干到极致，向最高目标迈进。六年级要获得校级先进班集体，七年级获得区级先进班集体，九年级获得市级先进班集体。班级建设走各展所长，共同发展之路，使每个学生明白努力方向，并把其内化为每一个学生的自觉行动。她经常给学生讲哲理小故事，鼓励大家努力把“蛋糕”做大，共同受益，使全班一心，增强凝聚力。正是由于大家有了共同的、明确的奋斗目标，并努力地、认真地、一步一个脚印地稳步实现，使得九班在九年级时最终获得了全区唯一的市级先进班集体荣誉。

2. 着力抓好班干部队伍建设与学生身体素质。

要想跑得快，全凭车头带，一个班级有一支好的干部队伍至关重要。发现并选拔出班干部并不难，难的是如何建设一支强有力的干部队伍并充分发挥其带动和引领作用。陈老师的做法是放手但不失控，充分相信班委，让他们放手管理，引导他们怎样面对事物和解决问题,她让学生经历挫折,了解社会,并学会应对。她把学会交往、与人沟通、面对挫折、不言放弃作为重要教育内容。因此,九班的学生在多方面得到了更多的锻炼。2010 届九班学生在升入高一后,至少有 24 名学生担任班长、班委、团支书、学生会副主席等职务。

九班在六年级时的学校运动会上的成绩为倒数第二,从多元评价的角度看,九班在体育方面差了一大截。如何让学生认清体育与学习的关系,改变这一现状,使学生德智体全面发展。陈老师深知笨鸟先飞、勤能补拙的道理,她身体力行,与同学一起在课间操的时间主动“加码”,别的班跑两圈,九班跑四圈,有些同学主动跑八圈。凡事贵在坚持,九班同学经过两年的长期锻炼,到八年级的学校运动会时,九班的体育成绩已大幅进步,九年级时更是达到极致,包揽所有团体项目的第一名。由于长期锻炼使同学们的身体素质有了很大提高,精力更加旺盛,很少听说有学生生病,连带效应是学习成绩稳步提高,到了八年级时,九班的学习成绩也前进了一大步。

3.“三培”营造和谐氛围,奠基学生英才之路。

教育有点像农业,是个系统工程,需要多方面相互支撑与配合。在学习的过程中培养积极向上的健康心态和良好习惯,培育良好的学习环境。三者缺一不可,是学生健康发展的坚实基础。

(1)培养健康心态。

成功需要健康的心态。一位哲人说:“你的心态就是你真正的主人。”一位伟人说:“要么你去驾驭生命,要么是生命驾驭你。你的心态决定谁是坐骑,谁是骑师。”为什么海伦·凯勒在双目失明的情况下,依然心中有光明之梦?这个秘密就是“健康心态”在起作用!在教学中,要重点培养好学生的三种心态。

① 自信心态。

人生一世,首先要自己心里有信心,自己相信自己,自己鼓励自己。可以说,自信是成功的催化剂。为此,陈老师首先“虚张声势”给学生灌输“自信”的伟大和豪迈,将伟人自信的名句挂在教室墙上,精选了许多成功者自信的实例讲给学生。然而,真正的自信一定要建立在成功的经验之上。大多数学生开始从事某种活动时,可能缺乏信心,因为他们没有成功的经验。据此,在日常教学中,陈老师有意制造各种机会,鼓励、锻炼学生的“自信”。比如,陈老师放手让学生自己组织班会、运动会、兴趣小组活动,鼓励学生参加校、区、市等级别的各种比赛竞技活动。他们成功了陈老师表扬,失败了陈老师勉励。随着时间的推移和学生获得成功次数的增多,九班的学生越来越自信了。在学习上,她让“差生”也找到自信,让“差生”家长笑逐颜开、挺起了胸膛;她曾经在一年的时间里,用独特的方法,使一个十分棘手的留级生以比重点高中录取线差 7 分的成绩考上普通高中,后来又考入重点大学。

② 宽容心态。

我们生活的环境，从大到小依次可以分为自然环境、社会环境、生活环境、工作环境和家庭环境。对于每一个人来说，所处的环境肯定不是十全十美、顺心如意的。宽容的心态，有利于同学们在复杂的环境中更加健康地成长。在培养学生宽容心态的方面，陈老师首先从学生的思维方式开始着手，引导学生要学会“辩证思维”。比如，在班里举行“利弊”话题大讨论、“敌友”辨析大争论、“吃亏、得利”大演讲等活动，旨在开发学生的思维，让学生在矛盾的问题上，学会宽容地看待一切事物的发生、发展。随即，针对实际问题，从行为上对学生进行实时“点化”。比如，在一次“卫生流动红旗”评比中，九班落选，同学们十分不服，认为是其他班嫉妒，故意不选九班。针对此事，陈老师适时开导学生说：“同学们，现实生活中，许多人在与人交往时，嘴上说的是：‘严于律己，宽以待人。’实际上行的却是：‘严以律人，宽于待己。’伊索寓言里有个故事说，上帝在人的胸前和背后搭了两个口袋，前面的装别人的缺点，后面的装自己的缺点，所以人们总是紧盯着别人的缺点，却忘记了回头看自己的缺点，这样的习惯往往使我们不能容忍别人。姑且不论这次红旗旁落的原因，单就看我们对这个问题的态度，就说明我们还没有真正‘放平心态’，前阶段举行的几大讨论形成的思想意识好像全都飘散了。为什么我们就不认为这是给我们再进步的机会、再鞭策我们的动力呢？同学们，要记住：如果我们能够宽容别人，宽容别人的缺点，对自己、对他人都将是极大的福音。感谢对手，会使你增添力量；感谢对手，会帮你赢得成功。”

在陈老师的开导下，学生们渐渐学会了宽容，化解了诸如球赛裁判不公平、老师批评不当、学生间误会等矛盾。

③学习心态。

调查表明：85%的学生学习成绩不理想的主要原因不是智力问题，而是学习心态问题。作为老师，我们首先要引导好学生学习的心态问题，其中最主要的一点就是培养学生“主动学习的心态”，充分发挥学生在学习过程中的主体作用，全力开发他们自身的主观能动性。在这方面，陈老师主要运用兴趣激励和成功激励两种方法，积极引导学生主动学习的热情，培养学生主动学习的态度。在施教中，对优等生提高标准，鼓励他们利用课外辅导书、网络扩展知识面，并在班上造声势，激发他们的学习竞争意识；对“学困生”，则常降低要求，注重将课堂提问的机会、发言的机会给予他们，适时地表扬鼓励，让他们在不断的小成功中，逐渐建立自信，从而激发主动学习的热情。

其次，注意学生“终身学习心态”的培养。在当今的世界上，每天产生的信息，如果一个人学习的话，要1100年才能完成，并且知识又在以40%的年淘汰率更新。陈老师因势利导，在班上展开了“如何应对知识大爆炸的讨论”，并借机将“终身学习的理念”引介给学生，让学生早早明白“成功代表过去，能力代表现在，而只有会学习才能决定未来”的道理。陈老师鼓励学生总结适合自己的学习方法，为终身学习做好科学方法的准备。四年的初中学习，九班的学生绝大多数都探索出了适合自己的学习方法。

(2)培养良好习惯。

“习惯成就自然，自然化作性格，性格决定命运”，这是客观规律。教育学家叶圣陶老先生也说过：“教育就是培养良好的习惯”。作为教师，一定要高度重视、尊重这一规律，并在自己的教学实践中，以这一规律为指导，创造性地培养学生发展的第一“要件”——良好习惯。在教学工作中，陈老师很重视学生良好习惯(思维习惯、生活习惯、学习习惯)的培养。主要采取以下三种方法。

①引导做。

在教育过程中，教师是学生的引领人，正确行使“导”的权力是教师的应尽义务。

为了引导学生良好的思维习惯，以“送人玫瑰，手留余香”的谚语作引，引导学生，用正面的、积极的思维看待一切存在、发生的情况，使学生正确地看待困难和不幸，从而保持快乐和自信的精神状态。

为了引导学生良好的感恩习惯，陈老师从“爱心、礼貌”教育入手，先后召开“爱心主题班会”“礼貌主题班会”“感恩反思主题班会”，强化学生“爱”的意识、“礼”的认知。同时，还不失时机地在学生中开展为父母洗脚、为家人做饭、节日为家人送礼物等活动，以此来激发学生“感恩”的情怀。

为了培养学生自理、自立习惯，陈老师只是在新班级开学后的前半年亲自抓班级建设和学生日常管理，以后便逐渐放权，让班委、团支部大胆独立开展工作，班主任只是充当编外指导和喝彩者的角色。如，连续三年的校级运动会，从入场式的服装准备到各项竞赛项目的报名、比赛过程组织寻，都由学生独立完成；2009 年，美国中学生友好交流代表团来学校进行交流活动，从接待、翻译、文体交流，到大型文艺演出活动，几乎都由九班的学生担当重任。陈老师告诉学生：“不要彷徨，不要犹豫，大胆地去干，才能将希望变成现实。”

②鼓励做。

美国心理学家詹姆士曾经说过：“人最需要的是渴望被肯定。”教学实践也告诉我们，人人都有强烈的自尊心，人人都渴望被理解、渴望被肯定、渴望得到鼓励。差生尤其如此。在九班，有两个外校转来的男生。进班时，他俩英语实测成绩不及格，对英语失去了信心。陈老师以极大的耐心，采取“激励”的方法强化对他们的转化。课堂上，时刻关注他们，从简单的提问入手，不断寻找启迪他们的入口，一有闪光点就及时表扬鼓励，引发他们的学习兴趣。短短一个月，这两名学生就开始对英语有了兴趣，到八年级第二学期期末，他们的成绩都超过了85分。

③要求做。

人人都有“惰性”,在惯性未形成前,人的行为往往主要靠制度约束。在教学实践中,为了引导学生形成良好的生活习惯,陈老师同家长建立了《学生日常表现反馈日志》,并根据《中学生守则》制定了详细的班规和考核标准。在执行过程中,努力根据学生在家、在校的表现,及时梳理思路、调整方法,引导学生逐渐养成良好的生活习惯。

常言说,万事开头难,一个新习惯的养成,必然以旧习惯的消亡为起始。科学实践表明,一个习惯的养成最快要21天的时间。据此,在接新班后的第一个月,每天,陈老师坚持收集家长的反馈意见,重点关注“问题学生”的动态。从课间操、卫生清理、黑板报到乐队训练、兴趣小组活动,都严格根据考核的标准,进行点评。每周,还要挤出时间,将全部学生的课堂笔记本收上来检查,并利用班会的时间表扬做得好的学生,对未能按要求记课堂笔记的学生,提出补笔记的要求。经过一个月的“要求做”,学生渐渐适应了班规,初步养成了一些必要的良好习惯。

(3)培育学习环境。

说服式的教育是苍白无力的,真正有效的教育是促人自省的教育。在自省的教育中,环境又尤为重要。陈老师与同学们相约,要建设一个团结、向上的优秀集体,以和谐的氛围,营造良好的学习环境。

为此新九班也同老九班一样,提出了“内强素质,外树形象”的建班宗旨,喊出了“诚实、自强、团结、拼搏”的口号,在班上组织了学习互助组、摄影组、板报组、卫生组、短剧组、歌咏队。以校园活动为载体,在优化育人环境上大做文章。凡学校组织的活动,九班必须参加,而且力争表现出色。九班很快成为各个赛场上夺目的风景:运动场上,“加油”声喊得最响的是九班;“流动红旗”竞评中,竞争得最积极的是九班。三年来,新九班共获得卫生流动红旗百余次,各类体育竞赛奖数十奖次,各类学习、艺术奖百余项。在九班,同学们互敬互爱,亲如一家。谁生了病,同学们会送药、送水、送关怀;谁有了困难,同学们会想方设法,帮他排忧解难。2015年春,在运动会中,有一位同学不慎膝盖摔伤,在他住院治疗期间,同学们轮流到医院看望,并陪同老师为他补课,待其伤势好转出院在家休养时,同学们硬是蹬着三轮车接送他上下学,使他没有因为腿伤而耽误功课。

环境感染人,环境熏陶人,在一个优秀的集体里,每个同学都深深受益。班集体无形的精神财富,是每个学生德、智、体、美、劳全面发展的巨大力量的源泉。

4. 特色活动凝心聚力,促进学生全面发展。

在班级建设过程中,陈老师根据不同发展阶段及当时的发展需求,设计筹划不同的大型活动，通过活动培养学生正确的人生观、价值观和健康的心理，促进学生间友谊，彰显学生的个性，发展和展现学生各自的特长。如在2016届九班的成长历程中，九班设计组织了模拟法庭、北京TIP学习、草根榜样座谈会、武清绿博园采风、与湘西大山孩子手拉手、录制班歌、向师哥师姐取经会、大合唱等八项九班的特色活动，使同学们在活动中认识了社会，增长了才干，各显所长，赢得了能力，获得很好的教育效果。

六、课题研究应用效果

截止到目前为止，课题研究经历了三年半的实践，新一轮的教学实践也已经历经了两年半的时间。在这两年半中，2016届九班的班级建设和学生发展是有目共睹的，教育效果是显著的。

（一）班级中学生发生了可喜变化

班上的一些学生从“要我学”变为了“我要学”；从不愿参与班级活动到竭尽全力为班级争光；从一盘散沙到拧成一股绳；从“各扫门前雪”到互相关心互相帮助；从需要强制去做到自觉去做、自觉做好；从只注重学习成绩到全面发展；从茫然不知所措到有坚定明确的目标；同学间从同学到好朋友；从自卑到自信。这一切的一切，我们发自内心地欣喜——同学们成长了，经过三个春夏秋冬的洗礼与磨练，他们长成了自己最好的样子。

（二）班级整体变化

陈老师于2013年9月接手了新的七年级九班，并任班主任。这一届学生在六年级时是均衡分班，到七年级时，由于原班主任家中的一些特殊情况，多少影响了班级的管理，以至于班级的平均成绩在年级的排名下滑到倒数第四，体育成绩在倒数第二的位置。经过陈老师两年的努力，班级的精神面貌发生了很大的变化，学生成绩整体上升，并在2016年的运动会上夺得全校第一，总成绩比第二名多出30多分。更为难能可贵的是学生的精神面貌，一股正气在九班升腾，学生为自己在九班而自豪，人人维护九班的形象。九班也有学习差的同学，但他们不自卑，很阳光，同样为自己是九班的一员而骄傲，同样能够为九班增光添彩。九班获得了多项荣誉，但学生们更看重的是同学和谐互助、亲如一家的班级学习生活氛围。

（三）班级的日常行为管理变化

卫生、板报、多媒体、出操、交作业、改错等繁杂细致的工作，九班已由七年级时的老师管理转变为现在的学生自主管理；班里的大事小情均由班委会成员组织策划和实施、总结。如策划武清绿博园集体出游、北京TIP学习、草根榜样座谈会、向师哥师姐取经会、与贫困山区同龄人手拉手通信和捐赠活动、模拟法庭、录制班歌等活动均由班委会同学完成；参加学校组织的各种大型比赛如运动会、社会实践、大合唱、跳绳比赛、短剧比赛、课间操比赛、板报比赛、征文比赛等所有项目均获一等奖；班级学生的行为规矩、举止得体，从八年级开始没有一人到校门口买零食或带零食。七年级和八年级均被评为校级三好班集体，所有任课老师对九班评价均为优秀。后勤主任说：刚上九年级，九班全体男生主动为后勤搬了上百套桌椅；油印室严老师说：油印室搬纸张的活儿都被九班包了，就愿意让他们干，放心；学生在课间还和同学讨论英语，岳校长听见了大加表扬；九班多名学生主动自觉在校园的各处捡垃圾被多名老师表扬，体育张老师九年级不教九班十分惋惜，说最喜欢给九班上体育课了。美术陈老师说，只有九班可以带剪刀学刻画，别的班不行，因为我得保证安全，只有九班让我放心。

（四）家长反响

课题组在研究陈树平班级建设的效果时，对九班家长进行了调查问卷，问卷下发 43 份，收回有效问卷 42 份。家长的作答十分认真，答案充分显示了家长对九班的班级建设各方面的熟悉程度。在问卷的主观题中，我们设计了三个问题，第一题为：自陈老师带班以来，您觉得您的孩子在哪些方面有明显的进步和提高？家长从多角度回答，整理并摘录如下。（重复内容不再赘述）

自陈老师来到九班后，孩子的学习主动性和动手能力有了明显提高，能积极主动地完成卫生区的工作，责任心明显增强，在家能够主动收拾房间，自己洗小件衣物。

关心班集体活动，能够积极参与，并且有自己的一些想法，老师号召体育锻炼，孩子能和同学们一起跑步，踢球、打乒乓球，使自身的体质得到增强。

孩子的集体荣誉感增强了，也自信了。以前总是不自信，觉得自己不如别的同学好，现在她在做事的时候信心满满，明显感觉出孩子有进取心了。

增强了团结的意识，个人素质和待人处事都有所提高。

在学习方面和做人方面有明显的提高和进步，孩子能在陈老师的班里是孩子和我们的福气。

自陈老师带班以来，我觉得我的孩子学习的自觉性有很大的提高，以前写作业要在大人的监督下，现在每天晚上都能自觉地独立完成，遇到不会的题也开始动脑筋想办法了，所以学习成绩有所提高。

我的孩子能自主学习了，这是在原来做不到的。孩子在团队意识和关心别人方面都有明显进步。

通过陈老师带班以来，对孩子的素质教育比较重视，孩子的待人接物方面比以前大有进步。

学习方面：一是背诵课文变得主动了，不用家长催；二是英语常规作业（每天默写单词或词组30个),即使老师不留,自己也会主动默;三是每周一上交的错题本也变为了自觉的习惯(每周整理一单元)。劳动方面回家能做饭洗衣服。

陈老师激发了孩子学习的动力,让孩子变得有劲往学习上使,在交友处事上,提高了孩子的分辨力和思考力。

孩子现在能够自我约束,开始有理想并知道为之而努力。

我儿子的性格变得开朗了,自信了,学习成绩较以前有了很大的进步。

一是集体荣誉感有了明显的提高,懂得并且能够为班集体荣誉努力和拼搏。二是能够在班级活动中,发现同学的优点并加以学习。三是对自身的行为加以控制。四是对"自尊""自爱"有了自己的理解和追求。

从六年级的205名到八年级期末考试的78名,孩子一直在进步。性格也越来越好了,原来和同学们相处不太融洽,极少参与班级的活动,而近两年几乎参加了班级中的所有活动,懂得了互相帮助、互相学习,有了很多的好朋友,性格也变得乐观随和、积极向上。在陈老师的陪伴下,能够积极参与跑步等体育锻炼,身体素质明显提升,最近两年很少生病。

自从陈老师带班以来,她给了孩子锻炼的舞台,让她从最初的紧张羞涩到现在的从容与自信,让她从最初的组织班级活动无从下手到现在的安排妥当、丰富多彩。孩子在学好文化课的同时积累了无比宝贵的多方面的经验。

经过运动会和社会实践,孩子蜕变了,瞬间长大了。

在这42份答卷中,我们不难发现被提及最多的进步和变化就是:积极参加班级活动,有班级荣誉感,有爱心,愿意帮助同学,懂得并学会如何团结,获得友谊,性格的转变,能自我约束,有自信,身体素质明显好转,激发了学习的动力,学会自主学习,学习成绩提高。

第二题"你对九班班级建设的哪些方法和措施比较认同?"和第三题"您的孩子在九班三年多的学习与生活中,班级的哪些做法对您的孩子产生了积极的作用?"两道题的回答中,42位家长把九班开展过的活动都总结出来,无一遗漏,我们按照家长提及的次数进行了统计,认同一帮一活动的高居榜首,有40位家长提及;第二名是开展各种大型活动,运动会、社会实践、向师哥师姐取经会、草根榜样座谈会、与湘西大山中的同龄人手拉手活动提及频率高;第三名是坚持学生自主管理,培养并指导班委会发挥良好作用;第四名是坚持体育锻炼;第五名是制作各种纪念册;第六名是陈老师给孩子们讲的哲理小故事,班级文化建设中的《九班时报》。家长们总结出了班级活动对自己孩子的教育效果,摘录如下:

制作各种纪念册时,孩子们从一开始的写稿、选照片、编辑,到最后制作完成一本本散发着同学们青春气息的精美册子,极大地增强了班级凝聚力和集体荣誉感,每一位同学都是彼此眼中的明星,每一位同学都找得到了自己的存在感和价值感,对于九班我是不可或缺的一分子，而我要为九班的辉煌尽自己的全力。孩子在这种氛围中，我们还需要担心他的学习吗？

与贫困山区孩子手拉手活动对我和孩子的触动都很大，一是以前孩子都是通过电视了解贫困山区的孩子状况，而现在是一对一地通过书信了解山里孩子的情况，能够亲自帮助到他们，孩子为能给他们做点事情而感到兴奋；二是使孩子知道了现在的学习生活条件是社会、学校和家长的多方面努力才得来的，从而学会珍惜和感恩；三是手拉手的帮扶，不仅能够让孩子了解与他们生活不同的世界，而且还让这些独生子女学会分享与赠予。这次活动之后，孩子的学习态度也有了改善。

陈老师讲的启发孩子思考的哲理小故事，孩子回家后滔滔不绝地转述，还针对具体事件提出自己的想法，小故事不仅让孩子懂得了道理，还增强了思辨力。

陈老师带班的三年里，九班一步一个脚印，老师、学生和家长共同努力、共同进步，让孩子感受到“人人为我、我为人人”的道理，同学们也充分发挥了自己的长项。陈老师教会同学们一件事——学习是重要，但做人做事更重要，把做人做事做好了，学习自然也差不了了。

三年的学习时光很快过去了，孩子的学习成绩固然重要，但我觉得在陈老师的教导下，孩子成为一个品质优良、习惯良好、能自律的人更加重要。

七、课题研究的结论、反思与展望

（一）研究结论

1. 实践证明，陈树平老师的班级建设思想与方法是可以复制的，具有很强的可操作性，班主任们看得懂、学得来、做得好，具有很强的推广价值和使用价值。

2. 一些看似与学习无关的特色活动，实则是搭建学生成长的舞台；对于提升学生素质、增进学生友谊、增强班级凝聚力具有不可替代的作用。

3. 体育锻炼不仅给予学生健康的体魄和充沛的学习活力，同时锻炼了学生的意志品质，有助于学生高效率地投入学习。尤其是到学习的紧要关头、冲刺之时，更是如此，更能够显现出健康的体魄给学生艰苦学习带来的益处。

4. 要在班级中实施多元评价制度。众所周知，人的智能是多元的，要承认学生之间的智力差异，正是因为有差异，才更需要以多元智能的理论来评价学生，让每个人都能找到自己的位置。每个学生在班级中都能找到一种归属感和存在感。这种归属感和存在感激励着每一个学生都人尽其才，才尽其用，在这种良性循环下，每个学生都实现了自己的发展。

5. 通过践行“一树、二抓、三培 + 特色活动”，是可以缔造出具有强大凝聚力的班集体的。两届九班的班级建设实践已经验证了这一点。

6. 班级建设的传帮带的具有显著的示范和激励作用。其可以形成良性循环，提高班级建设的效率和质量。

（二）课题反思与展望

1. 班级活动在学校活动的基础上要有所增加、有所创新。

因为学校的大型活动是在全校范围组织与开展的，对于某一个班的学生来说它的针对性与实效性明显不足，所以班主任根据本班学生的教育需求创造性地开展活动，具有很强的实效性，这也是考验一个班主任的带班理念与思想的重要途径。

2. 活动仪式不可或缺，对学生成长意义重大。

每学期开展的适合学生身心发展的大型活动，结束后要有总结，要留资料，将活动瞬间的精彩画面定格于资料之上，要让学生能够借此进行回顾，放大活动的教育意义和作用。一些必要的活动需要用一种仪式来庆祝学生自己的成长，并让他人见证与监督，促使学生努力完成。

3. 要考虑每一个学生参与班级建设，给不同层次的孩子机会，设定好不同的体验角色，并用不同的评价方式来评价孩子。

4. 与家长委员会建立密切的联系，让家长们真正参与到班级管理中来。

5. 组织孩子们一起出游或外出学习必不可少。课堂不仅仅是教室，社会生活处处是课堂，要建立大课堂的观念。

6. 加强班主任专业培训，提倡班主任老师读书。

7. 有条件的学校和班级，可以建立手拉手学校。让孩子多了解外界的情况，多交不同的朋友，在交往中认识自我、丰富内心、健全人格，这对孩子的成长是十分有价值的。

8. 将“班级建设”列为学科建设，加强专业培训，鼓励区域特色。

建立班级建设专业指导、督导、交流、评估机制，促进本区域内班主任工作上台阶。班级建设需要专业支撑，教育研究不仅仅是教学方法和取得成绩的研究，应该把班级建设作为教育研究的一个重要组成部分，对班主任的班级建设实施指导、督导、评估、挖掘。一线的老师实践经验丰富，但他们往往没有时间和精力去做总结与提炼，也不擅长推广，所以有必要成立专门的研究、指导部门，对所辖区域有特色有潜质的班主任班级建设思想方法进行挖掘、研究、整理、总结、推广，形成区域性的特色，从而提升区域竞争力。

结束语

在南方一个优秀的学校文化里有这样一短段话:对于一个学生来说,如果从来没有感受过人性光辉的沐浴,从来没有走进过一个美好的精神世界;如果从来没有读到过一本令他激动不已的读物,从来没有苦苦地思索过某一个问题;如果从来没有一个令他乐此不疲、废寝忘食的领域,从来没有过一次刻骨铭心的经历和体验;如果从来没有对自然界的多样与和谐产生深深的敬畏,从来没有对人类创造的灿烂文化发出过由衷的赞叹……那么,他就没有受到过真正良好的教育。

九班的学生是幸运的,在九班,他们接受的是真正最为良好的教育,九班的家长是有福气的,因为他们的孩子在这里华丽蜕变、健康成长、精神丰盈、人格健全。

爱默生说:“智慧的可靠标志就是能够在平凡中发现奇迹。”那么可以肯定地说,陈树平老师是智慧的。美国“国家年度教师”丽贝卡深信:一个优秀的教师必然是充满激情、保持好奇、探求和高期望的。上好每一节课,留好每一次作业,把握住每一个教育的契机,这些素质是任何一个优秀教师都应该具备的。

陈树平老师就是这样一位好老师。向陈树平老师致敬,向所有在班主任一线岗位上默默奉献的“陈树平”们致敬!

行文到此,真切感到用多少文字和语言都无法描述陈树平老师的教育故事,此文就如萨提亚的冰山理论,我们能看到的只是陈树平教育生涯中很少的一部分,而更大一部分还深藏在她所教的学生内心和灵魂里,不为人所见,恰如巨大的冰山,我们无从得知,又实际存在。但庆幸的是我们已经开始挖掘,有机会一睹冰山的秘密,我们会看到生命中的渴望、期待、观点和感受,看到一个全面、立体的陈树平教育体系,为当下的教育界提供我们的实例、思考和理论,与全国同仁们共发展。

参考文献

[1]蔡军. 由班级管理走向班级建设——江苏省常州市北环中学班级文化建设六年探索[J]. 中国德育. 2011(03)

[2]陈小平. 静悄悄的革命——班级文化建设的探索与实践[J]. 思想理论教育. 2010(12)

[3]高男. 关于新生班干部选用的思考.[J] 北京教育(德育). 2015(10)

[4]卢家楣,王俊山,刘伟. 基于多层线性分析中小学班级氛围、班主任情感素质对青少年学生情感素质的影响:基于多层线性分析[J]. 心理科学. 2014(05)

[5]刘慧珍. 兰州市初中班级凝聚力现状调查与研究[D]. 兰州. 西北师范大学,2002.

[6]教育部. 中小学班主任工作规定

[7]教育部. 关于培育和践行社会主义核心价值观进一步加强中小学德育工作的意见

[8]彭德华. 学校管理心理学[M]. 兰州. 甘肃教育出版社,1999

[9]王道俊,王汉澜主编. 教育学. 人民教育出版社,1989,516

[10]王俊山,卢家楣. 中小学班主任情感素质结构与提升路径[J]. 中国教育学刊. 2014(02)

[11]夏海鹰. 班主任视野、境界、情怀探究——"国培"班主任专业发展价值突围[J]. 教师教育研究. 2014(06)

[12]章志光. 心理学[M]. 北京. 人民教育出版社,1992

[13]郑日昌. 中学生心理诊断[M]. 济南. 山东教育出版社,1994

[14]朱小蔓,丁锦宏. 情感教育的理论发展与实践历程——朱小蔓教授专访[J]. 苏州大学学报(教育科学版). 2015(04)

[15]朱小蔓,钟晓琳. 情趣教育:一种有意义的情感教育探索[J]. 中国教育学刊. 2014(04)

附件：

天津市滨海新区大港海滨教育学会

天津市滨海新区大港海滨教育学会“十二五”教育科研规划课题结题证书

海滨“十二五”[2015]01 号

天津市滨海新区大港海滨教育中心：

你单位申报结题的课题《陈树平班级建设思想方法研究》（课题负责人：陈国良），经天津市滨海新区大港海滨教育学会认定：该课题报送的结题材料完整，内容充实，经研究同意结题。课题主要参与者共十四名。

天津市滨海新区大港海滨教育学会

2015 年 7 月 16 日

附：

课题主要成员名单：（以结题鉴定书排名为序）

陈国良、安文成、陈树平、赵增强、周红玲、齐　霁、向青腾、麻珮琦、刘　莺、王浩旭、李翔宇、郭世昊、刘一琳、赵文杰

课题主要参与单位：（以结题鉴定书排名为序）

大港海滨教育中心、大港海滨教育中心教研中心、大港油田第四中学 、天津大学、同济大学、清华大学、重庆大学、中国政法大学、北京林业大学、湖南师范大学

天津市滨海新区大港海滨教育学会

天津市滨海新区大港海滨教育学会“十二五”教育科研规划课题

结题证书

海滨“十二五”[2015]02号

天津市滨海新区大港海滨教育中心教研中心：

你单位申报结题的课题《陈树平班级建设之加强班级凝聚力途径与方法研究》（课题负责人：安文成），经天津市滨海新区大港海滨教育学会认定：该课题报送的结题材料完整，内容充实，经研究同意结题。课题主要参与者共十三名。

天津市滨海新区大港海滨教育学会

2015年7月16日

附：

课题主要成员名单：（以结题鉴定书排名为序）

安文成、陈树平、向青腾、王峥、齐霁、麻珮琦、王浩旭、田雪、刘莺、李翔宇、郭世昊、刘一琳、赵文杰

课题主要参与单位：（以结题鉴定书排名为序）

大港海滨教育中心教研中心、大港油田第四中学、天津市红桥区第八十九中学、同济大学、清华大学、同盛学校、天津大学、重庆大学、中国政法大学、北京林业大学、湖南师范大学

荣誉证书

HONORARY CREDENTIAL

奖给：教研中心

主要研究人员：安文成、陈树平、向青腾、王　峥
齐　霁、麻珮琦、王浩旭、田　雪

课题名称：陈树平班级建设之加强班级凝聚力途径与方法研究

教育科研优秀成果奖

奖励等级：壹等奖

证书号：HB-J-2015-63

天津市滨海新区大港海滨教育学会

二〇一五年八月二十八日

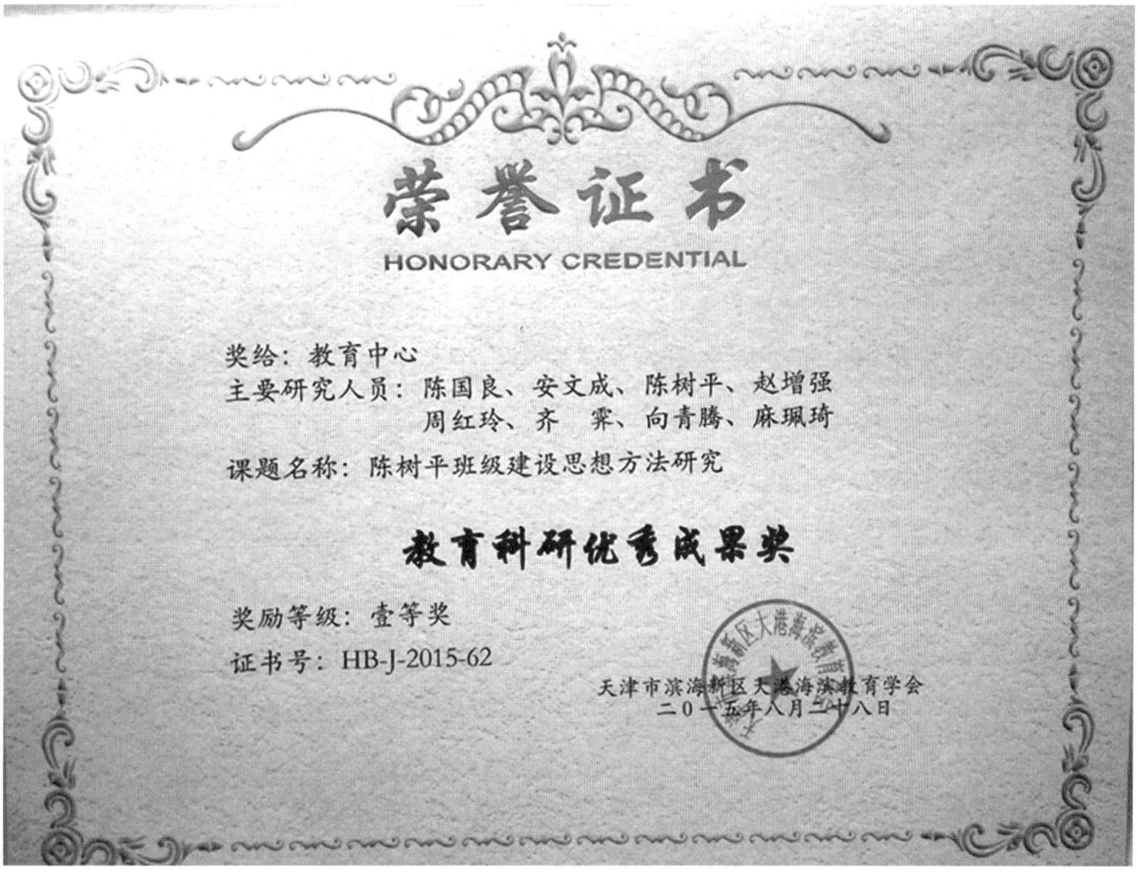
荣誉证书

HONORARY CREDENTIAL

奖给：教育中心

主要研究人员：陈国良、安文成、陈树平、赵增强
周红玲、齐　霁、向青腾、麻珮琦

课题名称：陈树平班级建设思想方法研究

教育科研优秀成果奖

奖励等级：壹等奖

证书号：HB-J-2015-62

天津市滨海新区大港海滨教育学会

二〇一五年八月二十八日

第一章　陈树平班级建设、学生教育笔记

陈老师的教育故事该从哪里讲起呢？我还是从陈老师最喜欢的一个故事开始吧。

陈老师讲过一个故事，是台湾大学生物环境系统工程学系教授张文亮写的《牵着蜗牛去散步》：

上帝给我一个任务，让我带一只蜗牛去散步。我不能走得太快，因为蜗牛实在爬得太慢。虽然它已经在尽力爬，但还是只挪一点点，我催它，我唬它，我责备它。蜗牛用抱歉的眼光看着我，仿佛说："人家已经尽了全力了！"我拉它，我扯它，我甚至想踢它。蜗牛流着汗，喘着气，往前爬。真奇怪，上帝啊！为什么？要我带一只蜗牛散步！但天上一片安静。喔！也许上帝抓蜗牛去了！根本不在！好吧！松手吧！反正上帝不管了，我还管什么！任蜗牛往前爬，我在后面生闷气，咦？忽然闻到了花香，原来这边有个花园。我感到微风吹来，原来夜里的风这么温柔。我听到了鸟叫，我听到了虫鸣，我看到满天的星斗多亮丽。咦？以前怎么没有这些体会？我恍然大悟，原来，是上帝叫蜗牛牵我去散步。

陈老师说："别嫌蜗牛爬得太慢，别嫌蜗牛歪歪扭扭不走笔直的路线，请记住，世界上能登上金字塔顶端的生物，唯有蜗牛和鹰，不管是飞上去还是爬上去，它们在金字塔顶端看到的风景是相同的。"

陈老师常说，教育是急不得的，要有爱心和耐心，唯有按部就班，遵循学生发展的科学规律，有条不紊，循序渐进，才能水到渠成，收获成功。

这里，只是她三十多年时间里与学生、家长之间发生的教育故事的冰山一角，也许，从这些文字中，您可能读到某处能触动心灵的部分，那将是这些文字的意义所在！

在慢养中集聚教育的生机

陈树平　向青腾

有位教育家深情地对一位渴望自己孩子快快成才的家长说："每个孩子都是一颗花的种子，只不过每个人的'花期'不同。有的花，一开始就会灿烂地绽放；有的花，需要漫长的等待。请不要看着别人的花怒放了，自己的那棵还没动静就着急，要相信，是花都有自己的花期。细心地呵护自己的花，慢慢地看着她(他)长大，陪着他(她)沐浴阳光风雨，这何尝不是一种幸福。相信孩子，静等花开。也许你的种子永远不会开花，因为他是参天大树！"笔者从教三十余年，深深体会到了这位教育家的良苦用意，在此结合自己的教育实践，从"慢养"的五个角度，探索集聚教育生机的历程。

一、用志气慢慢养心

学生年龄小，辨别能力还不成熟，遇到不良现象或诱惑时，很容易受到感染。如何让学生摆脱不健康的诱惑，志存高远，是摆在广大教育工作者面前的一大课题。有什么样的心态就有什么样的行为，有什么样的志向就决定有什么样的本能动作。根据多年的教学经验，我认为，在教育学生的过程中，应该注重志气的培养，以此形成健康的人生心态。

接任新班的第一天，我选择了伟人自信的名句挂在教室墙上，还精选了许多成功者自信的实例讲给学生。以伟人毛泽东"自信人生二百年，会当水击三千里"的诗句鞭策着学生，用教育家爱默生"相信自己'能'，便会攻无不克"的名句激励着学生，借军事家拿破仑"在我的字典里没有不可能"的豪言鼓励着学生。渐渐地，学生对"自信"有一个正确的认识。经验告诉我们，真正的自信一定要建立在获取成功的体验基础之上。大多数学生开始从事某种活动时，很可能缺乏信心，因为他们没有成功的体验。为此，在日常教学中，我有意制造各种机会，让学生获得锻炼与成功的经历，鼓励、培养学生的自信。比如，对学生交不上作业的问题，我不是责备，而是逐一分析不交作业的情况，最后确定了以下的作业分层模式，即：不会背的就读熟，不会默写的就抄写，能按教材要求完成的就完成，有能力的鼓励学生自己来领提高能力的阅读或写作。从此，不交作业的少了，积极来领作业的多了，每一层次的学生对自己的作业都有能力完成了，极大地增强了每一个层次学生的信心。

教育实践令我深深体会到，激励学生，让他们心中充满学习的远大志向，要独具慧心。每一个学生在成长中都会遇到这样或那样的困难，让瞻念前途不寒而栗的学生看到光明，让一蹶不振的学生昂扬斗志,这些都需要老师的智慧。我曾有过这样的经历:在一次校级运动会上,一个学生因为赛前轻敌骄傲而败下阵来。他以为我会批评他,没想到我却表扬了他,令他十分感动。接下来的200米短跑比赛本来是他的弱项,他却总结经验、精心应对,获得了第三名,终于为班级争光了。孩子很兴奋,我问他为什么能在弱项上得冠,他说:“因为老师相信我并肯定了我,说明我有实力,只要用心,就有希望获得理想的成绩。”于是我又派他参加了4×100米的接力比赛,他和队友们奋力拼搏,还真拿了个第一名。他很激动,在运动会的感想中写道:“这次比赛对我意义非凡,我经历了因骄傲而失败,因老师的鼓励而崛起,因足够的信心和良好的心态创造出了自己最好成绩的过程,几起几落,让我感受到了老师和同学给我的正能量。”

此外,在教学过程中,作为教师、班主任要及时总结、分享每一位学生战胜困难的信心和方法。为了鼓励和帮助更多的学生战胜困难、超越自我,我在班里开办了“今天我说事”的栏目,该栏目规定,无论什么话题,只要和大家分享就可以获得“班级奖励币”,鼓励同学将自己战胜困难的经历与大家分享。此举极大地激发了学生的参与热情,带动了学生战胜困难超越自我的激情。客观事实表明,培养学生的志气,教师要有十足的爱心、信心和耐心,学生一旦充满了必胜的志气,就会产生强大的源自心底的驱动力,像鼓起的风帆,簇推着学生的奋进之舟,破浪远航。

二、用故事慢慢养德

党的十八大明确提出要深入贯彻社会主义核心价值观,它的内涵是“倡导富强、民主、文明、和谐,倡导自由、平等、公正、法治,倡导爱国、敬业、诚信、友善”。在班级管理中,我坚持把学生的思想品德培养放在首位,力促学生社会主义核心价值观的形成,努力弘扬真、善、美。在德育教育的推进中,针对中学生的特点,用讲故事的方法传达教育思想,使学生在愉悦的听故事的过程中实现了教育和自我内化。如,针对学习后进生学习动力不足的问题,精选了大器晚成的姜子牙的故事,激励学生从现在做起,坚定信心,脚踏实地,发奋读书;针对班中农民工子女心理自卑的问题,节选了北京某中学宏志班同学发奋成才的感人事迹及日本企业家松下幸之助的故事,鼓励他们发奋、努力;针对部分学生私心太重、集体观念不强的问题,组织班委成员利用班会,给学生讲雷锋的故事,从而弘扬正能量。此外,针对诚信缺失的社会问题,还发动学生自己讲故事,如《撒谎后的72小时》《尼泊尔少年》《诚信构筑通天塔》等一个个反映诚信作用的故事,感染着学生,润化着学生。在一个个故事的润物细无声中,学生坚持正义、遵守道德的良好品德在生根发芽。

三、用项目慢慢养智

组建学习型组织是当今教育界普遍认为能激发集体潜能的有效手段。作为在教育过程中起主导作用的班主任,创造条件帮助学生组建学习型组织,是班主任工作前瞻性的具体表现。在笔者的倡导和极力推动下,学生成立了语、数、外、综合学习项目及师徒互助小组,并规定每一个项目组要策划一个能激发学习动力的方案,而且要适合每天进行。于是语文组的汉字英雄、外语组的美文赏析、数学组的每日竞题以及综合组的《九班时报》应运而生。汉字英雄借热播栏目《汉字英雄》的名称,但形式不同,由项目组的学生每天出偏旁,学生们可以自由选择偏旁,根据偏旁写汉字,在一周内写出汉字数量的前三名,分别奖励不同数量的九班币。此举极大地激发了学生学习汉字的兴趣。后来我们又开发了新的项目,如成语接龙、美文推荐等。英语项目组的学生每周推荐英语小短文,请同学画出短文中的单词、语法点并解析,最高挑战是将短文背诵下来,根据完成情况奖励九班币。数学组的学生每天在老师的指导下出题库,每一位学生都可以根据自己的实力前来选题,每正确完成一题奖励九班币,每人每天不超过三道题,项目实施以来,学生学习数学的兴趣空前高涨。综合组的方案是制作《九班时报》,办报理念是"风声雨声读书声　声声入耳,家事国事天下事　事事关心"。跟踪最新热点新闻,关注国家大事,将班级的视野拓展开来,使学生意识到,作为中学生,虽身在教室,要胸怀祖国,更要放眼世界。师徒互助小组最受学生的喜爱,在内容上,它不仅仅是学习上的互助,而且涵盖了学生在校甚至在家的种种活动和行为的帮助和督促。伴随此类互助组活动的不断推进,班风班貌焕然一新,下课打逗的少了,互相讲题的多了;课上纪律好了,课下看课外书的多了;传闲话的少了,行为文明的多了。我们每月会评选"优秀师徒",并给予奖励,让师带徒小组活动充满后劲儿。事实表明,这些活动的开展,促进了同学们整体文化知识的提升。在七年级的期末检测中,全班39人中36人有进步。在2014年学校的合唱比赛中,九班的综合成绩排名由前一年的倒数第一变成正数第一,学生自编自导自演的短剧在比赛中获得二等奖。此外,在其他竞技活动中,九班的集体表现力也让人振奋。2014年校运动会上,九班总分由七年级的倒数第二变成真正的年级第二名,四个集体项目(4×100米接力、跳绳接力、齐心协力、夹球比赛)均获得第一名;德育评比的流动红旗每周都能花落九班;2014年优秀班级评选中,九班被评为校级优秀班集体。随着各项目组的深入推进,学生的知识丰富了,眼界开阔了,心智成熟了,能力提升了。以项目组为单元的学习型组织,推动教育在无痕中进行,在互促中前进,激发学生智慧的火花竞相绽放,群星灿烂。

四、用环境修身养性

学校处处是教育,学校处处有教育,校园环境具有非常重要的育人功能。优美的校园环境能使学生身处其中,不知不觉地受到感染,自觉自愿接受无声的教育,从中受到启迪。这样,学生的情操得到陶冶,心灵得到净化,精神得到升华,达到“如入芝兰之室,久而自芳”。为此,作为班主任,首先要尽力完成校园环境重要组成部分——班级环境的优化工作。强化教室卫生和桌椅等物品的标准化摆放工作。本班规定,值日组必须保持窗明几净,桌椅物品摆放要保持整齐有序。其次,创造高雅的班级人文环境。本班要求,师生着装必须整洁得体,语言行为礼貌文明。此外,在优化班级环境、校园自然环境的基础上,我们还注意社会环境的营造,探索出了“二三四”等丰富多彩的德育教育形式。“二”,就是抓好两个“结合”,即:德育工作和课堂教学的结合,德育工作和法制教育的结合,培养学生自尊、自律意识;“三”,就是办好三个“节”,即:艺术节、体育节、科技节,为学生创造主动参与的机会,培养学生的创新意识;“四”,就是坚持落实四项常规活动,即:学校卫生天天查、升旗活动周周有、班级设计每期翻新、军训和“三防”教育年年认真组织。环境熏陶人,环境改变人。“雅、美、净、洁”的环境促成了学生良好卫生习惯的养成,文明礼貌的环境促进了学生文明行为的养成,“比、学、赶、帮、超”的竞争环境激发了学生“善学、勤思、创新”的意识。

五、用坚持慢慢养体

我国初中生的身体素质令人担忧,如何解决这一问题,拷问着我们每一位教师。接班的第一天,我给学生的第一句话就是“身体健康第一,坚持锻炼牢记”,并身体力行,率先垂范。我在班中承诺:坚持和学生一起跑操,老师和学生永远在一起。并规定:大课间跑操时在学校规定的圈数基础上再加一圈,倡导同学之间相互鼓励,传递能量;放学后可根据自己的实际情况申请跑圈数,每申请一次奖励九班币一枚,激发个体的斗志,挖掘个人的潜能,并影响身边同学;假期中与家长取得联系,以学生居住小区为单位,同一个小区的学生每天早上晨跑,由一名家长负责带领并记考勤。此外,我还建立了一套行之有效的奖罚制度,老师、家长、学生紧密合作,调动一切可以调动的力量,确保没有一个学生掉队。根据多年的实践经验,这样的锻炼方法既提高了学生的身体素质,又锻炼了他们的意志品质,还增强了与学生、家长的沟通与交流,实现了一举三得的好效果。

俗语说,慢工出细活。培养学生,将他们培养成才,是个系统工程,是细活。慢养,集聚教育的生机;慢养,会让学生成长得更加稳健;慢养,会让未来的人才更加茁壮!

(本文获得天津市教育学会2015年度“教育创新”论文评比二等奖)

巧借“三机”汇聚班级正气

陈树平

班级正气对学生具有一种正向的、潜移默化的教育力量,能对所有个体产生“蓬生麻中,不扶自直”的影响。汇聚班级正气方法多多,载体种种。笔者从教三十余年,深深感到:只要顺规律,留心机,处处可见“汇聚班级正气”的机遇。

一、巧借“主题班会”,汇聚学生奋发向上之正气

主题班会,是班主任对学生进行思想教育的一个重要途径。它能充分发挥集体的智慧和力量,让个体在集体活动中受教育、受熏陶,从而提高综合素质。如果组织得好,对学生思想的转化和良好的班风的形成有不可低估的作用。那么,如何进行主题的确立与策划呢?笔者认为主要在于把握好两个原则:针对性、计划性。

1. 结合学生实际,突出针对性。

主题班会必须结合学生的实际,主题的确定必须寻找学生中普遍存在的、典型的问题。具体来说,就是根据学生的年龄阶段、身心特点和思想发展的脉络,结合学校、家庭、社会生活实际,针对学生在思想、学习、生活方面出现的问题,广泛选取题材,进行筛选、提炼、策划、组织,及时对学生进行教育。例如:初一时,学生因为来到一个新的学习环境,对周围的一切都感到好奇,他们大多数都希望能好好学习,给新教师、新同学留下好印象,因而表现就比较好。我抓住这个契机,及时地对学生们进行点拨、引导,组织了诸如“要珍惜学习的好时光”“向童年告别”“我爱我的班集体”等主题班会,使学生的心头升起理想的光华,使他们的求知欲望更加强烈。

要做到有针对性,班主任必须善于搞好调查研究。对于本班学生的精神状态、学习风气、健康状态、舆论、班风和当前存在的主要问题等都要做到心中有数,了如指掌。只有这样,才能抓住当前需要解决的主要问题,并能寻找解决问题的方法和对策,促使学生的思想朝健康的方向发展。例如,2014 年上半年,针对部分学生出现的顶撞家长、与父母难以沟通的问题,我组织了“爸爸、妈妈我想对你说”“读给父母的一封信”“寸草报春晖”主题班会,并邀请家长参加。在特定的时间、特定的地点、特定的环境渲染下,发言的学生数次哽咽,台下的父母泪流满面。心与心的碰撞,让家长与孩子心通、情浓。再如,2014 年下半年,针对部分学生成绩突然下降的情况,我通过多方面的调查,分析原因,适时召开了“改进学习方

法，和时间赛跑”的主题班会。让每个学生都发言，谈问题，说方法，制订改进计划。学生们年龄相近、经历类似，他们彼此好沟通，学习方法易借鉴。此次主题班会后，学生们之间主动结对子，改进学习方法，再加上九班制订的“学习计划执行监督制度”的严格执行，很快促进了学生们学习成绩的提高。到期末考试时，学生的平均成绩进入了年级“前三”的行列。

2. 认真确立主题，做到计划性。

细节决定成败。班主任职业生涯的实践使我深深体会到：开好主题班会一定要注意“针对性、计划性”两者的统一，并注意细节的计划把控。只有这样，方能做到事半功倍。

2015 年初，根据学校总体教育工作的安排，九班借助四月份召开“校运动会”和五月份举行“中学生社会实践活动”的时机，计划安排了“团结就是力量”“前进吧！九班”两个主题班会。

为了开好“团结就是力量”主题班会，九班将“组织好班级参赛项目，用体育竞赛取得优异成绩和赛场精神风貌最佳”定为努力目标，精心计划每个参赛环节，所有参赛队员认真训练，未参赛的学生全力做好赛场服务、宣传、精神鼓舞的准备工作。功夫不负有心人，“体育赛场夺冠、精神文明夺旗”为“团结就是力量”主题班会画上了一个漂亮的句号。

为了开好“前进吧！九班”主题班会，九班全体学生在“中学生社会实践活动”中，从“落细、落小、落实”上下工夫。上下汽车，九班学生做到了“文明、秩序、守纪”；队列训练，九班学生做到了整齐划一；劳动实践，九班学生做到了细致认真；劳动之余，班级拉歌，九班学生唱响自创的班歌，赢得全场雷鸣般的掌声。

在此过程中，班主任用相机拍下了学生表现的每个精彩瞬间，用 DV 录下了学生活动的全部过程，细心的家长为自己的孩子记录了此次活动后的在家变化。在九班全体同学的共同策划、参与下，《军训感悟》汇编成册。在激昂的“前进吧！九班”主题班会中，学生们纷纷登台，说自己的社会实践心得；讲九班在社会实践活动中台前幕后的故事；赞同学们参加社会实践活动中的精神风貌。活生生的事实、实实在在的成绩、憧憬未来的激情，敲打着九班学生的心鼓。

二、巧借学校运动会，比出“力争上游”豪迈气

学校运动会不仅仅是一次体育运动会，它更是学生素质教育的一个重要组成部分。中学生精力充沛、好动、爱比拼、不服输的特性，可以在体育运动会中转化为“力争上游”的豪迈士气。有经验的带班老师不会错过这个大好机会，对学生进行组织能力、意志锻炼、挫折教育、集体主义精神的教育。以九班参加 2015 年校春季运动会为例。

首先，比赛前的准备。完全由九班班干部和班级体育社团根据学校春季运动会的赛事

要求，进行有计划、有方案的准备。为期一个月的赛前准备，让学生锻炼了组织能力，创造了学生之间的磨合机会，强制性增加了学生的体能锻炼，健壮了体魄。同时，为比赛取得更好的名次而进行的对策制订，也历练了学生的思考能力，更增加了班级的凝聚力。

其次，比赛中的纪律与分工。在比赛的当天，要求全体同学一律不许带手机、平板电脑、游戏机等；服务组负责检录提醒、比赛准备、看护衣服；宣传报道组负责比赛现场的采访与宣传；监督组负责对违规学生进行记录、制止；啦啦队为参赛运动员呐喊助威。据统计，运动会上，九班宣传报道发稿260篇，自行纠正违规（班规）5起。

最后，比赛后的总结。捧回校春季运动会第一名的奖杯和赛场精神文明班级奖状后，九班没有像其他班就地解散，而是整理队伍，高唱歌曲，乘兴回班召开“今天的感动”总结发言会。

面对高出第二名30多分的好成绩和赛场精神文明班级奖状，班长祁琳说：“我感到今天九班的表现是最棒的！同学们争出了气势，比出了力量，赛出了风格，赢得了赞誉。今天在比赛场上取得的成绩得益于九班各项比赛准备工作充分，得益于九班的齐心协力……”

参赛选手张奕说：“我没想到咱九班能取得第一。我记得在2013年的春节运动会上，九班的比赛成绩年级组排名倒数第二，全校排名第32；在2014年，九班的比赛成绩，年级组排名正数第二。今天，我们九班全校第一，我要大声喊‘九班，你是最棒的！’”就连班里平时沉默寡言的“老蔫”高睿也情不自禁跳起来，激动地喊出了发自肺腑的声音：“九班，你是我的骄傲！我为你而自豪！”

要求发言的一个接着一个，每个人都想倾吐自己的激动感受。团支书韩序最后总结道：“团结就是力量，只要九班上下拧成一股绳，我们就是无敌的力量！”

三、巧借全校大合唱，唱响“团结、和谐”主旋律

大合唱比赛对于各参赛班级来说是一项有目的、有组织、有计划的集体性活动。每一次的合唱排练，每一个学生都融入到集体之中，加强了学生们的团结协作精神；每一次的合唱比赛，每一个学生都代表着一个整体，加强了学生们的荣誉感。由此可见，合唱是集体主义教育的最好形式之一，它有利于形成具有统一意志和共同感情的团结的集体，还可以增强学生的自信心。

2014年3月，我校举办一年一度的“大合唱比赛”。接到通知后，九班召开了“大合唱”参赛动员会，征求同学们的意见：“此次大合唱比赛，我们是想成为分子还是分母？”“成为分子，闪亮九班！”这是同学们异口同声的坚定回答。我顺势回应：“好！敢于亮剑，这才是九班所要的骨气和士气！但同学们一定要清楚：赢得胜利一定要靠拼搏，靠实力，靠我们众志

成城的努力。”

在“势在必得”气氛的渲染下，九班班委纷纷登台发表“大合唱”参赛意见。在热烈讨论和细心排选后，九班选定了《红河谷》和《青春舞曲》参赛合唱曲目，制定了排练计划。

最考验人的是排练过程。为练好选定歌曲，九班采取了“单练、分练、合练”相结合的办法。首先，“单练”让每个学生精准把握排练曲目的音准；“分练”让各声部熟练掌握技巧；“合练”让全体学生绽放艺术风采。在近一个月的排练中，同学们相互学习、相互帮助、相互鼓励，共同的愿望将他们凝聚在一起。

大赛即将拉开帷幕之际，富有艺术细胞的瞿蕾同学，发现九班的着装，舞台效果欠靓丽。于是，她大胆建议，借学校合唱团曾用过的“绿上衣、黑裙裤”套装作为合唱舞台服，并以“蝴蝶结”做领饰。下午正式比赛，九班一亮相，整齐划一，舞台效果让观众眼前一亮。随后的完美合唱赢得在场师生的热烈掌声。九班以全校第一的成绩实现了当初的愿望。赛后，学校教学楼外的宣传橱窗里、教学楼内的墙壁上、音乐教室的画廊中，到处张贴着九班大合唱夺冠的照片，使九班的每位同学都体验到成功的喜悦。

“大合唱”像火花，点燃了九班“争强好胜”的心火；它像战鼓，催生了九班“团结、和谐、奋进”的士气。

班级常规工作要入微

陈树平

九年级是每一个学生的关键时期，作为班主任，总是想尽办法来提高学生的成绩，使学生能在有限的时间内得到最大的提高。在这冲刺的一年，一个班集体的学习氛围应该是紧张而积极的，但是这其中总会有各种不正常状态的出现，如学生对学习的倦怠、对目标的迷茫导致的学习上懒散和回避、违反班级规则、对班级整体纪律无视甚至破坏、情绪上的浮躁不安等。在这种情况下，作为班主任，就要做到从各方面的细节入手，抓好班级常规，这样才能将整个集体稳定下来，然后才能谈成绩。

现在这个班是我工作以来带的第十六个毕业班，班级的学生成绩水平总体中等偏上，可以说同学们在学习上还是很有自我要求的，但是总是在某些方面存在缺憾。有一部分同学思维能力很强，但是缺乏定力，学习略显浮躁，不够踏实，成绩忽高忽低；一部分同学好像很努力，但是效率却很低，不能很好地投入，经常事倍功半，成绩止步不前；还有一部分同学，学习很踏实，但是在理科的思维能力上略显逊色。这样的班级，往往便显出成绩的波动以及情绪上的不稳定，所以我所要做的工作首先是要稳定、团结班里的学生，提高班级整体的学习效率，在稳定和高效的同时才能想办法逐步填补学生存在的漏洞。这就要从落实常规的细节做起。

比如，早上的按时到校问题，进入九年级后班里总有一部分学生不能按时到校，理由各种各样，屡禁不止。针对这个问题，一定要从细处作安排。于是班委们在征求了同学们的意见后制定了关于迟到的等级式处理方式，不管是成绩好的学生还是成绩不好的学生，也不管是男生还是女生，都一律按照要求来做。果然，学生的时间观念明显加强了，到校时间提早了，交作业和进入早读的状态也能够提前了，这对于一天的学习是有很大的好处的。

再如班级交作业问题，到九年级后由于作业量比较大，加之有些学生自身的懒散，所以总会出现不交作业的情况，特别是每周一早上，某些学科作业缺交的情况特别严重，这对教学工作的开展是很不利的。针对这样的情况，我和班级里的学生干部以及任课老师仔细商量后，提出了要从细从严地管理班级的不交作业问题。做法是：首先要统计每天缺交作业的学生名单，然后分析其原因，与其交流、了解情况，并帮他找到解决问题的办法。对于出现某学科大量缺交作业的行为，我就要参与教育，并通过家校通和家长做好及时沟通，让家长清楚孩子的交作业情况，并提醒家长在家做好督促工作。通过一段时间的管理，班级里缺交作业的情况明显好转。

每个班都有大家共同制定的班规，但班规的执行落实和及时改进也是十分重要的，因为一个常规工作到位的班级，一定不是一个浮躁的班级，在这样的班级中学习，学生才能真正地静下心来审视自己存在的缺陷和不足，才能有改进的可能。

爱是教育的土壤

陈树平

本学期我担任七年级九班班主任，中途接班，我对 39 个孩子一点儿也不了解，只是听老师和家长们反映班风不太好，有几个难管的学生很出名。刚刚举行的学校大合唱比赛，得了全校倒数第一，运动会是倒数第二，全年级有九个班，成绩名列第八名，班里总有违反校规校纪的现象。刚开学几天，教室里闷沉沉的，课堂上静悄悄的，我觉得首要问题是要让他们活跃起来、团结起来。我利用第一个班会课请大家自我介绍并说说新学期的希望，特别是对班集体和我这个班主任的希望。我首先发言，介绍自己的性格、爱好、带班特点，并对孩子们提出要求和希望，相信他们能明事理、辨是非、重感情、会包容。同学们渐渐对我有了信服的感觉。接着,大家一一发言,对班级和我这个新班主任提出了希望,都表示愿意为建设新的集体尽心尽力。

第二个班会课上,我首先总结一周以来的情况,肯定了同学们的表现,也指出了存在的问题。接着,我对自己上课铃响了还没有进班并拖堂一事(我故意设计)向全班同学真诚致歉,请求同学们理解和原谅,教室里响起热烈的掌声。我看时机成熟,就让同学们自己检查自己的错误或互相批评,同学们一一起来"揭发"自己。我最后总结道:"自己主动认错,很勇敢,很坦诚,更是对他人的信任;而对犯错误的理解和包容不仅仅体现自己的大度,更是尊重、信任和仁爱。"接下来的几个班会课我从文明礼仪、责任感、自我意识、位置感、个性与共性等方面进行教育。几个星期过去,一个充满活力而有序的班集体初步形成了。我感触很多,谨聊聊几点体会。

一、观察是切入点

每天早晨七点半,我准时到班了,一一观察进班的孩子,哪个身体不舒服,哪个没有休息好,哪个没有吃早饭,哪个想抄作业,哪个无所事事,哪个欢快地打招呼,哪些经常的交谈,哪个默默坐在一旁。利用课间进班,听孩子谈论的话题,有时课间到教室外观察,通过观察,了解每个孩子的性格和爱好以及学习情况,甚至精神状况。走近才能走进,交流才能让孩子感受到爱。

二、尊重是基点

教师付出爱心容易,让学生接受爱心很难,这是很多父母和老师的困惑。我爱你还有错吗?我给了你爱,你应该知道好歹的……如此种种,都是走进了以"我"为主的误区,这正像我们本来想帮助弱势者,结果却一次次地伤害他们一样。我们要从尊重入手,于细微处播撒师爱的阳光。尊重学生的个性,尊重学生的需要,尊重学生的人格。当代教育家苏霍姆林斯基对此有深刻的论断:"只有教师关心人的尊严感,才能使学生通过学习而受到教育。"教育的核心就其本质而言,就在于让孩子始终体验到自己的尊严感。心理学的研究表明:"一个小孩从出生之日起,便开始具有了多种潜意识,其中包括受人尊重的本能。"这些都说明了尊重学生的重要性。实践证明:在处理事情的时候,我首先做到尊重学生,同时也换来了他们对我的尊重,爱才有回应。

三、爱是原点

一位作家曾这样说过:"爱是一座硕大的城堡,使人宁静、向往、安全,它是无边无际的阳光，给人温暖和希望。”我觉得爱是教育的土壤。任何情况下，对待那些顽劣、坏习惯较多的同学，我采取的教育方式总是耐心地用故事进行启发和教育。平时每周我都会利用早、午自习的点滴时间根据班里发生的不同情况，讲一些相关的案例和小故事，对每一位学生的教育都力求做到动之以情，晓之以理，循循善诱。因为我始终相信高尔基说过的一句话：“谁爱孩子，孩子就爱谁，只有爱孩子的人，他才可以教育学生。”我更觉得，爱是给你爱的人伤害你的权力，我在孩子面前从不讲什么师道尊严，他们有时候“冒犯”了我，我总是轻轻一笑。

有几个同学把我讲过的小故事记下来，还汇编成了《教师语录》。通过一学期的共同努力，班风大有好转，在今年的全校大合唱比赛中，我们班获得了一等奖，运动会比赛也从去年的年级第八前进到年级第二，学习成绩也大有提高。这些数据虽然笼统，但却凸显了孩子们的进步是多么的巨大！

教育的对象、过程、特征决定了教育工作者必须有耐心、热心、爱心、包容心和平常心，爱是核心，但有爱心是远远不够的，要让爱真正成为教育的土壤。

人非圣贤孰能无过

陈树平

晚上，十点多了，我收拾好一切，坐在床上，心里默想着今天没解决的问题明天该如何处理。“滴滴”“滴滴”的短信提示音接二连三地响起，哎，肯定又是学校用家校通发短信布置工作了。打开一看，却是班级中的一个男学生发来的。

上面写着：“老师，请您向李同学道歉，您今天的举动，毁掉了李同学一个晚上的辛苦劳动，也破坏了您在同学心目中的形象！”

短信让我既惭愧，又懊恼。白天发生的一幕幕又重新浮现在我眼前。

昨天早上，我特意比往常提前一点到校。因为临近考试，学习任务重，压力大，有同学在完成老师作业和自主复习之间难以兼顾了。已有任课老师及部分同学向我抱怨说同学们“一忙就乱”“作业拖拉”，早上交作业“一片混乱”，还有抄作业现象。确实，早上每个小组的组长都要收几门作业，在组里前后走动，再遇上个别早上来补作业的同学还要催，导致了早上收作业时，教室里“人头攒动”的混乱局面。所以，我规定了早上来了以后，作业不收不交，先晨读，到 7:50 的时候，根据指令，分学科统一往前传作业。今天是新规定实施第一天，一定要开好头。当我发出收作业的指令时，王同学正拿着李同学的数学卷子抄，心头的火冒了出来，数学卷子就被我撕成了两半。

听到声音，同学们都惊愕地抬头看了看。哎呀，冲动是魔鬼啊！我当时就后悔自己的举动了。自认为比较成熟，学生犯错时能沉着冷静地处理，可今天是怎么啦？我怎么做出了这样的事情呢？我拿起那份被撕成两半的卷子，理了理，轻轻放在了那叠数学卷子的最上面。班级在安静有序的状态下，交完了作业，开始上课。怀揣心事的我离开了教室。

整个白天，我都忙着做我日程表上安排的工作。期间，上午进了一次班级，下午又去了一次，因为有我的课。这两次在班级里的时候，我都悄悄地观察了李同学，他还是和往常一样的安静，一样地埋头学习，但不同的是，在我的课上，当同学们抬头看我在黑板上的讲评时，他依然低着头。我知道他在听，因为他在记着笔记，但很明显，他不愿和我有目光接触。我知道，我的举动伤害了他这个安静、内向、善良的大男孩。

作为班主任，学生犯了错，我都是单独教育，最多再让他写个书面的认识、保证，为保护学生的自尊心，一般不会让他在班级同学面前认错的。现在，A同学给我发来短信，要求我道歉，而且要"当着全班同学的面"。要不要道歉呢？当然要，老师犯了错，也要勇于认错。我们常教导学生要知错就改，现在自己犯错了，当然要承认错误。"身教重于言传"啊。但我不能忘了我是老师，我要让同学们从我的道歉中接受教育，而不只是听到一声"对不起"。

第二天早上，作业上交完毕后，我开始"道歉"："同学们，请暂时放下手中的物品，我讲几句话。"同学们都抬起了头。我注意到，有些学生的脸上露出了一丝期待甚至是窃喜的神色，有些在交换着眼神，似乎他们已预感到今天这"几句话"和昨天的事有关。我继续说道："最近，为了备战考试，同学们都很辛苦。老师和你们一样，也承受着压力，所以，看到早上班里交作业时的忙乱，心里很着急，想办法要让我们班把交作业的事情做得快、静、齐，让我们每天有个好的开始。昨天，我们用新办法来交作业，做得很好。但是发生了一件事，我把一位迟交作业的同学的卷子撕了。今天，我要向李同学道歉。"我顿了顿，目光投向了李，他低着头。我接着说，"其实，我昨天的做法是针对拖拉的做法，不是针对李同学的，他一直是我们班勤学上进的同学之一。我昨天撕了李同学的卷子，这是一时冲动的行为，我在此向李同学道歉。我们班有位同学，他很关心同学，他为李同学的事情昨天发短信给我，希望我道歉；他也很关心老师，他希望老师能及时改正，赢回同学的尊重和信任。在这里，我也想问同学们：你们注意到了吗？我昨天没有把卷子撕得粉碎，更没有把卷子扔掉，而是放在了那叠卷子的最上面，因为我想，我们还可以把作业粘好后上交。同学们，我希望你们能和我一样从这件事中得到一些教训或是启示。

"一、不要冲动，要管理自己的情绪。

"二、犯了错，要勇于承认，真心认错。

“三、道歉要趁早，要尽量减少对他人的伤害。

“同学们，让我们忘掉这不愉快的一段，一起快乐地度过每一天吧！”早读课的铃声响了，我的“道歉”也结束了，同学们的脸上已没有了刚才的窃喜之色，一个个都是若有所思的样子。在随后的课上，我看到李同学终于抬起了头，目光专注地看着黑板上的讲解。我觉得，一切又恢复了正常。

我们常说师生平等，但平等是人格的平等，而不是把学生等同于教师，教师等同于学生。教师是学生学业的指导者，更是人生的引导者。师生平等，不等于学生可以对教师指手画脚，尊师的传统不能丢；师生平等，不等于教师对学生言听计从，爱生的同时还要做严师。老师做错了，向学生真诚道歉，是尊重学生人格；但如何道歉，需要勇气，更需要教育的智慧。

送一轮“明月”
——记一次特别的家长会

陈树平

七年级期中考试后，按照惯例，学校又要召开家长会了。之所以用了“又”字，是因为作为班主任的我，每逢召开家长会之前总会苦思冥想，纠结于该如何设置会议内容。每次基本都是围绕学生的学习情况、日常表现来组织，最后讲讲考试成绩。如此循环往复，时间一长，我自己都觉得乏善可陈，更何况家长呢。对于这次的家长会，我该如何操作才能出点新意呢？怎样让家长除了看到成绩单还能有其他收获呢？恰巧年级主任向老师的一番话启发了我：“可以为学生拍些视频，或者让学生通过文字与父母交流，表达自己的真实想法。”真是茅塞顿开啊。好，就这么决定了！

有了想法，下面就是如何操作的问题了。学生会支持吗？会认同以这种方式来与父母交流吗？我把想法和班级同学进行了沟通，出乎意料，他们很赞同，只是有一个条件：以匿名的方式写。这正合我意。本来我就觉得用匿名的形式学生更容易表达自己的内心想法。此时离家长会只剩三天时间了。时间紧迫，效率第一。我们利用了一节自习课来写一句话心声并拍摄视频。学生还不太习惯用这种方式与父母交流，在镜头前有些羞涩，基本都是围绕考试成绩来谈的。然而他们写的文字材料却是个性迥然，丰富多彩。我把学生的视频、文字准备好之后就迎来了家长会。由于是新接九班的第一次家长会，家长们高度重视，全部到场。会议前半部分还是走常规路线；班主任总体简介班级的常规、班风、学风状况，总结这次期中考试的得与失；任课老师简述该学科的学习情况并给予相关建议。不知不觉，天色已晚,时钟指针已将近六点。那份精心准备的“礼物”还来得及送给家长吗?家长会不会觉得这浪费时间呢?毕竟对当今中学生来讲,成绩才是硬道理。成绩以外的环节家长们愿意关注吗?为此,我征询了家长的意见。结果,家长们的反应出乎我的意料。他们异口同声地表示要看看孩子们这份特殊的“礼物”。

我先把学生的视频放给家长看。家长们满怀期待,看到自己孩子的视频后会心一笑,彼此交流着谁家孩子台风好,谁家孩子高大帅气。台下不时传来欢声笑语,气氛达到了高潮。接着,我开始投影学生写的一句话心声。台下由之前的热闹而渐渐安静了下来,家长们个个睁大眼睛,凝神屏息。

有的语句是质朴沉稳型的。比如:“少生气,多一点耐心好吗?我会努力,爸爸妈妈辛苦了,祝天天开心!”“成长带来更多的责任,我一定会担起所有的责任!”“考试结束了,多谢您的守护,让我不至于在这紧张的考试中疯掉,让我更加坦然地面对它。”“你们的严格要求,是为了我的将来做铺垫,我懂,你们所做的一切是为了我好,我也明白,只是不愿多说,宁愿藏在心里,我一定不会辜负你们的期望。Believe me!”“经历这次考试后,我想我会认真总结,朝着既定的目标继续奋斗的。原本考试之前没什么想法,从此之后我会认真考虑的。”“九年级似乎应该更有计划,更为成熟,这是我所欠缺的,在接下来的学习中,我会学习去合理安排学习规划,弥补劣势,保持优势,因为你们的支持,我会好好加油的!”

有的心声是温馨感人型的。比如:“肉麻我也不会,总是凶巴巴地对你,脱口而出的不敬总让人后悔。想张口甜甜地叫一声‘亲爱的妈妈’,两片嘴唇却分不开。我一定能在下一次角逐中脱颖而出。母亲大人,您的皇女不会令你失望的!”“For you , for me , for future. 为了你们,为了自己,为了未来。”“妈妈:有些时候我会让你操心,但我心底是爱你的;有些时候我会和你斗嘴,但我心底是疼你的;有些时候我会顶嘴,但我心底是听你的;不论我做什么事,我永远都是爱你的,爱你的……爱,即一切,且胜过一切……”

会场越来越安静,仿佛能听见每个人的呼吸声。有的家长深思,有的记录,有的甚至默默地流下了眼泪。父母表示,一直认为孩子永远还是孩子,总是调皮不懂事又没有思想,并且眼里没有父母。没想到孩子会这样懂事,这样贴心。特别当他们读到这句话时更是感触良多:“父母还是做一些自己想做的事吧,不用一直为我们做太多。我们不是你们生活的全部。”的确,父母都是辛苦而伟大的,为了孩子可以付出所有。但是如果父母之爱让孩子感到莫大的压力时,那么父母们是否要反思一下;爱的方式是否恰当?愿不愿承认孩子是独立的个体?能不能理性面对孩子的成长与成熟?家长沉默良久,不知是谁带头鼓掌,然后掌声越来越响亮。他们非常认可这次新颖而又特别的家长会。因为家长们大部分是70后,他们对孩子的教育不仅限于成绩,而且也非常愿意走进孩子内心,只是苦于没有恰当的方式和时机。他们希望今后的家长会也能采取更多更好的形式,让父母能全方位地了解孩子,能听到孩子真实的心声。

台湾作家林清玄曾经写过一篇散文,名为《送一轮明月》。内容是某个月夜,一位禅师遇到一个小偷,禅师家徒四壁,又不忍让小偷空手而归,就把身上的外衣给了小偷。小偷惭愧地离开。第二天早上,禅师发现那件披在小偷身上的外衣被整齐地叠好,放在门口。禅师非常高兴,喃喃地说:“我终于送了他一轮明月!”我不是禅师,然而在面对孩子的教育问题上,家长们常有焦急而无助的时候。班主任恰好可以为家长提供了解孩子的平台。适时地为家长送上一轮“明月”,祈盼这“月光”能照亮家长的梦想,温暖他们的心房,帮助家长理性客观地了解孩子,应该对学生的成长会有帮助的。愿全天下的家长都能共此一轮“明月”,行走在“为人父母”这条特殊的人生道路上。共勉之!

教育艺术之师生沟通

陈树平

很欣赏卢梭的这句话:“教育的艺术是使学生喜欢你所教的东西。”作为教师,我们无一不希望能做到这一点而在教育教学工作中有所成就。怎样达到呢,中国古籍《学记》有云:“亲其师而信其道”。当学生热爱这位教师,自然连带着也会热爱这位教师所教的课程,甚至于他或她的一言一行皆可能会对学生产生影响。所以说融洽的师生关系能产生巨大的教育“亲和力”,也大大提高教育效能。为对此作进一步探究以及提高自己的教育教学水平和技巧,在日常工作中,我注重师生沟通的艺术,结合自身教育经历体会,略有所得。

一、师生沟通主阵地——教室里

教室是师生见面时间最多的场合,所以也成为师生间进行交流沟通的主阵地。我们可从三个时间段来进行。

课前十分钟。我们学校提倡老师课前早几分钟进教室,其实这是很有道理的。利用这宝贵的几分钟我会与学生交流一些问题,如询问学生课前准备工作有没有做好,课本、学案到没到位,作业量怎么样,上次的作业有什么难解问题,最近的教学进度是否能跟得上,考前的复习进度怎么样等等。这样既能帮助学生提前进入课堂角色,又能拉近师生距离,还能做教学内容安排调整,指导提示学生进行复习,一举多得。

课堂四十五分钟。配合课堂教学,找机会与学生进行沟通,有助于提高教学质量。除了正常授课外,课堂上出现的一些“小状况”也需要老师运用良好的沟通技巧和方式来处理。在讲课过程中有学生会对前面讲过但没弄清的知识点提出疑问,以前,为了不耽误上课进度我让他下课再谈,但后来发现这种处理方式效果并不如预期。学生很少会下课再来找我,可能是忘了,也可能是我这种处理方式伤害了他的自尊心或自信心。所以现在我会停下来,听清问题,询问班上其他同学是否也有类似疑问,有时其他学生会提供正确解释,有时也需要老师再作讲解。如是后者,我会适时表扬提问者。我感到这是更为尊重学生的做法,至于教学进度就再作调整了。在面对课堂违纪时,私下的提醒或在讲台上风趣幽默的语言兼严肃的眼神都比疾言厉色的批评更能让学生真心的接受。课上有时仅仅是一个鼓励的眼神,一次善意的微笑,一句肯定的评价都可以给学生带来莫大的鼓舞,让他(她)喜欢上老师,也喜欢上这门学科。

课后时间。尽可能做到不拖堂,下课后也不要立刻离开教室,环视全班,在讲台前逗留一会儿,有时会和学生聊聊听课情况,哪些地方没有听懂,哪些地方需要老师进一步改进,作业量是多是少等等。有时也有学生会主动来求教听课中的疑难知识点或作业问题。如有需要单独谈话的,走廊边即可进行。尽可能在教室多完成些教学任务,我尽量不让学生来办公室排队处理学习及作业问题,这样有助于帮助学生第一时间解决问题,还可节约学生的时间、精力。对教师来说,也有助于改进教学,“教学相长”嘛。

二、轻松自在的情感加油站——教室外

教室以外场合的交流沟通对师生双方来说都显得更为轻松自在,途径也是多种多样,可面对面地谈话,可在作业和周记中加注评语,当然也能通过电话、短信等现代信息技术手段。我个人认为面对面的交流更为直接,感觉也最佳。

平时在办公室和课代表交流得最多,在收发作业之余我会和课代表简单聊聊,内容包括班级近况啊,学习氛围啊,学生对课堂和作业的反映啊,课代表个人的学习状况啊,甚至学习以外的一些话题。注意多“倾听”,不要妄下评断,用平等的对话进行交流。这样的沟通自然亲切,容易拉近师生之间的距离,能发现许多学生身上不易觉察的闪光点,学生也可以了解到老师除了上课以外的另一面,增进师生之间的友谊。

有时和学生的轻松聊天也能带来意想不到的收获。一次在和往届生的聊天中,学生问道:“陈老师,你还在用那种教学风格上课吗,成绩不错吧?”我愣了一下,我的教学风格,我还没考虑过这个问题。事后想了一下,我教这届学生时,在课堂教学中注重提问式的教学,设计多个提问环节,培养学生主动思考和举手抢答的习惯,保证较多答题学生数量,无论在课堂氛围还是在学习成绩方面效果都很好。但最近为了教学进度而有所忽视。之后我立即

与本届学生交流了一下，他们都觉得如果采用问题式教学法会更有助于他们加深对课堂知识点的掌握和理解。接下来怎么在有限的课堂时间中运用问题式等各种教学方法及提高课堂效率会成为我努力突破的方向。

总之，以真心待学生，以沟通为桥梁，教育之花必将结出丰硕的果实！

用爱等待你成长

陈树平

班里有几个让人颇为头疼的男学生，个性强，纪律差，李同学就是其中之一。

一、主要表现

1. 首先引起我注意的是自从开学以来，他上课喜欢搞小动作，拍同学肩膀干扰别人注意力，毫无纪律可言。他的行为与一个班干部的标准相差甚远。

2. 自修、思品等课上喜欢和别人大声说话，严重影响了本班的学习氛围和自修纪律。

二、内在原因

通过与家长联系，我逐渐了解到了一些情况。他的父母都是做生意的，平时一直很忙，父母自身学历不高，所以只注重对他的物质保证，让他吃饱、穿暖，对于他的教育却几乎为零。在这个环境下，他的一些不良习惯没有得到及时的纠正。

总的来说，这个孩子最大的问题是学习习惯太差，从小就没人管教，养成了散漫的性格，加上他很喜欢在别人面前表现自己，因而，有此前种种的表现。不过，我相信只要努力，找到了症结所在，一切都会迎刃而解，这样的孩子也不例外。

三、措施及效果

针对李同学的情况，我为他制定了帮教措施，决定从学习习惯入手。对于他上课没有规矩的缺点，不能指望他一天、两天就改变，要循序渐进。有了好的表现，就及时表扬、鼓励；不好了，不是简单的批评，而是告诉他应该怎么样，因为在他的内心中并没有真正建立起作为一名学生的标准。就这样，一个月过后，经过了我无数次的提醒、鼓励，情况有所好转。基本的规矩懂了，但是好景不长，因为他基础差，课上的内容对他越来越没有什么吸引力了，上课时不是捅捅这个，就是拽拽那个。老师严厉一点还好，如果老师比较放松，那么就“无法无天”了。找他谈,根本不管用;批评他,他还不断辩解,好像自己比窦娥还冤,弄得老师束手无策。毕竟,他不学,其他的孩子不能陪着他不学啊!在这种情况下,我联系了他的家长,他们说拿儿子没办法,他们的话还不如老师的话管用呢!

就这样,一连“较量”了几个星期。作为教师的我,只能说利用了我教师的身份才稍稍占了上风。在这场“战争”中,我才真正认识到教育绝非是一日之功,而是一个长期、曲折、艰难的过程,要将恶习从一个人身上驱除干净,需要教育者付出更多的精力。

于是,我决定继续和他谈心。在一次谈话中,我问他喜不喜欢交朋友,他说喜欢,我对他说,那我们就交个朋友吧,他说可以。我说,“既然我们都成朋友了,那你就不能让我这个朋友失望。”他说他会争取。从那以后,他每次犯点儿小错误,我会对他说:“你别忘了我们是朋友,你说过不会让你朋友失望的。”这时我也不批评他,我会说没关系,不好的习惯需要慢慢改正。后来他身上的坏习惯真的慢慢地少了。虽然从现在的表现来看,他并不完美,但是对他来讲,已经有了一个全新的开始。我们没有理由不相信,他虽然不是最好的,但他的未来还很漫长,现在迈出了第一步,他会不断地进步。

现在,他就像换了一个人,态度变得积极上进了,作业也能够完成了,上课能够认真地听讲了,做值日也不用我反复提醒了。他变了,好像我也变了。原来一提起他来就好像如临大敌的感觉不见了,换成的是我们一起在课堂上学习,一起在操场上跑步、打乒乓球;换成的是他再也不会在做操时到处寻觅我的身影,我也不用时时紧张地准备防御。他变得轻松了,变得可爱了,我也从这个过程中感受到了成功,感受到了教育带来的满足感。

李同学的改变让我有了许多的思考。无论如何,他毕竟是一个学生,他并不是一个石头、一块钢铁,如果学校和教师最大限度地给予他时间、空间上的宽容,他也会逐渐被我们这种细致入微的教育感动,他也会被融化。现在来谈他将来的成功与否还为时过早,但是我想经过这番努力,他一定会有一个美好的未来。

让爱放慢脚步

陈树平

这天班会课上,我给学生讲了这么一件事:“有所学校近期举行了几次应急疏散演习,全校 1700 多名师生,由起初的十几分钟才全疏散完毕,提高到一分多钟全部撤离到安全地带,结合本班的情况,你们认为为何会这样呢?

教室里顿时热闹起来,有人说是熟能生巧,有人说是团结就是力量,还有人说是做事要讲究方法和秩序……

我笑着说："大家讲得都很对，我认为最重要的一点，就是秩序！任何一个崇尚自由的国度，都不排斥这种秩序，因为这种秩序是社会生活的一种保证。在日常生活中，这种秩序就是效益，是社会效益，更是经济效益。一个城市、一个社会，秩序越好，效益越高。在危急时刻，秩序就是时间，就是生命。在一场事故或灾难中，群体秩序越好，赢得的时间就越多，抢救出来的生命就越多。前进需要秩序，撤离更需要秩序。而这种秩序的实现，则需要每一个身在其中的人，都具有团结的优秀品质。这种品质需要从小培养，更需要从平日生活中培养。那么，你们知道老师今天为什么要讲这件事吗？"

大家一脸茫然，有同学开始摇头，有同学说不知道，还有人说："老师，我们班挺好的，没什么问题呀！"

我继续讲："近日来，我发现班里分发作业本和试卷的情况与开学初大不相同，井然有序的场面不见了，取而代之的是班里乱作一团，各自为政，每人只顾争抢自己的试卷，而没有人为大家分发。"此时，教室里很安静，很多同学都低下了头。"现在老师把这个问题留给你们自己去解决，希望明天我们班里会出现一些给同学们分发试卷和作业本的同学。"

第二天中午，我忍住没有去教室，我要留一点儿空间和时间给孩子们。等到下午课间，我找来小 A 同学向他打听情况，结果小 A 同学满不在乎地说："还是老样子啊！老师，我们还是小孩子，您昨天班会上讲的那些要求对我们来说太高了！"这个回答让我哭笑不得，甚至有些懊恼。

这次教育经历让我感悟颇多：治理国家讲究以德治国与依法治国的结合，同样在班级管理中如果仅有教育感化而无必要的管理制度去引导、约束学生的思想行为，则难以保证教育和管理的实际效果。因此在班级管理中，德治与法治犹如车之两轮、鸟之两翼不可分离。在用思想育人、用情感化人的同时，还需制定一套明确的制度规范以及奖勤罚懒的相关措施，让学生有章可循，有法可依。通过各种规章制度的执行，控制学生的不良行为，逐步使其养成良好的行为习惯，最终实现由"他律"向"自律"的升华。

经过再三考虑，在下一次的班会课上，我让同学们一起讨论如何井然有序地收发作业本和试卷，发挥集体的智慧，制订出可行性方案，这样也更贴近他们的实际，更具说服力。

同时，学生良好习惯的养成不可能一蹴而就，需要老师针对班级实际情况，在不同的时期确立阶段性重点，并且每隔一段时间不断强化训练，以巩固成果。很多时候，我们的教育往往过于急切地盼望着出成效，但教育是个复杂而缓慢的、等待花开的过程，需要我们以"行到水穷处，坐看云起时"的淡定与豁达，留足时间和空间，让学生在点滴的错误、点滴的感悟积累中发生质变，逐渐成长。

在一次尴尬的教育后

陈树平

作为一名班主任，教育学生时遇到学生不配合的情况也时有发生，但像下面这样尴尬的经历还是第一次，令我至今难忘。

那天中午，我像往常一样去班级监督学生午自习。一进教室，就发现少了几个同学。我又耐心地等了一会儿，午自习铃声响了，他们还没来。教室里的学生开始看书。过了几分钟，迟到的三个男生才一起急匆匆地走进来，还有说有笑，并且满头大汗，一名学生手里抱着篮球，另两名学生手里都拿着喝了一半的饮料瓶。一看此情景，我顿时生气了。于是把他们在门口叫住。我问他们为什么迟到，有人回答说，中午稍微打了会儿球，忘了时间了，所以没来得及准时到教室。我告诉他们已经迟到了近10分钟，按照班规，要记迟到一次，并且要做3天值日生。谁知这时，有一个平时一直表现很好的男生却出乎我意料地翻着白眼对我说："凭什么，我是第一次迟到，就要我做值日，我不做！"

看到他的反应，不光我吃惊，其他同学也很惊讶地看着这位平时很内向的男生，没想到他今天这么不客气地和班主任说话。他估计也意识到这点了。但是既然已经爆发了，他就索性继续大声说："迟到了又怎样？就一次，有必要那么认真吗？"我本想大声告诉他，他已经迟到，没什么好讲的。但这时我发现他说这话时很激动，身体在发抖，似乎对刚才所说的也有点儿后悔，但又不想就这么"屈服"。"一定要冷静，硬碰硬只会让事情越来越糟糕。"我告诉自己。

记得在一本书上看过，当学生顶撞你的时候，最好的办法是把双手放在口袋里，深呼吸，尽快让自己冷静下来，如果实在难以冷静，就到外边走一走。于是我没说话，深呼吸，努力让自己平静下来。然后冷静地对其他几个迟到的同学说，迟到不仅是自己的事情，还影响了整个班级午自习的秩序。这时午自习结束的铃声响了，我看到那个男生似乎很委屈，于是我没再说什么，把他带到办公室。

一到办公室，这个平时自尊心很强的男生开始还是很倔强，一副"视死如归"的样子。我先让他坐下，然后很平静地告诉他，第一，他对迟到要劳动这件事情这么有抵触情绪，说明他自尊心很强，是好事，老师认可他这点；第二，无论与谁说话，无论自己有多委屈，说话时翻白眼是很不礼貌的事情，很容易让人反感，这样反而不能让别人理解自己的委屈。说到这儿，他意识到我没有打算为他刚才的顶撞训斥他，也渐渐平静下来，告诉我他本不想迟到，其他几个同学硬拉着他多打会儿篮球，在我批评他们迟到的时候，他很恼火，不希望自己因为迟到而被罚做值日生，觉得那样很没面子，所以就说了那些话。他向我表示，以后会改正迟到的缺点，并且注意说话时的方式和态度。后来我和他又聊了些其他的事情，如他在运动会得奖为班级争光，在滨海新区心理趣味运动会得奖为校争光，他的作文多次受到老师表扬，这样与他的距离一下子拉近了好多，他不仅消除了对我的戒备和叛逆，主动道歉，而且还真诚地提出了很多班级管理方面的建议。

从这以后，我注意到这个原本内向、自尊心强的男生的变化，发现他的优点其实很多，后来他还竞选做了体委，也越来越开朗、热情，对班级工作积极认真，受到老师和同学们的好评。

现在的学生大多是独生子女，自主和维权意识比较强。老师在学生心目中不再是绝对权威的地位，这是社会发展的必然。作为老师，我们应该顺应时代的发展，不能把自己凌驾于学生之上。对于一些爱顶撞的学生，要学会用艺术的教育方式化解矛盾。沟通和理解是化解矛盾的最好方式，真诚是化解矛盾的最好态度，是保证人与人之间和谐相处的灵丹妙药。受到学生当众顶撞，我认为，最重要的是要保持头脑冷静，善于自制，保持教师的涵养和气度，尤其注意自己的语言。学生和教师顶撞，通常是在学生情绪激动、头脑发热的情况下发生的，这时如果教师硬要一味批评、训斥，甚至体罚，极易造成师生对立的僵局。相反，如果教师以教育者姿态，善于控制情感，不但能使学生受到教育，而且还会提高教师在学生中的威信。

老师与学生交流过程中，处于居高临下的地位会让学生产生逆反心理。一些老师要求学生遵守规则，自己却没有遵守，这会让学生对老师产生怀疑。“为人师表”是句至理名言，老师对学生的要求，首先自己得做到，这是让学生信服、尊重自己的前提。

师生之间的交流是一门艺术，语言技巧的好坏往往决定了冲突是否会发生。教育专家认为，对于逆反心理强的学生，老师要避免在公开场合批评学生，采取课后谈心的方式，往往能起到事半功倍的效果。所以我总是告诫自己：拉学生一把，会越拉越近；推学生一把，会越推越远。

苏联教育家赞可夫说：当教师必不可少的，甚至是最主要的品质就是热爱学生。是的，师者父母心。只要我们心里充满爱，我们就能以一个智者的大度化解学生的冒犯。这次尴尬的经历常常引起我的反思，在做学生工作的时候，不断提示自己冷静，再冷静。

“皮格马利翁效应”在班级

陈树平

教育经历告诉我们:爱是阳光,能融化冰雪;爱是春雨,能滋润万物;爱是桥梁,能沟通师生的心灵,这就是爱的力量。担任班主任的时间越长,就越能体会到爱的力量。当我们俯下身,以学生角度,走进他们的世界,我们能用心灵感受到他们的心灵,感受到他们的喜怒哀乐。

1960 年,哈佛大学的罗森塔尔博士曾在加州一所学校做过一个著名的实验。新学期,校长对两位教师说:“根据过去三四年来的教育表现,你们是本校最好的老师。为了奖励你们,今年学校特地挑选了一些最聪明的学生给你们教。这些学生的智商比同龄的孩子都要高。”校长再三叮咛:要像平常一样教他们,不要让孩子或家长知道他们是被特意挑选出来的。这两位教师非常高兴,教学更加努力了。一年之后,这两个班的学生成绩是全校中最优秀的,甚至比其他班学生的分数高出好几倍。这时,校长告诉这两位教师真相:他们所教的这些学生智商并不比别的学生高。这两位教师没料到事情是这样的,庆幸自己教得用心。随后,校长又告诉他们另一个真相:他们两个也不是最好的老师,而是在教师中随机选择的。正是学校对教师的期待,教师对学生的期待,才使教师和学生都产生了一种努力改变自我、完善自我的内在动力。这种企盼美好的愿望变成现实的心理,它表明:每一个人都有可能成功,但是能不能成功,取决于周围的人能不能像对待成功人士那样爱他,期望他,教育他。

班里有位同学华,人很聪明,但同学这样评论:“这个家伙,从小就调皮得不得了。”可见其“能量”之大。进入新班级后,他表现得很爱学习,成绩也稳步上升,但在个人习惯方面不注意细节,不是趴在桌上或架着二郎腿做事,就是在教室大声说话甚至吼叫。得知这一情况后,我首先在班级强调正确的个人行为习惯培养的重要性,并利用班会课探讨合格的中学生必须具备的素质,明确地告诉他,趴在桌子上做事,大声和同学交流都可以理解为你学习太投入,但这有损视力,而且会影响到班级其他同学的学习,作为一名高素质的中学生,新世纪的人才,是不该在这些小节方面有这些不合时宜的举动的。但是十四岁的初中生还只是孩子,自我管理能力还未成熟,需要班主任经常性的关注,每次看到他趴在桌子上,我就走过去,扶直他的腰一句话不说就走开了。经过近一个月的时间,他趴在桌子上、架二郎腿、大声吼的次数越来越少了。从此以后,班级只要有同学在个人习惯方面需完善,我就在班级讲华的转变,这对他而言又是持续不断的鼓励,对其他学生而言树立了一个榜样。长此以来,班级同学在个人习惯培养方面就有了一双无形的眼睛在监督着，每个人自己都在关注着，改变着，完善着。

“皮格马利翁效应”给我们这样的启示：赞美、信任和期待具有一种能量，它能改变人的行为，当一个人获得他人的信任、赞美时，便感觉获得了支持，增强了自我价值，变得自信、自尊，获得积极向上的动力，并尽力达到对方的期待，以避免对方失望，从而不断完善着自己。

班级管理“四结合”

陈树平

班级管理与一个单位的管理一样，是对人的管理，但与其不同的是学生群体个性鲜明、活力四射、求知欲强，但心智未成熟、遇事冲动、标新立异。这就决定了不能完全套用对待成人世界的管理模式和方法，下面谈谈我在班级管理中的几点拙见。

一、制度和人性的紧密结合

众所周知，一个班级在成立之初最重要的就是制度的建立，几乎每个从事班主任工作和德育工作的教师都知道，班级制度是否健全直接决定班级管理的成败。因此，几乎每个班主任都会基于学校的规章制度之上，制定出一套面面俱到、详细清楚的班级规章制度，并制成文本贴在班级墙上。为什么对于如此详尽的班级规章制度，学生依旧屡屡违纪呢？是制度本身出了问题，还是制度公示方式出了问题？究其原因，制度本身并没有什么大错，而是公示的方式，这一点学生和成人一样，他们不喜欢强制式的管理，越把制度挂在嘴上，贴在墙上，他们就越想与之对抗。与其这样，不如将制度定好以后，把其收藏于心，让学生心知肚明。

另外，班级规章制度是“人”制定的，又在学校制度的前提下细化、量化，理应可以添加“人性化”的因素。比如：学校规定 7:50 到校开始早读，而班级规定 7:40 到校，而某一天一位学生确实是客观原因未能 7:40 到校，对此，我认为应该先搞清楚迟到的原因，然后帮他找到解决的办法，而且在我的班级管理中，学生的行为表现不与分数挂钩，也从不对学生行为表现进行量化，更不会罚其打扫教师办公室，因为倘若这样做，学生会认为老师“以权谋私”。

有时，个别学生会找各种各样的理由为自己不守规开脱。例如：未能准时到校的理由是大人没叫早或闹钟没响或身体不适等，我首先信其有，对身体不适者，关心地询问其身体状况,是否需要看病等,对无人叫早的同学则关怀地问是否需要我对其"早叫",然后,再与家长沟通、核实。大凡编造借口者会自觉难为情,自觉改正,因为老师以诚相待、以文明人相见,他也会自觉以文明人示人。

九班没有一条条量化的明文规定,也没有一个个详尽的严惩规章,但学生们基本上能守规矩,班级常规管理井井有条,教学环境井然有序,同学之间友好互助,师生关系融洽和谐,教育教学效果显著。

二、严格与宽容的紧密结合

从事教育工作的人都知道也都认为应该严格要求学生。中国有句名言:"严师出高徒"。意思就是严格的老师才能培养出杰出的人才。

我个人也认为对学生严格是必需的,学校的规章制度和要求每个学生都必须严格遵守和执行,毫不例外。只有人人守法守规,学校的教学秩序和教育环境才会井然有序,教育教学质量才能高效到位,人文环境才能融洽和谐。对于班主任来说,只有每位学生严格遵守学校和班级的规定要求,班级的管理工作才得以正常开展,班级的教学工作才得以正常进行。但是,人人皆知光有"严",没有"宽"也是行不通的。严格过度,学生就会产生逆反心理,继而会发生冲突。一旦产生冲突,班级正常管理工作和教学工作都很难进行,更别说提高效率了。宽容是一剂调味品,恰到好处地适量投入,会营造出轻松愉快、荣辱与共的气氛,会让学生更加理解、支持老师的工作。比如有一天,在自习课上一位男生提出要去卫生间,久去不归,我知道他一定是去小卖部买吃的了,并且吃完后才回来。等他回来后,我就"关切"地问他是否身体不适或发生意外,我准备派一位男生去帮他。他不好意思地承认了自己的真实去向,并表示此类事情不会再发生,我的这种宽容实际上对学生产生了一种威慑作用。从此,班上基本上没有学生在课上提出此类的要求。

三、整体与个体的紧密结合

作为一个班集体,应以整体的利益为重,个人必须服从集体的利益。作为学生个体,首先考虑的是班集体的统一要求,班集体的荣誉、要求和意见,而不是站在个人角度,只关心个人的需要、感受和见解。如果这样,班级就会成为一盘散沙,没有班级凝聚力,更不会有互帮互助,朝一个共同目标奋力拼搏、勇往直前、力争完成的局面。

就拿九班来说,每位学生必须遵守班级规定。九班的班规是:守时、有序、高效、到位。不管是早读、大课间升旗、跑步、做操、午自习、自习课,还是每堂课、各项活动,大家需严格遵照八字班规行事,不得搞特殊化。比如:人人需7:40进班,利用五分钟时间交完所有科目作业,各科课代表利用剩下的五分钟核查并上交任课老师。7:50 课代表准时带大家早读或早练等。唯有这样,才能提高早读课的效率,才能达到早练的要求,才能真正意义上实现集体的整体利益,才能从根本上保证集体中的个人利益不受到损害,这才是一个文明、团结、合作、向上的新时代的班集体的面貌。

然而,每个人都有自身的性格、特点,这就造就了人的特殊性。作为学生,更不例外。有的学生总是很情绪化,他的一言一行都被情绪的波动所左右。所以,根本无法认认真真履行八字班规,面对这样的学生只能个别情况个别对待,不能一味要求"整体性"。如果那样,情况可能会更糟。班里有一位叫做华的同学,他的母亲因病去世后,他伤心欲绝,为了转移注意力,他养了一只猫,耗费了他大部分精力,以至于学习成绩下降,他的父亲一气之下把猫从五楼扔下,这造成他情感受伤,无法自拔,无法准时到校上学。但是,这个孩子的优点是比较坦诚,也比较乐于通过短信与我交流。我首先与他进行短信互动,告诉他我能理解他,更懂得他情绪波动的原因,尽量说服他来学校读书。其次,与他父亲沟通,告知他孩子的动态。另外,与他的好友交流,争取对他了解得更清楚更全面,以便更有效地帮助他。经过努力,他在本学期最后一段时间没有旷课,但不能保证次次在预备铃响之前进班上午自习。我只象征性地问问,没有很强硬地采取措施。倘若那样,他会索性在家闹情绪,还不如慢慢引导他。我想,他最终会步入正轨的。因为我清楚,他本质上是一个很想要好的孩子,面对自己成绩的不如意,想甩手不干但又心不甘情不愿,处于矛盾之中。

而有学生不能持之以恒地遵守八字班规是故意的。这种不遵守势必会影响全班同学,那么就需要采取相应措施来杜绝。班里有位男生时不时地会推迟五分钟进班,没有任何讲得通的理由。我先与他本人沟通,得知他已养成这种习惯,而且他自以为他实际上并没有迟到,因为早读 7:50 开始,他只要 7:50 分前进班即可。后与他家长联系,家长告知我他确实有此习惯,一切早早搞好,就是不愿早些出门。了解了他的情况后,我根据他的性格特点——比较要面子,在班会课上不点名说,有同学上课故意迟到,可能是想展示自己的新发型或新衣服,他感到很难为情。后来,基本上不再故意迟到了。

四、言传与身教的紧密结合

庄子说:"身教重于言传。"作为教师,要身体力行,为学生树立一个良好的榜样,起到模范带头作用。如果老师说的一套,做的又是另一套,那么,教师说得再多再好,学生也不会听从,甚至比不说还要糟糕,因为学生认为老师太虚太假,不真实。

众所周知,榜样的作用是无穷的。作为一名班主任,更应该以身作则,要求学生做到的首先自己做到,不以任何理由和借口为自己开脱。我要求我班同学做任何事情要遵循八字班规，我本人也严格遵守，为学生做示范、做楷模。我每天 7:40 之前进班，总是在预备铃前携带所需的全部材料站在讲台前，做好上课前的准备工作，总是在课前把学生的听写、练习或试卷批改好，努力做到不加班加点来完成教育教学工作。这样两个班的教学效果总是在同年级中的前列，班级管理工作也井然有序，班级整体教学效果也在年级中最佳。让学生清楚“守时、有序、高效、到位”不仅仅是我班的口号，而是我班行动的准则，更是我们每个人可以实实在在做到的。

既然人类具有语言表达的能力，那么语言肯定有它的作用。因此，在身教的同时，我也不忘言传的功用。但是，在言传之前，我总是思索一个问题：面对 00 后的初中学生，我作为 60 后的班主任需用什么样的语言来教育、教导他们。坦诚说，如今的中学生不喜欢反反复复的、一板一眼的说教，更不喜欢空洞的大道理，而比较能接受新颖的 00 后常用的调侃式语言，诸如正话反说、网络语言等。掌握 00 后学生的特点后，我尽全力在班会课上、在与他们说话时做到言简意赅、不时穿插时尚用词，甚至有时正话反说，而且时不时地插入一些简单易懂的英语和一些最新的英语用词。这些都起到了比较好的效果。

总之，作为班主任，我们面对的是一个个性格迥异、精力充沛、善于挑战，但经历有限、不计后果、标新立异的青少年。故而，对待他们，就需要更多的灵活性、创新性以及融入性。结合自身的工作经验，我总结了四个“结合”、四个“重在”：制度与人性的密切结合、严格与宽容的密切结合、整体与个体的结合，言传与身教的结合；重在“人性”“宽容”“个性”“身教”。与学生的交往既是一个斗智斗勇、不断提升自我的过程，亦是一个天天更新、不断享受趣事的过程。把学生的挑战看作是更新自我的动力；把他们的花样看作是丰富自我的源泉；把和他们的辩论看作是锻炼口才的良机；把他们的故事与纷争当作是强心健体的补药。

德育需要理性的爱

陈树平

古代教育家孔子曾说过：“弟子入则孝，出则悌，谨而信，泛爱众，而亲仁。行有余力，则以学文。”他把德放在首位，明确要求学生首先要致力于道德修养，“行有余力”，才是学习文化。

学校教育对青少年思想品德的影响极大，每位教师都肩负着“教书育人”的重任。所以，我们要本着全面负责的精神，把德育渗透到教学中去，对学生进行思想教育，培养学生具有社会主义核心价值观，发展学生的智力和体力，使他们成为德、智、体全面发展的人。

我曾带过这样一位男学生，新学期开学两个多月后就经常要找各种理由迟到，不想上学，后来发展到每个礼拜要迟到好几次。大家一定会以为这是一个学习成绩较差、品德有问题的学生。其实不然，我把这些情况告诉其他几个任课老师后，大家都很惊讶，因为他的各科成绩一般都稳定在前十名，好的时候还能进入前三名，而且任课老师都挺喜欢他，性格有点内向但也敦厚老实。是什么原因让这样一个成绩优秀的学生厌学的呢？通过家访我大概知道了缘由，因为他妈妈很爱他，觉得自己的儿子是最棒的，所以对他的要求很高，比如考了95分就要责问为什么不考100分，考了第三名要责问为什么不考第一名，永远觉得儿子做得不够好。在这种爱的压力下，他就变得厌学，反正怎么做妈妈都不满意，而且母子双方又不好好地沟通，最后孩子就不愿意上学，家长也拿孩子没办法。

我努力引导学生走回正轨的同时也做了很多家长的工作，为此还专门请教了心理老师，大家一致认为妈妈对孩子的要求已经有点极端了。经过我的反复沟通，妈妈也渐渐认识到自己望子成龙的心太急，反而得不偿失。在接下来的时间里，她也很好地调整自己，控制自己的语言，力争给孩子创造一个合适的家庭氛围。我也经常跟这名同学聊天，听他说说心里话甚至是牢骚，慢慢地，他回到了正常的学习状态，开始喜欢班集体，后来还竞选当了班干部，为班级做了很多的贡献。尤其是他负责的文体工作，使我班的体育活动丰富多彩，在校运动会上以总分173的绝对优势，居学校第一；班级的民乐比赛，也获得两个市级一等奖。后来这名同学考上了重点高中，高考时考入北京的一所重点大学。

德育是心灵的艺术，我们跟学生的沟通应该是一种平等的、充满爱的交融的过程，对于每一个遇到困难的学生我都会敞开心扉，主动去关心他，用师爱去温暖他，用道理去说服他，从而达到事半功倍的效果。德育的对象不仅是学生，我们解决学生问题的同时也应该关注他的家庭，家庭的教育和引导对孩子的成长起到了决定性的作用，“一把钥匙开一把锁”，要充分了解，家访是一个必要的手段，通过跟家长沟通，与家长一起反思，一起商量，找出最好最合适的教育方法去挽救一个个“迷路”的小孩。

用真诚拓宽她的世界

陈树平

“老师，您还记得我吗？”明媚的午后，窗边的阳光撒向办公桌。本来就不错的心情，因这声熟悉而久违的问候而变得更加温暖。抬头望去，果然是她……

在一个班级里，常常是优秀的学生更容易受到老师的重视和赏识，而后进生，由于他们的行为举止影响了班级的声誉和成绩，总是容易受到老师的忽视和责备。后进生中男生居多，所以眼前的这个曾经特别的女孩更是叫我难以忘记。

那一年，我接了一个全校有名的乱班。班级学生中，既有单亲家庭的，也有父母为了赚钱平时不管不顾孩子的。不少学生滥用零用钱、自由懒散、我行我素。她，就是女孩子里一名非常典型的学生。刚接触时，我一下子就能感受到她是一名极其任性、以自我为中心，自我世界非常狭小的孩子。在我没当班主任时，她的桀骜不驯就在年级里“声名远扬”。接任班主任之后，我第一个就听说这名同学上学天天迟到，从来不参加班级扫除，而且特别的泼辣，经常和同学及任课老师发生冲突。当然，我当班主任之后，使我又多了很多与她打交道的机会。我了解到这个孩子个性很强，不能用简单粗暴的方法解决她的问题。果然，第一次处理她的课堂纪律问题时，她就揪住别人的缺点不放，我把她叫到走廊，与她进行了一次长谈，我告诉她：“老师并非没有批评其他同学，老师只是不愿意伤害每个同学的自尊，就像对你一样悄悄地解决问题而已，如果你愿意，我就把你的错误也拿到班级处理。”她低头不语，我看出她内心的变化，赶紧趁机说：“一个人如果总是看别人身上的缺点，她自己的缺点也会越来越多；反之，如果总是能发现别人身上的优点，她的缺点就会越来越少，她的进步就会很快。”这一次，尽管她没有说认错的话，但我已经看出了她的悔改之意。

随着深入的接触，我逐渐了解到，她的父母离异，她同爸爸和奶奶一起生活。她的家庭条件不错，可是，父亲长期在外做生意，每每回来一次，就会给她留下一大笔的生活费。这个孩子自立性很强，有独立生活的能力。可是，长期没有管束的生活，使她养成了花钱大手大脚的毛病；在家庭中，她也觉得无法和家长沟通。她对爸爸产生了强烈的逆反心理，只要爸爸说的话她都不爱听，父女俩偶尔有在一起的机会，也是互相不理不睬。我多次找到她的父亲，把孩子的想法告诉他。起初，他爸爸总是觉得一个小孩子家，不该有那么多的想法，不缺吃、不缺穿，努力学习就是唯一的事。我给他讲了青春期的心理特征，劝诫他要把孩子当成平等的人来对待，要常与孩子沟通，了解孩子的心理。几经周折，父女俩的关系终于缓和了。爸爸回到家，不再是一个供养机器的角色了，他不再忽视对孩子的关爱了，孩子也越来越能理解父亲了。

为了彻底解决她的散漫，我不放过任何一个教育她的机会。她与其他女孩子性格不太一样，不是那种特别爱打扮和特别娇气的。相反，很像男孩子的性格。一段时间的接触后，我发现她虽然任性泼辣，却很有义气。而且一次偶然的机会，我发现这孩子很有组织能力，通过一次与她交谈，她说了很多改变班级纪律和课间操情况的想法，我觉得有可取之处。并且我意识到，这个孩子如果引导得当，会成为我的得力助手，反之，可能成为我工作中最大的障碍。我试着交给她一些任务，她果然完成得很出色。我第一次把体育委员的工作大胆地交给一个女孩子去做，而她果真把课间操和体育课管理得井井有条。接下来，我又让她负责班级的纪律，她居然把纪律也管理得井井有条。不但负起了协助老师的责任，同时，因为身份的变化，她在学习上也开始严格要求自己了。由原来的不交作业变成了认真完成作业，由不回答问题变成积极回答问题的典型，由原来的上课写信专业户变成了认真听讲、记笔记的好学生。

除了平时开诚布公的谈心之外，我还细心留意她的表现，适时适度地对她的学习、日常表现多加关注。就这样，我明显感觉到了她对我态度的转化，虽然还不能完全改变她的一些顽固执拗的想法，但是当时的我由于她的转变还开心了好一阵子。

“老师，老师，我们原来班级的同学委派我来邀请你参加我们寒假的聚会，他们说……”

她的话语把我从我回忆中拉了回来，眼前的她与数年前的她又有了很大的不同，原来的短发变长发了，明亮的眼睛透出坚定而智慧的光芒。我知道，她的世界将越来越宽广……

毕业册随想

陈树平

审读着同学们一页页饱含深情的文字，我的心情如潮水涌动。千言万语只化做深深的感动，以此作为我们师生四年学习、生活旅程的随言留笔。

还记得吗？当捧回运动会上七张奖状(六个第一名，一个精神文明奖)时，你们激动、兴奋，忘记了疲倦。回到教室，你们毫无倦意。我心中明白，你们在等待我的细数“感动”。四年了，我已熟知了这一切。

我记得，去年的运动会后，我总结了16个感动瞬间，随后同学们又补充了6个，最后定格成了22个。说实话，今年的运动会，我本想随意一把，让大家在自然中潇洒地将项目愉快完成。所以，当时我心中就想：“他们是雏鹰，该独立奋飞了。”赛前，我就提前声明，这次运动会我不再参与，一切由组委会承办，我只是尽情享受。那一天，我真的是享受了一把，并且是全身心放松，着实享受了整个过程。不过，偶尔也泼点冷水撤撤劲，赛场上，我多次提醒，“好了，差不多就行了。”“别太累了，重在参与，友谊第一。”“你们几个小子别太猛了，要给别人显示的空间哦！”“你们别写稿件了，多欣赏几场比赛，看，多帅！”

赛后我总结了28个感动瞬间，其实又何止28个。那天，每一个同学的一言一行都令我感动，使我真正感到你们开始走向成熟，做一个享受型的老师，我真的感到好幸福。

如今的九班这么优秀，集体荣誉感这么强，班级凝聚力这么大。同学们都那么自信、自强、永不言败。九班的辉煌由你们铸就，九班的精神由你们发扬，我也在九班集体的感染下变得活力四射，好像青春无限。

几天来，尽管中考复习工作如此紧张，我满脑子都是"范围与重点"，但只要我稍有一点空闲，你们那张张可爱的笑脸就会挤进我的脑海，清晰地出现在我的眼前。是啊！四年来的朝夕相处，你们中的每个人都给我留下了许多精彩的回忆和感动，让我挥之不去。我很想在你们即将离校的十几天里告诉你们曾经给我留下的"难以忘怀的感动"，可我又想，还是把悬念留给未来吧。时可变，境可迁，然而你们那些让我"难以忘怀的感动"将铭刻在我的心间，储藏在我的记忆里，化作我的自豪与财富。

亲爱的同学们，无论中考结果如何，它并不重要，无论三年后的高考如何，它更算不了什么，因为这些都代表不了你们的将来。

我只希望我的学生怀揣着一颗感恩之心，记住自己曾是九班的一员。要记住，我们九班能有今天，首先要感谢的是四中的全校领导对咱们九班的关怀；要记住，九班同学之所以有如此出息，要感恩于所有的任课老师的悉心培养；要记住，最该感恩的是父母，因为没有他们就没有你们今天的一切。鱼儿离不开水，瓜儿离不开秧。羊羔跪乳，乌鸦反哺。我相信，我们九班的同学绝不是冷血动物。

人生若白驹之过隙，忽然而已。"乐观豁达，昂扬向上"堪称为精彩人生。在你们即将奔向更加精彩的生活之际，我想以《礼记》中的训诂作为共勉："博学之，审问之，慎思之，明辨之，笃行之。"

鲜花为你而开，幸福为你而来，用你勤劳的双手，建设美好的未来。

有感于"木匠的房子"

陈树平

很久以前，我曾经听说过一个这样的故事，在此愿意和各位一起分享。

有一个老木匠年近退休，老板叫他再建最后一座房子。由于老木匠归心似箭，心思全不在工作上，用料也不那么严格，做出的活儿也没了往日的水准，老板看在眼里但却什么也没说，等房子盖好后，老板把房子的钥匙交给了老木匠说："这房子是送给你退休的礼物。"老木匠当时愣住了，悔恨与羞愧溢于颜面，他一生筑造了那么多豪庭良宅，最后却给自己盖了这样一座粗制滥造的房子。

这个故事值得深思：同样一个人，可以盖出华亭豪宅，也可以盖出粗制滥造的房子，不是因为技艺减退，而仅仅是因为失去了责任感。如果一个人希望自己一直有杰出的表现，就必须在心中种下责任的种子。责任感不是与生俱来的，它需要个人对自己岗位的忠诚和热爱，更需要个人自觉去维护，这样才能形成真正的责任行为。

责任和我们的工作、生活密切相关。有人说："假如你非常热爱工作，那你的生活就是天堂；假如你非常讨厌工作，你的生活就是地狱。"在我们每个人的生活当中，有大部分的时间是和工作联系在一起的，责任就是对工作的出色完成，责任就是忘我的坚守，责任就是人性的升华。作为教师的我们应该有强烈的责任心和使命感，在教育学生的问题上责任比能力更重要。在工作中，我们难免会遇到一些调皮的学生或行为习惯较差的学生，责任要求我们必须用耐心和爱心去感化和教育他们。实践表明，处理学生中发生的棘手的问题光有能力而无责任心是无效的。对于学生反复发生的不良行为，缺乏耐心和信心的老师有可能会放弃对他们的教育。作为老师，如果你有很强的信心和责任心，即使生气、无奈，你也不会放弃他们，而是勇于面对，耐心引导，使之成才。

责任胜于能力。责任能够让一个人具有最佳的精神状态，精力旺盛地投入工作，并将自己的潜能发挥到极致；而只有能力没有责任的人却往往对工作糊涂应付，彰显不了他的实力。我曾遇到这样一位老师，他只有高中学历，却在初中的数学教学中取得了显赫的成绩，他所带的学生个个数学顶呱呱，在数学竞赛中均名列前茅。这位老师以他高度的责任心和实实在在的成绩赢得了所有人的尊敬。是什么力量使他比那些大专、本科的同事更胜一筹呢？是高度的责任心使然，他凭着对工作的热爱，在工作之余勤于钻研、博览群书，不断提高自己的知识内涵和课堂教学艺术，从而赢得了学生对他的拥护和敬爱。

在学校工作中，不管你是行政领导、班主任、辅导员，还是一般的教师，都应以高度的责任心对待本职工作，因为学校是由每一个人组成的，大家有着共同的目标和共同的利益，每个人都肩负着学校兴衰成败的责任，只是分工不同而已。因此，每个人都必须有"学校的事，我的事；教育的事，我的事"的责任感。

面对自己的工作岗位，我们应时刻记住：我们要敢于面对各种困难，不要随意放弃完成工作的机会，虽然不做可以得到暂时的"清闲"，但是清闲的同时也等于放弃了自己在这方面的能力发挥和展现的机会，其实也是对自己不负责任的行为。社会学家戴维斯曾经说过："放弃了自己对社会的责任，就意味着放弃了自身在这个社会中更好的机会，工作意味着责任。"我相信，我们今天所做的每件事，就好像自己生活中的一砖一瓦；只要我们每个人谨记自己身上的责任，生命不息，奋斗不止，与时俱进，不断超越，那么，我们的人生就会无怨无悔。

浅谈如何当好班主任

陈树平

关于“如何当好班主任”的话题,成千上万的老师都在不断探索之中,我也是其中之一,对此我有以下思考。

一、建立个人的影响力

人的名、树的影,良好的口碑可令闻者先入为主。优秀的班主任就是这样,往往在接触新生前,其名声及感召力已传播开来,无形的魅力已将受教育者凝聚在一起。因此,要当好班主任必须建立个人的影响力。其方法,本人以为有三点必须做到。

1. 爱心常存

没有爱就没有教育,这是普天下所有教育者达成的共识。我从事教育实践 29 年,当过 27 年班主任,带过 10 多个毕业班,遇到过背景不同、性格迥异的后进生,但从来没有嫌弃、放弃过任何学生。我坚信:“只有不快的斧头,没有劈不开的木头。”每当接任一个新的班级,我总是通过家访等各种途径了解每个学生性格特点、兴趣、爱好、家庭状况,以便在班级实际工作中,能够因材施教。2003 年,有一名叫佳的学生转入我班。据了解,该生以前经常旷课、上网吧、与外界行为不端者有接触、学习极差、多次违纪,平时他对家长非常不尊敬,家长对他也是束手无策。为了化解这块“顽石”,我首先和他的家长诚心诚意谈了自己的看法,并决定建立“家长联系手册”。每天由我写出佳在校表现的优点,再由其家长写出在家里的优点。半年下来,“家长联系手册”整整记了一大本,在我的“爱心、信心、耐心”的教育下,佳同学不仅改善了与父母的关系,断绝了网瘾,还以优异的成绩考取了油田一中重点班。2005 年,我接了一个叫友林的学生,该生打架、早恋、迷恋电子游戏,以前的老师拿他没办法,其父母也对他失去了信心。面对这样的学生,我以同样的爱心对他,几十次的谈心,数个月的陪读、辅导,悉心找其优点,时时激励表扬,该生渐渐步入学习正轨,最后考上了高中、大学。其父母对我的感激自不用说,该生直至参加工作一直是我家中的常客。

爱是一种无声的语言,爱有一种巨大的魔力,它会开启理解的心锁,它会拉近思想的距离,当班主任必须有爱心。

2. 打好开端

良好开端是成功的一半。当班主任必须踢开前三脚,在学生中的威信才能逐渐建立起来。我的经验是做到“四到”，即：说到、做到、盯到、验到。“说到”就是对学生的要求明确指出；“做到”就是要求学生做到的自己必须身体力行，率先垂范；“盯到”就是盯住学生执行任务的整个过程，在学生的规范行为未养成之前，绝不放松对学生的监督；“验到”就是对给学生布置的任务必须一一检验。班主任只有“言必行，行必果”，方能深深影响学生。在我从教的30来年中，每接新班，前三个月，我都是早上在规定的到校时间，准时站在教室门口；课间操时间准点站在操场指定位置，并同学生一起认真做操。此外，在班干部未顺畅、成熟地开展工作前，我都要在一旁监督指导，以确保班级工作开端顺、开端正。反面经验告诫我们：第一脚踢不开的班主任在未来的带班过程中步履艰难。

3. 勇于创新

创新是一切生命的源泉。现在的学生所接触的信息量已绝非昔日之情形。班主任要赢得学生的信赖和拥护，必须注意知识的更新和教育方法的创新。现实中，我常看到知识陈旧的老师在课堂上被学生问住，赶不上学生思辨能力的老师招致学生的哄堂大笑；教学方法陈旧引不起学生的学习兴趣；老套的说教难以引发学生的思想共鸣。为了更新自己的知识结构，每年我都要参加学校组织的暑假短期培训或自己根据实际需要坚持自学。近年来，通过自学，我熟练掌握了计算机的应用，利用短信、微信跟同学们沟通、探索问题，利用互联网搜索教学资料。此外，在教学手段上，我结束了“一支粉笔一块黑板演义春秋”的历史，积极采用多媒体教学，不断强化对学生感官的刺激，大大激发了学生的学习兴趣，提高了学生的学习热情。此外，在传统教学方法的基础上，我大胆追求创新，按照教育规律，我积极尝试了启发式教学法、及时检测法、分层次教学法、情景教学法、交际教学法、3T教学法（Text-reconstruction，Task-based，Team-worksystem）、生生互动法等。实践表明，因材施教，多项方法相结合，会大大提高教学效率。在做学生思想工作中，我也结合实际情况，积极采用了谈心法、因势利导法、榜样示范法等，从而疏通了学生的思想，对学生的发展起到积极的影响。

二、建立民主科学的班级管理

社会在发展，现今的世界，民主、科学已是人们共同的追求。顺势者昌，逆流者亡。作为班主任必须在民主、科学的框架下，才能管理、带动好班级。以下是我个人的经验。

1. 组织一个班级领导核心

初当班主任的老师感到很累，其实，当一切理顺后，会感到一切不过是在履行程序，如果程序不出问题，一切会运转顺利。那么，确保程序不出问题的关键是什么？我的经验就是“组织一个强有力的班级领导核心”。

在多年的班级管理中，我形成了一种行之有效的工作定式：新一届学生交到了我的手中，和学生们见过面互相介绍之后，我就按惯例宣布准备在班上设一位常务班长。常务班长的人选应具备：一是良好的道德品质，严谨的作风；二是为人热情，胸怀远大；三是组织能力强，善于做班级团结工作，在学生中有一定的威望；四是应变能力良好，碰到突发事件能沉着应对。

常务班长的选举至关重要，将会关系班级整体工作的成败。出于慎重，我采用民主推荐和竞争上岗的办法，进行常务班长的酝酿产生。首先，由同学们自荐、推荐产生几个人选，然后给每人两周的试用期，最后再通过“演说竞争法”，由学生投票决定。

确定常务班长后，班主任隐身其后，放手由常务班长来组织班级工作，班主任只在幕后对其进行能力的培养，并帮助常务班长做好协调工作，给予适当的方法指导。我历来在班上施行“周一班干部例会”制度，班干部能够通过“周一例会”对上周的工作得失进行小结。在这个例会中，班级各部门还得向常务班长汇报本部门的工作情况，这样常务班长就能很好地掌握第一手材料，从而及时、有效地组织班干部制定好本周的工作计划。事实证明，一旦强有力的班级领导核心建立，班主任老师就有了得力的助手，工作效率会大大提高。

2. 建立一套责任约束机制

纪律是胜利的保障。高度的纪律性从何而来？我的回答是来自“责任”。明确每位学生在班级中的位置和责任，使学生体会到自身的价值和尊严。为调动每一个学生的积极性，根据学生的特长和能力，我让每一位学生在班级负责一项具体的工作。比如，靠窗的学生负责开关身边的窗户，前排中间第一座的两名同学负责日常的擦黑板工作，最后排两名同学负责教室后面的卫生保持及卫生工具的摆放整理，中间的同学也分别划分了责任区，这样除了日常的小组值日外，临时的卫生工作也有人及时负责。此外，监操、考勤、好人好事登记等也都有专人负责。在我们班由于“事事有人干，人人有事干，人人都为集体作贡献，人人都意识到自己是班集体中不可缺少的一员”，所以无事生非的人少，整个班级团结向上，都以为集体争光为荣。

三、建立和谐的师生关系

著名的教育专家魏书生说过：“教师必须牢牢树立为学生服务的思想。”我很赞同他的观点。事实证明，为学生服务是建立和谐的师生关系的第一步，而且也是最重要的一步。

1. 从表扬开始

莎士比亚曾经说过：“赞美是照在人们心灵上的阳光，没有阳光，我们就不能生存。”美国心理学家詹姆士也曾经说过：“人最需要的是被肯定。”少年儿童的心理特点之一，是好胜心强，不甘落后，班主任若能够因势利导开展一些活动来满足孩子的这种心理需要，其效果是：第一，拉近班主任与学生之间的思想距离，第二，会对学生起到有效的激励作用。这样的活动可以是班级开展的，也可以是学校开展的。如为了配合课改，我在班级中搞了一个活动："看谁上课最自信"，目的是为了调动学生课上能够积极思考，主动大胆地发言。活动的评价以积分卡的形式进行，谁积的分多，谁就上班级的光荣榜。我这样对学生说："你上课答错了不要紧，你还有纠错的机会，如果你不回答问题，你连纠错的机会都没有，所以答错了老师也给加分。"在我的表扬声中，学生上课发言的热情非常高。我还特别重视学校开展的各项活动。实践证明，学校开展的活动如运动会、合唱比赛、文明班级竞赛等活动，给学生带来的喜悦和激动是非常强烈的，大大增强了学生的集体荣誉感和自豪感，使班级中形成了一股强大的凝聚力，为优良班风的形成起到推动作用，使学生得到了有效的激励。

2. 从小事入手

建立和谐的师生关系要从小事入手，一定要突出一个"细"字。有的时候，班主任不经意的一句话可能会对学生的成长产生深远的影响。记得有一年我当初三年级的班主任，有位同学成绩平平，对前途感到迷茫，正处在拼还是不拼的十字路口。一次偶然的机会，他英语得了高分，跟他闲谈时，我不经意地说了一句话："你潜力很大，很有希望！"这位同学从此振奋起来，刻苦认真，不惧困难，后来居然考上了高中、大学。在情感教育中，应该注意说话的分寸、场合，才能达到预想的效果，否则会适得其反。比如，一个家境贫困的学生，冬天来了，他还穿着单薄的衣服，为了帮助这位同学，班主任在许多人的面前招呼他："××同学，来，我给你一件衣服。"这位同学没有动，把头埋得很低，从此变得寡言少语。原来，班主任在公开场合的言行伤了他的自尊心，影响了他在同学中的平等地位，不仅没有达到好心的效果，反而还增加了他的痛苦。由此可见，班主任在教育学生的过程中，必须慎言慎行。27 年的班主任工作使我深深体会到，当好班主任必须细致入微，从大处着眼，从小事入手，做学生思想工作要像缠绵的春雨一样"润物细无声"。

3. 从外围酝酿

和谐师生关系的建立，其中重要的一环就是家庭环境，特别是老师与家长的关系。家长是学生的第一任老师，家长对学生的影响力不言而喻。有经验的班主任往往从外围酝酿师生关系的良好氛围，善于利用家长的力量来施加对学生的影响。在我从教的 29 年中，每接一届新生，我都要不断家访，通过与家长沟通不断放大我的"优点"和"影响"，并鼓励自己的孩子听老师的话，肯定老师的做法。无形中，我在学生心中就有了地位，建立了威信，从而为施教铺平了道路。

学无止境，教无定法。当好班主任关键在于人的思想和行动。教学实践告诉我们：好的班主任永远爱心常存，永远追求不止。

“三个培养”育学生成长

陈树平

2010 年,是我从教 30 年的标志之年,我又送走了一届毕业生。九班 53 人,升学率 100%,考入重点高中 30 人,3 人英语单科成绩 118.5 分,并列油田中考第一,4 人总分跻身大港油田考区前五名,“油田中考状元”的桂冠也被九班同学摘得。同年,因成绩突出,九班获得了海滨教育中心唯一的天津市市级优秀班集体称号。总结学生所取得的成绩,归纳起来成因有三。

一、培养环境

说服式的教育是苍白无力的,真正有效的教育是促人自省的教育。在自省的教育中,环境又尤为重要。我们的古人早就懂得这个道理,并付诸实践。“昔孟母,择邻处,子不学,断机杼”,就是这方面的典范;“近朱者赤,近墨者黑”这句成语,也为我们提供了“环境育人”的佐证。在现代教育上,教育家们总结出了“集体教育”这样一条原则。我当班主任,就是建设一个团结、向上的优秀集体,用集体的力量,以良好的环境,将学生培育成才。

以 2006 年入学 2010 年毕业的九班为例。围绕“内强素质,外树形象”的建班宗旨,我们喊出了“诚实、自强、团结、拼搏”的口号,在班里组织了学习互助组、摄影组、足球队、乒乓球队、篮球队、歌咏队。我们以校园活动为载体,在优化育人环境上做文章。班委们规定,凡学校组织的活动,我班必须参加,而且力争表现出色。“九班精神”很快成为各个赛场上一道夺目的风景:运动场上,“加油”声喊得最响的是九班;“流动红旗”竞评中,卫生做得最认真的是九班。四年来,我们班共获卫生流动红旗 100 多次,各类体育竞赛奖 60 余项,各类学习、艺术奖 50 余项。在班里,同学们互敬互爱,亲如一家。谁生了病,同学们会送药、送水、送关怀;谁有了困难,同学们会想方设法帮他排忧解难。2008 年,在一次篮球赛中,有一位同学不慎将膝盖摔伤,住院治疗,同学们轮流到医院看望,并陪同老师为其补课,待其伤势好转出院在家休养时,同学们硬是蹬着三轮车接送他上学、回家,使得他不因腿伤而耽误功课。2009 年 4 月,有一位同学的父亲病重住院,精神和经济的压力使得性格本来内向的她情绪更加抑郁,同学们得知后,自发为她捐款,不到一天的时间同学们就捐款 1280 元,并带着营养品到医院看望她的父亲。同学的帮助和鼓舞令该生重新振作起来,最后中考以 536 分的好成绩考入重点高中。当回忆初中阶段的难忘生活时,她满怀深情地说:“九班,我终生难忘。我能走到今天，是全体师生教育关怀的结果，是九班火热的集体支起我生活希望的风帆。”

环境感染人，环境熏陶人，在一个优秀的集体里，使每个同学深刻受益的，是那无形的精神财富，它是造就每个学生德、智、体、美、劳全面发展的巨大力量的源泉。正如中考结束后，在班里组织的同学聚会上，班委王浩旭发言中所讲的那样：

“……我们曾经被人鄙视，我们曾为自己的不争气而自暴自弃……但我们靠诚实、自强、团结、拼搏的精神凝聚力，重新在四中站起。诚实，是我们做人的准则，自强是我们实现目标的内在力量；我们靠着集体团结，战胜一个又一个困难，我们靠着自强不息的拼搏，赢得了人们的敬仰，打开了通向胜利的大门……”

二、培养习惯

“习惯成就自然，自然化作性格，性格决定命运”，这是客观规律。教育学家叶圣陶老先生也说过：“教育就是培养良好的习惯”。作为教师，一定要高度重视、尊重这一规律，并在自己的教学实践中，以这一规律为指导，创造性地培养学生发展的第一“要件”——良好习惯。在教学工作中，我很重视学生良好习惯（思维习惯、生活习惯、学习习惯）的培养。在教育实践中，使我深深懂得，一旦良好习惯养成，成功会自然而然地呈现。我主要采取的方法有三。

1. 引导做

在教育过程中，教师是学生的引领人，正确引导是教师应做的第一步。

为了引导学生良好的思维习惯，我以“赠人玫瑰，手留余香”的谚语作开导，引导学生，用正面的、积极的思维看待一切存在、发生的情况，使学生正确地看待困难和不幸，从而保持快乐和自信的精神状态。

为了引导学生学会感恩，在接班之初，我就从“爱心、礼貌”教育入手，先后召开“爱心主题班会”“礼貌主题班会”“感恩主题班会”，强化学生“爱”的意识、“礼”的认知。同时，我还不失时机地在学生中开展为父母洗脚、为家人做饭、节日为家人送礼物等活动，以此来激发学生“感恩”的情怀。

为了引导学生自理、自立的习惯，我只是在新班级的前半年亲自抓班级建设和学生日常管理，以后便逐渐放权，让班委、团支部大胆独立开展工作，我只是充当场外指导和喝彩者的角色。如，2008—2010 年连续三年的校级运动会，从入场式的服装准备到各项竞赛科目的报名、比赛过程组织，一切都由学生独立完成；2009 年，美国中学生友好交流代表团来四中进行交流活动，从接待、翻译、文体交流，到大型文艺演出活动，几乎都由九班的学生担当重任。我告诉学生的只是一句话：“不要彷徨，不要犹豫，大胆地去干，你一定能行的。”

2. 鼓励做

美国心理学家詹姆士曾经说过:“人最需要的是被肯定”。教学实践也使我深深体会到,人人都有强烈的自尊心,人人都渴望被理解,渴望被肯定,渴望得到鼓励。后进生尤其如此。在九班,我遇到过这样的两个外校转来的男生。进班时,他俩英语实测成绩不及格,为此,对英语失去了信心。我以极大的耐心,采取“激励”的方法转化他俩对英语的态度。课堂上,我时刻注意他们的反应,从简单的问题入手,不断寻找启迪他们的突破口,一有闪光点就及时表扬鼓励,触发他们的学习兴趣。短短一个月,这两位学生就开始对英语有了兴趣,我因势利导,抽出业余时间给他们补习英语知识,并根据他们爱看电视的特点,建议、鼓励他们看《希望英语》节目。在此过程中,我有计划地在课堂上安排时间,要求他俩用简单的英语介绍每天所看到的《希望英语》内容。渐渐地,他们的英语口语能力不断提高,英语综合能力也得到了加强。八年级第二学期期末成绩双双超过 85 分。在他们的感染下,全体同学掀起了收看《希望英语》的热潮。九班英语成绩也很快跃为年级前列。

3. 监督做

在人的习惯形成前,行为需要强迫进行并监督。在教学实践中,为了引导学生养成良好的生活习惯,我同家长建立了《学生日常表现反馈日志》,并根据《中学生守则》制定了详细的班规和考核标准。在执行过程中,我努力根据学生在家、在校的表现,及时调控、梳理、引导学生,使之逐渐养成良好的生活习惯。为了引导学生良好的学习习惯,根据学习记忆规律,我制定了班级“两习、两本”的规定,即:课前预习、课后复习,课堂学习笔记本、错题疑难问题笔记本。

万事开头难,一个新习惯的诞生,必然会冲击相应的旧习惯,而旧习惯不会轻易退出,它要顽抗,要垂死挣扎。科学实践表明,一个习惯的养成最快要 21 天的时间。据此,在接新班后的第一个月,我重点落实前面所讲的两个方面。每天,我坚持收集家长的反馈意见,重点关注“问题学生”的动态。从课间操、卫生清理、黑板报到乐队训练、兴趣小组活动,我都严格根据考核的标准,进行点评。每周,我还要挤出时间,将全部学生的课堂学习笔记本收集、翻看,并利用班会的时间表扬做得好的学生,未能按要求记课堂笔记的学生要补全笔记。根据经验,我认为学生中学毕业后的记录速度和分析、整理的能力,大多是在上学期间练就的。强迫学生做一些有益于他们未来的事,是有远见的老师应尽的职责。事实表明,经过一个月的“强迫做”,学生渐渐适应了我的班规,初步养成了一些必要的良好习惯。如,一个月后,课间操稀松的场面没了,卫生死角消失了,不记课堂笔记的现象好像绝迹了……

但是,我还是不敢放松,几十年的教学经验告诉我,“反复”是常有的事。为了巩固已有的习惯,我又用了半年的时间,采取“反复抓、抓反复”的办法,并将“普遍抓”改为“重点抓”,从而使九班焕然一新。进九班上课的老师普遍感到:学生有礼貌、课堂纪律好、学习主动性强。九班从七年级到九年级毕业,无论是学习,还是各种活动,始终保持年级第一。

三、培养心态

成功需要健康的心态。一位哲人说:“你的心态就是你真正的主人。”一位伟人说:“要么你去驾驭生命,要么是生命驾驭你。你的心态决定谁是坐骑,谁是骑师。”为什么拿破仑能够顶住压力而叱咤风云?为什么海伦·凯勒在双目失明的情况下,依然心中有光明之梦?这个秘密就是“健康心态”在起作用!在我的班主任工作中,重点对学生进行了三种心态的培养。

1. 自信心态

人生一世,首先要自己有信心,自己相信自己,自己鼓励自己。可以说,自信是成功的催化剂。为此,我首先“虚张声势”给学生灌输“自信”的伟大和豪迈。我选择了伟人自信的名句挂在教室墙上,精选了许多成功者自信的实例讲给学生。用伟人毛泽东“自信人生二百年,会当水击三千里”的诗句鞭策着学生;用教育家爱默生“相信自己‘能’,便会攻无不克”的名句激励着学生;用军事家拿破仑“在我的字典里没有不可能”的豪言鼓励着学生。一句话,在“造势”的渲染下,学生对“自信”有了表层认识。然而,经验使我明白,真正的自信一定要建立在成功的经验之上。大多数学生开始从事某种活动时,很可能缺乏信心,因为他们没有成功的体验。据此,在日常教学中,我有意制造各种机会,鼓励、锻炼学生的“自信”。比如,我放手让学生自己组织班会、运动会、兴趣小组活动,鼓励学生参加校、区、市等级别的比赛竞技活动。他们成功了我表扬,失败了我勉励。随着时间的推移和学生成功机会的增多,九班的学生普遍十分自信。2010 年毕业前夕,他们竟“胆大妄为”地编辑了一本题为《恰同学少年》的图书。从目录编辑到插图排版,该书的质量可称之为“专业水平”。全班 53 名学生升入高一级学校后,100% 在班委、团支部、学生会担当职位,成为班长的就有 10 人之多。

2. 宽容心态

我们生活的环境,从大到小依次可以分为自然环境、社会环境、生活环境、工作环境和家庭环境,这些环境对于每一个人来说,肯定不是十全十美、顺心如意的。我们的学生无论是现在还是将来都会面对“环境”这一问题,宽容的心态,有利于他们在复杂的环境中更加健康地成长。在培养学生宽容心态方面,我首先从学生的思维方式开始着手,教育学生要学会“辩证思维”。比如,在班上我们举行过“利弊”话题大讨论、“敌友”辨析大争论、“吃亏、得利”大演讲等活动,旨在开发学生的思维,让学生在矛盾的问题上,学会宽容地看待一切事物的发生发展。随即,针对发生的实际问题,对学生进行实时“点化”。比如,在一次“卫生流动红旗”评比中,九班落选,同学们十分不服,认为是其他班有意嫉妒,故意不选九班。针对此事，我适时开导学生。我说：“同学们，现实生活中，许多人在与人交往时，嘴上说的是‘严于律己，宽以待人’。实际上行的却是‘严于律人，宽以待己’。伊索寓言里有个故事说，上帝在人的胸前和背后搭了两个口袋，前面的装别人的缺点，后面的装自己的缺点，所以人们总是紧盯着别人的缺点，却忘记了回头看自己的缺点，这样的习惯往往使我们不能容忍别人。姑且不论这次流动红旗落榜的原因，单就看我们对这个问题的态度，就说明我们还没有真正‘放平我们的心态’，前阶段举行的几大讨论的思想好像全都飘散了。为什么我们就不能认为这是给我们再进步的机会、再鞭策我们的动力呢？同学们要记住：如果我们能够宽容别人，宽容别人的缺点，对自己、对他人都将是极大的福音。感谢对手，会使你增添力量；感谢对手，会帮你赢得成功。”

在我的开导和“点化”下，学生们渐渐学会了宽容，化解了诸如球赛裁判不公平、老师批评不当、学生间误会等矛盾。九班的同学以饱满热情的心态，对待其他班级，对待学校组织的各种活动，最后感动全校师生，用实力再获“市级优秀班级”。

3. 学习心态

调查表明：85% 的学生学习成绩不理想的主要原因不是智力问题，而是学习心态问题。作为老师，我们首先要引导好学生学习的心态问题，其中最主要的一点就是培养学生“主动学习的心态”，充分发挥学生在学习过程中的主体作用，全力开发他们自身的主观能动性。在这方面，我主要运用兴趣激励和成功激励两种方法，积极引导学生主动学习的热情，培养学生主动学习的态度。比如，施教前，我常分析学生的情况，对之进行学习水平分类，为后面的因材施教做前提准备。在施教中，对优等生提高标准，我鼓励他们利用课外辅导书、网络扩展知识面，并在班上创造氛围，激发他们的学习竞争意识；对后进生，我常降低要求，注重多给他们创设课堂提问的机会、发言的机会，只要他们一有闪光点，就适时地给予表扬鼓励，让他们在不断的小成功中，逐渐建立自信，从而激发主动学习的热情。

其次，我还十分注意学生“终身学习心态”的培养。在班上，我根据学生爱上网、知识面广的特点，曾发问：当下知识大爆炸，谁知道每天要有多少知识信息产生？有的同学上网查阅资料后告诉我，在当今的世界上，每天产生的信息，如果一个人学习的话，要 1100 年才能完成，并且知识又在以 40% 的年淘汰率更新。我因势利导，在班上随即展开了“如何应对知识大爆炸”的讨论。并借机将“终身学习”的理念介绍给学生，让学生早早明白“成功代表过去，能力代表现在，而只有会学习才能决定未来”的道理，并号召他们总结适合自己的学习方法，为终身学习做好科学方法的准备。四年的初中学习，九班的学生绝大多数都建立了适合自己的学习方法。升入高中的学生回母校后，跟我讲，他们因建立了自己独特的学习方法，在新的校园虽兼任了很多职务，可学习并没有受到影响，尤其在英语学习方面，他们感到很轻松地跑到了同学的前头。2011 年 2 月，原九班学生麻珮琦，在中央电视台《希望英语》高中组天津赛区选拔赛中，一举闯入决赛，代表天津赛区参加央视《希望英语》高中组比赛。

园丁育苗，在于勤，得于技；教师育人，发于爱，成于法。“三个培养”是我教学实践的方法归纳，其效果有待于进一步开发，其科学性有待进一步探究，我之所以斗胆拿出这唯有自聊的教学小得，只是想与教育同行共磋教学之法，共谋教育之道。

浅谈现代班集体建设对班主任素质的要求

陈树平

如果把班集体比作一个交响乐团，那么班主任就好比是交响乐团的指挥，一个技艺高超的指挥能最大限度地调动每一个乐手的激情、技巧，协调好相互间的关系，共同演奏出和谐美妙的乐曲。同样只有具备了高超的领导艺术的班主任，才能最大限度发挥每一位学生的潜能，并围绕某一中心目标共同努力。班级之成为集体就不再是有一定数量的人组合成的简单的群体，它必须符合六个基本条件，即：有明确的共同目标，有良好的人际关系，有健全的组织机构，有健康的舆论，有效果良好的班集体建设活动，有自觉的集体纪律。班集体建设中必备的基本条件与新时代环境下青少年的个性特点对班主任提出了更高的素质要求。新时期班集体建设过程中，班主任应具备哪些素质要求呢？我以为有以下几个方面。

一、要坚定正确的政治方向，在历史和社会发展的关键时期不动摇、不糊涂、不迷航。特别是当代开放的社会大环境容易引起学生认识上的模糊、偏差。这尤其需要班主任坚定立场。正己才能正人，只有自己有了正确认识，并将自己的理解、认识、体验融合到教育学生的过程中去，才能使自己的教育有说服力，才能帮助学生树立正确的奋斗目标，为班集体建设奠定思想基础。

二、要虚心好学，不断进取。在教育学生的过程中既要自信，又要自省。人们常说教师要给学生一杯水，自己得有一桶水，特别是今天，我们身处知识剧增的新科技革命的时代，面临我国改革开放和市场经济的新形势，大量新知识、新理论、新观念、新信息如潮水般涌来。加之信息传播速度、广度的加快、传播广度的延伸，学生接触这些资讯非常容易，这需要班主任及时、自觉、自主地顺应时代潮流，完善和更新自己的观念、知识、理论结构，有了相当的知识根底后，教育学生才会言之有物，充满自信，从而引发学生的共鸣，不至于出现学生从厌烦空洞乏味的说教到厌烦老师本身的局面。在树立自信心的同时，还要不忘自省。因为当代学生的精神生活空间扩大，社会视野更为广泛，每当出现师不强于弟子的局面时，我们也应遵循教学相长这一原则，这既有利于学生自信心、自尊心的培养，也有利于教师自身知识层次、德行修养的日益完善，使自己成为吸引学生的光源，为班集体建设奠定良好的基础。

三、要学会爱学生，对于不同类型的学生施以不同的爱的表达方式。优秀生在德、智、体等方面都能得到较全面的发展，因此教师往往忽视对其的教育，而恰恰是这种忽视，使一些优秀生自身存在的缺点（如优越感强、耐性差、骄娇之气较明显等）不断加剧，无法发挥优秀生应有的模范榜样作用，也就缺少了集体建设应有的凝聚力，因此对于优秀生在德、智、体等方面应提出更高的标准和要求，使之成为真正的全面发展的优秀生，成为班集体建设的领头羊。后进生一般学习成绩差，行为习惯差，组织纪律差。在心理上则较敏感、自卑，容易与老师产生对立情绪，因此，班主任在爱优秀生的同时，更要爱后进生，与他们建立起一种亦师亦友的良好关系，古人说“亲其师而信其道”。在此基础上，纠正后进生身上的缺点就容易多了。老师对所有学生的一视同仁，有利于形成融洽的师生关系，为班集体建设创设良好的人际关系。

四、要做会相马的伯乐，更要做会驯马的良师。班集体建设中各项活动、各项工作的展开需要具有各种才能的学生。“天生我才必有用”，每一位学生身上都有特长、都有可用之处，但这要班主任细心观察。因此做班主任的要善于发现人才，发现同学们身上的闪光点。同时，一个人只有放在合适的位置才能发挥出最大的作用。因此，做班主任的更要善于使用人才，发挥同学们的特长，尽可能地提供适当的机会，让每一位学生发挥其才能，使其在不断地发挥自身才能的过程中潜移默化地增强自信心，完善自我，为班集体建设打下人才基础。

当然，在班集体建设中，除了需要班主任具备以上这些素质要求外，还必须具备开拓创新的精神，有较强的协调人际关系的能力，较强的社会活动能力。

总之，一个具备良好的政治素质，积极进取、不断学习、充满爱心、富有组织能力的班主任必定能像一个成功的指挥家那样，在创建班集体的过程中得心应手、游刃有余。

以宽容构建和谐班级氛围

陈树平

有时宽容所引起的道德震撼比惩罚更为强烈。

——苏霍姆林斯基

“陈老师是一个十分负责的班主任，在日常的班级管理过程中，对于同学的优点和进步能加以鼓励，同学在她的勉励下学习成绩更上一层楼；对于同学的错误能宽容并及时指正，对于班级普遍存在的问题,也能及时发现并与同学进行面对面的交流和沟通。班级在她的管理下,秩序井然,十分和谐,同学们团结一致,奋力拼搏。”这是和我共事的老师们对我工作的评价,语言朴素,但他们朴实的描述却使我感受到一种肯定,并深受鼓舞和感动。是啊,和谐的班级氛围在班级建设中是非常重要的,它不仅有助于同学们身心愉悦地投入紧张有序的学习生活,也有助于任课教师顺利传输知识、答疑解惑,对于学生之间、师生之间和谐人际关系的构建有着举足轻重的作用。那么,如何才能构建和谐的班级氛围呢?其实,大家的评价已给我们传递了一个非常重要的信息,那就是:宽容。

首先,班主任要以博大的胸怀容纳学生的种种错误。通过各种途径了解学生犯错的原因,从换位思考的角度出发,多理解、体谅,辅之以教育、点拨,促其自我认识、自我改正。孔子云:“过也,人皆见之;更也,人皆仰之。”是啊,人非圣贤,孰能无过?细细想来,就连对社会发展做出巨大贡献的历史伟人也难免会误入歧途,更何况是在人生道路起步阶段的中学生呢?只要明白人人都会有这样或那样的不足,就会以宽大的胸怀去谅解学生、宽容他们或大或小、或轻或重的种种错误和过失,耐心地匡正他们的言行,引导他们步入健康的成长轨道。宽容是教师的必备素养,是一种巨大的人格魅力,能产生强大的凝聚力和感染力;宽容是豁达,是挚爱,可化干戈为玉帛;宽容是一种深厚的涵养,是一种善待生活、善待他人的境界;它蕴藏着一种殷切的期望和潜在的教育动力,是一种教育教学的艺术和理念。宽容并不是姑息迁就学生的错误,而是以退为进的教育睿智,拥有着无穷的教育魅力。

初中学生处于人生发展的重要阶段,无论思想还是心理虽初具雏形,但还有很大的可塑性。他们的内心世界从懵懂一步步走向自主、成熟,班主任处理他们的思想偏差、学习问题不能只是批评呵斥,咄咄逼人地抓住错误不放,甚至以某种处罚使教育简单化,从而造成学生的逆反心理、对抗情绪或者口服心不服的不良心理状态,最终无法达到预期的教育效果。反之,如若班主任能够多一些关爱的话语、谅解的态度、宽容的处理问题方式,循循善诱,让他们逐步意识到问题的根源,认识到自己的不足,再指明改正的方法或努力的方向,并留有足够的时间、空间让他们改正错误,取得进步,得以成长,他们就一定能从错误中奋起,不断进步。例如,一次午自习的时候,班级中的一位同学和另一位任课教师因为交作业而产生了误会,这位学生回到教室后,情绪十分激动,言语激烈,在同学面前要性子,我见状上前劝说两句,谁知他一气之下把怒气转移到我身上来了,对我又吼又叫,弄得我措手不及,面红耳赤。见此情形我示意他到办公室平息一下情绪时,他却愤怒地说道:“我又没犯错,干嘛要去办公室?”那一份难堪真让我怒从心起,恨不能以权威的力量立刻镇压他那嚣张气焰,重新树立起自己几近扫地的威信。然而,理智告诉我要克制自己的情绪,对这种火山爆发似的问题要进行冷处理。我马上冷静下来,面带微笑地解释说:“我没有批评你的意思,我只是想帮你，想劝你沉静下来，好好地跟老师解释清楚，消除误会，你就不会这么难受了。”听到我的话后，我观察到他的情绪渐渐平息了下来，随后我和他进行了个别交流，指出了冲动对他成长的潜在危害，也对个人形象有负面影响，点明了类似问题的正确处理方法。通过沟通，该同学认识到了自己的错误，还与全班同学进行了交流，表达了自己想改正错误的意愿。我顺水推舟，趁热打铁，赞扬了他的勇气和知错就改的好习惯，并为他走向成熟点赞。之后，这位同学渐渐养成了沉着稳重的处事风格，不断进取，在初三时还荣获校级三好学生的荣誉称号，如今考上了心仪的重点大学。试想一下，如果我当时对他粗暴压制，以敌视的态度对他，不给他任何机会，他又怎么会获得这样的发展呢？可见，宽容对一个处在成长关键期的孩子来说有着十分重要的意义，也是班主任教育工作的高效的方法之一。

其次，要引导学生善待同学。哪怕是他们犯了严重的错误，要让学生铭记“严于律己，宽以待人”的处人哲学，懂得“退一步海阔天空”的道理，明白宽容是一种高尚的人格修养，以宽阔的心胸去化解与同伴之间的种种不愉快，以理智和聪慧帮助同伴改正错误，而不是对同伴嫌弃冷漠、恶语相向或拳脚相加。一次，我班两位男同学因为争球场而引发了争执和冲突，不仅言辞激烈而且拳脚相加，有一名学生受了轻伤，嘴唇擦破。事后我找他们分别了解情况，甲生攥紧拳头，浑身颤抖地哭诉：“我凭什么让他骂我妈？我妈是我最爱的人……”乙生也愤怒地红着眼哭诉：“我又没得罪他，他凭什么打人？”随后，我又找了部分同学了解情况，得知事起乙生的白眼和无理之语，加上甲生素来看不惯乙生的某些做法，积蓄已久的不满情绪在这次冲突中终于爆发出来。了解了事情的来龙去脉后，我分别对这两位同学进行教育，让他们明白与人相处和为贵的道理，指出各自存在的问题，并让他们设想高素质的人可能会采用的解决问题的方式，引导、培养他们高尚的品德，去宽容他人，检点自己。渐渐地，他们明白了和谐集体的重要性，认识到自己的不足，我乘机提出解决冲突的参考方案，建议甲生买膏药给乙生，以无声的语言表示歉意，在乙生收到膏药之后，我再暗示他当众向甲生道歉，握手言和……就这样，一场看似深仇大恨的冲突悄然化解了，班级又恢复了和谐，同学们在这件事情中也感受到了宽容利人利己的实际效果。

记得曾经带过一位疑似患了自闭症的学生，平时该生不太会与别人沟通，有时在和同学们一起学习的时候，还会有过激的言行。在平时的教育中，我多次暗示大家要对该同学的境况加以理解宽容，并率先作出示范，对该同学的一些言行都做出了忍让，这样班里的其他同学也都能尽力克制自己不与他发生争执，体现了群体极高的素养。同学们的沉着冷静、包容忍耐，充分说明平时的宽容教育已深入同学们的内心，内化成同学们的自觉行为，克服不和谐因素、营造和谐的班级氛围已蔚然成风。经过师生的共同努力，我班多次被评为校三好班集体，九年级时被评为市级三好班集体，我也因此获得校优秀班主任的嘉奖。

总之,一个班集体健康有序的发展离不开和谐的氛围,而和谐氛围的营造离不开班主任的宽容心态和学生相互间的宽容理解。班主任的宽容同细心辅导、严格要求相辅相成,不是撒手不管放任自流,更不是无原则地纵容和偏爱。当学生犯错误时,教师不应该消极回避,或简单压制,而应该及时指正。教育要严而有度,同时常留一份宽容,才能找到引导学生思想偏差的良方,缩短师生间的距离,增强思想感情的交流。在学生出现过错时,班主任应循循善诱,心平气和地帮助他们认识缺点和错误,提高他们辨别是非的能力,学会以智慧应对人生。只要师生共同努力,用宽容构建和谐,定能实现理想的教育效果。

教育、培养学生,不是一日之功,教师要有“水滴穿石”的恒心和毅力,多几分尊重、理解,更多几分宽容,相信班集体的建设能够一步一步走向和谐！最后,以几行诗句结束,以表达我的教育心境:

土地宽容了种子,拥有了收获;

大海宽容了江河,拥有了浩瀚;

天空宽容了云霞,拥有了神采;

人生宽容了遗憾,拥有了未来。

对你的学生宽容吧,或许会铸就他们无限美好的未来。

拥抱初三　笑对中考

陈树平

如何面对中考,是全体初三毕业生最为关心的话题。我经历了一次又一次的中考,仅就个人的经验谈谈看法,供同学们参考。

一、选择了中考就是选择了竞争

对中考,常有人想淡化它竞争的激烈程度,笼统而宽慰地说:成功有多条道路可走,中考不是唯一道路。从广义的观点来看是对的。但从现阶段的目标来看,谁想参加中考,注定他(她)必须面对残酷的升学竞争。竞争是有法则和规律的。

1. 优胜劣汰是竞争的法则。

物竞天择,适者生存。参加中考的学生就是在参加一场比出高低胜败的拼争赛。高中的招生人数就是那么多,在目前普遍认为“分数面前人人平等”这一相对公平的竞争标准下,谁上谁下不取决于仁慈,不取决于感情,它取决于应试者个人的实力。

2. 狭路相逢勇者胜。

既然我们选择了中考，选择了竞争，那就意味着我们没有退路。在激烈的竞争面前，坚定信心，勇往直前，敢于面对困难的挑战才是参加中考竞争者应有的心态。怎么才能有自信？根据经验，我认为可行的做法是：排除外界的一切干扰，遇到困难时想“没有过不去的山”，用阿 Q 的精神胜利法放声说：“我是最棒的，我一定会成功。”当学习名次排名较低时，要先和自己的进步名次比，和自己的单科进步比，一句话，要比出信心，比出前进的动力。

3. 有毅力。

竞争，拼的是毅力。培养毅力有两种做法可供借鉴：一是端正态度。态度是决定做事成功的第一步，因此，备战中考的人要正确对待每一个同中考有关的学习过程，排除一切影响和干扰。二是要制定每天的作息时间表。强制自己在规定的时间起床、上学、锻炼、就寝，强制自己在规定的时间内完成学习计划。

4. 有方法。

成效取决于做事的方法。同学们已经进入了临近中考阶段，从现在起到进入考场仅有 90 天的时光。想在这么短的时间内，大幅度地提高能力，那是不科学、不现实的想法。这一阶段的目标就是“造分”，造能力不现实、不科学，可“造分”是可行和现实的。根据天津市中考的规律，我们可以有把握地说，只要方法得当，将分“造高”的空间很大。

二、中考的竞争就是“分数”的竞争

“考考考、老师的法宝，分分分、学生的命根”曾经遭到人们的抨击。可中考就是竞争啊，谁的分数达不到要求，一切都等于零。考是老师督促学生学习、检验学习效果的手段，是老师在为学生创造适应中考的高压环境。分数虽然不能代表一个学生的全部，但中考标准是确定而目前无法改动的。从目前的中考规则看，我们做学生的只有把自己变成“造分机器”，才能在这场竞争中取得胜利。那么，如何成为“造分机器”我认为应做到以下几点。

1. 制订全面复习的个人时间计划。

计划的制订一定要根据天津市下发的考试大纲和复习资料。根据经验，天津市每年的中考题型和范围都是相对固定的，其中 70%—80% 的考题出自复习资料中，聪明的学生只要将复习资料中的题全都会做，并熟记于心，考上高中不在话下。

2. 合理安排各科的学习时间。

大多数人都有一种不好的习惯，即：哪科好就爱学哪科，结果造成严重偏科现象。偏科造成很大的得分失误。想想看，假如物理或化学的成绩已经突破了 90 分（满分 100），再想提高 10 分的成绩那是多么大的困难。中考是有时间限制的，哪能容得你描龙绣凤，为了几分的理化成绩的进步，你却牺牲20分—30分的薄弱学科成绩的提高，你不是干了傻子才做的事吗？考试的经验告诉我们：考试充满变数，往往越认为是自己强项的科目，由于这样或那样的原因，就越拿不到理想的高分。强科拿不到高分，弱科又没指望，你剩下的就只有顿足捶胸，抱怨苍天了。根据黄金分割规律，一个人在学习中，取得60分（满分100）最省力也最容易。中考成绩看的是总分，我想，对于相信科学的学生，该怎样合理分配各科的学习时间，一切不言自明。

3.强化硬件建设。

什么是硬件？对于学生，硬件就是身体。身体是干事的资本，没有健康的身体，参加中考竞争就是一句空话。君可见，常有人在中考门前躺倒，宏篇未写；君可见，常有人考场发昏，留下遗憾。同学们，保重身体吧！越是在学习最累最苦的时候，越要挤时间锻炼，8－1大于8，我想同学们都懂。高分取决于时间和效率的乘积，为了高分，请同学们算一下细账，调一调学习的棋子！为了中考的胜利，请同学们务必锻炼身体！

三、笑对困难，在竞争中成长

人生最大的敌人是自己，最厉害的武器是自信，最愚蠢的行为是蛮干。在人的成长过程中，我们会遇到道道难关、重重困难。在过关中成长，在困难的磨砺中成熟，这是成功者的必经之路。

中考，对于我们学生来说，是人生面临的一道关口，是我们眼下“不得不”的选择。中考的竞争肯定困难重重，压力肯定大。面对现实我们唯一的选择就是：变压力为动力，化消极为主动，变困难为优势，自我加压，勇于面对一切困难的挑战。其方法为：一是调整心态适应现实。要知道，人生自始至终存在着竞争，学会了竞争就学会了生存。今天的中考正是为我们提供了一次锻炼的机会。二是建立学习型团队。集体的学习气氛靠我们共同创造，奋勇拼搏的精神靠我们共同来激发，任何个体的不良行为都会导致其个人乃至集体的损失。牢记从“我”做起，努力创造“守纪律，互学习”的良好氛围。三是鼓勇气自勤奋。学习是苦差事，学习需要让自己处于超然的境界。为了“超然”，就要尽力使自己处于“封闭”状态，少让外界干扰自己。宝剑锋从磨砺出，梅花香自苦寒来。当你真正从学习的成绩中得到收获时，你对学习才有信心，才能真正体会到“以苦为乐”的道理。

同学们，备战中考给我们的时间不多了，豪言壮语顶不了实际行动，唉声叹气替不了激烈的竞争。有位学者曾说过：“在困难面前，懦夫为之止步，真正的勇士敢于奋勇前行。”让我们做一次强者吧，把中考看作对自己人生走向成熟的一次锻炼，以满腔的热情拥抱初三，以全部的努力战胜困难，笑迎中考。

第二章　飞扬的青春 学生成长系列活动

青春是飞扬梦想的年华,我们在追梦的旅途上也在不断地创造梦想。从七年级首捧奖杯的大合唱比赛到胜不骄败不馁只做自己的跳大绳比赛,九班学生懂得了集体的重要;从挥洒着汗水勇夺第一的运动会到青春纪念册的诞生,九班人感受到了团结的力量;从艰苦劳累依然要绝对服从的军营,九班人体会到了意志需要磨练;从全封闭的英语培训到师哥师姐们的倾心相授,九班人领悟到了学习需要坚持……一路走来,九班人在一次次的活动中经受着自己的蜕变,见证着彼此的成长。

唱响我青春,唱出我风采

齐　霁

七年级的大合唱比赛,已经在时间的长河中变成了形影模糊的光点,但是每每提及那一次的比赛,学生们眼睛里依然闪烁着激动的光芒。

“那时,陈老师刚接手九班,我们彼此之间还不太了解,就接到了学校要组织合唱比赛的通知。我们一开始是毫不在乎的,因为当时的我们班,只是一个无名小卒罢了,什么都不起眼,什么也做不好,几乎什么活动都是倒数。”这几乎是所有九班学生最初听到要参加合唱比赛时的想法。

“但是陈老师的态度令我瞬间斗志昂扬。”体育委员路梓涵在他的日记中写道:“看陈老师的架势就是‘这个一等奖我还拿定了’。然后陈老师在最短的时间内,以最高的效率组织我们排练。其中有一个场景令我记忆犹新:合唱比赛是在夏天,天气很热,我们刚下了操回班,特别燥热的时候,陈老师说第三节课要排练(因为已经临近比赛了),我们就忍着那燥热的感觉,一排排站在讲台上练习合唱,虽经过多次排练,我们对感情的把握、对歌词的记忆都非常娴熟了,所以排练时间不长,但之后休息的时候我看见讲台后的黑板上留下一片片因为热气所结下的水雾。”

班级的宣传委员李鑫宇在回忆大合唱的情景时说:“在排练的过程中,总是有些人不认真对待,其他班都由于各种原因多多少少淘汰了一些人,但陈老师却坚持‘一个人也不放弃’。”

性格内向、不善言谈的刘雨辰还依稀记得当时辛苦排练的情景:“大家齐心协力,有的人记不住英文歌词,自己急得满头大汗,英语成绩好的同学就主动去帮助他,甚至自动结成了一帮一的小组,一遍一遍反复地纠正、练习,领唱的同学嗓子都哑了。但是当时的我们却完全沉浸其中,全然不知疲惫。”

生活委员瞿蕾说:“每个人都为合唱比赛而努力,还专门用了一节班会课的时间来纠正音调。那天的事我记忆犹新,我帮助了好几个同学并且帮助他们找到了克服五音不全的方法。比赛之前,陈老师还特地为我们借来了专门的表演服装,这更激起了我们夺冠的热情。功夫不负有心人,终于,在这一次的合唱比赛中,九班不负众望夺得了第一名。”

这个第一名给九班带来了非常强大的震撼,杨慕涵回忆起来依然很激动,她说:“在陈老师的带领下,我们九班越来越团结,越来越具有凝聚力,这个第一名,也让我感受到了团结带来的巨大的力量。这次的比赛我深深地感受到,胜利是靠辛苦的汗水换来的。最后我们获得了一等奖,那奖状是我领的,那是我们九班的第一张奖状!”

韩旭同学也在比赛中深受启发,他说:“通过这次比赛,我深深地感悟到无论做什么事情,不能先自己否定自己,而是要迎难而上,克服它并且把它踩在脚下!由倒数第一到获得冠军特别有成就感,而这个第一名是老师和我们每个人的付出与汗水换来的。”

一曲合唱,成就了九班的团结刻苦,唱出了九班的风采!让这个曾经的“无名小卒”第一次感受到成功的喜悦,领悟到付出就会有回报的真谛,感受到团结带来的巨大力量,为九班后来能够成为团结上进的班集体奠定了扎实的基础。

向青春宣誓　做自己的第一

齐　霁

七年级下学期,为了丰富学生的课余生活,学校组织了一场跳大绳比赛。陈老师珍视每一次集体活动的机会,她不辞劳苦,组织训练,示范要领,请体育老师给我们进行专业的指导等等。在陈老师的带领和同学们的努力下,九班取得了第三名的成绩。虽然没有获得冠军,同学们却依然收获了感动、喜悦和成长。

体育委员郭展宏在比赛结束后对战略战术进行了反思:“因为我们好多同学之前都没

有跳大绳的经验，所以训练起来比较困难，需要一个个调整进入的规律、起跳的位置以及连贯性。我认为最困难的就是连贯性这一环节。因为比赛的时候是相同时间内比个数，所以连贯性是一个大关卡，关乎着整场比赛的胜败。针对这一至关重要的环节，我们利用课余时间反复加强练习，已经有了一定的默契。但是还有一个更重要的问题，就是心态，最开始的时候，我们齐心协力、配合默契，每个人都准确地抓住了起跳点和起跳的时间，所以第一轮就越跳越顺；但是第二轮，因为最开始的几个同学的失误导致后边同学的心理紧张，也开始有了失误，因为没有及时调整心态，或者说求胜心切吧，我们没能夺得第一名。但是，经历过，努力过，我们不后悔，我相信下一次的比赛我们一定会夺冠！”

董淘宁是这样讲述那一次比赛的：“刚听说要进行跳大绳比赛时，很多人是愁眉苦脸的，因为大多都不会跳，一开始试跳的时候，大部分人都跳不过去，有些同学甚至连跳都不敢跳。陈老师一遍一遍地耐心给我们讲动作要领，给我们讲最佳的起跳点和起跳时机。甚至还亲自上阵为我们示范。同学们都备受鼓舞，认认真真地反复练习，最后，我们跳得越来越连贯，越来越默契了。虽然最后我们总成绩得了第三名（全年级共九个班），但是我们都很开心。因为我觉得我们付出了最大的努力，我们超越了自己，我们班更加团结，我们虽败犹荣！”

宣传委员李鑫宇赛后也有深切的感悟：“大家在初赛时齐心协力，得了第二名，但决赛时发挥欠佳，只获得了第三名。但是，我却在比赛中看到了我们九班人团结奋进与绝不服输的精神。决赛时状态不佳，但没有人放弃，齐心协力完成比赛。这才是这场比赛带给我们最大的荣誉和收获。”

王一慧在她的日记中写道：“这一次跳大绳比赛让我们每个人都成长了。每次的课间，老师都会带领我们去训练，整个练习的过程中我们流过泪、流过汗，但印象更深刻的是我们每一次突破记录后的欢呼。虽然最后我们只得到了第三名，虽然还是有点小小的失望，但是每次回想起跳大绳比赛，我总能想起同学们排好队、聚精会神一个一个跳过绳子时的场景，我觉得我们九班又一次成长了，我们变得更加团结，更加有凝聚力，能生活在九班这样的集体，我感到很幸福！”

是的，在陈老师耳濡目染的教育熏陶下，九班人长大了。他们不再去功利地关注名次与输赢，而是更加能够珍惜每一次活动中收获的体验与感动，这是何等的难能可贵，正如“班副”韩序理解的那样：“在我们九班人心中，输赢已不重要，我们团结，我们互爱，我们无比热爱我们的集体，我们要做自己的第一！”

模拟的法庭 真切的感动

齐　霁

模拟法庭，是法律实践性教学的一种重要方式，它通过案情分析、角色分配、法律文书准备、预演、正式开庭等环节模拟刑事、民事、行政审判与仲裁的过程。八年级下学期，九班学生们有幸参加了学校组织的“模拟法庭”录制活动。这种新颖的方式极大提高了学生们参与的积极性和创造性，为他们的实践生活添上了浓墨重彩的一笔，使学生们受益匪浅。有的同学在模拟法庭活动中学到了很多法律知识，有的同学在积极筹备中感受到了被人需要的快乐，更有同学在录制的过程中收获了永存于心的感动。就像侯玥琦同学的感悟一样——法庭虽已落幕，感动却永存心中。

感动一：辛勤的付出。

这次模拟法庭活动是由向老师组织的，她不辞辛苦，投入了大量精力，利用宝贵的休息时间、体育课以及一切可以利用的时间帮我们排练。每一次都用手机记录好时间，一遍遍及时地录下我们的表演过程，并不厌其烦地反复观看，找出表现优秀的地方，并指出存在的不足；中场休息时，向老师为我们解说一系列的人物形象，为我们的剧本“锦上添花”。听陈老师说，向老师为了给我们排练，都没来得及给自己的孩子开家长会。我的心里对向老师充满了感激，感谢老师为我们的辛勤付出，感谢老师不厌其烦的指导。我当时在心里暗下决心：一定要尽最大努力把我的角色演好。

感动二：专注的眼神。

本次话剧，高潮部分是被告人的妈妈和被害人的父亲吵架的情景。这需要被告人的妈妈在情绪上要表现得比较极端。而扮演者瞿蕾没有辜负大家的期望。每次的彩排，她都将自己的情绪调整到最佳状态，每一次的排练，都能看到她情到深处闪烁的泪光，感染着在场的每一个人。陈老师说：“话剧每一次演到这个时候，我总不敢看，因为每一次看到这儿都会流泪。瞿蕾完美地诠释了这个角色。如果说这一次的话剧会取得成功，瞿蕾将成为这个话剧的亮点。她那种投入、用心、专注的眼神永远定格在我的心里。”

感动三：认真的态度。

出发时，我们约定好了2:30在校门口集合，由学校派车送我们到法院。没想到的是，当我们到达法院时，才发现担任重要角色的张奕还没有来。当时的我们真是心急如焚，眼睛不约而同地望向门口的方向，焦急地等待着张奕那瘦高身影的出现。时间一分一秒地过去，张奕还没有来，正当我们不知所措的时候，突然门口传来急促的脚步声，是张奕来了。他上气不接下气地跑了进来，来不及喘口气就换上服装进入了演出状态，由于张奕的及时赶到，我们顺利地完成了“模拟法庭”的录制。张奕主动为自己的迟到写了一份检查。他的这个小小举动触动了我的心，我应该学习他这种做事认真、严于律己的态度。

“模拟法庭”活动让学生们走出了校门，切实感到法律其实就在日常生活中，与自己密切相关，对学法、守法有了更深刻的认识；更为重要的是，在活动的过程中，每个学生都获得了自己独一无二的体验与感悟：对同学的友谊、对班级的热爱、对法律的敬畏、对社会的责任……

青春之花在绿茵场上绽放

齐　霁

“2015 年 4 月 29 日，在大港油田第四中学春季运动会上，我们八年九班以 128 分获得团体第一名，也获得了‘精神文明班级’称号。每每回想起运动会当天的点点滴滴，我依旧激动万分，仿佛又回到了激情四溢的赛场……”

这是体育委员路梓涵在运动会纪念册上留下的感悟。在运动会这一天，九班人两年来每天大课间的辛勤付出，每一次放学后的操场集训，终于在这一刻凝结成了胜利的果实。所有九班人的心情和体育委员一样，每每想到那一刻，便有万种激情涌上心头。

班里的“捣蛋鬼”王润宇依然清晰地记得那场引以为傲的比赛。“其实最让我感动的还数张奕，在男子 4×100 米接力开跑之前，我十分紧张，他就在一旁做我的思想工作，其实我知道，他比我们任何人都要紧张，因为他刚跑完 800 米的比赛。最后大家互相鼓励，取得了 4×100 米的第一名。而我在冲过终点之后的第一件事情就是找到张奕，与他击掌，在击掌的一瞬间，我仿佛看到了前两周，我们重复地练习着接力的场景，一次又一次……”

“小胖子”李浩铭虽然没有参加场上的比赛，却关注着运动员的一举一动：“‘啪’的一声枪响，运动员们起跑了，看着郭展宏跑了起来，本以为他能跑第一，但是结局却出乎所有人的预料，仅得了第五名。可我们并无埋怨之意，知道他低估了对手，实属偶然，我们相信他会更好，所以在他下午的 200 米比赛中我们依然为他喊破了喉咙，他也没有辜负我们的期望，跑了年级第一，我们的喊声也更加强烈了，不仅仅是第一名的喜悦，更是对朋友坚定的认可。像陈老师说的：‘绽放是一朵花，凝聚是一枚果。’因为我们是九班人，不怕困难的九班人。

“接下来，是女子 1500 米比赛，按理说，同学们应该更担心，不过同学们脸上丝毫没有忧虑之色，因为我们班1500米运动员——李佳培，那可相当的厉害，过往的成绩就不再提了，想必众所周知。虽然小小的个子，毫不显眼，但是体内却有无穷能量，蓄势待发。起跑了！李佳培首先冲到了前面，并且速度越来越快，‘冠军宝座’拿下了！同学们意气风发！”

作为运动员出场的张奕依然对那场惊心动魄的比赛念念不忘：“运动会最后一个项目——4×100米接力，九班男女生各四名运动员，加上教练朱文铎共九人，正忐忑不安地在准备区等待着比赛的开始。可以说，情况不容乐观！男生这边，我和李新奥都刚跑完800米，身体疲惫，状态不好；女生这边，因为上学期的掉棒事件，心里都有阴影，信心不足。焦虑渐渐侵蚀了我们本来充足的信心，照这样下去，冠军花落谁家真不好说。这时，一双手伸了出来，接着，另一双手搭了上去，我们仿佛心有灵犀一般，一双又一双手搭在一起，八个声音凝成一股绳，汇成一声‘加油’。与此同时，八颗心也紧紧地连接在一起，再不分彼此。那时那刻，我分明感受到‘班魂’的凝聚。”

“那一刻，我们放声大笑；那一刻，我们激动万分；那一刻，我们泪眼蒙胧……因为那一刻我们获得了女子4×100米桂冠。”终于在这一次的接力赛中一雪前耻，作为运动员的董淘宁每当回想起当时的情景，心情久久不能平静：“回想着当初为了4×100米，我们几个女生早早起床到校训练；中午草草吃完午饭到校训练；下午一放学迅速到操场上训练——当然我们也争吵过，也抱怨过，可是我们从未放弃。因为我们有一个强烈的愿望，那就是啃下这块硬骨头，争取获得冠军，弥补去年的遗憾！走到赛场跑道上的那一刻，我听到发令枪打响了，对自己说：‘冲吧！拼了！’当我成功地把接力棒递给第二位同学时，看着被甩在身后的对手时，我开心极了！心想胜利一定属于九班！同学们排山倒海的加油声激励着我们，第一非九班莫属！”

当同学们都为赛场上的英雄们奋力喝彩时，李有华同学也关注到了在默默为大家服务的人：“看！那个在草丛中拿着相机为大家照相的人，正是我们八年九班的田厚泽。不妨让我来介绍一下他吧：田厚泽，性别男，体形硕大，为人厚道，是班里的大胃王，也是班中的一级吃货。据可靠消息称，他今天整整一天没有吃一点点的零食。其实刚听到这个消息时我是‘拒绝’的。怎么可能，他怎么可能不吃零食，这一定是同学们为了缓解尴尬的气氛而编的笑话。可就当我知道这个消息绝对可靠时，我和我的小伙伴们都惊呆了。这还不算什么，据说他还在一天内为班级拍了300张照片。‘哦，我的上帝，这一定是一个伟大的孩子。’我这样想。同时，他也在我的心中留下了一份感动。”

“我们运动员满场出彩，观战的同学也毫不逊色。”长跑冠军李佳培记录下了令她感动的一幕幕：“田厚泽、曹禹、魏然等同学穿梭于运动场，手举相机，不失时机地抓拍运动员比赛的精彩瞬间，将精彩青春定格，抓拍间隙还不忘给运动员加油；有些细心的同学还准备了垃圾袋，大家把所有垃圾都放进袋子里，即使有人不小心掉在地上一两片垃圾，也会被旁边的同学捡起来放进垃圾袋中。离场时同学们随手将垃圾袋带走，留下一片干净的操场，赢得了校领导、老师们和其他班同学的一片赞扬。我们肆意绽放青春，我们继续精彩。”

一场运动会，成就了九班人，更凝聚了九班魂，正如李新奥同学所说：“通过本次运动会我们收获了成功的喜悦，也得到了失败的教训。我们每个人深深地懂得了没有拼搏就没有收获，没有努力就没有成功的道理！每个人只有付出了，拼搏了，努力了，才能体会到一分耕耘一分收获的艰辛和快乐。运动项目如此，我们的学习也是如此。”

或许多年后，我们天各一方，但依然还能想起这届让我们为之骄傲和自豪，让我们懂得成长的运动会！

方队（朱文铎）

“青春如火，超越自我；八年九班，奋勇拼搏！”听！那铿锵有力整齐如一的口号声，它伴随着自信的步伐，响彻了整个操场！我们九班的方队英姿飒爽地走向主席台。到了主席台前，同学们“唰”地侧过头，面向领导，脸带微笑，齐喊口号并赢得了一致的好评和掌声。这无疑是同学们团结、默契、心连心才使九班如此辉煌！

赛场上的追逐（侯玥琦）

1500 米

一个小小的身影在操场上飞奔着，一双双急切的眼睛在寻找，那是属于九班的一颗星，她就是李佳培！运动会刚刚开幕，就是 1500 米这个既考验人毅力又考验速度的比赛。当发令枪响的那一刻，她似离弦的箭一般冲了出去，昂首挺胸，摆臂是那样的富有节奏，步伐是那样的富有弹性，不急不躁，显然早已胸有成竹，柔和的阳光洒在她的身上，似乎给她披上了一件华丽的披风。其他运动员也不甘示弱，紧追不舍，虽然一个个汗流浃背，气喘如牛，可仍咬紧牙关，奋力追赶。已经是第二圈了，佳培仍然精神抖擞，速度不但丝毫没有减慢，反而越来越快，将第二名选手远远地落在后面。当她到达终点时，全班沸腾起来，她为我们班开了一个好头，让我们在接下来的比赛中信心大增！

800 米（李鑫宇）

裁判员老师已将枪举过头顶，李新奥没有像以前一样闭上眼睛听令，而是怒目圆睁、目光坚定地看向前方。“啪！”一声枪响，运动员们都冲了出去，呐喊声也如潮水般响起来了！再看李新奥，像脱缰的烈马，拼尽全力向前飞奔，五圈、四圈、三圈、两圈……李新奥一直在落后，可九班同学们的加油声却一浪高过一浪，直到最后半圈，他终于抢到了第一的位置。但是此时，我们明显感觉到李新奥的体力已经到了极限，速度明显慢了下来，可排名第二的选手还在紧追，同学们的呐喊声更大了，不停在给新奥加油鼓劲，他也咬紧牙关，奋勇向前，终于第一个冲过了终点。

4×100 米接力(韩序)

在所有比赛中,4×100 米接力赛无疑是最激动人心的。比赛开始了,只听“啪”的一声枪响,第一棒的侯玥琪像离弦的箭一般冲了出去,只见她飞快地跑着,准确无误地把接力棒传给了董淘宁,董淘宁这次也发挥出了她的最好水平,抓着接力棒昂首挺胸,大踏步向前飞奔,场外加油的观众们也是热情高涨,第三棒是瞿蕾,别看她身材高大,还有点“婴儿肥”,可跑起来却是身轻如燕,而且非常有比赛经验,一边奋力向前奔跑,一边不忘观察身边对手的战况。前三棒,我们一直以微弱的优势领先,第四棒可是我们班的种子选手杨慕涵,当接力棒交到她的手上时,全班同学都激动得大喊,只见杨慕涵的脚下像生了风一般,速度快到已经让人分辨不清她的步伐了。就在这几秒钟的瞬间,杨慕涵就已经把和第二名的距离又拉开了一大截。终于到达了终点,我们毫无悬念地获得了接力赛的冠军,那一刻,整个九班沸腾了。

赛场下的付出(高睿)

将目光投到操场外的观众席,每个班都在尽情地吃着喝着玩着,而我们九班没有参加比赛项目的同学们却一个个跟打了鸡血一般卖力地为场上的运动员呐喊助威,两位大学霸安沁忱和崔依然也为运动会做出了不少的贡献,她们虽不是运动员,但是为了让运动员们能及时检录和参赛也忙得焦头烂额,这让我看到了学习之外不一样的她们,仍然是那么的一丝不苟。

宣传稿(常月)

骄阳依旧灼人,班上几个女生早已汗流浃背,却依然在绞尽脑汁地写着稿子,顾不上吃零食。突然,曹禹喘着粗气跑过来说:“别散着交了,别的班都十张十张地交!”韩序朝大家喊道:“大家写完了都交给我！咱们攒够了一起交!”写稿的同学纷纷说“好”。同学们越写越快,常常是韩序还没来得及下笔,手中又是“稿满为患”,负责送稿的我也常常是一个来回下来,又要紧接着再跑一个来回才勉强赶得上写稿的速度。七班十张十张地交,九班十三张十三张地交;七班半分钟交一次,九班十几秒交一次！这便是传说中的九班精神!

情系大山　携爱前行

齐　霁

如今生活在城市中的孩子们,父母疼爱、衣食富足、娇生惯养,已经习惯将父母长辈的付出看做理所应当，因为一切来得太过容易，所以，孩子们坐在宽敞明亮的教室里却不懂得珍惜，过着衣来伸手、饭来张口的生活却不懂得感恩。在学校领导和班主任陈老师的共同努力下，九班发起了“情系大山，向湘西贫困山区学校献爱心”活动。当陈老师向九班同学们介绍了湘西古丈县一所学校的相关情况后，孩子们都纷纷表示愿意为贫困山区的同学们献上自己的爱心与祝福。同学们先后两次与山区学校的同学们进行了书信往来，结成了固定的帮扶对子。并利用班会课开展了献爱心活动。有的同学捐出了自己的旧衣裤，有的同学捐出了自己喜欢的玩具，还有的同学得到了家长的大力支持，为山区的同学们购买了全新的棉衣和文具。通过这一次献爱心活动，同学们的内心受到了极大的震撼。

“学霸”崔依然这样述说她的感受：“近期，我班开展与湘西贫困山区学校手拉手活动，通过进一步的沟通，我了解到他们那边十分贫困，没有照片，没有手机，没有电视。因此我们捐了大量的物资，希望对他们能有所帮助。相比之下，我认为我们应学会满足，感受到自己的幸福，好好努力为自己的未来之路添砖加瓦。”

生活委员瞿蕾这样说：“通过和远方朋友的来信，我对她更加的好奇和期待。我很心疼那里的孩子们，也很想通过我们大家的力量帮助他们。我和我的那个远方的朋友很投缘，她还邀请我去她的家乡做客。我很期待陈老师说的九年级毕业考后的远途活动，希望时间过得快一点儿，让我早日与那里的朋友们见面。”

左梓盈同学也深深地受到了触动：“通过跟山区同学的两次通信，可以看出他们的生活不富裕，甚至是贫困，但在信中我仍能感受到他们渴望学习的热情，现在的我并不优秀，但我会通过努力来回报我的父母，所以山区的同学对我的影响很大。”

刘雨辰同学也写下了自己的认识：“通过书信的方式，我们取得了联系。我了解了大山里的贫寒与孤独，也为我们自己的生活感到满足。那些山区中的孩子都很贫苦，尽管条件不好，却仍然努力学习，而我们这里的条件这样优越，哪有理由不去珍惜。”

耿津津是外来务工人员子女，父母靠租用西小区市场的摊位卖菜来供她上学，一向成绩落后的她在自己的日记中这样写道：“非常同情湘西山区的同学们，以前总认为自己的父母是卖菜的，觉得自己的家境不好，有时还责怪父母没有让我过上好日子，但和那些大山里的孩子比，我觉得我比他们幸福得多，我要好好学习，将来更多地帮助他们。”

一件件被运送到大山深处的礼物，承载的是九班学生们善良的内心，一行行朴实的文字，记录下的是九班学生珍贵的自省。通过这样富有意义的爱心活动，学生们不仅了解了贫困山区的孩子们的生活状态，更能由此反省自己的学习和心态。献爱心活动，又一次激励了九班人，学会珍惜眼前的幸福，学会面对人生的苦难，学会关爱身边的家人，带着爱重新上路。

军营中盛开的向阳花

齐 霁

为全面贯彻党的教育方针，改革教育内容，加强学生思想政治教育，全面提高学生素质，我校一年一度的军训社会实践活动如期进行。九班的同学再一次踏上了军训之旅。用学生们的话说，这三天的军训生活真可谓“煎熬”：来到军营的当天，同学们就开始了紧张的训练，站军姿、练队列、喊口号……顶着炎炎烈日，忍受着汗水的浸泡，经受着从稚嫩向顽强的蜕变。军训是艰苦的，但在九班学生心中，这次军训更是难忘的，有意义的。

梁佳堃应该是九班最调皮的学生了，经历了这次军训，他有了如下感悟：“这次军训生活，虽然只有短暂的三天，可收获却很大。坐没坐相、站没站相的我，腰杆直了，虽然每次弯腰时会有些疼，但这疼痛换来的是我领悟到的人生道理——即使生活再苦，只要充实，只要成长，只要有收获，那就会快乐。”

李君瑞，这个平时只爱打篮球，不愿意在学习上下工夫的孩子，却从军营中得到了这样深刻的思考和感悟：“记得才训练了一天，平日拖拖拉拉的我就已疲惫不堪。刚练习立正时，我就疑惑，为什么体育课中要常做的动作，早已会的动作，教官要如此仔细地讲解，为什么一个左转一个右转要教官如此煞费苦心地让我们练习？直到结束，我才明白，小小的一个立正所包含的丰富，几个转身所容纳的博大。站军姿，给了你不屈的脊梁，也给了你无穷的毅力。练转身，体现了人类活跃敏捷的思维，更体现了集体主义的伟大。不积小流，无以成江海。没有我们每个人的努力，就不可能有一个完整的、高质量的方队，不可能有那一瞬间整齐的踏步声。训练的每一个动作，都让我深深体会到团结的力量、合作的力量以及团队精神的重要。”

各方面表现平平的魏然，在军营中有了这样的体会，她说：“虽说刚开始训练的下午，我们班就有人晕倒了，但是短短三天，我们的收获显而易见：军姿纹丝不动，跨步整齐有力，口号清晰响亮……‘水滴石穿，绳锯木断’，微小的力量一旦积攒起来，产生的威力是无比巨大的，谁笑到最后，谁就是最终的胜利者，谁坚持到最后，谁才是战胜自己的强者！”

曹禹虽然学习上比较懒惰，但是个热心肠，也乐于参加集体活动，这次的军训，他也当了一次“领导”：“在军训的这几天里，我当了回宿舍长，刚开始以为挺容易的，可是，在军训的这段时间里，我懂得了，作为一个宿舍的领导者，一定要对自己和舍友负责。虽然军训结束了，但是我们还是恋恋不舍，因为我们在这里一起流过汗、欢笑过、着急过，我们在这里留下了美好的回忆。我们强烈地认识到,我们是一个团队,是一个整体,无论在任何情况下,绝对不能丢下任何一个人。”

刘瑞琦平时不太喜欢说话,对待任何人都是一副比较冷的面孔,但是在军训中发生的一幕幕却唤起了她心中最温暖的感动:“军训三天,面对镜子,我黑了,面对自己的心,我成熟了。从七年级的激动,到八年级的无所谓,再到现在的受益匪浅,在军训中我体会到了很多,也思考了很多,懂得了什么是团结,什么是有责任的担当。烈日当头,和我们在一起的不只教官,还有我们的班主任,她一直拿着摄像机、照相机跟着我们。陈老师身体不比那些年轻的教师,但是却比她们更坚持。为了我们,为了班级,陈老师变黑了,但上了年纪的她不在乎这些。这两天,我们都睡得不踏实,每天都早早起床,拖着酸痛的身子去洗漱。每次晨跑,不管是七年级还是八年级都有许多人因无法坚持而请假,而我们班一个都没有。每天都有在烈日下晕倒的,而我们班没有,我们一直都在坚持。从七年级到八年级,我们从不松懈,我们一直跑了两个春夏秋冬,岁月已将我们磨练得不再幼稚脆弱。现在的我们再也不会因为苦和累而放弃坚持,因为我们已经明白:只要坚持,一切一切都会有美好的结果。”

冯雪莹用诗意的语言记录了这次军训带给她的感受:“在军训回来的路上,三天来经历的一切都像走马灯一样浮现在眼前。时而开玩笑时而又严肃认真的教官,指尖落下的汗珠,宿舍里淡淡的霉味,系不上扣子的长长的军服,满眼的迷彩,许多许多故事,许多许多人,都跳跃着,翻涌着,坠入了回忆的深渊,在心底激起一层又一层波澜。时光不会停下脚步,它在我们的心上留下了一道又一道疤痕,却也催生出了更为坚韧完美的外壳,当我们走累了,被生活的艰辛折磨时,回头望一望,那些美好的岁月,那些天真单纯的话语,我们会更加珍惜眼前的美好时光,珍惜身边每一个人。”

这次军训,不仅让九班学生拥有了强健的体魄,磨砺了他们坚强的意志力,更为重要的是,在短短的三天时间里,每个同学都收获了自己的成长与感悟。就像班长祁琳写的:“三天的军训,九班同学感悟不尽相同,但精神上的收获会永远成为我们九班同学携手并进、砥砺前行的动力。九班是朵向阳花,相信在同学们的共同努力下,这朵向阳花必将盛开得更加绚烂!”

在全封闭中敞开心扉

齐　霁

暑假,九班的几个孩子一起参加了由北京大学主办的 TIP 全封闭英语口语培训。在英语培训基地，孩子们被完全隔离，阻断与外界的一切联系，并且被要求在这十四天的培训过程中，无论是学习还是课下，只能说英语。一旦说了中文，就会被“开罚单”，累计罚单到了一定数目就会被遣送回家。这对还是初中阶段的同学来说确实是个不小的挑战，但同时他们也感到新奇，并且跃跃欲试。在这短短十四天中，同学们的英语水平不仅获得了提高，他们更收获了可以帮助自己创造美好人生的真谛。

学会积极。

一直比较内向腼腆的李佳倍，在培训归来之后写下了这样的感悟：“在 TIP 中，交朋友可是一件很重要的事，甚至对此有明确规定：每天都要交一个新朋友。因为‘在这里，保持沉默就会退步’。也许你会觉得在早餐时间端着餐盘坐到陌生人对面，对他说‘你能做我的新朋友吗’会令人觉得十分突兀，实际上，这种事情每天都在发生。‘May I be your new friend today ?’已经成为了这里的专属句子。在这里，每个人都变得外向、积极，很乐于结识新朋友。走在 TIP 的校园里，不管迎面而来的人是否熟识，大家都会相互打个招呼。TIP 就是一个其乐融融的大家庭。”

懂得控制。

徐敬哲是班里比较特殊的孩子，用一句时髦的话来说，他属于高智商低情商的孩子，学习成绩优秀，却不能很好地控制自己，除了学习对自己的其他方面都要求过低。而这一次培训归来，他有了这样的收获：“‘既来之，则安之。’我发现，当我从使用中文一下子跳到要说英文时，居然一点儿不适应的感觉都没有。我不免有些沾沾自喜——原来我的英语也是不错的嘛！当天，我还嘲笑了已经说了七句中文的张奕。然而到第三天的时候，我就已经受不了那种想说很多、却又都不会说的感受了。于是就开始在别人不注意的情况下，偷偷地说一点儿中文。其实我自己也知道，如果一直这样下去的话，这十四天的‘与世隔绝’只能换来‘白费’二字，但还是会忍不住偷偷地用中文来解释我的想法。不过还好，我的行径很快就遭到了‘韩书记’的痛斥，他还时刻监督我，哪怕我刚刚要说一个汉字，便会受到他不厌其烦地‘教导’。可喜的是，我竟然慢慢地克制住了想要说中文的冲动。甚至有时可以脱口而出一长串的英文句子。原来，我也是‘可控’的！”

收获友谊与乐观。

刘雨辰没什么朋友，性格腼腆，不善交际，喜欢一个人躲在角落里看书、学习。TIP 培训结束后，她发生了很大的变化，变得主动积极，也开朗了许多，愿意融入到集体中，她感慨道：“难忘的 TIP 生活早已成为过去，其中的往事却依旧历历在目：一碗美味的凉面，外教赞许的目光，朋友间开怀的欢笑，都成为了我内心久久无法抹去的幸福。在这两个星期里，我交到了几十个朋友，虽然不知他们的名与姓，但我们却在这个夏天，在这个封闭的环境中，结下了最深厚的友谊。我发现,原来朋友对于一个人来说是这么重要,和朋友在一起的感觉是那么美妙。每每想起这些朋友,想起那个夏天我们一同经历的岁月,我的嘴角依旧不自觉地向上扬起。每天的体育课,衣衫尽湿,我们依然努力坚持,享受这青春的活力;为了结业会的个人演讲,我们每天在教室里一起反复练习,汗水顺着脸庞缓缓滑下,依旧浑然不觉,抬起头四目相对时,发现我们的嘴角已经笑得快咧到耳根了。哭,要笑着哭;笑,要笑着笑,永远要乐观,永远要自信,这是在那个炎热的夏天 TIP 留给我的最美的感受。”

学会鼓励。

班长祁琳参加了 TIP 之后,不仅英语口语水平有了大大的提高,她认为自己最大的收获是学会了激励:“虽说参加 TIP 的主要目的是提高英语水平,但我在这里学到的远比提高口语多得多。第一件事就是学会了鼓掌。也许你会奇怪,鼓掌人人都会,有什么好学的。但我在这里学到的是为每一个人鼓掌。这里我要提到我们可敬又可爱的外教们,每一天,每一节课,哪怕我们只是回答了一个小问题,他们都会微笑着说:‘well done’或者是‘good job’,并给予最热烈的掌声。有时,其实我们做得并不是那么好,可他们掌声依旧。我们的外教们,他们真正做到了平等地对待每一个人,为每一个人鼓掌。曾经有一次,我们小组上台演示,但是大家好像对我们讲的内容不大感兴趣,我们不禁有些尴尬和紧张,就在这时,我听到了外教的掌声,这掌声给了我莫大的信心。外教的掌声曾无数次地激励我,现在,我要试着把这掌声和鼓励传递给更多的人。”

短短的十四天之旅,不仅让这些同学们的英语口语水平得到了提高,学会了用英语的思维学习英语,更重要的是,孩子们在这十四天的封闭生活中敞开心扉、勇于自省与改变,获得了珍贵的友谊,增长了人生的阅历,也体会到了很多人生的真谛。

梦想不止　青春不歇

齐　霁

八年级的暑假即将结束,为了让即将升入九年级的同学们从思想上和战术上提前做好准备,陈老师特地请来了她最为得意的学生——老九班的师哥师姐们来给同学们传授经验。这些师哥师姐们很多人如今都已成为名牌重点大学的学生,来自中国语言大学、中国政法大学、中国海洋大学、上海同济大学、浙江财经大学、中国地质大学等等。他们也为了这次见面会做了精心的准备。整个活动以问答的形式进行,同学们提出自己的问题与困惑,师哥师姐们将自己的学习经验倾囊相授。最后老九班同学和现九班同学结成一对一小组,师哥师姐们要在未来的日子里对自己的学弟学妹们给予学习和生活上的指导和帮助。整个活动过程中，陈老师带着新老九班同学一起回忆曾经的故事、一起展望充满希望的未来，大家围坐在一起，就像融洽温馨的一家人。

活动结束后，九班同学们的心情久久不能平复，怀着激动的心情分享了自己的收获与感悟。

高睿还清楚记得参加见面会时的情景和心情："记得那天是下午两点多，尽管正值夏日，树上的蝉在不停地鸣叫，天空没有一片云彩能帮我挡住毒辣的太阳，但我依然兴致勃勃地赶往学校，因为我非常期待见到陈老师以前的学生们，更期待分享他们宝贵的学习经验。听陈老师说，这些学哥学姐们现在都考上了重点大学，我很羡慕他们，希望自己也可以通过努力，考上自己理想的大学。在这些学长中，有一位师哥的经历最让我感动，他最初学习成绩并不好，但是后来发奋苦学，终于考上了一所好大学。现在的我也是如此，我要以这位师哥为榜样，从现在开始努力学习，像他一样考上一所理想的大学。"

谭欣宇的学习成绩一直都不是太好，甚至一度产生了厌学情绪。他也参加了这次"传帮带活动"。会后，他说："有一个实验中学的哥哥告诉我们八年级是最重要的一年，一定要把握住机会；还有一个一中的大哥哥说：'六七年级赶紧好好玩儿吧，不然就再也没有时间玩儿了！'陈老师告诉我们曾经有一个学生，总是背不下课文，后来他自己特别努力，每天花很多时间背课文，最后他背课文是全班第一。这使我非常振奋，我想，只要我再勤奋一点儿，再认真一点儿，我也能把课文背好。"

刘禹培说："因为我们即将面临中考，所以同学们提出的问题大多与中考和学习有关，比如'应该以一个怎样的心态面对中考？''假期应该怎样度过？''补课的效果好吗？'等等。学长们都经历过中考、高考，可以说是'久经沙场'。他们讲述了自己的经验：面对中考，不要患得患失，而是要踏踏实实地努力，跟陈老师一起好好享受九年级。补课对成绩的提升效果并不明显，真正想学习的人在学校就能学好，不需要依赖补课。学长们的话仿佛给我吃了一颗定心丸，让我对即将到来的九年级生活少了一丝迷茫与紧张，多了些许期待与向往，因为我相信，在九班这样一个团结奋进的班集体中，在陈老师的带领下，我们每个人最终都会取得令自己满意的成绩的。"

班长祁琳很是动容，她说："最令我印象深刻并为之感动的，是师哥师姐之间以及他们和陈老师之间的那种情谊。他们已经毕业六七年了，现在就读于不同的大学，居住在不同的城市，也许在来这里之前他们已经很久没有大聚了。而见面那天，他们彼此亲切地打招呼，随意地开着玩笑，一起回忆初中的往事，又一起惆怅感慨。他们所展现给我们的，就好像他们从来都没有分开过。中学毕业后，他们始终保持着联系，互相关注着彼此的消息……就像班长麻佩琦姐姐所说的:'陈老师是我生命中最重要的人,今天来的人、没来的人,都对我有着特殊的意义,初中给予了我很多很多……'说实话,我很羡慕这种经久不变的感情,我很希望或是说相信,我们的九班,我们的同学情、师生情,也会如老九班一样,永存!"

学哥学姐们的到来,让九班同学士气高涨,为他们顺利步入九年级注入了一剂强心针,青春的接力棒在老九班和新九班间传递,奋斗与热血在这里烈烈燃烧。两代九班人让我们坚信:梦想不止,青春不歇。

累并快乐着

齐　霁

录制班歌这个事情要从七年级说起。当时几个班委开会,为了使九班成为更加团结向上的集体,为了凸显出九班的个性与气质,有班委提出来不如一起设计出象征着九班个性的班徽和班歌,说干就干,在大家的共同努力下,同学们兴致高昂,纷纷上交了自己独具特色的设计方案,最后经过全班同学的民主投票,寓意着"欣欣向荣"的向阳花成为了九班的班徽图案。而录制班歌的事情因为各方面原因被搁浅了。但学生们心里却一直没有忘记这件事。陈老师接手九班后,班委们又向陈老师提起了录制班歌的事情,看着同学们期待的目光,陈老师决定帮同学们完成心愿。

陈老师找到了她的同学——测井三中的音乐老师胡老师来做同学们的总指挥,在专业上给同学们进行指导,动用了自己的各方人际关系联系了录音教师和编排老师。并发动家长们为同学们一起来修改歌词。就这样,在陈老师的努力下,班歌录制活动被正式提上了日程。

陈老师不遗余力的支持让同学们很是感动,也坚定了不管经历多大的困难也要把班歌录制成功的决心。

班歌录制的过程是极其辛苦的。正值暑假,炎炎夏日,同学们几乎每天都要顶着烈日骑车前往三中练习,一练就是一下午,由于都没有受过专业的声乐训练,同学们对如何发声都不得要领。还要配合着唱出好几个声部,几个同学练到最后嗓子都是沙哑的。但是他们却都感到无比快乐。李鑫宇说:"参加班歌录制的几个同学大多是优秀的,靠谱的,因此效率不错。大家推掉了自己的其他安排,花费了很大的精力在这件事上,喜欢做了,认真做了,才能做得好。陈老师常常陪着,对同学们十分上心,大家的假期也因此更为充实和快乐。这件事也让我明白了——认真对待,就能把事情做好。"

刘禹培说："录制班歌是在暑假中进行的，几位同学一起骑车、跑步往返，一起练歌，互相纠正，互帮互助，更团结，更默契了。当时嗓子已经沙哑得说不出话来了，但是我还坚持跟着训练，乐在其中，最后去一中录制，第一次在录音棚录制，感觉很兴奋，录制的时候也更加专注和认真，录制完毕还仍旧留恋一起练习的日子，还没有过够瘾，听到录制出来的班歌，特别开心，有一种欣慰自豪的感觉，这真是我人生中值得留念的一笔。"

张奕收获了这样的感悟："班歌，是一种合唱形式，并不是为了体现出任何一个人，而是体现出集体的水平，不能特别突出自己，于是我们学会了谦虚，顾及他人，并增加了团队的凝聚力。"

几个孩子在这个夏天，骑着单车、带着汗水与笑容奔向同一个目的地，这是多么美妙的一幅画面。正像班长祁琳说的："这不是一首普通的歌，是我们九班的歌，它旋律优美，它婉转动听，它牵动着每个九班人的心，它代表着九班人的精神，更是九班人的骄傲！这个夏天，我们累并快乐着！"

欣赏的是美景　增进的是友情

齐　霁

带领着班里的孩子们来一次说走就走的旅行，这似乎已经成为了陈老师和九班学生们的约定。八年级上学期，在陈老师和几位家长的陪同下，九班同学们一起到北京熏衣草庄园游玩。十一国庆长假期间，陈老师又组织家长和同学们一起到武清"绿博园"采风。用陈老师的话说："学就要学得认认真真，玩也要玩得痛痛快快，会玩的孩子才会学习。"

这样的集体活动，更是受到同学们的一致欢迎。高睿还记得绿博园采风那一次临出发时内心的激动和迫切。他说："终于，让我们盼望已久的集体出行拉开了序幕，借着'十一'小长假，我们班也来了一次说走就走的旅行，目的地是位于武清区的'绿博园'。4 日清晨，伴着鸟儿清脆的叫声，和着清晨的缕缕青烟，我们一行数十人聚集在西小区东门处，怀着期待的心情准备开启我们的国庆之旅。本是约定 6 点 30 分集合，但激动和迫切的心情，使得我六点钟就已经到了集合地，本以为自己是最早的一个，没想到早已经有同学在那里边等边谈笑风生了。"

李新奥对绿博园中的飞机模型表演兴趣浓厚，他说："才刚刚进入大门，我就被眼前的场景所震撼，整个园区非常大，分为南湖景区和北部展园两个部分。总体的感觉就是：北方展园古朴大气，南方展园优雅灵秀，而最令人叹为观止的还是在'水秀广场'上演的飞机模型大师秀。这场表演汇集了来自世界各国的十几位飞机模型专家，参与表演的模型不仅有战斗机，还有直升机和喷气机。每一位大师都好似与自己的飞机模型心有灵犀，仅用一个小小的遥控器就将模型操控得游刃有余，侧飞、旋转、倒飞、超低空飞行……看得台下观众连连拍手叫好。”

安沁忱则对那一次的熏衣草庄园之行念念不忘，她说：“在熏衣草庄园，我第一次见到它，就喜欢上了它。喜欢它淡淡的紫色以及它给人带来的那种宁静与恬淡。我陶醉在这片美景中，不禁弯下腰，细细地欣赏起每一朵小花。熏衣草的花茎高高的，纤细的茎上盛开着小花。花朵井然有序地排列着，颜色各不相同，有的浅紫，有的深紫。紧挨在一起的花朵，成了紫色的花丛。一簇簇花丛挤着、抱着、簇拥着，蔓延成了一望无际的紫色海洋。微风袭来，随风摇曳的花朵像一排排紫色的波浪；我们，就像徜徉在海洋中的小船。庄园里，不仅有花，还有风车矗立在花海中，如同花儿的守护神。蜿蜒的石子路，镶嵌在花田之间，就像给花田戴上了一条条美丽的项链。整齐排列的木屋、白色的栅栏，给人清新整洁的感觉。茅草铺顶的亭子，洁白简约的雕塑，无不令人耳目一新。明媚的阳光，洒在庄园里。花田、风车、木屋、亭子……人们仿佛置身于童话世界。一切都那么宁静、自然。在这里，人与自然是那么的和谐，让人流连忘返。”

除了对能够欣赏到这样的美景赞叹不已之外，同学们收获更多的则是对友谊的认识。

崔依然是班里的“学霸”，这个从河北衡水中学转来的“高材生”其实自己也有很多的困惑，之前的她是从来不参加班里的各项活动的，在她的观念中，所谓的活动都是提高学习成绩的“绊脚石”。但是一味注重成绩，把所有的精力和时间都用在学习上的她却总是和祁琳、朱文铎等同学无法缩小差距。后来陈老师鼓励她多参加集体活动，这一次她在远途的过程中收获了很多。她说：“通过武清绿博园采风这个活动，我收获了和同学间的友谊，也增进了师生情；我还收获了忍耐、分享的能力，更了解了每个同学的性格。我认识到仅仅拥有个人的能力是不够的，要懂得团结协作，就像陈老师经常教导我们的那样：一滴水只有流入大海才能永生。愉快的旅行结束了，真的十分舍不得这样珍贵的机会，我为生活在这样的集体中感到自豪和幸运。”

其他的同学也都感受到彼此的感情大有增进。

瞿蕾：“去武清绿博园采风，是我第一次和班里的老师、同学及家长一起出去，非常兴奋，这次旅行让我最感兴趣的就是最后的听相声，让我在其中享受到了抛开一切烦恼后的愉悦和舒畅，这是我很喜欢的。”

李鑫宇：“同学间感情更深厚。大家敞开心扉，互相的感情更为浓厚，更明白友谊的珍贵，也使同学与家长、老师近距离接触，更体会到家长和老师的不容易。”

杨慕涵:“在出游过程中,每位学生都真正地融入了这个大家庭,也开拓了我们的视野,并可以在九年级紧张的学习状态下放松身心。”

说走就走的旅行,让九班越来越团结,越来越融洽,越来越像一个充满爱与欢乐的大家庭。的确是应了班长朱文铎的那句话:欣赏的是美景,增进的是友情!

“感恩·坚持·追寻”个性主题班会

齐 霁

刚刚升入九年级,学生们已经隐隐感到中考所带来的压力。很多同学已经率先迈开步伐,向自己的目的地跑去,而有些同学,虽然已经意识到学习的重要,却不知如何将自己的“一腔热血”喷洒到这最后一年的学习中去。同时,进入了青春期的孩子们自我意识渐强,偶有叛逆思想,时常与父母长辈发生冲突。在这种情况下,九年九班召开了一次别开生面的班会课。陈老师请来了曾荣获天津市大港油田十佳青年荣誉称号的李勇同志为同学们讲述他自己平凡又精彩的追梦历程。面对一群稚气未脱与又即将面临人生转折的孩子们,李勇叔叔做了精心的准备。他向同学们讲述了自己学习工作的经历,并将自己的经历体会总结成心得与大家分享,还耐心地为同学们解答了他们在学习生活中的疑虑与困惑。同学们也通过李勇叔叔的故事受到了启发与教育。这大大地鼓舞了同学们学习的信心与斗志。会后,同学们纷纷写下了自己的体会与感悟。

一、学会感恩

一向娇生惯养,在家像小公主般的杨慕涵班会课后写下了这样的感悟:“学会感恩,感恩学校,感恩老师,感恩父母。感谢学校为我们创造了如此优越的学习环境;感恩老师在军训时为我们留下了一千七百多个美好的瞬间;感恩父母,给予我生命,并给予我最大的包容与谅解。”

李博文是九年级才加入九班这个集体的,青春期的他狂放不羁,特别有自己的主意。“李勇叔叔获得成功后,回思以往,不禁红了眼圈。他说:‘第一要感谢父母,他们无私的爱给了我温暖,他们单薄的双臂是我坚实的后盾。’人可以不成功,但不可以不孝顺。这是人性的底线,而正处于青春期的我们,更应该与父母敞开心扉,让父母为我们追梦的火苗上再添一把熊熊大火,吞噬掉困扰着我们的黑暗。”这是他在班会课后谈到的自己的感悟。

王润宇也是班里的“调皮鬼”,这一次的班会课让他有了深刻的反思:“感恩是中华民族的传统美德，‘滴水之恩，涌泉相报’‘谁言寸草心，报得三春晖’，这是先贤们的谆谆教诲。说实话，我不是一个懂得感恩的人。就在前几天，我再一次违反了校规校纪，险些被开除。校长找我谈话时，她开口说的第一句话就是‘你这个人不懂得感恩’。那一刻，不知怎地，我的心仿佛被触动了。感恩，简单的两个字，却意味深长。我对不起老师和父母，对不起他们对我一次次的良言相劝。回想从前，当我遇到挫折时，身边总是有父母陪伴，在我一次次犯下错误时，总是会得到老师的原谅。‘当你犯了错，身边的朋友不会原谅你，能原谅你的只有老师和父母。’我很庆幸遇到了陈老师，是她用宽容让我一点点地步入人生的正轨，尽管陈老师也曾对我发过火，但我能感受到她对我深深的爱。今后，我要做一个感恩的人。”

二、不忘初心，坚持梦想

年少时，谁不曾有过梦想，可是又有多少人能够为了自己最初的梦想坚守、拼搏？李勇叔叔用他自己的平凡而坚定的追梦故事激励了所有九班的孩子们。

常月在班里学习中下等，进入青春期的她思想情绪有很大的波动起伏，对于自己的学习和前程已经开始怀疑和迷茫，而这一次的班会对于她来说实在是太及时、太珍贵了。她说：“回想自己小时候的当兵梦，再看看现在的自己，似乎早已偏离了当初的轨道，李勇叔叔的话激励了我，我要从现在开始努力，重新踏上追梦的旅程，把当初对军人的向往化成前进的动力，去追逐我的军人梦。李勇叔叔告诉我们要不忘初心，坚持梦想。我知道自己学习不好，但我不能放弃。只要肯努力，没有自己学不会的东西。每个人都要向优秀的学生学习。遇到困难，我不怕，每个人都是经历很多挫折才会长大成熟。”

班长祁琳也从这次班会中得到了很大收获：“从昔日一个成绩并不突出的学生，到今天的技术人才，他是如何完成这样巨大的转变呢？首先是要有改变的决心。‘过去的事就是过去了，既然已经走过那个阶段了，就要准备新的旅程了。我一定要去做，迈出那一步，才会有第二步、第三步。’李勇叔叔的这番话，赢得了同学们的阵阵掌声。在我们的生活中也是这样，当我们犯下错误时，不能就此放弃停滞不前，想一想自己的初衷是什么，重整旗鼓，继续向前。其次，还要学会坚持。改变的过程必定是痛苦的，但李勇叔叔这样说：‘我也曾想过要放弃，但我想，现在的痛苦都是我以前不努力造成的，我必须忍住。以前的债，越早还上就越早轻松。’对此我下定了决心，便要每天都对自己许下改变的承诺，并为之付诸行动。改变的决心和过程中的坚持，这是我从李勇叔叔身上学到的，也正是我们这些处于青少年时期、不断追求进步的学生们最需要的。”

三、勇敢面对困难

现在的孩子希望自己学习上取得好的成绩，却又缺乏与之相当的勤奋与刻苦的意志力。

李勇叔叔的分享就像一剂强心针，给予了孩子们坚定的信念和强大的动力。

“班副”朱文铎说：“作为青少年，我在学习生活中遇到的主要问题就是面对坎坷如何去做。有些空话套话，听着很好，一旦真正遇到了困难，却没有用处。李勇叔叔果然提到了这一点，面对困难，不要退缩，遇到挫折，不要气馁。他举了自己的亲身经历，刚刚参加工作时，李勇叔叔的生活条件十分艰苦，吃得很简单，喝的是粗略过滤的水……但他没有因此而灰心丧气，反而觉得这是一种历练，他通宵达旦地工作，努力地做好一切，还利用课余时间自学计算机绘图技术。听陈老师说，李勇叔叔的父母都是残疾人，是啊，他的家境不好，学历也不高，但是他却凭着对梦想的坚持和一颗坚定的心活出了自己的精彩。和李勇叔叔相比，我的一道难题、一次熬夜、一次早起、一次小小的考试失利又算得了什么？遇到困难就去击破，遇到低谷就努力跳过，要努力追逐自己的梦想，绝不轻言放弃。”

“小胖子”李浩铭，所有的任课老师给予的评价都是：“聪明的孩子，就是懒。”经过这一节班会课，他也收获了自己的感悟：“在会上，我问了李勇叔叔一个问题，关于如何面对困难。李勇叔叔说：‘遇到了困难不退缩，勇敢地面对它、克服它。和自己较真，当一个人战胜自己的时候，他就是真正的赢家。’这让我想起了聚美优品的 CEO 陈欧曾经说过的一句话：‘人生路上少不了质疑和嘲笑，但那又怎样？哪怕遍体鳞伤，也要活得漂亮。’这节班会课，将会让我终生难忘。”

一节与众不同的班会课，一场平凡而朴实的演讲，让学生们领悟到了生活的真谛，它教会学生们怀着感恩的心和坚定不移的信念走向追逐梦想的旅程。明天的旅程，只希望如他们感悟到的那样，“感恩、坚持、追寻，拥有了它们，未来一定会闪烁耀眼的光芒”。

汗水凝结的青春纪念册

齐　霁

短短的两年时间，九班先后出版了《阳光之下跑道之上》《绽放在军营里的向阳花》和《九班人九班事》三本小册子。在制作纪念册的过程中，同学们纷纷贡献出自己的力量，每个同学都用文字记载下了自己印象最深刻的人或事——运动会上最让人激动兴奋的身影，社会实践时一起吃苦的难忘经历，相处了三年彼此珍惜难忘的友情……一切都化作文字，永远地封存在这一本本青春纪念册中。而参与制作的同学们也久久难忘这美好的经历。

班长祁琳是这项活动的负责人和主要参与者，对于她来说，她要感谢全班同学的配合，她说：“通过出这三本小册子我深深地体会到了编辑的不易。有一次收稿件，好不容易收齐了最后七八份稿件，结果因为‘业务不熟’不了解QQ系统只能自动保存一周，结果超过了保存期限导致好几份文件都没有保存成功，无奈只能返工重收。找图片，配文字，校订，所有的工作对于我们这些人来说都是新鲜而艰难的。几位同学浏览了上千张图片，从中筛选出适合的与文字搭配。负责文字修改的同学整日对着电脑屏幕一遍又一遍地找标点和错字。总的来说，整个过程增长了我的见识，培养了我的能力，也增强了大家的合作精神。当手里捧着我们自己编辑制作的小册子时，我的内心是非常激动的，这几本小册子里记录的是九班人的珍贵回忆，是专属于我们九班人的青春纪念册。”

张奕说：“这三本纪念册，真实地记录下了九班成长过程中的点点滴滴，映照出九班人的精神：团结、刻苦！这将是我们今后最宝贵的一份回忆！”

“班副”朱文铎说：“《阳光之下跑道之上》《绽放在军营里的向阳花》《九班人九班事》这三本属于九班的纪念册，记录了九班人的青春写照，印证了九班人从幼稚到成熟、从自我到团结的成长过程。能够参与其中，我觉得很幸运。”

李鑫宇说：“三本纪念册，锻炼了我的动手能力，也让我变得更加细心、认真。整个过程，同学们一起参与、一起编辑、一起流汗、一起欢笑……我们是一个大家庭的兄弟姐妹，这用汗水凝结的青春纪念册，是我们永生难忘的美好回忆！”

爸爸妈妈，我想对您说

齐　霁

进入九年级，随着中考升学压力的增大，学生们无论在身体上、心理上还是价值观念上都在发生着相应的变化。这个时期的孩子，自我意识逐渐增强，不轻易接受成人的观点，有时甚至比较偏激。有些同学想进重点中学的欲望陡然增强，但几次考试不理想就怀疑自己，甚至自暴自弃；还有些同学厌学情绪日益激化，不听讲，不愿意用功，只要不谈学习就是好孩子；也有很多同学进入青春叛逆期，易怒、暴躁，时常和家长发生冲突，还有些同学表示不知如何应对家长的压力，很多同学说：“父母对我们非常关心，生活上无微不至，学习上千叮咛万嘱咐，精神上殷切希望，但使我感到关心的背后，有一股无形的巨大的压力，压得我喘不过气来。”面对学生们表现出的这些症状，陈老师决定让学生们和自己的家长们进行一次沟通，而青春期的孩子有时又不愿意当着父母的面表达自己真实的心声，于是，陈老师想到了一个办法，就是利用书信。让孩子们把自己最想对父母说的话写在信中，由陈老师将这些书信转交给家长，家长看过孩子们的心声后，再把自己的心里话通过书信的方式传达给孩子们。以下是学生们和家长们的书信摘录。

1. 家长们，希望你们能让我们自己决定某些事该怎么做，而不是听你们说该怎么做。

2. 希望您们能少一些唠叨，毕竟我们都长大了，希望您们可以多在学习上督促我。

3. 生气的时候说话太难听了，在家时太爱电子产品。

4. 希望不要在我和你们说话时看手机。我在学习时，不要在我旁边看手机。

5. 请您尊重我们，尊重我们的一言一行，不要总认为自己是对的。

6. 希望你们多让我们做主，不要给我们太多的压力，让我们有一些空间可以吗？

7. 希望家长多给一些鼓励，少一些批评。

8. 家长们在家中总是无所事事，总是在我写作业时说话。

9. 我就是太懒了，行为习惯不好，干什么都比别人慢，学习又非常不好，希望爸爸对我的鼓励多一点，妈妈对我再耐心点。

10. 爸妈你们辛苦了！妈，我要投诉你老偏向哥哥那边。不过你们平时对我还可以。爸妈你们辛苦了！

11. 不要只注重学习，多给我一些自由的时间。

12. 希望家长可以不因成绩的好坏而教训我们，而是多多鼓励我们，不要总打击我们的信心。丑小鸭折断翅膀，就算变成天鹅，也不会是完美无瑕的。

13. 我觉得我在学习的时候家长最好不要打扰，因为那样会让我分心，打断思路。也不要出太大的声音，比如电视的声音，因为我学习的时候需要一个能安静思考的环境。

14. 妈妈，您对我很严厉，希望我有所作为，但我希望您以后能对我温柔点儿，不要总唠叨我，有事我们可以好好商量，不要秋后算账。

15. 希望家长可以在我们很疲惫时多一句关心的鼓励，在伤心时，多讲一些笑话给我们听，家长要和我们做朋友，多交流沟通。

16. 我希望您在我犯错之后，能少说点儿。

17. 亲爱的父母你们好！谢谢你们这些年对我的照顾，老娘您每天在家里忙这忙那也不容易。老爹您在外头出差工作了挺累的，我觉得你们对我很好，我也很满足，我会好好学习，不会让你们失望的。

18. 当我生下来，你们就多了数不尽的麻烦，含辛茹苦地培养我至今。如今，孩子已长大，一定回报你们，不再让你们担心，不再让你们发愁，不再让你们生气。感谢爸爸妈妈，你们是我这辈子最亲爱的人！么么哒！

19. 感谢父母给我生命，感谢父母把我送入学校，让我学会做人，做事。我会用行动证实我的感恩，用我现在的努力换取我将来的成功。感恩父母，知恩父母，报恩父母。

20. 爸妈，自从我上九年级以来，睡眠的时间大大减少，而您们却也在陪伴我。每天晚上在我略有困意时，会递上一杯浓醇的咖啡，对我说一句鼓励的话，回到沙发上继续看书，用自己坚强的意志陪伴我，我每一次让您去睡觉时您却执意等我，在此我希望再次强调，不用等我，赶快睡，不然我会“怒的”（开个玩笑），希望您们健康，平安。

21. 感谢父母温暖而长久的陪伴，深夜与你们并肩战斗，永不寒冷。

22. 亲爱的爸爸妈妈你们好！妈妈，这是我第四次给您写信，感谢您天天晚上陪我学习，天天督促我，在我考好的时候，告诉我不要骄傲，在我考不好的时候，给我鼓励。在我学习到很晚，困得打哈欠的时候，您送来一杯热牛奶。爸，我知道您想让我出人头地，天天晚上到家都不发出一点儿声音，让我好好学习。祝身体健康！

23. 爸，我知道您忙于工作，四处奔波是为了我和母亲，但是出门在外不要猛着干，要匀着劲干，我也一定不会负了您的期望，为初中阶段画一个圆满的句号。

妈，我希望您不要当我有时成绩不如别人好时，您就对我冷着脸，时常搞得我无法认真学习并进入状态，望理解。

24. 年级渐渐升高，学业日益繁重，每当我天天写作业到深夜时，感谢爸爸妈妈日日夜夜不懈的陪伴，同时也希望我们不懈的努力化作进步的成绩，可以给爸爸妈妈每天辛苦付出一些安慰！

25. 感谢你们的付出，你们的教诲，感谢你们牺牲睡眠时间陪伴着我们，让我们在每晚疲倦时都能感到有你们的陪伴，感到温暖幸福。

26. 爸爸妈妈你们辛苦了！每晚，你们陪我熬夜，在我昏昏欲睡，想要放弃时，给我鼓励，为我端来热腾腾的牛奶和甜滋滋的水果，温暖着我的心，可谓甜在心底。

早晨，亲爱的妈妈，您着急上班，却总不会忘了我的早饭，总要亲自送我出门，叮嘱我路上小心，吃着您做的饭，倍感温馨。中午，亲爱的爸爸，您给我做饭，为我排忧解难，您总会在吃饭时，让我给您讲述上午在学校中发生的不称心的事，您总会很幽默地让它们都变成一件件有趣的小事。亲爱的爸爸妈妈，你们辛苦了！感谢你们多年以来精心的培育，我爱你们！

27. 请您以后注意自己的身体，少吸烟饮酒。不要劳累过度，适时休息。多关心我的心理，精神方面，请不要只关心我的物质生活。希望您能抽出闲暇时间，监督管理我的学习。

28. 亲爱的爸爸妈妈：你们可知，每当您对我说别的同学考得多好多好时，我的内心是崩溃的、无语的，请你们以后不要再说其他同学各种好，我也在努力，也在拼搏着。我一直在拼搏着，但您却一直不理解。有时仅仅一次没考好，您就要唠唠叨叨，洋洋洒洒说上一周，这仅仅是一次小考，如果是大考呢？所以我希望您以后不要总是这样，尽管我有一次失误，请您也不要一直说好吗？

29. 希望家长们在我们熬夜学习时，给我们一些温暖，比如一杯热牛奶或者一句鼓励的话语，一直陪着我们就好；在我们感到厌烦的时候，用一些我们能接受的话语来引导我们；在我们感到前方的路途迷茫的时候，带领我们选择正确的路。

30. 希望家长不要总是强迫我去一些辅导班，强迫我去写课外作业，多给我些动手尝试的机会，别总是替我办这办那的，不要总是给我起搞笑的外号。

31. 希望您不要在我没考好时对我百般数落，希望您能与我一起分析问题，在平时的生活中能给我一些自由的空间。

哦，我最亲爱的宝贝

——九班家长给孩子的回信

亲爱的女儿：

这是妈妈第一次以这样的形式和你交流，我觉得比面对面交流可能说得更详尽些，下面妈妈开始啰嗦了。

孩子，我对你始终充满信心，始终认为你是一个聪明优秀的孩子，是个有责任心、求上进的孩子。我知道你在学习上较努力，尽管这次期中成绩你感到不满意，但是为了取得好成绩你付出了很多。

孩子，你一定要相信自己，千万不要因为暂时落后而影响斗志。不要惧怕别人。他们的领先只能说明过去，只要放下包袱轻装上阵，你一定会超越自己。

人生最大的对手不是别人而是自己，战胜自己就能最终战胜一切。

孩子，我希望你在原来基础上一定要把两个“本”充分利用：一个是笔记本，不是要求把老师讲的都记下来，而是把老师讲的重点和反复强调的方法、规律、解题思路及注意事项记下来。第二个是错题本，及时将作业试卷中出现的错题整理好，搞明白，再次考试时一定要以这个本上的错题为复习重点。

女儿，希望你记住，在人生旅途中不只是鲜花和掌声，也有荆棘和坎坷。有句话说得好：评价一个人不只是看他在顺境时如何意气风发，更重要看他在逆境中如何乘风破浪。所以我衷心祝愿你做一个乘风破浪的人。

寄语吾儿

毕业前夕定计划，严格执行当务急。

学会做事有顺序，井井有条稳第一。

若要猛进拔头筹，认清形势是必须。

学习之余多休息，打球听曲当调剂。

白天时间充分用，夜晚抓紧去温习。

实验招手情脉脉，四中回首送别你。

城郭读书崇勤奋，雄鹰展翅腾万里。

书山有路勤为径，宏图大展待用心。

亲爱的孩子：

这是妈妈第一次以这种形式跟你沟通。

我想对你说："可怜天下父母心，不养儿不知父母恩。"当你成家立业时，也许你就会体会到父母的用心，望子成龙、望女成凤是每位家长的心声。但是妈妈希望你身体健康，思想健康，做快快乐乐的阳光男孩。学习，只要你尽最大努力去学就好。在第一个人生转折点时，努力拼搏不给自己留下遗憾！

妈妈一直对你比较严厉，有点强势，在这里妈妈对你说声对不起。希望你从今往后把我当朋友，咱俩像朋友一样。从九年级开学，你每天都学到十一二点，妈妈看在眼里疼在心上，妈妈能做的只能是给你弄点儿水果，牛奶当宵夜，虽然你现在英语还没起色，不要放弃，坚持到最后。

妈妈相信你，你一定是陈老师眼中的奇迹。

爱你的妈妈

孩子：

无论你遇到什么，要知道，要相信爸爸妈妈永远站在你身后，做你坚强的后盾。请你不要在意妈妈对你的挑剔，其实她心里对你已经很满意，因为你的每一个进步她都看在眼里。我们知道你有时为了让父母开心或是息事宁人，自己委曲求全。我们的方法可能不太妥当，希望你为坚持自己的真实想法努力沟通好吗？我们一起努力！

爱你的爸爸妈妈

孩子：

剩下的几个月里好似百米赛跑的最后冲刺，妈妈希望你抓紧时间，在各科老师辛勤的教育下好好学习，认真、踏实、不懂就问，学习态度积极向上，有恒心有毅力。望你以优异的成绩考上理想高中。加油努力吧！我相信你一定能赢。

亲爱的孩子：我们只想对你说，无论沧海桑田如何变迁，斗转星移如何久远，爱你是我们今生唯一的愿望。

孩子，妈妈要对你说："第一，你要学会做人。第二，学习上的事情只要你努力过了，你就是最棒的。你想要现在舒服，就放纵自己；你想长大后舒服，就去努力。你要记住，无论怎样，爸爸妈妈都是世界上最爱你的人。"

亲爱的孩子：妈妈看到你的心里话，很高兴也很感动。我的孩子是真的长大了，也懂事了。在新学年的开始，爸爸妈妈就看到了你的努力，你的进步。爸爸妈妈会一直陪着你，守护你。你是爸爸妈妈的骄傲。虽然你的学习成绩不是很优秀，但是你懂事，关心他人。希望你继续努力，保持良好的学习状态，为了我们共同的目标，共同前进。加油！

冲刺阶段已到来，是最关键时期，作为家长，希望你能保持良好心态。在老师的正确引导下继续努力，一分耕耘一分收获，有付出总有回报！祝你在中考中取得优异的成绩，心想事成！

努力奋斗吧！好孩子，阳光总在风雨后……

看了孩子们的心里话，真正需要思考的是我们这些家长。现在孩子课业"压力山大"，更不要说又处在初三这一关键转折期，老师、家长、学生都像绷紧的弦，不同的家庭、不同的生活环境和学习环境，我们应尽力给他们创造良好的学习环境与和谐的家庭气氛。

看了一条又一条，感觉句句像自己孩子的心声，我们要对照这些心里话反思自己作为家长有什么地方做得不够，及时改进，与孩子肩并肩走下去，不给他们施加压力、制造压力。尽自己最大努力最大能力去学就是好孩子。做最好的自己。

亲爱的孩子，看完小册子，我的脑海里反复出现的一句话是"可怜天下父母心"。曾经我们年少时也如你们一样，抱怨父母管得太多，抱怨父母无休止的唠叨。无论父母说什么都听不进去。觉得自己做什么都是对的。觉得自己永远是不被理解的。如今为人母后才发现我对你的唠叨与自己当年如此相似。我终于理解了父母的心情和那份爱护之情。孩子，也许你也要等到为人父母时才能体会。但是希望你能明白，天下能对你不厌其烦地唠叨的人也只有你的父母。因为他们是最爱你的人，所以请不要厌烦不要对着干，在希望父母理解你们的同时也理解父母的苦心和不易,好吗?

孩子,时间过得很快,离中考越来越近了,希望你一定不要放弃,多多努力好好加油,遇到不懂的问题就问老师,问同学,不要总是不好意思。只要你不放弃、肯努力、肯吃苦、不怕累,就一定能考上你盼望的三中。好好加油!

亲爱的宝贝,看到你的感言我很欣慰。和以前比你长大了,懂事了。其实我做得还很不够,最起码和你母亲相比,我这些付出真是不值一提!

每一个寂静的深夜,当困意来袭,外面漆黑一片,路边坚守岗位的路灯也有些昏昏欲睡,而透过玻璃窗,可以看到你还在明亮的灯光下坚持学习。我看到了你的变化,其实这就是正能量的转变,这不仅仅在学习上,也会对你的人生起到很大的影响。

我最亲爱的女儿:你好!这是妈妈第一次给你写信,感觉挺有意思。想对你说的话太多了,话多了,你又嫌我啰嗦,可是我还是要和你说说。我最亲爱的女儿,你要知道天下父母一般心,都是望子成龙望女成凤。我为什么只唠叨你不唠叨别人呢?因为你是我独一无二的女儿,我关心你、重视你、对你是有期望的。

九年级是人生的第一次选择,有了好的高中才能选择好的大学,中考只能有一次,没办法重来,现在苦一点总比将来累一辈子强。虽然学习不是唯一出路,但是在学习的年纪就应该努力学习,现在的苦是为将来的甜。我会在生活上大力支持你,这是妈妈唯一能为你做的。相信自己,你是最棒的!妈妈爱你!

你一点点长大,学习了很多知识,以后肯定能够学以致用。人不可能只为吃饱而活着,一定会为做一些有意义的事而努力。人活到老学到老,不管将来你做什么都需要不断学习,希望你在学习生活中与同学共勉,共同进步。

你这次期中考试进步很大,妈妈为你骄傲,但是妈妈也要告诉你,要继续努力期末考出更好成绩哦!

美好的回忆凝结在这里

齐　霁

为了丰富班级文化，提高学生的积极性和创造性，增强学生的集体荣誉感和班级凝聚力，在班主任陈老师的指导和鼓励下，九班学生创办了属于九班人自己的班级刊物——《九班时报》。

这份班刊，是老师和学生们心灵的芳草地，它见证了九班人的成长，是班级的文化建设和发展的积淀，成为了九班人心中最温馨的回忆录。

《九班时报》每月一刊，以文字为主，配以学生自己设计的极富创意的插图，每一期的刊物都由同学们手写绘制，再进行复印，最后张贴在班级风采栏中。其内容可以大致划分为以下几个版块：班级实时报道、飞短流长、好书推荐、名句名言欣赏。

“班级实时报道”这个版块，主要展示班级中当月发生的重要的、值得表彰的事迹。例如获得荣誉、好人好事、跑步达人、汉字超人等等。这是最贴近同学生活、最受同学们关注的一个版块。每一期班刊“出版”时，同学们都会围上来看看自己的名字是否出现在了班刊上，这一期的跑步达人自己是否也榜上有名等等，极大地提高了同学们的兴趣与热情。

“飞短流长”是《九班时报》的保留版块，从创刊开始至今，一直都保存着这个版块的内容。据班长介绍，“飞短流长”本是贬义词，通常指散播谣言、中伤他人的行为。而在这里，编辑们偷换了这个词的本来意义，将一些幽默、精辟而且极富哲理的句子收录到这里。例如“每天把牢骚拿出来晒晒太阳，心情就不会缺钙”“上天给我们安排了命运，却忘记了给我们说明书”等等。这也是非常受同学们欢迎的板块，同学们时常将“飞短流长”中的句子摘抄下来，甚至背下来留为己用。

“好书推荐”是《九班时报》最重要的版块，也是同学们最期待最喜欢的版块之一。每一期的班刊上，都会向同学们推荐一本好书，简单地介绍作者和内容，并附上推荐理由等等。迄今为止，《九班时报》已经向同学们推荐了《绝境狼王之跃向远方》《靠自己去成功》《红岩》《你是那人间最美的四月天》等几十部优秀书籍。

“名句名言欣赏”这个版块摘录了很多优秀的名人名言，有时以“格言欣赏”的形式呈现，有时以“诗苑”“最美诗歌”的主题呈现，形式多样、内容丰富。除了这些相对固定的版块之外，《九班时报》的编辑们还设计了补白的内容，例如：“开心一刻”“每期一问”“新闻头条”等等。

随着同学们关注度的增长，越来越多的同学参与到《九班时报》的制作过程中，大家积极投稿，将自己在学习生活中的感悟凝结成文字发表在班刊上，于是《九班时报》增加了一个版块——“同学习作”，例如李鑫宇同学在运动会之后有感于运动员们团结拼搏的精神，写下了《运动会随笔——献给九班的英雄》，在《九班时报》上连载；安沁忱、王浩楠等同学对于写循环日记的感悟也在班刊上得到发表。

“班副”朱文铎爱读书，阅读量大、涉猎面广，知识储备体系庞大又繁杂。在他的积极呼吁下，《九班时报》特别推出了一个新版块——“老朱有话说”。利用这小小的天地，朱文铎向同学们介绍了很多书本上学不到的五花八门的小知识，例如“铁轨上为什么要铺碎石子”“人体最强韧的肌肉是哪部分”等等，这一版块丰富了同学们的课外知识，也大大提高了同学们的阅读积极性，朱文铎更被同学们戏称为“知识小百科”。

《九班时报》是九班最亮丽的一张名片，它极大地弘扬了班级文化、人文精神，丰富了九班学生们的课余生活。更重要的是，《九班时报》给九班的每个人提供了一个创作的平台，他们把自己平时思考的过程、突发的灵感记录下来，用文字书写青春，用文字留住初中时代最美好的回忆。若干年后，当九班的学生们翻开这泛黄的纸页，就会回到初中时代一起走过的最美丽的时节。

第三章　家人、同事、家长眼中的教育行者

家长与老师，都是孩子成长路上最重要的引导者，两者之间是目的一致的同盟者。孩子的进步，集体的成长，离不开教师，也离不开家长。陈树平老师通过多种形式与家长建立密切联系，进行友好交往，这样不仅及时地传递了信息，还增进了感情的交流。陈老师对孩子们的一片爱心不仅赢得了孩子对她的爱，也赢得了家长的信任、鼓励、支持和肯定，为九班建设注入强大的能量。

浅谈母亲教育工作的“三心二意”

王　峥

作为教师“新兵”的我，对母亲陈树平的教师生涯的理解可谓五味杂陈。从小伴着她对教育教学工作的付出与探索长大，而今又加上我自己初登讲台的切身体会，我简单地把母亲对教育教学的做法，总结概括为“三心二意”。

一、爱心

母亲对教育工作，特别是对学生充满无限的爱心。这一点，在我小的时候，常常引起我的嫉妒。上小学的时候，其他同学们的家长都接送及时，关怀备至。而我的母亲，虽然当教师，且其所在的中学离我上的小学只是一墙之隔的南北院，她却常常不能及时接我，我只好被迫与邻居小朋友的家长一同回家。问她为什么总迟到，她常给的理由是：班里学生出了问题或学生家里出了事，忙于处理。

更可气的是，她常常把连学生家长自己都管不了的孩子接回家住。记得有位李同学，当时是初二年级的学生，因为迷上了网络游戏，学习成绩严重下滑，其家长束手无策，母亲找其家长研究对策的结果竟是让他在我们家里住一个月。母亲说，人的习惯 21 天就基本形成。为了让李同学养成良好的作息和学习习惯，母亲为他制定作息时间表和学习进度表，并 24

小时监督其执行。在这一个多月的时间里，母亲除了负责李同学的衣食起居、学习辅导、思想疏导，还每天与其家长汇报、沟通。而我总是被忽略了，连做什么饭都按照李同学的爱好而行。在我幼小的心灵中，我觉得母亲关心热爱她的学生远远胜过我这个女儿。因为无法理解此状况，我曾经一度陷入对母亲的怨恨中。

像这样带学生回家吃住的事情，每年都有，节假日、业余时间悉心为学生辅导，早已司空见惯；多少次为贫困学生送款送物，我都无法给她计数。开始我嫉妒、不理解，可是随着年龄的增长，看到那么多的家长称赞我的母亲，那么多有心的学生对母亲的知恩回报，我开始对母亲的人品、工作由衷地钦佩和感动。

二、信心

母亲一直是个信心十足的人，她常挂在嘴边的话是：没有劈不开的木柴，只有不快的钢刀。她从教三十多年，当班主任三十多年，每当学校出现难管的乱班、差班，学校领导都会请她收拾残局。因为她自信，在她面前没有克服不了的困难和调理不好的后进班级。记得我上初中的时候，学校初二年级出现了一个乱班，在万般无奈的情况下，学校领导找母亲谈话，请她担任这个班的班主任。要知道，在这年，我正面临中考，母亲为了有更多的时间照顾我，几个月前，费了很大劲才调到初一年级任课，暂时脱离毕业班和班主任工作。面对家长的呼声和学校的恳求，母亲只好走马上任。她是一个自信、果敢而富于温情的人。接过这个乱班之后，她自信满满地投入了工作。从早自习、课间操到卫生值日、课余活动，她全程跟踪。从家访、谈心、教学，到激励学生开展的各种活动，占满了她的时间表。她倡导学生建立"自信、自尊、自强、自立"的班训，并带着学生一一践行。半年的时间过去了，这个全校有名的乱班有了很大的起色。学校"卫生先进"流动红旗光顾了这个班，学校各种文体活动的奖项也纷纷花落该班。更可喜的是，经过半年的努力，这个差班课堂纪律井然，全班整体学习成绩大幅度上升。初二年末统测考试成绩，该班由昔日的全年级倒数第一，一跃成为全年级6个班的第三名。到了初三开学时，过去转走的学生又悄悄地返回了这个班。据我所知，中考时，班里有11名学生升入了重点高中，高中入学率高达96%。升入大港油田实验中学的学生告诉我："你妈妈真厉害，她的自信，能不着痕迹地传递给我们。要不是她，我们怎么能有这么多的同学战胜了以前的自卑心理，而满怀自信地走到了这里，走到了现在！"这一刻，再一次提升了我对母亲教育工作的认识，我开始对有这样一位母亲而自豪起来。

三、耐心

在对待学生问题上，母亲存有极大的耐心。她不抱怨、不嫌弃、不放弃任何有问题的学生。在我的学生时代，常看到她将一个个坐不住、学习差的学生哄到家里，耐心细致地给他（她）们补习功课，当然是免费的。他（她）们常在我家里“胡作非为”，弄坏了我好多心爱的东西，母亲从没说过他（她）们。他（她）们哪怕回答对了一个我认为简单得不能再简单的问题，母亲都会高兴而激动地表扬他（她）们，甚至拿我的心爱之物奖励他（她）们。

在母亲的影响下，大学毕业后，我也步入了教师的行列。起初，我对学生，特别是差生，缺少耐性，总觉得这些孩子太出格、太任性、太不可理喻。每当我和母亲谈及这些事，她就微笑着给我讲《小鱼在乎》的故事，还给我推荐了台湾大学生物环境系统工程学系教授张文亮写的《牵着蜗牛去散步》的散文诗。

母亲说：“别嫌蜗牛爬得太慢，别嫌蜗牛歪歪扭扭不走笔直的路线，请记住，世界上能登上金字塔顶端的生物，唯有蜗牛和鹰，不管是飞上去还是爬上去，它们在金字塔顶端看到的风景是相同的。”

母亲告诉我，教育是急不得的，要有耐心，唯有按部就班，遵循科学的发展规律，有条不紊，循序渐进，才能水到渠成，收获成功。我也经常想，我为什么会心甘情愿地当一名教师呢？也许是母亲早就在我心中埋下了一粒种子，只是现在已经开花结果了，我对自己将要从事一辈子的事业充满信心和憧憬。我开始暗暗庆幸自己的母亲是一位教师。

四、服务意识

母亲爱学生，全力为学生服务，一切以学生的健康成长为出发点，以学生发展为本。在教育学生的工作上，她常说：“十个手指伸出去都不一样齐，孩子的个性特点、擅长点、悟性也不会相同。教育孩子一定要‘因材施教’。”为此，她针对不同特质的学生群体有不同的要求，即对于能自我管理、学习习惯与学习效果都较好的学生要用理想教育去引导；对不能完全约束自己行为，基本可以自主管理的学生用制度去约束；对于各种习惯都较差、学习效果不好的学生要一个一个地落实管理，建立成长档案，让他们在每一阶段都体验到成功的滋味，这样才能一点一点地把他们的注意力引到学习与班级建设中来，班级中的短板解决了，整体水平自然就高了。

在母亲的日常生活中，学生是她的中心点，她在所教的班建立了《学生在校与在家表现跟踪档案》。晚上，我们家的电话成了母亲与学生家长沟通的热线。同行们都说母亲所带班级的学生纪律好、课堂教学组织得好，其实，我知道母亲用了大量的时间做了充分的与学生及家长之间的沟通工作，因此才省去了课堂组织教学的时间，让 45 分钟的课堂充分发挥传授知识的实效作用。

自从我当了教师后，母亲常嘱咐我，对学生要细心，要研究，要把自己当成学生的服务员。她说:“善于抓住顾客心理的服务员,服务顾客就能做到尽量周到,顾客的回头率就高。当老师只有牢固树立服务学生的思想,才能处处想学生之所想,赢得学生的信赖,老师的‘传道授业’才能顺势完成。”我已经开始在自己的教育实践中运用母亲传授给我的方法了。

五、终身学习与创新意识

母亲虽然快五十五岁了,可她不守旧、知识也不落伍。我觉得,母亲教学之树常青的源头在于她对教育事业的挚爱,从而形成终身学习的意识和强烈的创新意识,这种意识和素养是她不断探索更新更好的教育良策的不竭动力。

她甚至比年轻的我还要疯狂地热爱学习,订阅了《文汇报》《青年文摘》《读者》《品读》等十几种报刊,常常关注一些重要的电视节目,如《感动中国》《阅兵》《开学第一课》《今日说法》《变形记》等,随时随地获取教育的信息与素材。家中的报纸都被她做成剪报,整理出教育学生的哲理小故事。一届又一届的学生被她的小故事熏陶、浸润、教育、成长。近几年来,虽然她已经年近六十,但还是不错过每一次学习的机会,2011 年她牺牲了暑假 40 多天的假期报名参加了在北京举办的 TIP 英语训练营,和她的学生一起集训;2013 年,她参加了南京的全国班主任培训;2014 年,为了进一步探究英语口语学习的方法,她带着 20 几个学生报名参加了北京的新东方英语;2015 年参加了在北京召开的雷夫的巡回演讲,和学生一起学习期间,她实地观察学生的表现及进步情况,并认真总结归纳英语口语学习的方法,为在更大范围内推广高效学习英语的方法做充分的准备。

她还在教育方法上不断创新。多年来,她积极探讨与家长、学生的沟通艺术、转化后进生艺术、学习习惯养成规律及方法、班级建设的思想与方法。她在学生行为思想出偏差的时候讲述自己收集的小故事,化说教为无痕的感染;对学校的每一次活动都精益求精,运动会、军训、合唱、短剧,每一个活动在她那里都是一个盛大的教育仪式,每一个活动都有方案、有记录、有总结,还有一本本精彩绝伦的小册子,她的学生们在活动中各司其职,每个人都感到自己是班级中不可或缺的一员。所以,母亲所带的班总是越来越好,总是会脱颖而出。学生在她的班级中经历着别样的初中生活,精彩且温暖,动人且动情。

母亲所带的班级个个优秀。因为她出色的教育成绩,滨海新区教育系统把她的教育事迹作为全国课题来研究推广。作为她的女儿,看着母亲为了她的教育事业终日奔忙、疲乏劳累而心存不舍,但也真切感受到母亲在教育的过程中的开心与快乐,我知道教育是她精神愉悦的源泉,我坚定地支持她,为了她的健康和心灵的充实,也为了让更多的孩子与家庭有一个美好的未来,祝愿我的母亲永远健康。我愿踏着母亲的足迹,追随母亲的方向,在教育的征途上跋涉、追寻、探索、开创!

兴趣、爱心和责任让她走近学生

王学刚

我的爱人陈树平，出生在教师世家。其家庭环境的影响和天生对孩子的喜爱使她对学生充满爱心，对教育事业有无限的探索兴趣。

在我们二十多岁谈恋爱的时候，我就发现她对孩子、对学生的兴趣超过了我。那时候，我也是一名老师，我们在一起的时候，她最愿意谈的话题都是孩子、学生。在她的生活空间中，时刻活跃着学生，连周末都有学生的身影在她宿舍晃动。甚至有两次，我们一起回老家探亲的时候，她还带了三四名学生。她对学生的亲和力、对学生的兴趣让我感到惊讶和嫉妒。

婚后朝夕相处的生活中，我常听到家长们这样反映：陈老师特有“气场”，她做工作学生就听，就灵；她教过的学生这样评价她：陈老师就像妈妈，像知心的朋友，我们愿意把心里话告诉她。其实，作为丈夫，我对她的感受是：她在用“爱心”从事着她所热爱的“园丁”事业。有些因为对学生的“爱”而在她身上迸发出的对学生的细心、耐心和恒心及产生的效果让我吃惊。

记得，几年前有个叫刘××的学生，他是个休学一年的后进学生。据了解，其休学的主要原因是抽烟、喝酒、与人打架。2007年新学年开始，他以插班生的身份进入我爱人担任班主任的班级——五班。五班的学生熟知这位“师哥”过去在校的所作所为，都对他有偏见。有些学习成绩好的学生家长生怕这名“刺头”带坏班风、影响其他学生的健康成长，频频给我爱人打电话，要求她拒绝收纳这个学生。凭生活、工作的经验，我知道要改变一个后进生要花费十倍、百倍的精力，即使真的付出了那么大的心血也未必会取得如愿的效果。我劝她多考虑家长的意见。可我爱人不这样想，她对我说：“孩子就是孩子，就像小动物，淘气是天性，犯错是正常现象。当老师的拒绝学生，我良心上做不到。”据说，为了这个学生，她还别开生面地举行了“迎新生”欢迎仪式。在此后的日子里，这名学生成了我们家的常客。我爱人帮他补习功课，鼓励他完成作业，培养他养成正常的作息习惯。可是积习难改，这名学生好了一段时间，又耐不住寂寞，再次偷偷上网吧，与昔日习惯不良的校外人员交往。我爱人只好同他的父母一起对他进行围追堵截，软硬兼施，在校外时间上控制他，在思想上疏导他，在行为上引导他。经过数次反复，连他的父母都说：“这孩子没救了！”可我爱人始终对这个学生不放弃，上学约他一起出来，放学将他带到办公室看着他做作业，周六、周日将他请到家里一起生活、学习。

也许是我爱人的一片苦心真的触动了这块顽石。半年以后,这名学生真的起了变化。据到我家来的同事反映,刘××上课能够集中精神了,回答问题的次数也增多了,而且学习成绩提高很快。他的父母也到我们家反映孩子在家的表现,说他们的儿子像变了个人,对他们彬彬有礼,还制定了"超过×××的学习计划"。

又过了半年,刘××的学习成绩进步到了班上中等生的程度,当年中考后如愿进入了高中学习。在高中学习的日子里,刘××依然是我们家的常客,遇到学习、生活上的难事,都愿意找我爱人倾吐。2008年刘××以优异的成绩考上了重庆的一所重点大学。在收到大学录取通知书的那天,他同他的父母一起来到我们家,已经长大的刘××无限感慨,满怀深情地说:"陈老师,您对我的爱、对我的付出,我用语言难以表达。您就是我的恩师,是您让我拥有了今天!"

看到刘××的成长经历,听到这个孩子发自肺腑的感谢,我感慨:爱的力量太神奇、太伟大了。爱心是一片照射在冬日的阳光,它使贫病交迫的人分外感到人间的温暖;爱心是一泓出现在沙漠的泉水,它使濒临绝境的人重新看到生活的希望。我的爱人——陈树平就是在用她的爱心呵护和培育着学生。

在长达30多年的教学历程中,她送走了一批又一批学生,她取得的教学成果,用"硕果累累"来形容,我觉得实不为过。在大港油田这个社区里,家长们将她传得神乎其神,说进了陈老师的班,孩子的做人、学习和发展就如同进入了"保险箱"。细思她在教学上的成功,我觉得除了"兴趣、爱心"之外,还有就是她对自己工作的"责任感"。

她曾经跟我讲过她一生中不能原谅自己的失误。那是在她二十多岁初为人师的时候,她所带班级的一名女班干部,因为临近中考在校谈恋爱,遭到了她严厉的批评。也许是哪句话过于刺激了这个女生,这位品学兼优的学生干部一蹶不振,中考失利,错失了升入高中的机会。她为此一直扪心自责。她跟我讲,老师不经意的一句话,可能会影响学生的一生。

也许是因为这个失败的教学经历吧,她在以后的工作过程中,处处注意身为老师的责任。她经常教育同为教师的女儿,教育学生应做到"三不四要",即:不要把学生的学习成绩挂在嘴边,不要轻易批评学生,不要对学生妄下定论;要学会用放大镜看学生的优点,要学会与学生沟通的技巧,要寻找与学生共同的兴趣和爱好,要与学生交朋友。

在几十年同学生的交往中,我发现我爱人对学生的责任心远远大于她对家庭的关爱。她对学生总是笑容可掬。她记录学生情况的记录本有一百多个。不夸张地说,她教过的学生几乎都有记载。近年来,为追求更有效的英语教学法,年过半百的她不顾家人的反对,利用寒暑假,远去南京、上海、北京等地参加教学研讨,还以学生的身份参加新东方、TIP等新型英语教学的学习。她常说："对学生要负责。吃不透的东西，不要随便传授；未经自己证明的方法，不要擅自应用。学生就是一片白纸，老师要用责任心在上面绘画。老师不经意的一句话，可能会创造一个奇迹；老师一个不负责的举动，也许会扼杀一个人才。"

我的爱人就是这样一位带着自己对学生的爱心、兴趣和责任，整日忙碌在学生周围的人。她不在意"穿花度柳飞如箭"的辛苦，只为那沁人心脾的桃李芬芳。

阳光心态育桃李

齐　霁

七年级上学期，陈老师接手了九班班主任的工作，成了我的班主任师傅。这一年的工作生活中，陈老师不但从生活上给予我关心和照顾，更是在工作中给予了我莫大的帮助与教诲。她用她的一言一行影响着我对教育的理解，给予了我教育的智慧，更诠释着教育的真谛。

一、乐观积极、充满活力的长者

陈老师已经五十多岁了，却依然精力充沛，充满活力。从接手九班开始，陈老师便给九班孩子们布置了一项任务：大课间跑步全班加跑一圈，男生在此基础上再加跑一圈，女生自愿。起初，孩子们对陈老师的这个决定是敢怒不敢言，虽然每天勉强按照要求跟着跑，但是心里老大不愿意，抓住机会就想方设法偷懒。后来，陈老师在班上和同学们做了一次深刻的交谈，她说，初中三年什么对你最重要？如果按顺序来排列的话，一是学习，二就是体育。先不说中考体育有加试成绩，身体是革命的本钱，不把身体锻炼好，将来到考前冲刺的时候你就缺少了资本。所以现在开始就要为你的将来做好准备；再说，我们要为在运动会上获得荣誉去努力。相信我，刚开始你会熬得比较辛苦，一个月以后，你们会爱上跑步。同学们被陈老师的话感染了，于是，每天大课间的时候，当其他班级列队回班时，九班的孩子还在整齐地跑着最后一圈。而最特别的风景来自于队尾那个轻盈的身影，一个银丝满鬓、神情从容、脚步轻快的长者，她就是陈老师。为了鼓舞孩子们，她每天坚持和孩子们一起跑圈，从不间断。这也的确激励了九班的孩子们，你追我赶，争跑冲刺，再也听不到孩子们的怨声载道，留下的是孩子们从容淡定的神情和坚韧不拔的身影。付出终有回报，一年多的坚持和汗水没有白费，在七年级校级运动会上，九班是名副其实的黑马，从六年级时的倒数第二名一跃成为亚军，更为神奇的是在八年级校级运动会上，九班又以领先第二名 30 多分的成绩获得冠军殊荣。

苏联教育家苏霍姆林斯基说过:“成功的教育者,会成为他的学生的榜样,有高尚的品德修养和丰富的精神生活。”陈老师就是这样一位老师,永远以积极乐观的心态去拓展自己和身外的世界,用她的身体力行去影响学生的内心世界,使学生的心灵更加高尚,意志更加坚强。

二、用细节成就大爱的智者

细节决定成败。陈老师经常告诉我们:“要想比别人更优秀,只有在每一件小事上比功夫。”

七年级期末家长会的时候,我看到了这样一幕。在每个孩子的英语试卷上,密密麻麻地写着几行红字,原来陈老师在考试之后第一时间分析了每个孩子的试卷,就本次考试的失分原因,学习上的不足给予了指导。还有的卷子上满满地写的都是鼓励的话语。相信每一个孩子和家长看到这样一份试卷,都会被陈老师的事无巨细、良苦用心所感动。陈老师就是这样,于细节处着手,用那些细小的行动,关心并感动着每一个孩子。运动会上,陈老师细心地为每一个参赛的运动员准备了一瓶营养快线和一块巧克力;每个学期末的家长会,陈老师会自己印上一大摞奖状,发给家长们,让家长们了解自己的孩子在这个学期中取得的进步,为班级做出的贡献;陈老师的抽屉里,放着很多个用白纸装订的本子,这是她自己做的家校联系本。她为每一个问题学生都准备了一个这样的本子。每天写上孩子们的在校表现和学习情况,由学生带回家中让父母查看,再由父母记录下孩子每天在家的表现和学习情况。真正地做到了家校互动,共同督促。

所有的这些看似简单平凡的小细节,成就了陈老师对九班学生的大爱。这些细微的小事融合到一起使九班变得越来越团结,越来越积极,越来越优秀。一个个不经意的细节,反映出的是陈老师深层次的内在修养,流露出的是陈老师对学生无微不至的关爱。

三、循循善诱,教导有方的长者

陈老师让我明白了教育不能只有鼓励和表扬。作为年轻老师,有时很容易凭自己的主观臆断处理事情。对于那些平时成绩较好、各方面表现都不错的孩子,在他们犯了错误或存在不足时,总是以宽容为原则,怕伤害到他们的自尊心,不去直面批评。而对于那些平素就比较调皮的孩子,更习惯于盯着他们的缺点,有错必纠,从不考虑是否会伤害他们的自尊心。有幸碰上了几次陈老师教育学生的情景,这着实让我受益匪浅。

高睿是九班的卫生委员,这个职务应该算是我强加给他的,六年级竞选班委时,他本来竞选的是班长一职，但因这个职务竞争太过激烈而落选。他给我留下的第一印象是比较乖、内向，有些害怕和老师交谈，做事比较勤恳认真。于是我便自己做主任命他为卫生委员。然而整个六年级上学期，班里的卫生情况都不是很理想，经常需要我到班里检查督促，大部分时间我查问原因时，都是由于高睿不作为。久而久之，有些同学开始抱怨高睿对班委工作不负责。我也多次私下里和高睿委婉地提过这个问题，但都没什么效果。七年级上学期，陈老师接手了九班，有一天早读时，陈老师当着全班同学的面，批评了高睿，但不是专门地、有意地批评，而是在发现地上有纸屑时，轻描淡写地说："高睿这个卫生委员可真不行，这么长时间了，你看这点儿活，我观察了一个星期了，班级卫生还是没有改善。我看得考虑换换人选了。"我看向坐在一旁的高睿，他的脸通红通红的，和我对视了一眼瞬间低下头，不再抬起。

意想不到的事情发生了，第二天早上进班，教室里格外干净。不一会，高睿领着几个男生拎着洗好的拖布从外面回来。之后的日子里也经常看到高睿每天早上和几个男生们忙碌干活的身影。后来，和陈老师谈起高睿的转变。原来陈老师在那天批评他之后，又和他私下进行了长谈，严厉批评了他在其位不司其职的表现。又语重心长地告诉他一个班委尤其是卫生委员对于整个班级的重要性。后来，陈老师又给高睿配置了一个女生做"助手"，协助他一起管理班级的卫生，虽说是"助手"，但这个女生干起工作来有模有样，积极性很高。早读午读时，总能看到她里里外外检查、安排工作的身影。有了这样一个积极的助手，高睿的工作也认真起来，似乎感受到了一种威胁，促使他更负责更积极起来。

一个困扰了我一学期的难题，在陈老师这里轻而易举就解决了，我第一次领悟到，施加压力也是促进成长的手段。

七年级下学期，学校组织了一次跳大绳比赛。陈老师利用课余时间带着孩子们一起练习。现在的孩子在室外活动的机会少之又少，有些只注重学习的孩子更是很少有这种室外活动的体验。跳大绳这项活动果真难倒了班里一些孩子。董淘宁、安沁忱、侯玥琦都是学习上比较上进的学生，也是老师家长眼中的好孩子，可是跳大绳却成了她们的弱项。陈老师不厌其烦地给她们讲技巧、讲要领，还亲自上场做示范。但这几个孩子尽管努力地练习，却还是失误连连。终于最后被陈老师的严厉批评搞哭了。陈老师直言不讳地对她们说："你们应该接受些批评，学习好只是一方面，哪有错，就得改。但是你们哭了，我很欣慰。这说明你们上进，有自尊心，不甘落于人后，老师相信你们，带着这股劲，你们经过努力，肯定会成功。"经陈老师这么一说，这些孩子们又都破涕为笑了，更积极地投入到练习中。

陈老师就是这样的人，无论多么平凡的话语从她的口中说出都能字字珠玑，成为金句；无论多么艰涩难懂的道理听她娓娓道来都能成为浅显易懂的道理。她的言语中时刻闪烁着智慧的光芒。

这件事也让我反思了自己平时的行为。对于那些比较调皮、爱惹事的孩子，我一点都不吝惜我的批评，甚至直言不讳的批评；但是面对这些我们眼中的好孩子时，我总是难以用批评的口气去对待她们。究其原因，一是怕她们脸皮薄，经不起数落；二是怕他们心思重，会因为我的批评而疏远我。其实，对于这一类孩子来说，适当的批评是非常宝贵的，这不仅能让他们认识到自己的错误，促其改正，更重要的是能够让他们学会在批评中成长，在压力中进步。

这就是我眼中的陈老师，永葆活力，乐观积极，平静从容，润物无声；用她的爱心与耐心诠释着教育的真谛。她不仅是一位教书者，她更是一位用丰富的精神世界、高尚的道德情操、突出的教育智慧开启学生心扉、陶冶学生个性的教育家。

和陈老师"搭班"工作的这一年，让我这个刚刚参加工作的年轻人无论是业务水平还是教育工作上都得到了大大的提高。她的那些于细微处闪现的教育智慧也深深地影响了我这个"徒弟"，让我在日后的教育工作中少走了很多弯路，取得了更好的教育效果。

1. 在教育中放平心态

班里的调皮学生和学习困难的学生总是让我担心着急。我时常向陈老师诉苦：这个班太难带了，某某某实在是太笨，怎么给他讲就是听不懂，某某某真是无可救药了，怎么就不能好好听讲，上课就非得接上两句话……你看人家某某某，从来不用我操心，要都像她这样我少操多少心呢。每每遇到这种情况，陈老师都是挂着她那招牌式的笑容，语重心长地对我说："教育学生，首先要把自己的心态放平，不能对学生统一用一个标准。希望他们都能成为你理想中的样子，那是不可能的。每个孩子都有他自己的闪光点，对某些孩子，就要适当降低要求，发现他们身上的优点，这样既鼓励了孩子也快乐了自己。生态是平衡的，这个社会，总有人去市场上卖菜，有人去基层工作，总不能都当领导，分工不同而已。"陈老师这种乐观积极的心态，感染了很多人，也值得我们这些年轻的后辈好好学习。她让我渐渐明白感悟到教育的真谛：成绩并不能代表一切，作为教师，肩负着教书育人的重任，而我们最大的成功之处，不是教出多少高分的学生，而是能够让每一个孩子都能发现、了解自己，在自己擅长的领域收获足够的满足。在之后的教学工作中每当遇到同样的事情，我都会想起陈老师的教导，放平心态，等待花开。

2. 在管理时大胆放权

祁琳是九班的班长，成绩好，热心肠，对自己要求严格，是"教科书里走出的孩子"。但是她就有一个缺点：不会拒绝人。无论谁找她帮忙，她都不拒绝，抄题、扫地、记作业，只要求到她，她都会帮人完成。凡事太过亲力亲为：班里的手抄报、板报她负责布置，《九班时报》她负责每期出版，"英语角""汉字英雄"也是她负责，还要兼顾班里和学生会大大小小的事务。就这样一个品学兼优的孩子，在我眼里没有缺点的孩子，却受到了陈老师的“批评”。陈老师批评她的事必躬亲，告诉她：“一个人优秀不算本事，如果能够带动身边的人一起优秀，那才是真正的成功。”后来，我在自己的带班过程中，也借鉴了陈老师的经验，重视班干部团队的建设，在班级中通过民主选举选择班级里优秀有威信的学生，建立班干部团队。大胆放权，给予充分信任，鼓励他们在自己优秀的同时也要用自己的行动影响和带动班里其他的同学进步。在管理班级过程中，学生们如果出现什么问题，尽量不全权处理，只在方向与方法上给予指导和鼓励。让班委们学会制订计划、安排任务，学着做决策者而不是行动者。在管理班级的过程中，我时常借鉴陈老师的话来激励孩子们：“不管你努力的目标是什么，不管你干什么，单枪匹马总是没有力量的，团结才是最高需要。”

3. 于育人时关注细节

如今，我走过了教育工作的第三个年头，接受了第二个班主任工作，在工作中，我时刻不忘关注细节，关注学生的细节，关注自己工作的细节。每一次考试，我都会认真地分析每个学生的试卷，找出失分点和失分原因，并不忘在卷子的最下角写下一句鼓励或警示的句子；天气渐冷，每天的课间操结束后，我都要求孩子们一起在操场上跑上两圈，还设定了一个目标“今年冬天，我不请病假”。让他们在学习之余，不忘锻炼身体。

一位著名的教育家曾经说过：“在我们所教育的人的身上，高尚的道德品质，丰富的精神世界和体质的健全发展应当合而为一。教育者的本领和艺术，在于他每时每刻都能够清醒地把握住这种和谐发展的实质。”陈老师做到了，她用她积极阳光的心态，从容洗练的教育智慧熏陶、感染着一批批学生，把一群群孩子送往理想的彼岸。

上善若水为人　润物无声育人

任一寰

有这样一位教师，遇见，便想靠近，听她说话，受其教诲；竟有这样一位教师，有幸拜其门下，感受她“化知为智”的过程，叹服其“化碍为爱”的神奇；就是这样一位教师，当你慢慢读懂了她，便能领会，岁月给她的不只是经验的累积，在她笑容可掬的眉宇间，流露出的更是和蔼、智慧、慈悲。她，就是我可亲可敬的班主任师傅——陈树平老师。

有幸跟随陈老师学习的日子里，我受益匪浅。陈老师对我影响最深的是她上善若水的为人境界和润物无声的育人之道。上善若水之人，具有不争的美德，因为不争，所以亦没有怨咎。生活中的陈老师，就是这样的一个人，也许，正因如此，陈老师无形中感染了身边越来越多的老师，感动了她的一批又一批学生。陈老师的育人之道，也达到了润物无声，用心灵唤醒心灵的境界。

一、言传身教，用故事点醒思想

“想让学生成为什么样的人，你就要成为什么样的人。”从教30年，30年如一日，陈老师包容和善、晴和如春的性情，恪尽职守、灵活得法的作风，以及她因势利导、能言巧干的本领，都在对她的一届又一届学生产生着潜移默化的影响。

做事情，不但能干，更要会干、巧干，才会达到事半功倍的效果；讲道理，不但要会讲，更要知道什么时候讲、怎么讲，才能真正走到学生的心里去，让学生心领神会，心悦诚服。陈老师是个很会讲故事的人，“小故事大道理”，通过讲故事的方式阐述道理，更容易让学生接纳，获得成长。拿最常见的例子来说吧，教学中我们常会遇到学生没有认真完成作业，或是不认真复习应考的情况，这时，会有相当一部分学生自以为是地说：“老师，我尽力了”。面对这种情况，陈老师这位“故事大王”便会计上心头，给学生讲一个“猎犬抓兔子”的故事：“一位猎人外出打猎，在树林里开枪射伤了一只野兔的后腿，这时，猎人派他的猎犬前去追赶，猎犬箭一样地冲了出去，兔子负伤逃跑。最后，兔子跑回了洞穴，猎犬无功而返！一条猎犬竟然没有追上一只受伤的野兔！回到洞穴后，兔子向亲人道出了它成功逃脱的原因：那只猎狗是在‘尽力而为’地追赶，而我，却是‘竭尽全力’地逃命。”学生是非常聪明的，听完故事，不需要陈老师再追加什么大道理，之前说“我尽力了”的学生，便不好意思地低下了头——他们已经为刚才的回答感到羞愧了。人的潜能是无限的，谁能够轻易地表明“我已经付出100%的努力了”呢？

学习贵在持之以恒。初中生大多自觉性不强，需要时时提醒，时时引导。为了让学生领会变被动学习为主动学习的重要性，陈老师会抓住时机，为学生讲一个《上帝来救我》的故事：一个村庄发洪灾，先是广播催促村民快速转移，接下来，船只、直升机陆续前来营救没能及时转移的村民。其中，偏偏有一个村民寸步不移，固执地相信“上帝会来救我”，不肯离开，结果，他被洪水淹死了。死后，他如愿以偿地见到了上帝，气愤地质问：“如今还有多少人虔诚地相信你，上帝！在我生命垂危之际，你上哪儿去了？”上帝摇了摇头，平静地说：“广播、船只、直升机都是我要营救你的信号，可是，你自己却选择了放弃……”说罢，陈老师面带微笑、语重心长地说：“自助者天助之。孩子们，老师就是你们的广播、你们的船、你们的直升机，如果你们听懂了，那么，现在就跟我上船、上飞机，立刻！马上！”每一天，学生们就这样，于无形中受着陈老师春风化雨般潜移默化的影响。

教育，要面向全体；教育的艺术，还要培养“领头兵”，带动全体，从而实现面向全体的目标——即充分发挥班干部的作用。

陈老师常说："班主任要做到和班干部铁板一块。"走进今天的九年九班，你会不由自主地被一群朝气蓬勃、团结进取、自律自省和年少能干的学生所感染。想到他们入学时，懵懂张扬、互不服输，凡事都要老师手把手教、千头万绪的情景，如今的蜕变直叫人暗暗称奇。陈老师说，蜕变的重要原因之一，就是发挥好班干部的作用——这是一个说简单也简单、说复杂却也复杂的话题。从民主、公正、谨慎地选举班委，到任重道远的长期委任，其中体现出陈老师的快速洞察力以及科学有效的推选方法和践行力，都是值得细细品味和研究的。作为班委，与陈老师的接触比较多，据班长祁琳陈述："陈老师在开展班级事务时体现出的特点是'对班委多指导，对活动少干预'；陈老师常常教给我们一些干工作的方法，比如如何做好一个管理者而不是自己埋头干、如何带动更多的同学参与班级活动等等。不过在活动过程中陈老师则很少插手，总是'任其发展'，给了我们很大的锻炼空间。她也不患得患失，而是觉得给班委一次锻炼的机会要比得到某某奖项更重要。所以我们没有什么压力，大胆干，犯错误也不怕。活动结束后陈老师再次出马，告诉我们哪件事做得不够好，下次怎样干会更好。在这个过程中，我们充分得到了锻炼。"

在班委遇到实际的困难和困惑时，陈老师还经常将身边的故事讲给他们听，砥砺思想，鼓足干劲。比如，在面对个别调皮好动的学生不服班委管时，陈老师会心平气和地帮助班委分析该生调皮背后的原因。有时，说一说他们家里发生的故事；有时讲一讲同类问题学生经历的曲折往事；有时对比一下某班委所处的家庭环境、条件……每每这时，你眼里看着陈老师洞察世事、诚挚深邃的笑颜，心里浸润着的是一位智者解读人性、"理解一切便是宽容一切"的思想，如沐春风。学生们说，听陈老师说话，是一种享受。是陈老师，让他们看待事物更深刻、更理智，让他们的思想日趋成熟。

苏霍姆林斯基在谈到苏联教育时，曾经提到一位普通的农民在自家的农场里一边挤牛奶，一边学习一门外语的事。这件事若是发生在中国，想必你会猜测这个人是不是想通过进一步的学习深造，来换取一份更高层次的工作？哪有一个普通的农民别无所求地在家坚持学习的呢？我们都想错了，这位苏联普通农民竟是真的别无他想，工作之余学习外语纯粹是娱乐生活、丰富生活罢了。陈老师说起这个故事时，意在告诉学生，我们所从事的不是精英教学。当然，我们期望每一个学生的未来发展得更好，但是，我们更为每一个学生将来成长为一名合格的、快乐的劳动者而骄傲。另外，学无止境。很多学生高考之后用撕书、扔书包的举动告诉这个社会，他们早已抵触甚至厌倦了学习，高考，让他们挣脱了学习的枷锁——多么可悲。陈老师常引导学生们，学习不是为了眼下的中考、高考，而是为了获得知识，为了更好地理解生活，为了人生活得更加精彩。自然，也不是每个学生都擅长学习，但是，每一个人一定都可以找到实现自我价值的方式，无论你将来从事什么工作，你都应为自己感到骄傲。这就像一所学校不会把从本校出去的“名人”巨照挂在学校墙上，因为，成功的、真正的教育不只为少数杰出人才而得意，更为绝大多数学生成长为普通劳动者而自豪。陈老师就是这样身体力行，因材施教，时刻关注、引领着班里不同层次的学生，让他们人人有事做，人人因为各展所长而拥有了归属感和幸福感。

走进九班，你会叹服一个充满无限正能量的、凝聚力极强的班集体的美好；你会不禁为这一抹绚丽的“春晖”教育而鼓掌。这就是陈老师的教育艺术，她在为学生讲故事的过程中，也把信心与成功一点一滴写进了九班的故事中，帮助学生实现一个完美的结局。

二、“三封信”抓契机，点化心灵

陈老师有一个三十年如一日的好习惯，就是勤记笔记。试想，身为一名教师，有多少人能够坚持做到这一点呢？多年来，陈老师积攒了许多随记本，大大小小的事、同学们的疑难问题、每一天作业的完成情况、每一次与同学谈话的内容、她自己的读书笔记……任何你想得到的、想不到的上面都有。她以此来教育同学们，笔和笔记本要走到哪儿带到哪儿，重要的事情做好记录，便于日后的学习和反思。这其中，陈老师的“三封信”育人法很值得我们大家借鉴和学习。

随着时间的推移，陈老师已经是学生们的知己和老朋友了，学生们有什么心里话都愿意找陈老师倾诉，师生之间可谓“血脉不相连，心灵永相通”，可是，初中生正处于叛逆阶段，不少学生和父母之间出现的问题却是“血脉虽然相连，心灵却不相通”，怎么办？对此，陈老师的做法是：抓住契机，搭好学生和家长之间心灵的桥梁。针对学生和父母之间的矛盾，陈老师利用一次班会课的时间，结合本班学生与父母之间出现的实际问题，为学生播放《感动万千父母孩子》的教育视频片，观看过程中，学生逐渐被视频中令人动容的生活场景所感染，回想与父母之间的不快，心中感慨万千。抓住这一触动心灵的契机，陈老师引导学生写下此时最想对父母倾诉的话语，即“写给父母的第一封信”。有时候，陈老师也邀请家长和学生一起观看，并交流心得，学生从家长的口中了解到父母的真实想法后，脸上往往流露出后悔和内疚的神情，迫不及待地将自己真实的感受真诚地写下来，通过书信的方式实现了与父母之间的心灵沟通。

七年级的军训为期一周，是很多学生第一次长时间离开父母、独立生活的经历。临行时，学生们欢欣鼓舞。可是，几天之后，学生因为种种原因便开始想家，想起爸爸妈妈种种的好，想起自己很多方面做得不够好，有些女生因为太想家，甚至在集体宿舍里默默地哭泣。抓住这一契机，陈老师会建议学生把此时最想对父母说的话写下来，装好信封，寄给父母，即

"写给父母的第二封信"。很多家长收到信后，感动不已，一些家长致电陈老师，感谢她的有心，让孩子和自己的心又拉近了。

九年级临近中考，学生的学习压力逐步增大，家长陪伴孩子起早贪黑、做饭洗衣、内外操劳。一些家长甚至放弃了自己在外地的工作，或者关闭了自己的店面，陪孩子一起迎战中考。在高压力的学习状态下，学生心理变得很敏感，也更加成熟，他们更加懂得了责任的意义，更加理解了父母的不易。陈老师会抓住这个契机，引导学生把此时最想对父母说的话写下来，即"写给父母的第三封信"。陈老师和家长也给学生写信，鼓励孩子，让孩子感受到在冲刺的日子里，他们并不孤单。同时，陈老师还会选出典型的精彩的日记，分享给全班学生，激起学生心灵的共鸣。要知道，一篇精彩的日记，能够将一个人的发现变成集体的发现，把一个人的感动变成集体的感动，把一个人的思考变成集体的思考，陈老师深谙其道。

在帮助叛逆学生与父母更好地沟通交流的实例中，除了"三封信"育人法，陈老师的随记本里还有很多具体的记录。十年树木，百年树人，教育是慢的艺术。实际工作中，陈老师更多的是采取因人而异、因势利导的方式，潜移默化地滋养人性，点燃思想，擦拭学生的心灵。

三、做班刊促创新，点燃潜能

陈老师常对学生们说，我们可以不是一个诗人，但是却不能不是一个诗意的存在者，因为人本真的存在方式就是诗意地栖居在大地上。我们不要成为考试的机器，而是要学会驾驭自己的人生，用激情书写生命，用生命写诗。

九班这个大家庭，除了秩序井然的日常学习、团结向上的高度凝聚力，学生的综合素质，更多地体现在班级举办的各种特色活动中。九班出色地开展活动的神奇之处还在于，学生组织活动的自发性和持久性。其中，九班特有的班报就是学生自发创办的。追溯九班班报的历史，如今已不可考。也许你在别的学校听说过或者见到过校报、校刊，多是学校组织师生有计划地完成的。但九班的班报与众不同，是通过学生全手绘的方式完成的，很真实、很精致。每出一期，就会有学生争先喊着："看报啦！"大家蜂拥围观，欣赏新一期班报的杰作："看又有什么新奇事儿上报了？""看这画的，真逗！"是呢，细细观看，九班班报呈现的是孩子们稚嫩且充满个性的书写；报道的是九班那些特色的人和特别的事儿；流露出的是小编们的创意智慧和奇思妙想。如果有机会看到更多的九班班报，你会发现每一期各具特色、内容包罗万象。而这一切，竟都是学生们自发创办的杰作。

九班班报给了我很多启发，很快，我带领七、八班的学生开始了本班班刊的制作活动，学生们热情很高。八班班刊的第一期"我手绘我心，节日现惊喜"是以"浓浓之情寄九月"为主题编排的。此后,每一期班刊的主题由学生拟定,内容和编排过程由学生自创和自行设计,至今已经出刊近二十期。班刊的创作对学生的写作热情和美编技巧的提高是显著的,几个班的学生因班刊聚在一起探讨交流、取长补短,不断碰撞出智慧的火花,增进了彼此的友谊,这意外的收获又是可喜和醉人的。

除了班报,九班还有很多特色活动,其中,不能不提的就是各类体育活动了。陈老师接手九班一年时间,九班在八年级时的校运动会上就以一百二十多分的总成绩一跃成为全校的第一名,总分比第二名的班级高出30多分!九班体育成绩的突飞猛进成为全校的一段佳话,影响甚广。后来,我很快知道陈老师带领的每一届学生的体育成绩都非常优秀,问起九班的学生,他们会告诉你,“陈老师的教育理念是:体育好的学生学习也不会差。因为体育能锻炼一个人的意志、协调性、技巧等等,这些恰恰也是学习需要的。”关于体育运动,学生和其他老师有专门的陈述,在此便不再赘述。我只想特别指出在体育活动方面陈老师的表率作用和学生的自主性。每天大课间的跑操时间,五十多岁的陈老师和学生一起奔跑在学校的操场上,无一天例外。陈老师矫健的身影带动了全体学生的脚步和热情,也带动了其他班级的学生,学生们常说:“看呢!九班的陈老师上年纪了还坚持和学生一起跑步,而且跑得比一些男生还快,我们更不能偷懒了!”在陈老师的带动下,放学时,九班学生的身影还常常出现在学校的操场上,英姿飒爽。班长祁琳原本体育成绩并不好,自从每天坚持放学跑步后,她的体育成绩已经是全校运动场上的佼佼者。放暑假了,祁琳向学校申请组织学生跑步健身,同学们一呼百应,自发上阵,这舞动的青春,多么美妙!

校内校外,九班在陈老师的带领下,还组织了和山区孩子心连心、各类亲子活动、校园义卖、“我眼中的他”和各类文艺活动等,学生们的综合能力在一次次的活动中获得了大跨步的提升。回归到学习方面,九班的各科学习成绩在年级也是出类拔萃的。在陈老师的办公桌里,陈放着一本往届高考毕业了的学生送给陈老师的纪念册,里面印记着上上届师生之间共同演绎的美好故事,那一届学生,全体走进了重点大学的校门,很多学生还考入了全国各地的名牌大学。在开展各种有益活动的同时,不必过于担心是否“侵占”了学习的时间,正如陈老师所提倡的,当一位教师把爱根植在了学生的心底,把自律自信的操守和挖掘潜能的种子播撒在学生的心田,其他的也就水到渠成了。

只有思想才能点燃思想,只有心灵才能唤醒心灵。陈老师对学生的爱,不仅仅是一种态度,更是一种能力。她宽宏从容的内心,上善若水的为人,一点一滴地浸润着学生的心灵,感染着学生的灵魂。学生从陈老师身上学到的,不仅仅是一门学科的知识,更是对人的解读、理解和驾驭人生的技能。正如她的学生所言:“您是一缕春风,吹开我的心扉;您是一场夏雨,润在我的心底。情的感化,理的启迪,是您,教我悟得了人生的真谛。”

上善若水为人，润物无声育人。明天的我愿成为一位像您这样的教师，做学生拨云见日后的阳光，去照亮学生一生的旅程。

我眼中的陈老师

李　玲

个子不高，短发，总爱笑。这是我对初中英语陈老师的第一印象。

她是我的老师，在我的学生阶段给了我莫大的关怀与帮助！她也是我的同事，与她的倾心交谈中会让我受益匪浅，领悟到为师者的真谛！

中学时期是一生中的重要阶段，老师为学生开辟的是鲜活的土壤，铺就的是生命的厚重，奠基的是生命的旅途。问到她教过的任何一届学生，他们都会如数家珍般讲上几件陈老师带领他们走出校门，走向社会，体验生活的故事。我作为陈老师的学生也不例外。

1998 年发生了全国性的大水灾，灾情严重。学校与红十字会共同组织了赈灾义卖的活动。陈老师听说后主动请缨，带着全班学生利用双休日走上街头。盛夏时节，烈日炎炎，她和学生们一起在繁华的商业街上义卖，募得款项全部捐给了灾区。

2001 年长征胜利六十五周年，陈老师组织我们读红军长征的故事，朗诵歌颂长征的诗歌，还组织了“重走长征路”活动，带着全班学生去“长征”，路程虽然只有十公里，但是对于初三的孩子来说，也从中感受到了长征的艰苦和幸福生活的来之不易，更磨练了我们的意志，全力备战中考。

不是所有的老师，都能像父母般关怀学生，然而您却做到了；不是所有的老师，都能当学生的知心朋友，然而您做到了；不是所有的老师，都能陪学生一同成长、欢笑、游戏，然而您做到了。陈老师就像一杯香茗，沁人心脾，还给予了我们很多，很多。

初中三年转瞬即逝，我有幸是陈老师班里的学生，能在这么优秀的集体里度过三年宝贵的中学时光，学到的东西一生受用。如今我回到了母校成为了一名英语老师，陈老师更是我的导师和挚友，在教学和德育方面为我指点迷津。

苏霍姆林斯基说：“有人问我：什么是我一生中最重要的？我将毫不犹豫地回答：倾注于儿童的爱。”解读陈树平老师也只需这样一个字，那就是大写的“爱”。不论家长地位高低，不论家庭贫穷富有，不论孩子聪明笨拙，她都一视同仁，让每一个孩子都在班级中找到自己的位置，都高高兴兴上学来，快快乐乐回家去。陈老师经常用这样的一段话来激励自己：教师在学生面前应是导师，应是慈母，应是朋友。给学生导师般的厚爱——多一点教导和激励;给学生慈母般的仁爱——多一点信任和扶持;给学生朋友般的挚爱——多一点平等和尊重。

陈老师从不给任何孩子下负面的结论,对于犯错的学生,总给他们留有余地,相信每一个孩子都是好孩子。许多单亲家庭孩子的教育是陈老师工作的重点。长时间的工作经验使她认识到:这种生活背景下的孩子心理最容易发生扭曲、裂变,最容易走上歧途。她总是给这些孩子更多的关注,学习、生活,样样不落,甚至在毕业之后,也经常了解他们的情况,关注他们的发展。

当教师当久了,陈老师越发觉得教师的工作对象不能仅限于学生,也要关注家庭教育,为了引导家长用正确的思想观念去教育、引导孩子,帮助年轻的家长走出家庭教育的误区,为学生营造一个良好的家庭教育环境,她把家长会开成家庭教育指导课,利用家长会帮助家长树立正确的家庭教育观念。陈老师在日志中多次写道:做一个家长信任的老师是我一直的追求!

三十多年来,陈老师凭着一颗善感的童心、慈母般的爱心、对事业的高度责任心,走进了学生的精神世界,她的精神脉搏始终和学生、和时代一起跳动。陈老师的善良和幽默不仅给学生带来了正能量,而且也影响了身边的同事。这就是一个中学班主任老师独具的魅力。而她,就是我的恩师,我心中永远的为师楷模!

用爱心和宽容唤醒学生

王春燕

工作之初,还没认识陈树平老师其人,便时常听到有关陈老师的带班的事迹。这两年,有幸与陈老师在一个年级共事,有机会从她身上学习为人、为师之道。

美国学者威蒂通过对47000名学生的调查,归纳出最受欢迎的教师特征:1. 合作,民主。2. 仁慈,体谅。3. 忍耐。4. 兴趣广泛。5. 和蔼可亲。6. 公正无私。7. 有幽默感。8. 言行一致。9. 对学生问题有研究兴趣。10. 处事有伸缩性。11. 了解学生,给予鼓励。12. 精通教学技术。作为一名优秀的教育工作者,陈老师无疑具备这些优秀的特质。

在学生相处过程中,陈老师表现出的宽容让我感触很深。

陈老师班上有一名男生,时常在课上做与课堂内容无关的事情,引起了几位任课老师的不满,有一次甚至当堂起了冲突。课后,任课老师将他叫到班主任办公室。陈老师没有生气,也没有上来就批评学生,而是笑着对学生说:“你不就是因为好面子吗?”一句话就将气氛缓和下来。接下来陈老师又耐心给这名男生分析、讲道理，让他回去反省。等学生回去后，陈老师才向任课老师谈起了男生的情况。原来，这个男孩前两年丧父，性格比较倔强，有时候忍受不了一丁点儿别人的批评，其实他内心是一个很渴望温暖和关爱的孩子，只是有时候不太会表达自己的情感。

听了陈老师的解释，老师们也了解了事情背后的故事。当天下午，陈老师又找这名男生谈话，让他意识到自己的问题，主动找老师承认错误。陈老师又给男孩的妈妈打电话，交流孩子的教育问题。

也许，这对于一个老师来说是理所应当的。可是，陈老师的可贵在于她对于任何一个学生都不抱成见，对任何学生都能设身处地为他们着想，去了解他们种种行为表现背后的原因，把他们真正当作一个尚在成长中的孩子去看待，有要求但不苛求。所以，在陈老师的班里，所有的孩子都会把她当作知心朋友，和她无话不谈；在她的班里，每个孩子都把班级当作自己的家一样去爱。

在孩子们心中，陈老师还是风趣幽默的长者。还记得七年级时，劳技课学习的内容是做水果拼盘、做发卡之类手工活动，有部分男生不感兴趣，上课的时候不按老师要求做，而是扔起手头的“材料”玩了起来。老师反映到班主任那里，陈老师于是在班会课上提到这个问题。她让大家思考：优秀的、顶尖的发型师、厨师、服装设计师哪个性别的多？学生们回答是男性更多。陈老师因势利导：“新时代的男生要‘上得学堂，下得厨房，做得了手工，hold 住运动场’，这才能成长为真正的好男人。”

陈老师就是这样把一些大道理，用幽默的语言表达了出来，不仅达到了教育学生的目的，还让学生佩服老师的智慧，从而达到了预期的效果。

在陈老师身上，我体会到“优秀是一种习惯”。陈老师从教多年，经验丰富，可她从没有放松对自己的要求，没有终止学习，没有居高临下的姿态。外出学习时，笔记最详细的是她；学生社会实践时，记录学生活动最完善的是她；每年冬天学生跑步，和学生一起始终坚持的班主任里肯定有她。在她身上我看到了教育热情，看到了敬业乐业，也看到了她的教育智慧从何而来。

有人说，人生是一场修行。对于工作，我们更应该抱着这样一种态度，在工作中提升个人修养，完善自我；在对自我的不断修炼、完善中，实现追求工作的卓越。陈老师就是这样一位在平凡岗位做出不凡业绩的行者。

我眼中的八年九班

胡清月

我对八年九班的了解视角与他人不同。我刚刚工作不久,且与陈老师共事不多,但是我却是八年九班的常客,因为我的师傅王淑娥老师担任九班的物理教师,我几乎每周都要进九班听四、五节物理课,因此我对九班还是十分了解的,尤其是与其他班级的对比。

一、我眼中的八年九班学生

九班的板报和班级风采是所有班级中最具艺术性、最用心的,总是让人不知不觉被这种斑斓的色彩和美观的排版所吸引,忍不住多看一眼。仔细看去发现,内容是那么充实有力,有对正能量的呼吁,强烈而震撼;有对未来的憧憬,梦幻而美好;有对过去的缅怀,感动而深沉。每一幅图画都用心去挑选,每个角落都用心去装饰。这些板报、简报和班级风采让教室和学生充满生机和活力,映衬出一幅昂扬向上的图画。

九班是家长陪读最多的一个班,陪读最多,并不代表这个班不好,而是充分体现了家长、学生、教师之间的默契。其实请家长陪读这种决策很需要勇气,坦诚地把校园生活全部展现给家长,并且在家长的督促和观察下开展各种活动,真正做到了家校结合。并且能够时刻提示同学,在自己辛苦学业的背后,更有家长无私辛苦的付出,他们不自觉,有家长帮助自觉,让学生懂得感恩,从而由被动变成主动。事实上,这种做法在一定程度上拯救了那些在堕落边缘的同学,纠正了学生懒惰散漫的风气,在日后没有陪读的日子里依旧能够保持良好的精神状态,并且成绩有不同程度的提高,同时几乎杜绝了抄作业、不写作业以及上课睡觉的现象。

九班的早晨安静而和谐,是在班主任不在的情况下,得益于班长祁琳的鼎力相助。祁琳是一个全能的孩子,成绩卓越超群,并且勤奋刻苦,组织领导能力强,执行力强,将班级管理得井井有条。但凡如此班级,都不是一天两天的功夫,这种纪律,这种习惯,是因为孩子的思想意识早已达到了一定境界,发自内心地愿意服从管理、服从规矩、服从真理。冰冻三尺非一日之寒,有良好的开端是成功的一半,九班能够像现在一样名声在外,内外兼修,完全是因为从一开始,陈老师就引导到位,并且坚持不懈,这是很多青年教师十分欠缺的。

九班的学生上课少有走神,都积极地配合老师,反馈老师,听从安排,少有交头接耳、左顾右盼的,是我听过课中班级纪律最好的。包括那些成绩不理想的孩子,他们都有一颗上进的心,教师尊重差异,但是期待每个孩子的学习态度都端正,其实老师所要求的也不过如此。

九班对于体育的认知也超乎其他班,之所以我很清楚这个,是因为我曾经是同年级五班的班主任。每次大课间结束,都能看见九班的孩子更酣畅淋漓,累并快乐着,他们丝毫不觉得运动是一种负担,而是发自内心地热爱体育运动,因为运动而快乐。与之不同的是,现在的许多孩子都爱逃避,并且引以为荣,这种思想意识非常的可怕,不仅亵渎了体育本身,而且也是对身体的不负责任,保重身体是第一要务,没有良好的身体素质,其他一切都显得苍白无力。

二、我眼中的陈老师

陈老师说话既艺术又直白,既得体又不失严肃。她热情开朗,有经验、有思想、有沉淀,又爱思考,是一位受各个年龄段人群喜爱和尊敬的人。

经常看见陈老师讲电话,也经常看见陈老师请家长,更经常看见陈老师去任课老师那里了解情况。无论是与家长还是学生,陈老师总是能够以理服人。她为了班级的发展呕心沥血,对学生的观察和关怀细致入微,经常能够捕捉一些趋势,将危害扼杀在萌芽中,针对不同的学生,陈老师总是有不同的办法,能够对症下药,并且药到病除。

让我最佩服的就是,无论冬夏,每次做广播体操和户外跑操,陈老师总是身体力行,为孩子做榜样。作为年纪最大的班主任,陈老师依然保持着最良好的精神状态和乐此不疲的工作态度,这是值得所有班主任学习和尊敬的。陈老师绝对不是只为了教育而如此,而是因为运动就是陈老师的爱好,因此对孩子有很积极的作用。上次去爬山,我们被陈老师落下100多米,让我们几个年轻人汗颜,生命在于运动,陈老师教会我们如何让自己保持身心健康,也为我们做了很好的表率。

陈老师做事总能保持清醒的头脑。上次集体去蓟县培训,很多老师都沉浸在玩闹和竞争中,但见陈老师在不耽误玩闹的前提下,默默地用纸笔记下每一项内容、流程以及培训老师说的经典语句,并且在闲暇时间也不断地思索和回顾。这是一种难得的好学态度,也许是为了九班的孩子,也许就只为了自身的兴趣,但是无论是为什么,爱记笔记、爱学习、爱思考终究是一个教师必备的素质。

在我眼里陈老师是一个全能的老师,她的身上有很多需要年轻人思考、学习的地方,希望日后可以有更多的机会相处。

九班因你而不同

祁琳妈妈

说起陈老师，我脑海里立刻会浮现出一连串的词：幸运、感激、朴实、和蔼。幸运的是家长和孩子们能遇到陈老师这样一位严于父亲、慈于母亲的好老师；感激的是她像石阶一样默默承受着学生一步一步踏实地向上攀登；质朴真实的她一直高擎着一把生命的火炬，为孩子们指引方向；和蔼可亲的她让家长和学生都成了她的好朋友。与陈老师结伴同行的两年多时间里，孩子们变了，我也变了。

孩子们变了，记得《老子》中有一句话：授人以鱼，不如授人以渔。给人现成的知识，不如传授给人学习知识的方法，一条鱼能解一时之饥，可如果学习了钓鱼的方法，却能解长久之饥，陈老师更多的是给孩子们创造学习、探索和锻炼的机会，让他们亲自去摸索、去尝试，去经历风雨。由班委们组织的家长会给了孩子们发言的机会，时间虽短，却汇聚着班委们对班级、对同学的关心和关注。一次次的发言，使孩子们从初次上台的紧张历练到现在脱口而出的自信和从容。记得去年初女儿拿回家两本书，一本是陈老师所教的上一届毕业班制作的纪念册《恰同学少年》，另一本是历经三年后孩子们高考结束以美好回忆和无限未来为主题的《风华正茂》，那一届的九班100%升入高中，重点上线率57%，4人总分位于大港油田考区前5名，油田中考状元也诞生于九班，三年后这些孩子中24人考取985、211院校。陈老师立足于三尺讲台，可她的足迹却遍布四方；她的两鬓斑白，但她的青春却永不衰败，我们的九班传承着老九班的精神，在她的手中再创奇迹。

我们的九班不是一个学习学习再学习的九班，兼顾学习的同时陈老师更注重孩子们的身心健康，大合唱比赛第一名、运动会全校第一、精神文明班组，一个个胜仗，增强了班级凝聚力和同学们的集体荣誉感。排练话剧；走进录音棚录制班歌；学法懂法录制模拟法庭；师哥师姐回母校传帮带；油田十佳优秀青年专题报告；制作《九班人九班事》《阳光之下跑道之上——2015春季运动会特辑》，陈老师为孩子们留下了最珍贵的回忆，收获了最有价值的财富。

在与陈老师共处的两年多时间中，我变了，一些家长也变了。开始我知道女儿和陈老师谈心时，心里确实有点儿酸酸的——为什么孩子们有心事，有心里话愿意和陈老师倾诉？做家长的是不是应该反思一下，学习一下。与孩子相处真是一门不简单的学问，陈老师关注孩子们的思想动态，及时地与家长沟通交流，让我们解开了心结，露出了笑容。

我的孩子在九年九班

李博文妈妈

自2015年9月1日至今，我的孩子李博文到九年九班已整整82天，看着他从最初的不安到不习惯到渐渐适应再到喜爱，陪着他一天天走过来，看着孩子明显或不明显的变化，我不由得心生感慨。

在他七、八年级的时候，正处于迷茫而躁动的青春期，家长的指责、老师的批评、小伙伴之间的冲突等等，把孩子推向了逆反、与家长、老师对抗的一面。孩子不知如何面对自己、面对学习、面对应遵守的规范，内心的委屈和无助无处诉说。回到家里试探着跟妈妈说一说，换来的却是一番大道理的再教育，更增添了几分厌烦，索性闭嘴不说或者是用自己的“聪明才智”报喜不报忧，换得耳根清净。

一踏入九班，孩子看到的是一个风貌全新、昂扬向上、朝气蓬勃的集体。“在这里，我该给自己一个怎样的定位”，是孩子不得不考虑的问题。关键时刻，教学经验丰富的陈老师密切关注孩子的思想、行为动态，与他聊天、谈心，一系列卓有成效的因势利导下，孩子内心的正能量被激发，产生了宝贵的上进心，开始认真面对自己的学习。想通过自己的努力让家长开心，让老师放心，让同学们接受自己。于是，他一改不听课、开小差、心不在焉的不良习惯，从认真听课、做喜欢科目的笔记开始做起。做作业时也不再感到吃力了。于是，孩子恍然大悟地对我说：以前作业不会做，都是因为没好好听课！听到九年级的孩子说出这句话，我非常欣慰——孩子终于在学习上迈出了成长的第一步。就拿孩子最头疼的英语来说，从入学考试的28分，到第一次月考的69分，这足以让他体会到有付出就一定有收获，极大地增加了学习英语的信心。

孩子到九班不久，我的耳朵就被班里同学的名字塞满，同学们的“奇闻趣事”都是他在中午放学回家的路上滔滔不绝对我讲述的话题，为班级无私奉献的祁琳、学养深厚的朱文铎、好学上进的崔依然、以数理化见长的庄恒昊、阳光可爱的田源、热心帅气的张奕、篮球神人郭展宏等等，他几乎喜欢这个班里的每个人，并由衷地赞叹、欣赏他们。真是神奇，这孩子什么时候变得这么乐于接纳他人？后来，我参加了九班的主题班会（李勇叔叔做报告）及第一次月考和期中考试两次家长会，三睹陈老师做事的风格，粗浅地感知了老师的教学理念。与山里孩子手拉手活又让我感受到陈老师的育人理念。赞叹之余，我知道，当我的孩子走进这间教室，这个集体发生的一切将时时刻刻潜移默化地影响着他，引发他为人做事的思考。

慢慢地，那个只能表扬不能批评、遇到矛盾要么无厘头要闹要挟、要么为息事宁人委曲求全的傻孩子，也会控制自己的情绪，渐渐安静下来，试着与父母沟通，说出自己的想法和感受，寻找解决问题的办法了。

九班是催人奋进的，给孩子动力的同时也增添了无形的压力。在这次期中考试结束后还没有公布成绩期间，孩子心里没底，终于按捺不住忐忑不安的心主动给老师打电话询问考试分数，要知道这对于以前满不在乎的他是不可想象的。当得知没有考好时，他坦言自己还是没有做到认真做好每一件事，学习过程中还有很多顾不上搞明白就放过去的问题。羞于问问题的他好像忘记了不好意思这回事，开始一道题、一道题地向老师和同学请教。这些变化让我感叹：环境的力量太强大了！

感谢陈老师用她朴素而伟大的教书育人情怀，在这个标榜自我的时代打造出神奇而强大的九班。感谢九班每位可敬的老师和可爱的同学们。

陪读的60多个日子

——访李君瑞奶奶

向青腾　李玲　整理

她是学校中最为年长的“学生”，每天按时上课下课，上课时也听得分外认真，然后仔细地看着孙子做笔记，生怕他记错。“其实看他的笔记都是次要的，我就是想让他养成认真上课的好习惯，只要有了好习惯，成绩就能提高。”李君瑞的每一个动作，奶奶都关切地看着，看到他没跟上老师讲课的节奏时，她更会着急。

课堂上，李君瑞奶奶眼神凝重，双眉紧皱。头发花白的她显然比同龄人更加操劳。而整齐干净的衣着，也让人看出老人生活的简朴。老人本是应该享受悠闲的退休生活的年纪，此时却坐在课堂上陪着自己的孙子上课，只是因为班主任陈老师的一次家访。奶奶说：“陈老师上课管班非常辛苦，为了李君瑞这个孩子，几次到家里了解情况，特别关心孩子。老师说这个孩子的学习习惯不好，需要有人监督，孩子的爸妈工作特别忙没有时间管他，我就这一个孙子，他的学习跟不上，我特别着急，我退休没事儿干，正好来陪读。有个人看着他，他肯定知道学。”奶奶朴实的话语感动了陈老师，在九班，就在李君瑞的身边特别安排了一个座位，让奶奶可以时刻监督。

60多个陪读的日子，不顾自己的身体，也不顾家中多病的老伴，只为了能让李君瑞好好上课，老人家天天都来学校，和学生们一起上课，记笔记；和陈老师一起观察李君瑞的转变，探讨教育方法。

在奶奶和陈老师的感化下，李君瑞不断发生着变化。他的眼神不再冷漠，而是开始和同学们交流；上课不再睡觉，开始跟着老师记笔记；下课不再打逗嬉戏，开始向好学生问问题。陈老师循循善诱的教导和奶奶的默默陪伴，使这个单亲家庭的孩子发生了变化，他的成绩不断进步，没有厌学的心理，学习习惯也在形成。

奶奶说："李君瑞学习不好，不爱说话，总犯错误，可是陈老师总能发现他身上的许多闪光点。"他艰苦朴素，乐于助人。这一点陈老师在全体学生面前多次称赞他，并鼓励他如果能认真听讲，努力学习，不惹是生非，一定能成为一名好学生。

老人家陪读这件事得到了学校各方的支持。九班的学生在课间争相帮奶奶倒水，带奶奶去洗手间。九班的任课教师，积极与老人交流李君瑞的情况，为他的转化出谋划策。陈老师的关爱更是让老人家感动。李君瑞的英语是最弱的一科，在英语课上陈老师就让他多做基础题，并给他肯定和表扬，调动他学习的兴趣，增强他的自信心，克服畏难情绪。陈老师还尽可能地在班里为李君瑞创造为班级做事的机会和条件，让他体验到成功的喜悦。

在奶奶陪读的日子里，李君瑞在各个方面的进步是有目共睹的。老人家最要感谢的是陈老师无私的奉献和倾注的爱心，还有可爱的九班学生。只要家校联合，只要不离不弃，只要倾注爱心，就能看到转变，就能看到希望。

九班的味道

李佳培妈妈

味道一：幸福。

十月的一个上午，闺蜜邀我帮忙，我提前为女儿准备好午饭，匆匆赴约，正赶上四中学生放学，一路逆行在学生流里，迎着一张张稚嫩的面庞，两眼开足马力扫描着，生怕漏掉每一张熟悉、可爱的九班孩子的脸。

"阿姨好！"

是铭推着车走过来。"你好！"

"阿姨好！阿姨好！"两张向日葵般的脸迎面而来，是旭和宇。旭的脸上总是洋溢着喜感。

"孩子们好！"

"嗨！"一个戴着眼镜，个头稍高于我的女孩一脸灿烂地摇着右手停在我面前，我条件反射般地举起右手，一边挥动一边回应：“嗨！”原来是九班颇具“大姐范儿”的蕾。

我边走边和孩子们打招呼，心中有一种莫名的滋味缓缓漾开，暖暖的、甜甜的，还有点儿……反正是之前未曾体味过的一种美好滋味。这是我做九班学生家长三年多以来，第一次有这样幸福的感觉，这些孩子大多是我最近参加九班组织的北京两日游、“师兄、师姐回母校传帮带”九班取经会、游览绿博园等活动，新结识的小朋友。原来幸福竟如此简单，它不带任何杂质，只要用爱去感受，它时刻在我们身边。

味道二：温暖。

今年8月6日早晨，我送孩子去北京参加TIP培训活动，我们6:00之前到了集合点，没想到班主任陈老师比我们还早。陈老师把孩子们叫到一起，逐字逐句地叮嘱孩子们：“注意安全，最好不要用学校的暖瓶，那里的暖瓶质量不太好，怕接热水时暖瓶坏了烫着你们，我给你们每一人准备了一份方便面，晚上饿了加餐。”看着孩子们把陈老师围在中间，一脸认真地听老师讲话的情境，我感觉一丝丝温暖游进心间。

作为家长，一直以来，我认为老师和其他行业的人一样，同样需要休息，同样有自己的家庭，有自己的父母、孩子，同样要养家糊口，所以我从不认为老师应该拥有比我们更高的道德情操、从不认为老师应该把所有关爱、宽容、忍耐都奉献给他的学生。基于此理念，老师为我的孩子所做的点点滴滴我都心存感激。

TIP培训活动结束那天，为了满足孩子和家长们的心愿，陈老师放下家里的事情，陪我们家长一起去接孩子们。一见到陈老师，孩子们别提有多高兴了，一个个争先恐后地向老师汇报两周的学习成果，有的孩子亲昵地挽住老师，用英语述说十几天的经历，有的孩子拉着老师玩起了自拍，有的孩子甚至顾不上和家长打招呼了。而陈老师一边和孩子们交流，一边举着照相机不停地记录着和孩子们的每一个快乐瞬间。看到此情此景，作为家长，我除了感觉温暖，还有放心。

味道三：欢乐祥和。

为了让经过两周全封闭、全英文、高强度培训的孩子们放松一下心情，经过陈老师的统筹规划、宇爸爸的悉心安排、家长们的积极参与，我们组建了一个三十余人的团队，进行了为期两天的北京之旅。

第一站是游览古北水镇。刚进水镇，天空下着雨，伞原本是够用的，可孩子们却三三两两地挤在一起，互相撑着伞，抑或干脆冲进雨中互相追逐着、嬉闹着，时而驻步互相拍照，时而神秘地围在一起“谋划”着什么，时而放声大笑，好不快乐呀！

暮色渐近，我们一行走在青石板铺的路上，置身于水镇古朴、祥和的环境中，孩子们的兴致好像全然不在于此，他们或三人一组，或两人一对，旁若无人地大声用英文对着话，说笑着，不时引来一些游客回头，好奇地驻足看着他们。青春少年们给古镇留下了一抹勃勃生机，留下了一路欢声笑语。

第二站是熏衣草庄园。

那一片紫色的花海十分令人震撼。小姑娘们一个个迫不及待地飞进熏衣草的花海里，蝴蝶般忽扇着双臂，摆着不同的姿势拍照；小伙子们也不失浪漫地互相导演着摆姿势，拍照留念，有人还将鼻子凑近熏衣草贪婪地吸着花香，看来喜爱美好事物是人的共性。我和其他几个家长也笨拙地摆了几个姿势留下了“青春”的记忆。最忙碌的人是陈老师和宇爸爸（我们称他李导），他们不停地按动相机快门，记录着每一个美好瞬间。

夏日的太阳，将火热的光洒在每一棵熏衣草上，仿佛要蒸腾出熏衣草每个细胞里的清香、执着；夏日的风，不分方向地吹来，拂过孩子们青春稚嫩的面颊，仿佛想让这些少年感受到花朵的清香、热烈、坚定和勇敢。

代表美好、浪漫的熏衣草，见证了九班老师、家长、学生之间融洽、浪漫、欢乐、祥和的情感。

第三站是雾灵西峰漂流。大家穿戴好装备坐进皮艇，将皮艇往滑道口一推，“啊——”大家尖叫着，瞬间飘下去，非常刺激。当漂流到中间段的时候，坡道较缓，可以一边欣赏雾灵美景一边打水仗，打水仗是最放松、快乐的事，让人仿佛回到童年一般，不论年龄、性别，不论陌生、熟悉，只要你有足够的童心，你可以向任何人“开枪射击”。用一个词形容，就是享受。

到尾段时，总盼着慢些，再慢些，让人有一种意犹未尽、恋恋不舍之感。

其实漂流就像人生，有起有落，有惊涛骇浪，也有平湖秋月。我想漂流的经历对孩子们的成长是一次很好的历练。对成年人来说是一次解压，一次释放。

在我的心里，九班的味道远不止此，来日方长，好的味道要细细去品，慢慢去悟。

倾“心”施教育桃李 倾“情”育人溢芬香

李鑫宇爸爸

2013 年 9 月，因为孩子，我结识了您。两年间，我既是一名家长，也是一名学生。因为，从您身上，我看到了很多，也学到了很多。两年间的点点滴滴和孩子取得的“巨大”进步（六年级期末年级 205 名，八年级期末进步到年级 66 名；更重要的是孩子的性格发生很大转变，更加积极向上，与同学们的交往也更为融洽），让我们全家既感到欣喜，又倍感幸运。说实话，近两年，每当和同事、朋友们提到孩子学习，我都会情不自禁地提到您，每次说起您我都会滔滔不绝地讲上一通。今天，让我来写您，我想我还是用我记忆中的零散片段，来串起您带给我的感受……因为，我觉得这样最客观、最真实。

片段一：记得第一次见到您，是在孩子七年级第一次家长会上，当时您给我留下了深刻的印象。不仅仅是因为您和蔼可亲的态度，而是家长会的内容和方式。您让班干部和各科课代表轮流上台讲班级的整体情况、存在问题和孩子们的个体表现，既锻炼了班委们的心理素质和语言表达能力，也客观地反映出班级和孩子们在校的情况；而您登台既没有批评任何学生，也没有表扬学习优异的同学，提到的都是日常学习成绩较差的孩子如何帮助同学、如何为班集体做贡献等等，这都让我感受到了您的“与众不同”。近两年家长会，看着孩子们发言从最初的紧张、青涩到现在的淡定、从容，一点一滴的成长和进步，都得益于您的“特殊教育方法”，我想这些经历会让孩子们一生受用。

片段二：记得第一次到您办公室，了解孩子在校学习情况，当时您拿出了一个小本，本上密密麻麻地写满了字，虽然字迹略显潦草，但是却非常清楚地记录着每一天九班同学们发生的“重要事件”，既有孩子们哪个没交作业、上课不认真听讲等情况，也有孩子们表现优异、犯错误以及彼此闹矛盾等各方面情况；既有事情的简要经过，也有您的分析、感悟和处理方法……说实话，当时我很震撼，也很钦佩，我从未见过如此用心、如此认真的老师，我不知道您从教 30 多年一共记满了多少个小本，我想一定不会少，因为我觉得这已经成了您每天的工作习惯。您在每天的记录中，不断研究着孩子们多变的心理，不断总结着经验，不断调整和改进着自己的教育方法。我想，正是源于此，您才培养出那么多优秀的学生，您才能把每一个班级都调教得越来越好。

片段三：2014 年 3 月的一天，儿子放学后拿回来两本书让我看，一本叫《恰同学少年》，是您教的上一届九班 2010 年初中毕业时制作的纪念册，其中有九班各项活动的精彩照片和取得的荣誉，有孩子们参加军训和运动会的感悟，更有孩子们对您和九班的感谢和留恋。第二本叫《风华正茂》，是 2013 年孩子们高考后再一次制作的毕业纪念册，书中满是孩子们对九班初中生活的回忆和怀念，还有九班精神的集聚和印证……从书中我得知：2010 年 7 月，九班 53 人 100% 升入高中，重点上线率达到 57%，4 人总分位列大港油田考区前 5 名，“油田中考状元”也在九班诞生；2013 年 8 月，53 人中 50 人考上本科院校，其中 24 人考取 211、985 院校，清华、同济、天大、南开、川大、重大、新大、辽大、中国政法大学、中国地质大学、中国石油大学、西南交大、成都电子科技大学等一连串名校都有了九班同学的身影。看后，我真心地钦佩您的能力，也真切地感受到了“老九班”精神的力量。我相信，这份傲人的成绩单，在大港油田的历史上也是绝无仅有的。我想，您把这两本纪念册让孩子和家长们传阅，又多次将老九班的师哥师姐们请回来与同学们座谈、交流，是想让现在九班的同学传承好师哥师姐们的精神，变得愈发优秀。我觉得您的目的达到了，“九班精神”已经成为孩子们团结向上、积极进取的动力。

片段四：2015 年 4 月 29 日晚上一到家，儿子就兴奋地对我说：“爸爸、爸爸，我们班今天运动会老牛了，团体总分 128 分，全校第一，还被评为精神文明班级。”真棒，陈老师，我由衷地为您和九班点赞，六年级时倒数第二，七年级您接班主任后第一年就正数第二，这回又全校第一，孩子还是那些孩子，为什么会发生如此巨大的变化？您知道，孩子们知道，我也知道，是您，每天坚持亲自带着孩子们跑步、做操，每天都让孩子们比别的班多跑几圈，正是源于日复一日地加练，“九班”才取得今天优异的成绩。翻看“老九班”纪念册，我感慨万分，历史是惊人的相似，“老九班”六年级时运动会获得第四，七、八、九年级连续获得第一，九年级更是创下校史记录，拿下 192 分。相同的进步难道是巧合吗？我想不是，我觉得这只是您特殊教育方法的又一次成功的“复制”。我清楚地记得您说过“孩子们的身体健康和心理健康比学习更重要”，我想正是因此，您才在运动会结束后立即组织召开总结班会，让孩子们畅谈运动会感受，分析取胜的原因，讲述一天中的感动瞬间；随后，您又让孩子们每人写一篇运动会感悟，专门制作了《阳光之下跑道之上——2015 春季运动会特辑》纪念册，为孩子们留下永远的纪念。我相信，一张张奖状、一个个感动和一本本纪念册必将影响孩子们一生。

片段五：2015 年 5 月 27 日，为期三天的军训结束了，回来就听孩子不停地给我讲军训期间的趣事和感动，提得最多的就是教官和您。回来之后，您让每一名孩子写了一篇感悟，编辑了一本名为《绽放在军营里的向阳花》的纪念册，为孩子们留下永恒的青春记忆。翻看纪念册，您又一次让我感动：军训往返路上，您在车上几乎就没有坐下过，始终站着给孩子们录像；军训期间，您又顶着炎炎烈日，“长枪短炮”不离手，记录着孩子们在军营里的点点滴滴。三天，1700 多张照片、数个小时的视频（听孩子说，其他班最多的才不到 100 张照片），每一名同学都有不同的独照，训练的、宿舍的、吃饭的、活动的……一应俱全。说实话，我觉得单从工作角度，对于已经年过半百的您来说，完全可以像其他年轻老师一样在空调屋里休息或是在树阴下乘凉，而您却始终顶着烈日为孩子们拍照、解难。我想，除了责任心之外，更多的是因为您对教育工作的满腔热情和对孩子们无私的“爱”。

两年多来，这样类似的片段有很多，您带给我的启发和感动一个接着一个，无法用言语表述……两年间，九班同学们的“精彩”也层出不穷，参加大合唱比赛、话剧排练演出、制作《九班人九班事》纪念册、走进录音棚录制班歌、实地拍摄模拟法庭、参加北大 TIP 全封闭英语口语培训夏令营、古北水镇两日游、武清世博园一日游、观看“名流茶馆”相声晚会、邀请“油田十大优秀青年”作专题报告等等，这些活动我参与了很多，也感悟很多、收获很多。我想，这些都与您独特的教育理念和教学方法分不开，每一次的活动您都能让孩子们得到多方面的收获，这些经历和收获必将让孩子们一生受益。

三十年倾“心”施教，三十载倾“情”育人。我想，在您30余年的教学过程中，不论是教育方法还是教学成果，都一定还有很多看似简单的成功“复制”和“创新”，我知道这其中蕴含着您的勤劳、智慧、心血和无限的“爱”。从您身上，我真真切切地感受到了平凡之中的伟大！

忆“陈”年往事，您“树”人无数，持“平”常之心，散桃李芬芳。也许，您的名字决定了您要三十多年如一日地为孩子们操劳，不计名利，不图回报，俯首耕耘，只为桃李芬芳。但是作为受惠于您的学生和家长，我们永远也不会忘记，也永远感谢您对孩子的谆谆教诲和无私付出。明年，您就55岁了，我们全家衷心地祝福您身体健康、事事如意！也真心地祝愿您今后的生活丰富多彩、充满阳光！

优秀的班集体——九年九班

王润宇妈妈

班集体作为学生成长过程中的一个重要组成部分，它是学生成长的摇篮。实践证明，良好的班集体始终激励着学生不断进取，主动、健康地成长，能使得学生心情愉快，更加积极、轻松，充满激情地投入学习、生活当中去。班集体温馨的环境和积极上进的氛围，犹如“随风潜入夜，润物细无声”的春雨，滋润着学生的心田，对其思想、道德、情感都会产生潜移默化的作用，对他们的人生观和价值观产生巨大的影响。九年九班就是这样一个优秀的班集体。

九年九班是一个把竞争、信念、友爱和奉献完美结合的班级，是一个优秀的集体，一个温暖的家。在这个家里有43个可爱的孩子，每个孩子都代表着一种正在张扬的个性，每一种个性又都在诠释着这样一群青春似火的孩子。在这个温暖的家里永远有一道用友爱编织的风景。在遇到困难时候，他们彼此倾心相助，使每一个旁观者感动，那是一种从心底流露出来的真诚、友善和对朋友的关心。孩子们为生活在这样的一个大家庭里而感到幸福，而这个家也是因为有这43个孩子才显得温暖甜蜜，活力四射。

这个优秀的班集体不可能自发地产生，也不会随着时间的推移自然而然地形成，是通过班集体成员的共同努力，特别是班主任陈老师的智慧和创造性的劳动，逐步地培养着这个班集体。班主任陈老师对教育事业忠诚、执着、无私奉献，她端庄大方、不卑不亢、温文尔雅、风趣幽默，吸引着学生和家长。

陈老师坚持不懈，持之以恒地本着做好每一件小事的理念，踏踏实实、兢兢业业地做好班主任工作，“把眼睛定在一点一滴的小事上，做好了平平常常的每一件小事，不知不觉，当学生回头时，已经前进了一大步。”班级管理繁琐复杂，也总会有几个调皮鬼。我的孩子就是其中之一，他一次次地犯错误，我们做家长的都很头疼。但陈老师却没有嫌弃他，没有丢下他，每次她都会耐心地、不断地对我的孩子进行批评教育，一点点地使我的孩子慢慢走入人生正轨。

给我印象最深的一件事情是，有一天中午陈老师给我打电话，问起孩子给他们班同学过生日的事情。当时我们做家长的并没有在意，心想不就是给同学过个生日嘛，能出什么大问题。可是没想到下午又接到陈老师的电话，才知道这几个孩子过生日时喝酒了，吃完饭后又去 KTV 唱歌，拍了些男女同学合影的照片，并发到了 QQ 空间。我们这才意识到问题的严重性，这不仅是违反了校纪校规，而且损害了班级的荣誉，影响非常恶劣。陈老师这次很生气，严厉地批评了我们做家长的管教不严，并且针对每个孩子的问题一一和家长作了详细的沟通。由于我家孩子这两年之内犯的错误比较多，陈老师想利用这次机会彻底给他一次教训，于是第二天让其他同学都上课了，唯独把他留在老师办公室写这两年之内他犯下的所有错误，让他深刻地检讨问题的严重性。孩子在办公室写了一天的检查，认真地反思了两年之内犯下的各种错误。当天晚上他回到家拿着厚厚的检查，难过地对我说：“妈妈，没想到我竟然做了这么多的错事，我对不起为了我努力挣钱的爸爸，对不起为了我舍弃工作来这里陪读的你，更对不起陈老师对我的信任和培养，请你们再给我最后一次机会，我会努力改掉我的坏毛病，再也不给你们惹麻烦了。”听到这些话，我激动地哭了。我告诉他说：“孩子，知道陈老师对你的良苦用心了吧，她这样做就是为了让你深刻地反思你的过错。现在你知道错了，让我们一起努力改正，不要再让你的老师失望，我们相信你会成为好孩子。”

通过这件事情以后，孩子好像突然长大了，他和以前不一样了，回到家不再偷着玩手机了，而是定下心来，认真完成作业，遇到不懂的难题就去问老师。陈老师还担心孩子心里有什么想法，好几次找到他和他谈心。慢慢地他的成绩进步了，期中考试时他的成绩在年级排名中前进了 40 名。

陈老师既有一流的教学水平，又有与众不同的育人方法，因而受到学生和家长的尊敬和爱戴。我真心佩服陈老师，从内心里感激陈老师对孩子的帮助。

除了教育孩子之外，陈老师还不断完善班级的管理。同学们在班主任老师的指导下，跟随集体的脚步，注重时代感和创新精神，学会生存、学会学习、学会做人、学会做事，共同营造纯正的班级风气和良好的班级氛围。团结的思想，让家长相信他们有能力在各项活动中做得更好；奋进的精神，令他们有潜力使成绩更上一层楼。一分耕耘，一分收获，我相信九年九班全体师生会更加努力，结出丰硕的成果。进步无止境，希望他们继续努力，只要同学们一直手握着手，一齐朝同一个目标奋斗，就一定会不负众望，取得骄人的成绩回报学校和社会，迎接灿烂的明天！

孩子们的另一个家

董渹宁妈妈

还有近8个月的时间，就要中考了，每每想到中考，我心里不由得有一丝紧张，同时，夹杂了更多的欣喜和期待。之所以紧张，是担心孩子的中考成绩；之所以期待，是孩子又要在人生的道路上向前迈一大步，面对孩子们的健康成长，哪个家长又能不欣喜、不期待呢？

担心中考成绩，是每一个初中学生家长的共同心态，而与更多家长不同的是——对于孩子的身心健康，我没有丝毫的担心，之所以这么自信，得益于孩子还有另一个家——油田四中九年九班！

九年九班，就像是一个家，而班主任陈老师，就像是学生们共同的妈妈，她不但在学习上、生活上对学生们悉心照料，还着眼于学生们的人生观和世界观，着眼于学生们的未来发展。正是这种大智慧和无私的爱心，成就了孩子们的身心健康，实现了家长们的放心和欣慰。

为了学生们的健康成长，军训时陈老师主动地承担带领孩子们去训练和学习的事务。在训练营3天的时间里，全班同学圆满完成军训任务的同时，在训练和生活中能够互帮互助、在思想上保持乐观豁达，他们加强了保家卫国的信念、收获了坚强的意志、收获了强健的身体、收获了通过拼搏克服困难获取成功的快乐，一个个镜头，一段段感人肺腑的文字，让学生家长由衷地感激和舒心。

不得不提的是，学校和老师们组织的那些课外活动，让学生们主持节目、登台表演，既开阔了思维，又丰富了知识；跳绳比赛，欢歌笑语；给孤寡老人送温暖，培育了爱心，增强了社会责任感；模拟法庭，孩子们的表现大方得体、有板有眼，让家长们感受到了孩子们的成长，让孩子们感受到法律至高无上的庄严。

九年九班就是一个家，在这个家里，孩子们是真正的向阳花，充满阳光、积极向上；团结一心，亲密无间；谦虚低调，不骄不躁。借用周校长的一句话：九班人演绎着九班的故事，愿你们每个同学都做一个讲故事的人，讲述你们自己的故事，传递正能量，做时代的领跑者。

作为学生家长，在这里衷心地感谢油田四中、感谢每一位为了学生们健康成长付出努力的老师，同时，祝愿老师们身体健康，祝愿全班同学取得更大的进步！

和所有的家长一样

张奕妈妈

和所有家长一样，从孩子出生时起，我就对他充满期待：希望他在各方面都出类拔萃；希望他好好学习成绩优秀；希望他好好锻炼身体，成为体育健将；希望他性格开朗、口才好、人际交往游刃有余。但这只是美好愿望，现实是自打升入初一他就迷恋上网络，玄幻小说和网络游戏成为他的最爱；怕吃苦，怕受累，不爱劳动，不爱活动。因为我阻止他上网，或者强制他背课文，我和他冲突了好几次；为了辅导他，我费了很大劲儿把他所学的都看了一遍，可是孩子根本不配合，后来干脆躲着我，我发觉越来越难和他沟通了。难道是青春期叛逆？当时我很烦恼，却一点儿办法没有。这一切随着陈老师的到来发生了转变。

应该说，九班的孩子们都是幸运的，能在他们的青春期刚刚开始树立人生观的时候碰到这样的班主任。

我在和陈老师接触时能感受到她的与众不同。一次我给孩子送书，大课间恰巧看到陈老师正呼哧呼哧领着学生跑步，我当时就想："好，这样孩子们就不敢偷懒了。"看儿子乖乖跑步我心中窃喜。陈老师接手之前，这个班纪律一直挺散漫的，正气不太足。这些问题有时在孩子身上能体现出来，比如传看玄幻小说。从陈老师当班主任后，重点抓班风，并要求家长配合，孩子上课不许带手机等电子产品，杜绝孩子用智能手机看小说玩游戏。但是坏习惯改起来挺难的，断根更难。一个星期六，孩子玩儿游戏快一小时了，我强制他关机，闹得很不愉快，他钻到自己房间偷偷写东西，写完又撕碎扔到纸篓里，等他走了我把碎纸拣出来拼好，看了孩子写的东西，我心里很委屈：觉得孩子真不理解我，要求严些，是为他好呀，他反而对我有意见。第二天我找到陈老师，记得当时陈老师就说了一句话，你放心，孩子交给我吧。不知为啥我很踏实，可能是第六感吧，从那以后我真的再没管过他学习，只是照顾他的生活。

但是慢慢地我发现他看小说的时候越来越少了。不是他能管住自己，而是兴趣转移了许多。不知道老师用了什么办法，孩子的性格也开朗了，经常参加一些班级活动。夏天参加了陈老师组织的英语夏令营，给我打电话说的全是英语，把我高兴坏了，要知道他对英语不"感冒"，怕吃苦，懒得背单词，更别提英语对话了。今年夏天孩子主动早起跑步，有时还主动帮我干家务。最近几次期中期末的成绩也有了显著提高。有一次我问孩子，妈妈要求你多锻炼，你不理，怎么陈老师要求你就听了呢？孩子回答说，你哪里有陈老师的水平，我问啥水平，儿子说只能意会不可言传，你懂的。

我记得陈老师当班主任后的第一个家长会是我去参加的，会上陈老师让家长发言谈谈教育孩子的体会，听了几位家长的发言，我受到了很大的触动，暗暗下决心回去后向这些家长学习，多付出些时间在孩子身上，同时觉得陈老师真智慧，带动家长一起管理孩子。第二次参加家长会发现会议由班里的学生主持，家长自由发言，会议气氛更加融洽。这让我联想到孩子说喜欢上陈老师的英语课轻松自由，但效率甚高。当时我想，这老师真特别。

随着时光的流逝，整个班级的精神面貌都发生着改变，我有时到班里找孩子，孩子们都礼貌又热情，让人感觉非常舒服。我感觉这两年孩子们都懂事了许多。放学还有很多同学还在讨论学习或是写作业。这两年都发生了什么？在孩子们的心中陈老师是有凝聚力的，陈老师以她独特的人格魅力在影响和改变着这群孩子，甚至我有时都想找陈老师排忧解难，因为觉得陈老师是很有办法的聪明人。她用了什么方法把这群正值青春期的孩子引上正确的道路？这群孩子来自各种各样的家庭，社会上各种不利的外因影响着孩子的成长，但有陈老师这个领航人，孩子们没"长歪"，九班精神、九班的班徽、九班的班训、九班日常行为指南无一不彰显着陈老师的教育理念和智慧，满满都是正能量。我想孩子们在九班学到的东西会对他们一生受益。作为家长，只面对自己的孩子，陈老师要面对的是全班四十多个孩子，这背后该是多少辛勤的付出。将心比心，没有对孩子的爱和责任是做不到的。因此，对陈老师我真的除了感激、尊敬，还有佩服，希望多一些像陈老师这样的班主任；希望我的孩子高中也能碰上这样的班主任；希望学校能创造有利传承的平台，把陈老师的教学方法发扬光大。再次感谢陈老师，希望陈老师能成为我和我的孩子一生的良师益友。

孩子的成长与变化

朱文铎妈妈

每一个家长都希望自己的孩子茁壮成长，学有所成。初中在孩子成长过程中也是非常重要的阶段。一个优秀的老师，对规范学生行为，端正学生思想，引领学生学习，走向理想人生将起到积极作用。有幸我的孩子和他们班的同学就遇到了这样一位好老师，让我的孩子在各个方面都有所成长与进步。这两年来孩子的变化非常大，在思想上、生活和学习等方面逐渐走上正轨。这些固然有家长的努力、孩子的好学，更得益于陈老师孜孜不倦的教诲。

首先，在个人生活习惯方面，都说要培养孩子良好的生活习惯，说起来容易做起来难！朱文铎的小屋里从来就没有利索过，写字台上、床上、地上，总是散落着很多书本和文具，甚至还有袜子。还经常丢三落四,随手乱放,用时现找;交代他的事,转头就忘,真是让人很恼火。有一天他的数学课代表被罢免了,因为他的写字桌周围都是他扔的废纸,办事不得力,老师说,不需要这样的课代表。陈老师也找他谈了话,借此事指出了朱文铎的不足,还故意说了一些不信任他的话。他垂头丧气的模样让我既爱怜又有些期待,期待陈老师及时的谈话让他意识到好习惯的重要性。果然他的桌面变得很干净整洁,小屋也渐渐井井有条了。用完的东西都能放到一个固定的地方,也不再丢三落四了,做事情变得越来越有条理了。看着孩子这样的变化,做家长的我,心里十分高兴,也暗自佩服陈老师这激将法的高明。

朱文铎身体瘦小,协调性和力量都不是很强。作为妈妈,我很着急,一方面担心他的身体素质,另一方面担心他中考体育不达标。陈老师非常重视孩子的体育锻炼,开家长会时也多次说体育锻炼的重要性,我很认同陈老师的教育方式,她让一些擅长体育的孩子起带头作用,带动班集体的体育锻炼,让同学们积极参与到全班健身活动中来。朱文铎现在每天放学后会和同学坚持跑步,还喜欢上了踢足球、打篮球等等,身体素质明显提高了。现在,每周他都会带着乒乓球拍到学校练球,主动参加体育锻炼的积极性越来越高,有时晚上学习完了,还会和他爸爸一起比着做俯卧撑,仰卧起坐,看谁做得多,这样学习锻炼两不误。看着孩子的身体逐渐壮实起来,我们家长也很高兴。

学习方面,我认为陈老师对孩子们如何掌握学习方法的教学是十分重要,十分有效的。原来陈老师没来时,朱文铎并没有好的学习习惯,总以为写作业就是完成任务,也因为如此,成绩十分不稳定。可陈老师来了后,我虽看不到陈老师上课的样子,但从朱文铎不断进步的表现,我便能看到老师对他的影响。首先他学习热情高了,每次写完作业休息会儿,都会自觉继续学习,他自己说这与陈老师在有些作业上的“学生自愿制”是分不开的,这种做法很好地提升了学生的自觉性与充实感。其次是他有自己的错题本了,每次有空时或考试前他便会拿出来看看。一次,我无意间翻看,竟发现他已经积累了近三百道错题,我的孩子能如此有毅力,对学习如此认真,这又让我十分欣喜。孩子在陈老师的鞭策下也越来越能感受到学习的紧张与快乐。放学回家后,他自觉尽快地完成作业,留出更多的时间来安排复习或别的需要做的事情。积沙成塔,有重点地复习。

在以前,朱文铎不怎么爱看书,觉得书里的东西都太死板,跟电视、手机差远了。我总说他:“你快点儿去看看书,别光天天看电视、手机,有什么好处?”“唉!”他总是极不情愿地拖着脚步向小屋走去,拿起一本《鲁滨孙漂流记》装模作样地看,心思却已经沉浸在自己的幻想世界里了。后来陈老师给学生布置班级各项活动任务,比如:出板报,做 PPT 等,怎么组织材料,都让学生独立完成。这样一来,他就需要查阅很多课内外资料,阅读量增加了,有时我们还会聊一聊书里的故事情节,从此他慢慢爱上了读书,如《西游记》《狼王梦》《钢铁是怎样炼成的》等他都看过。有一次我故意考他，我说，“环抱之木生于毫末，九层之台起于垒土”下一句是什么？还提醒他是很熟悉的一句话，他想想说：“千里之行始于足下。”读书不仅丰富了他的知识，也教会了他许多做人的道理。现在书成了他寸步不离的好朋友！书变成了他的良师益友。

从孩子平常的言谈中，通过参加九班的班会和家长会，每个家长都能逐步感受到，这个班集体的学生们，在学习生活中的变化和成长。也深深地感受到陈老师为了学生的不断进步，所付出的努力和对学生的爱护。她费尽心思组织了很多活动，让同学们劳逸结合，我记得当时录制九班的班歌时，朱文铎回来跟我们兴高采烈地说，九班有自己的班歌了，都是他们自己写的歌词，并由家长支持找来辅导老师，对演唱进行辅导，而且进行了录制。那几天，他一回来就哼唱着班歌，还让我们听他们录制的效果，让我们提提意见。对孩子这种积极投入到班级活动的热情，我们绝对地支持并不断地鼓励他。我参加了一次九班的集体出游活动——游览武清绿博园，去的路上同学们通过对讲机，用英语提问并进行抢答。到了绿博园，同学们自由分组，朱文铎被老师选为小组长，带领大家在约定好的时间里自行安排游玩，在这次活动中，朱文铎带领的组员很守时，给我留下了很深的印象。在学生、家长和老师合影一起喊出“茄子”的时候，每个人脸上都洋溢着喜悦的笑容。

由于孩子们正处在青春发育转型期，陈老师找来油田单位被评为杰出青年的员工，给学生们讲自己的学习和工作成长经历，以及克服困难的过程，这位员工从一名学徒工，通过不断学习钻研，取得工作上的进步和单位的认可。朱文铎在听完后，踊跃发言提问，将自己在学习中遇到的问题提出来，大家在一起进行交流，听听别人在遇到问题时，是怎么处理的。陈老师通过这种方式，鼓励了学生大胆提问，主动交流思想，说出自己的疑惑。孩子回家后还跟我进行探讨。记得有一次考试前的晚上，他突然问我说：“我这一次要是考不好怎么办?”我当时就告诉他，我们都希望你考好，但是我们更希望你能承担挫折和失败。

在各项考试中，在学校运动会上，九班都取得了优异的成绩，当学生们唱起班歌的时候，班集体的凝聚力和集体荣誉感油然而生。我相信朱文铎在这个朝气蓬勃的班集体中，在陈老师的教育下，永远不忘记坚持与执着，在多彩的初中路上，将会获得更多的感悟与收获，进步与成功。

传道育人　润物无声

徐敬哲妈妈

写这篇文章，我不由会想到未来若干年后，问儿子：“在学生时期，对你影响最大的一位好老师是谁?"他一定会重拾起过去的岁月,感恩过去的成长……

"望子成龙"几乎是所有家长的心愿,我也如此,希望孩子能走进世界名校的殿堂,成为同龄人中的佼佼者,成为时代的宠儿。然而教育孩子是件既复杂又繁琐的事,需要父母有极大的耐心和良好的心态,这点至关重要。而我们却不知从何时开始,由于工作忙、工作压力大,对孩子渐渐缺乏体贴入微的关心,对孩子的关注度也集中在学习上,一味地强调孩子的学习成绩,忽略了孩子的全面培养。孩子长大了,却不太爱参加集体活动,不太会和别人交流,不善言辞,缺乏自信……是陈老师,及时提醒我们教育的缺失,使我们猛然意识到:作为一个未来的社会人,面对的挑战极大,各方面的竞争尤为激烈,知识固然重要,但良好的品格和社会交往能力更是必不可少的。然而,当我们意识到这一点时,却又感觉无力改变孩子,因为孩子已经进入逆反期,不太容易沟通……是陈老师,用积极的言行努力影响孩子,她鼓励孩子参加学校运动会并获得了名次,为班级争了光;她鼓励孩子参加了"模拟法庭"的学校活动,第一次穿上警服,神气活现地进入真实的法院;她鼓励孩子当上了化学课代表,并在家长会上作为课代表进行了发言;她鼓励孩子走上讲台,为同学们授课……孩子的学习成绩不但没有因为参加活动受到影响,而且一次比一次优异,尤其是进入初三以来,一次又一次的惊喜充盈在我心里,看着孩子越来越自信的眼神,我在感动和喜悦之余,满怀的是对陈老师的感恩和钦佩。

作为"人类灵魂的工程师",陈老师对她所有的学生都充满热爱,传递给学生们的是正面的、积极的思想,指引和培育着学生的心灵。班里几十个孩子,陈老师都了然于心,她深刻地了解每一个孩子,即使是有缺点的孩子,她都能发现他们的亮点,发现他们的可贵之处。每一次家长会上,陈老师表扬的不一定都是班干部、学习优异的孩子,而经常挂在嘴上的是:××同学积极打扫卫生、清理垃圾;××同学积极擦黑板、帮助同学;××同学主动为班级修门、种花……通过传递这些正能量,孩子们渐渐了解什么是对与错,什么是美与丑,如何尊重别人,如何面对成功和失败,孩子们慢慢具备了分辨是与非的能力。陈老师的传道育人,比"传道授业"有着更深远的意义……

回想起这两年多的点点滴滴,看着"九班"这个集体的不断进步,无一不是陈老师的心血和智慧结晶……为了和家长共同教育好孩子,陈老师刚接手这个班时,就成立了家长委员会,组织家长在家长会上互相交流;为了锻炼孩子们的能力,各项活动中陈老师把孩子们推到前台,她在后面保驾护航;为了引导孩子们多了解社会,她组织九班的同学们和湘西大山里同龄的孩子们开展了手拉手活动……在陈老师的带领下,孩子们为九班制作了班徽、编写了班歌、出版了《九班人九班事》……我作为家长,看着这些,心里时时被感动着……陈老师发自内心地热爱教师事业,热爱孩子们,她一点一滴地记录着班里每一个孩子的成长,无论在军训的训练场上，还是在带领孩子们郊游的草丛间，或在学校的绿草坪上……经常看到陈老师举着沉重的单反相机的美丽身影，数千张照片和大量的视频留下了孩子们美丽的瞬间，也留下了美好难忘的记忆，更是孩子们今后宝贵的财富。

我的孩子是幸运的，在人生关键的转折时刻，遇到了陈老师这样的好老师，营造了九班这样一个优秀的集体……身处于满满都是正能量的环境中，儿子有了更多成长的机会，不断成熟，更加自信。而随着中考的脚步越来越近，孩子和陈老师相处的时光却越来越短，真希望时间走得慢一点儿，让孩子能更多地沐浴在陈老师的教诲中，再多一些进步、多一些成长、多一些成熟，能够更加优秀！

“师者，传道授业解惑也”“教师是人类灵魂的工程师”……这些抽象的对老师的定义，我在儿子的班主任陈老师身上，深刻地感受到了！感谢陈老师！在孩子成长的关键时期，遇到陈老师这样的恩师，是孩子一生的福气，感恩！

最幸运的事

常月妈妈

作为一位母亲，最大的愿望就是自己的孩子学习好，身体好，听话懂事，长大后能有成就。

为了给孩子一个好的学习环境，我给她转到最好的中学上学，但这次的转学，让我对她的希望没有更高而是微乎其微。

常月以前是个听话、懂事、学习好的孩子，可自从她认识了一些学习不好的孩子后，慢慢地变了，不听话了，学习也在班里排名倒数，学校里也出了名，是每个老师眼里的坏孩子，还经常被请家长。我几乎每天都唠叨她，有时还会打她，可是没有改变她的坏习惯，反而变本加厉，经常抱着电子产品不放手，和品行不太好的孩子玩儿，我也是恨铁不成钢，着急上火，想尽一切办法都不管用，总说要放弃她、不再管她，可毕竟我生她养她，就有义务去教育她。

七年级一开学，我女儿跟我说班里换老师了，班主任也换了。一切都随之转变。陈老师没有放弃我女儿，而是耐心地帮助她，周末还会让我的女儿去家里上课。在她状态不好的时候，陈老师会打电话问我她在家的情况，也会找我谈心教我怎么教育孩子。

自从陈老师来到这个班，女儿在一点点地转变，她明白了很多道理，也很听老师的话。她以前从不和我说学校里发生的事情，现在每天放学回家就滔滔不绝地说她们老师的好。虽然她的学习成绩没有提高太多，但坏习惯已经改掉了不少，愿意和我说话谈心了，我看到了很大的希望，这些都是因为老师们的辛勤付出。一个班四十多个孩子，既教他们学习书本里的知识，还要教他们做人的道理，是多么伟大的老师啊！我对陈老师的感激、尊敬、还有佩服，都是无法用语言表达的。

我的文化水平有限，只有发自内心地说一句："谢谢您，陈老师，我的女儿能遇到您这样的好老师，是我家最幸运的事！"

说说我们的陈老师

祁　琳

突然发现，我的性格跟陈老师的有些像。发现这一点时我并不惊讶，仔细想想，两年多来，陈老师无时无刻不在感动着、教育着、帮助着、改变着我，甚至在某种程度上造就了我的性格。

她是一位尽责的班主任。进入九年级，陈老师和以前不一样了，不再会有时"神龙见首不见尾"，而是全天候地在学校管理班级。早晨七点半，她就随着来得最早的学生们进校，到班里监督大家收作业、做卫生、早读。晚上放学，为了让我们的英语成绩提上来，她常常为大家多上一节课，近六点半时，才"披星戴月"地骑车回家——她无疑成为了我们班最勤奋的人。大家看得出来，陈老师真的"拼了"。所以九年级再累我们也不会怕，因为我们知道，有陈老师和我们在一起。

可她付出得最多，索取得最少。前两天的教师节，绝对是因为我的错误，没有组织同学们一齐给老师问声好。晚上放学，照例是加一节英语课。陈老师给我们发了卷子，大家边做，边听她讲评着大家近期的状态，她一顺口说出了"我这几天还一直发着烧呢"，这句话虽然说得很轻，好像也没什么人注意到，可于我，就像一颗炸雷。我心中五味杂陈，真是没想到，陈老师看上去那样精神，近来却一直在发着烧！一定是因为这几天早出晚归为班级的大事小事操心太累了……我感到越发愧疚，这个最应得到我们的感谢的人，大家却没有对她一起说出："陈老师教师节快乐！"放学了，我又伤心又后悔地向她道歉，她却淡然地笑着说："It doesn't matter, don't care about that. 只要心在，距离就不是问题！"当时，我甚至感到有泪水在眼眶里打转，而陈老师笑了笑，拍了拍我的肩膀，又去忙班里的事情了。

这件事，现在想起来还觉得难以忘记。陈老师，教会了我什么是奉献。

她是一位智慧的长者。她刚接手九班时，我总是缺乏自信，英语课上自愿朗读时我总也不举手。当时我想，再准备准备，可当我准备好了，课堂又进入下一个环节了。如此几次后，陈老师在课下找到了我，她给我讲了一个故事。从前，寺庙里有两个和尚，他们计划去海南旅游（我一直奇怪和尚能旅游吗？大概这个故事被陈老师改编了吧……）第一个和尚说走就走，而第二个和尚却又是攒钱又是造船，总是希望一切准备就绪再出发。而到最后，第一个和尚已经结束了他的旅行，第二个和尚还没出发。讲完这个故事，陈老师又是意味深长地点点头走了（太相信我的理解能力了吧……）。我知道，陈老师想说，要争取机会，有时候，追求完美并不是最好的选择。这种睿智的生活态度不得不让我十分佩服，而我，也终于在"陈老师小故事"的影响下在下一次自愿朗读时举起了手。通过这件事，我发现陈老师也"很文艺"，经常看书、看报、看杂志，思考人生，而那一个个闪烁着智慧的火花的"陈老师小故事"，也成为我们成长路上最好的助推器。

她是一位管理有方的领导者。我们九班，好像没有什么书面的班规，可具体要求却人人皆知。颇具代表性的有什么"不许以任何形式送给老师任何礼物"啦，"不许在学校吃东西喝饮料"啦，"升旗列队时要站得像个军人一样"啦，这些规矩，在别人看来有些特殊，在九班人看来却格外亲切。这些略有些"古板"的规矩，把陈老师的风格彰显得淋漓尽致。正是因为这些"古板"的规矩，才让我们有了属于九班自己的特色。陈老师不是只知道抓学习的那种老师，而且正相反——她注重的是其他一切与学习"无关"的各项素质，所以，我们的校园生活是丰富的、充满意义的。在班级活动方面，她总是本着"对班委多指导，对活动少干预"的原则。记得七年级第一次演话剧时，陈老师几乎没怎么插手，她是想让我们这些"雏鸟"历练一下。历练的结果呢，当然是很糟糕啦。那时我关于这方面绝对是零基础零经验，不得不说，从选人到排练再到演出，真是一个问题接着一个问题。当所有的这些结束后，陈老师才"再次现身"帮我们悉数排练过程中的不足，给我们讲怎样做才会更好。有了这次"难忘"的经历，到八年级再排练话剧时，我们吸取了上次的教训，一切都得心应手多了。难以想象，要是没有当初陈老师的"撒手不管"给我们一个历练的机会，我们现在会是什么样。

陈老师，让我明白了怎样管理。

然而，她更像一位母亲。此处可以摘取我的一篇随笔：

2015 年 6 月 19 日。（找陈老师谈心）

本来是想问问她关于忍耐的问题，可最后话题却被越拉越远……哈哈，看来和陈老师谈话没有什么主题，而是十分轻松的聊天。一句话，看心情。

陈老师说，我们这些人将来都是做栋梁的人才，有些拓展的东西，她就是给我们讲的。我心里又感激、又感动。我问自己，你真的配得上"栋梁"这个称谓吗？你对得起陈老师的希望吗？现在，我还不能做出肯定的回答，以后呢？

陈老师还说，只有先照顾好自己才能更好地帮助别人。

和陈老师谈话，虽然没有得到最初那个问题的完美回答，却又接受了一次心灵上的熏陶。陈老师就像九班的太阳，把每一缕温暖的阳光都照到我们身上。对呀，九班人不就是向日葵吗？

是的，她不只是一位老师，而是一位大家长，在生活中无微不至地关心着我们。

说了这么多，其实想表达的意思只有简单一句话：陈老师对我们每一个人影响都很大，陈老师对我们每一个人都很重要。

一位精神矍铄的老班主任

莫晓梅

她个子不高，短短的头发中夹杂着几缕银丝。一双圆溜溜的大眼睛，深邃，充满智慧。秋冬时节她总穿着那件略褪色的橘黄色的薄棉袄，如同地里一棵火红的高粱，健壮、朴实。

2014 年夏，刚带完毕业班的我，被安排教八年级六、九班语文，有幸结识了九班班主任陈树平老师。她已年过五旬，性情爽朗、说话风趣幽默。她的身影飘到哪里，哪里就是一片欢声笑语。只要不刮风、不下大雨，她总是骑着一辆旧的黑色自行车，风驰电掣般从你身边闪过，这个风风火火的矍铄的老教师，似乎有着使不完的劲儿。

她是一位爱心充溢的班主任。陈老师当班主任，满心装着孩子，真诚地爱着每一个孩子。她几乎天天 7:30 就到校，组织孩子们晨读、背诵。每天两个大课间，她同孩子们一起跑步，别的班跑三圈，她的班跑五圈。放学后在后操场继续练跑。看着当今孩子们车接车送，缺乏锻炼，有的弱不禁风，动不动感冒，耽误学习，她很着急。健康的身体是学习的前提。于是她身体力行，每日三练，孩子们跑多少圈，她就在前面领跑多少圈，看着这么大年岁的老师都能坚持，学生们谁还好意思说自己不行，慢慢地，跑步成了九班的一种习惯。有些同学放学后自觉去操场跑步，一跑就是十多圈，汗流浃背，腰酸腿疼也咬牙坚持，直到夕阳染红了天边。孩子们在跑步中不仅强健了身体，还磨练了坚强的意志，培养了吃苦耐劳的精神。运动会上他们取得骄人的成绩，从倒数第二一跃成为冠军，这是日积月累用辛勤的汗水浇铸的奖杯。

因为是均衡分班，所以九班的孩子素质参差不齐。有成绩优异、品德高尚的优秀者；也有胸无大志、浑浑噩噩度日者；更有惹是生非、唯恐天下不乱者……看着孩子们有如此好的学习条件和环境却不知珍惜，虚度韶华。陈老师看在眼里，急在心中，可空洞说教，对青春期叛逆的孩子来说无异于对牛弹琴。神通广大的她，得知油田有一青年父母残疾，自己职高毕业，却在工作中自立自强，踏踏实实地干事情，于众多高学历青年中脱颖而出的事迹。她就利用休息时间骑车去拜访，诚恳地请他来班里为孩子们作报告，来自身边的、真实动人的事迹打动了孩子们的心。有的孩子受了感动，开始用心学习，李君瑞就是其中之一。他的小学同学说："李君瑞学习很差，语文都没及过格。"可在一次语文模拟考试中，100 分的语文试卷他竟然考了 81 分，令许多同学瞠目结舌、刮目相看，同学们经久不息的掌声，让他热泪盈眶。当辛勤的汗水浇灌出成功的花儿时，他内心的喜悦是难以言说的。小小的成功鼓舞了他的斗志，让他懂得了只要坚毅、奋进，一切就有可能。

陈老师是一位注重能力培养的班主任。陈老师爱学生就像爱自己的孩子。但她对孩子爱而不溺。只要是孩子们能做的事，她从来不包办代替。班干部分工明确，都能各司其职。班长祁琳更是老师的得力助手。八年级第二学期运动会前夕，陈老师出远门参加为期一周的班主任专题培训，运动员报名和组织集训的任务就落到了班长的头上。运动员报名这一看似简单的任务，在尽职尽责、细心周到、追求完美的祁琳眼中并非易事。她想得很多，第一要了解运动员的特长，尽可能做到人尽其才，以最大限度地为班集体争荣誉；第二要保护同学们的荣誉感、自尊心，不打击他们参与的积极性。容易的项目报的同学往往很多，用谁不用谁，让她绞尽脑汁；难度大的项目大家都不愿意报，凑不够人数。她首先要做到以身作则，率先垂范，只要自己能做的再难也上，然后再耐心细致地做同学的工作。就这样，每一天她都陪着运动员们苦练。遇到棘手的问题，她曾多次打电话求助陈老师，但考虑到陈老师在外地学习，不忍打扰，只好协同班委一起想办法，直到方案尘埃落定才把结果告知陈老师。接下来的每一天下午放学后，都能看到祁琳带领运动员在操场训练的场景，最终九班以优异的成绩遥遥领先，捧得了冠军的奖杯。我看在眼里，真为祁琳及九班的班委捏了把汗。多亏陈老师平时对班干部的指导，才能在关键时刻"不掉链子"。

陈老师是一位知恩言谢的谦谦君子。我刚接九班语文时，陈老师对我说："这个班可不像你带的六班成绩那么好，我们最好的成绩是第六，并且语文老师还曾是班主任。"我唯唯连声说："我只能尽力而为了，他们有多好的素质、多大的本领，我就让他们发挥多大的潜力。"最初他们的成绩的确在第六名左右徘徊。一个学期后他们的语文成绩升到了第四名。陈老师及时地表扬了他们，并经常嘱咐他们竭尽全力学语文。她经常对学生说："语文是生活中必用的，汉语是我们的母语，你什么都可以不学，但你不可不学语文。"她还时常在教室后面观察学生上语文课的情况；清查哪些同学不交语文作业，并及时跟家长联系；听课状况很差的同学，会征求家长意见让家长陪读一段时间。在她的引导下，学生们十分重视语文学习（其实对其他科陈老师也十分重视），九年级上学期期末九班的语文成绩提升到了第三名。其中的一次月考甚至出人意料地考了个全年级第一。全班同学热情高涨，欣喜万分。

班会课上陈老师让孩子们分析取得优异成绩的原因。韩旭同学站起来说:“要谢谢莫老师,她每一节课都准备得那样充分,上得那样生动,下课铃声响起时,我们都兴趣盎然,意犹未尽。”陈老师接过来说:“莫老师多么不易,孩子幼小,她自己一人带,还教两个班的语文课,她天天不辞辛劳地早来晚走,督促你们默写;成天不抬头地给你们判堆成小山般的作业;作文一份份细判、指导、讲评。没有她的努力,哪有今天咱们的成绩? 你们要知道感恩。”后来还让每个同学写出对莫老师说的心里话。全班同学都静静地写着,真情在笔端、在心中流淌。后来,陈老师激动并打趣地说:“莫老师,您辛苦了,您怎么教得这么好呀,看看孩子们给您写的话吧,别太感动哟!”她还说:“孩子们不傻,他们知道谁对她们最好呢! 他们对您的喜欢都超过我这个班主任了!”我抑制着激动的心情读完了那厚厚的一本孩子们的心语,孩子们对我的尊重、认可和爱,流淌在字里行间,读之不禁泪潸潸,却又如沐阳光甘露,我的辛苦没有白费。

陈老师比我年长,可每次见到我,都微笑地说:“谢谢您,您辛苦了!”“您更辛苦!”我总感觉受之有愧。在她的感染下,孩子们都变得乖巧懂事。每次下课时,他们都深深地给我鞠躬,响亮地说:“谢谢老师,老师再见!”担任九班的语文老师,我感觉到累并快乐着!

一个熟悉的陌生人

李宏军

“陈主任好!”“傻样!”这是我和陈老师见面时常用的打招呼的方式。她并不是四中某部门的主任,那为什么称陈老师为陈主任呢? 因为她是一位“老”班主任。说她老,一是因为她的确老了,已经进入退休倒计时了,但更重要的是因为她是一位资深的班主任了,人们已经记不清她干了多少年班主任,甚至连她自己也数不清了。作为数学老师,我和陈老师搭档是最多的,非常熟悉陈老师的风格,通过近距离的接触,我对这位老班主任对工作的激情、班级管理的艺术、教育契机的发现和利用等又有了新的认识,让我感觉陈老师是我熟悉的一位陌生人。

说起她对班主任工作的激情,又要提起她的年龄。三年前,学校考虑陈老师年龄大了,又常年任班主任,应该让她轻松几年了,所以在接新的年级时就没有安排陈老师任班主任。但仅过了一年,滨海教育中心教研室一个国家级课题派给了四中,陈老师又满怀豪情地挑起了这个重担。两年多来,不管是班级自己的活动,还是学校的各项活动,都能见到她与这个年龄不相称的矫健身影。与贫困校建立手拉手、和孩子们一起去英语训练营训练、策划出版班级大型活动纪念册、请油田十佳青年来上主题班会、定期家访等等,没有对孩子们的热爱,没有发自肺腑的激情,是很难做到的。

说起她的班级管理艺术,三言两语是说不完的。最让我佩服的有两点,一是充分发挥班委会的作用,班干部在班级管理中的作用常常是教师无法替代的。九班的班干部都是在平等竞争、民主选举中产生。学生最信赖的,才会成为学生心目中的榜样。陈老师对每位班干部都有深层次的了解,熟悉他们的性格特点、活动能力、服务态度、集体精神、个人优势等,做到知人善任,充分发挥每位班干部的特长,从而让他们在最能发挥自己才能的岗位上积极工作,施展才华。另外,在班干部的使用问题要遵循用而不疑、疑而不用的原则,要对其充分信任,大胆使用,支持他们独立地开展工作,鼓励他们创造性地完成任务,充分发挥其主观能动性,坚持在实践中锻炼他们的工作能力。尤其重要的是陈老师成为了学生干部在班级管理创新中的支持者、关心者、引导者。二是良好班风中处处充满了正能量,陈老师经常引导学生对班级生活中的一些现象进行讨论、评价,提高学生辨别是非的能力,使整个班集体形成好人好事有人夸、不良现象有人“抓”的好风气及良好的道德风尚。对于“问题学生”,她则利用一切可以利用的机会教育他们,而不是放弃他们。有同学搞生日聚会,喝酒、去网吧等,这在别的班主任看来,多一事不如少一事,又不是校内发生的,装不知道算了,而陈老师则不然,非要“小题大做”,借此事教育全班同学,从而极大地推进良好班风的建设。

说起她的教育契机的利用,更令人佩服。校团委要发展团员了,她把这个工作全部交给了班干部,要求按照程序确定入团积极分子,全班同学共同分析每个入团积极分子的优缺点,经过民主评议确定最后人选,这不仅让大家心服口服,而且激起了落选同学的积极性,促进他们努力改掉缺点,争取下一批加入团组织。父母都是残疾人的大港油田十佳青年李勇,他的成长经历不同寻常,陈老师抓住这个契机,请他给九班上了一堂令人难忘的生动的班会课,使同学们深深地受到了教育。

后进生的转化,历来是班主任工作中的重中之重,加上现在的社会环境,更是难上加难。陈老师认识到后进生通常是那些品行或学习等方面暂时落后的学生。他们为数不多,但对班级风气的消极影响却不可忽视。陈老师对这些学生倾注真诚的爱,及时肯定他们身上的闪光点,从感情上亲近他们,从兴趣上引导他们,从学习上帮助他们,从生活上关心他们,定期到这些孩子的家里进行家访,使他们真正感受到班主任的可亲、可信、可敬,全班孩子们都叫她陈奶奶便是佐证。这,就是我们的老班主任陈树平。

第56号教室的奇迹与九班的足迹

周红玲

雷夫·艾斯奎斯创造了第56号教室的奇迹，也让他走遍全球宣讲奇迹的诞生过程与他历尽的艰辛。而天津市滨海新区大港油田第四中学的九班却是个在中国初中学校中普普通通的班级，它在认真地努力地迈动着坚实的脚步，留下了一长串深深的足迹。把这两件事放在一起似乎不太合适，但它们好像又有某种联系。

雷夫主张“没有害怕的教育”，他以劳伦斯·科尔伯格的“道德发展六个阶段”为指南引领着孩子们。主要有四个方法：读书、看电影、演沙剧、行万里路。雷夫谦逊地说自己只是一个教育实践者。

为了追寻雷夫的足迹，我们曾于2015年7月8日聆听了雷夫在中国的巡讲，见到了雷夫，被他32年对56号教室的激情守候深深感动。56号教室是令人向往的，那里的孩子是快乐的；九班的教室是温馨暖人的，那里的学生是充满理想的。56号教室已经闻名世界，九班的足迹还未被人发现，让我们回首望一望九班踏出的足迹。

正如提到56号教室不能不提雷夫，提起九班就绕不开陈树平，陈树平老师带了两届九班。第一届是从六年级带到九年级，50名学生均考上了大学，其中有24名学生考入国家211、985大学，他们正在读大学三年级；第二届九班的孩子现正读九年级，在大港油田第四中学九年九班幸福地生活着。

九班一直奉行体育为先，也是增强班级凝聚力的切入点。九班每天必须在操场跑步5圈，即使是周末、节假日，他们都有小区负责人召集跑步或进行其他活动。班里每个成员的身体素质得以提高，班级成员的体育成绩逐步提升，学校运动会的成绩从排名最后到总分第一名，这能不能算得是奇迹？

九班一直坚持校外活动，进行研习旅行。以此了解社会，认识人生。所谓“读万卷书，行万里路”，读书易，行路难，尤其是在初中学段。但九班做到了！研学旅行均由家长委员会提议，学生拟计划，家长做安排。他们的热情高涨极了！智慧的陈老师将家长与社会力量都调动起来，配合得天衣无缝。九班去过武清绿博园、古北水镇，也去过雾灵西漂流、熏衣草庄园，还去过天津大剧院、TIP训练营……这对于孩子们的影响不只是他们旅行中，也延伸到旅行后的生活学习中。

九班一直延续着互帮互助小组的做法。小组活动形式不仅是一帮一，有时候还是一帮多、多帮一。这可不是我们理解的学习层面的互帮互助,还有思想上的、心理上的、行为习惯的等等。九班的互帮互助除了帮助内容跟一般的互帮小组不同之外,还有不同之处,那就是:不是一时的热火朝天,而是坚持不懈,常年如此。有的家长开始时不太支持,说孩子天天在帮别人,怕影响学习成绩,孩子找到陈老师,陈老师建议家长和孩子商量决定。结果,孩子还是坚持自己的做法,最终不但没有影响学习成绩,而且还得到了全体师生的赞誉。之后家长非常高兴地支持九班的各项活动。十班的一个班委在回忆文章中说:“九班人之间有妙不可言的相互感染关系。”这能不能算得是奇迹?

回望着九班的足迹,想起了陈树平老师的付出。操场上与九班一起跑步的身影;月光下与家长的交谈;楼道里拉着学生双手的微笑……哪一步足迹又能少了她呢?

雷夫的《第 56 号教室》章节中提到的“以前的孩子也来帮忙”“教练,请让我参加”“给家长的好主意 ”等等都与九班的做法何其相似!不是九班拷贝了第56 号教室,更不是第56 号教室拷贝了九班,是因为两个教室坚守的理念有相通之处——“人格品性才是教育的本质”。雷夫也说,自己只教一个学科,那就是——人生。

在当今教育浮躁的环境下,能够排除干扰,坚定地从教育真谛出发,找到适合学生的教育方法是多么难得!九班正迈动她那坚实的脚步,踏出精彩的足迹。相信我们会静静地等到花开的那一天!

一次别开生面的家长会

王宝林

2016 年 1 月 20 日下午,我以大港油田四中责任督学的身份,参加了九年级九班的家长会。走进九班,昂扬向上的歌曲传入耳中;黑板上“互动、沟通、成长”六个大字映入眼帘;一帧帧学生活动的画面吸引了我的眼球。家长会由学生和家长一起参加,时长 1 小时 50 分,秩序井然,不时爆发出掌声,吸引了外班的家长驻足观看。家长会为何有如此的魅力?

两位学生主持人上台介绍家长会程序,点明播放的歌曲是九班班歌——《九班,每一天闪亮》。

程序一:科任教师分析期末考试情况及假期要求。

语文教师将每位同学,每类题型的失分情况做了统计;表扬成绩优秀和进步大的同学(掌声);要求同学按要求,假期充电,针对失分题型加强练习。

数学教师分析本次试卷仿中考题型命题,要求 A、B、C 三个层次的学生在假期中根据自身能力认真落实“中考专题”试卷，认真整理错题。

化学教师分析考试：试题难度适中，学生基础知识失分率较高，要求同学们假期认真落实基础知识，整理化学方程式。

物理教师讲到这次考试是物理和化学合场分卷，对同学们的心态是一个考验，一般先做化学试卷再做物理试卷，因为历年物理都偏难。要求同学们假期把物理基础知识整理一遍，为第一轮复习打好基础。

班主任、英语教师分析指出，英语听力失分较多，要求同学们假期加强听力训练；单词和词组是基础，假期每天默写30个—40个单词；制订好学习计划，家长要监督落实。

程序二：学生发言。

学习委员播放部分同学登台讲授英语课的片段，有流畅的朗读、有答疑解惑后的释然、有授课的潇洒、有“挂”在台上的尴尬……课下同学们相互研讨、互助互学，彰显着浓厚的学风。

生活委员提出要求，假期要搞好个人房间卫生，物品摆放整齐，房间清洁，帮助家长做一些力所能及的家务，每天两次刷锅洗碗，家长对孩子做家务的情况每天一打分，开学汇总，会针对分数有奖有罚。

体育委员讲到身体是革命的本钱，坚持体育锻炼是一种良好的习惯。但从这两天跑步情况看，一些同学缺席，借口多样：有的是睡懒觉不愿起、有的是玩儿游戏起不来、有的认为刚考完试该休息一下等等。一些家长跟着学生一起跑步的做法值得肯定（班主任说出家长的名字）。最后，体育委员要求，假期跑步一定要坚持，劳逸结合，调节身心。

班长从如何对待挫折、如何读懂“信任”讲了自己的感受：有一次借妈妈的手机查资料，却玩儿起了游戏，沉迷其中，妈妈没有对我大发雷霆，说了句“我没法相信你”，听了这句话，自己认识到信任是多么重要，为赢得信任，我们要管理好自己。她又从“穷人的故事”开头，引出如何看待“考试”：期末考试已结束，有人欢喜有人忧，无论怎样，要放下包袱，收拾好自己的心情，奋力前行。

团支书（副班长）从青春期碰上更年期，家长如何与孩子相互理解谈了自己的感受，并朗诵了自己写的文章《珍惜友谊》。

程序三：班主任讲话。

班主任陈树平老师风趣地讲起了故事：从前有这么一副对子，诗人嫌院子里的芭蕉风来发出沙沙声，雨来滴滴答答地响，吵得人不能静心入梦，挥毫写下：是谁多事种芭蕉？早也潇潇，晚也潇潇。诗人的妻子慧心独具，戏笔完成下联：是君心绪太无聊，种了芭蕉，又怨芭蕉。芭蕉可不是你自己种的吗？芭蕉是一样的芭蕉，只是你的心变了，发出杂音的，不是芭蕉，而是你呀！由此引出心态决定成败的哲理，告诫家长和学生保有“希望的心态”和“危机的心态”，临近中考，假期是加油站、储备站，要以积极的心态做好假期工作。具体做法建议：全家商量制订适合孩子的假期计划，合理分配时间，学习、锻炼、家务劳动、娱乐，劳逸结合，良好的习惯是孩子成长的重要因素。改变孩子身上不良习惯的小毛病，请家长监督，班主任可以当裁判。

陈老师还讲道：家长、教师要智慧地处理问题和冲突，青春期的孩子以“打败”家长、教师为荣，作为引导者，我们要“学而时习之”，不断学习、研究孩子成长中的问题，因势利导，密切亲子关系。

陈老师把家长会开成了家庭教育指导课，帮助家长树立正确的家庭教育理念，走出家庭教育的误区，为学生营造一个良好的家庭教育环境。

家长会为什么如此有魅力？其一，体现着尊重。每一位家长都能发现自己孩子的亮点，也能找到孩子的“短板”，明确努力的方向，凝聚着向上的力量，每个人都能挺起胸、抬起头；其二，体现着学生为主体。家长会不是教师的“一言堂”，而是由学生策划，学生担任主持，从多个角度展现班级风采，展现学生的成长；其三，着眼于全面发展，提升综合素质。九年级面临中考，以“考试分数”为中心也无可厚非，但九班要求，制订假期计划，合理分配时间，学习、锻炼、家务劳动、娱乐，劳逸结合，因为良好的习惯是孩子成长的重要因素；其四，突出“心态”指导，吹响“冲锋”的集结号。家长会上，陈老师以故事的方式告诫大家保有“希望的心态”和“危机的心态”，正确面对困难和挫折，注重亲子沟通，形成家校合力，优化育人环境，促进学生健康成长，向中考的目标冲锋。陈老师让“立德树人”落地生根，用爱心、智慧营造了一个优秀的班集体，赢得了家长和学生的尊敬和爱戴。这也是家长会“别开生面”的缘由吧！

第四章　2010届九班学生回忆初中

初中阶段是学生世界观、人生观、价值观形成的关键时期，班主任老师如何做好学生的思想工作，如何增强班集体的凝聚力，如何让学生学会自我教育，是摆在每一个班主任面前的课题。陈树平老师的教育智慧体现在她的英语课堂上，更体现在她的班级管理、班级建设上。这里是陈树平老师所带的2010届九班毕业生在高中阶段写的初中阶段在九班学习和生活的回忆文章，从文字中我们可以看出，陈老师的班级建设思想让她所带的学生经历了一种高品质的初中生活。她的班级建设思想、班级管理经验也具有较高的研究价值。

与众不同的英语课堂

张佳楠

陈老师是我们的英语老师，自然，英语课也丰富多彩。初中的英语课堂，大概是我上学以来最与众不同的了。讲台上大部分时间都缺少了陈老师的身影，而换成了不同的小老师们。他们各有所长，把每次发现的新问题在课堂上和大家分享，当时或许羞涩，或许胆怯，直到后来才深深体会到老师的用心，在讲台上给大家讲题，不仅锻炼了表达能力，检验了自己是否真正学会了，也体现了一种社交能力，和大家交流的方式、仪态等，这都会是我们将来走向社会必经的一课。我们很幸运地在初中就体验到了。并不是所有的人都像我们九班的同学那么幸运，能够在初中就体验了这么多，感谢陈老师那么用心地培养我们。

记得那时每天要背课文，虽然枯燥，但效果很好，有助于英语语感的增强。记得那时每个同学都抱着“五三”一类的书，自己研究，自己学习，遇到不会的和同学们讨论，再不会的一起去请教老师。每个人都有个错题本，里面记的都是“精华”，这是自主学习的萌芽吧。自己思考，和同学讨论，和老师讨论，记下要点，分享给大家，这大概就是我们英语课的流程吧。每一个环节都让我们记忆犹新，让我们收获颇丰。这就是我们的英语课堂，丰富多彩，这是一个绽放我们的才华、以我们为主的平台。

时常想起陈老师讲的“堵”和“疏”,“强制力不一定奏效,有时柔和的方法会得到更好的效果”。相对于在高压政策下被强制的学生,我们每一节英语课简直就是自由天堂。这种氛围并不与应试冲突,陈老师创造了充足的空间并且因势利导,让我们在追求自己喜好的同时学习知识,不仅提高了我们的英语成绩,还发展了各自的爱好和个性。

初中阶段,我获得的最重要的东西不是分数,也不是方法,而是心态。我们的未来是成功还是平庸,在于我们心里是否会接受那样的自己。学校里的每一次考试,都是“试金石”,检验我们学习成果的同时,也检验着我们的内心。

如果说九班是一棵树,那么当我们作为这棵树的枝丫,无限地向外延伸、努力向上生长时,是陈老师将我们凝聚在一起,牢牢抓住土壤,成为我们坚实的根基。让我印象深刻且始终无法忘怀的就是陈老师独特的“半开放”的上课方式和管理模式。她与其说像一位老师,不如说像是一个肯与我们贴心交流和充满信任的朋友。在我们的英语课堂和平时的学校生活中几乎没有过惩罚和严厉的批评,更多的是笑谈和沟通。

除此之外,陈老师还在班里开展了“English Only”活动和一帮一互助小组,不断培养我们的学习兴趣和同学之间的友好感情。独具特色的“English Only”让我们每周五一整天只能说英语,帮我们摆脱了英语不敢说的问题。

陈老师的愉快教育培养了我对英语学习的极大兴趣,在高中学习中也受益匪浅,并且让我们同学之间感情逐渐增进,即使在离开了九班三年之久的今天,我们依然联系密切,友情依旧。

陈老师教会了我……

麻佩琪

我们喜欢英语陈老师,但更深爱着班主任陈老师,因为,她教会了我们很多比英语知识更重要的东西。都说,一个班集体的精神风貌就是这个班班主任教育思想的最好折射。大至一个班的班魂,小至每个学生的处事风格,无一不体现着班主任的教育思想。陈老师年长我们很多,经历的想必一定很多,一届届的学生,一次次处事的经验,都积累成精华教给了我们,让我们有幸在这么小的年纪就懂得那么多。记得陈老师总说,无论遇到什么,都要有我心如海的淡定。后来被同学们演绎为“我心如死海般平静”。人生的路,起起伏伏,沟沟壑壑,总是大喜大悲自然不好。陈老师锻炼了我们一种淡定的心态,能从容地对待生活的起伏,能顺利地在人生盘桓的道路上转弯。路的尽头,仍然有路,只要你愿意走;有时,看似没路，其实是该转弯了。

从陈老师那里，我们还感受到一种对生活的热情，对生活的希冀。无论怎样，只要明天太阳依旧升起，就将是美好的一天。在竞争如此激烈的社会中，压力将是我们未来必须面对的，想要不被生活打倒，就要有积极的乐观心态。很幸运，在初中，我们就体会到了。陈老师每天的生活状态，上课状态，下课状态，那种向上的感觉，会不自主地感染着我们。当时可能没意识到，后来慢慢长大，发现我们都是那么的活泼开朗，阳光向上，想想之前，其实一切都那么顺理成章。记得乔布斯曾说："你不可能充满预见地将生命中的点点滴滴串连起来，只有在你回头看的时候，你才会发现这些点点滴滴之间的联系。所以，你要坚信，你现在所经历的一切都将或多或少与你的未来产生关联。"再一次看到这句话，确实多了一分共鸣。

陈老师说，专注于眼下的事情，不用过多地去关注未来的结果，有时，过程比结果更重要。我刚刚经历过高考，高考前曾有些害怕，有些胆怯，害怕未来的结果会很糟糕。但后来想了很久，只要认真做好当下的复习计划，之后的结果，无论好与坏，都只是个评判。我认真过，努力过，就足够了。我渐渐觉得，当你把过程一步步坚实地走好，结果自然会出现，也许会出乎你的意料。谢谢陈老师，教会我们很多。

我还记得，临近中考时，九班开展"一帮一"活动，我光荣地被小车选为他的师傅。要知道，做小车的师傅是多么痛并快乐着的事。我记得我一张一张地给他写英语默写和化学方程式的小篇子，追着他让他完成，又追着他改错。小车很淘气，但是也对我很好。总是抬起头冲我傻笑，还总给我讲笑话。让我在初中最后的几十天里，每一天都带着"嗨皮"的心情学习。六年级的时候，第一眼见他，我就说他长得像《哪吒》动画片里的小猪熊。没想到小车是个"记仇"的人。到了九年级，有一次他抬起头仔细打量我，严肃又深沉地说了一句话："你知道吗，你其实像《哪吒》里的石矶娘娘。"这个段子到现在我还总给周围的朋友讲。

现在想想，那时对小车的感觉就是，我愿意帮助他，我愿意看他更好。可能正因为当初我们一起努力的日子，才让我和小车高中三年没有断过联系。他总会打电话来，聊聊近况，开开玩笑。让我在市里上学的日子，不觉得离家很远。

陈老师说过，人要有一个支点。我想，正是因为我们有了篮球队的经历，才推动了我们整个初中的生活。谁说"不三不四搞文艺，吊儿郎当搞体育"。没有篮球，我们不会有健康的身体作为初三苦学的本钱；没有篮球，我们不会有快乐的运动作为"刷题"的调剂。最重要的是，我们不会有这些顶着骄阳流汗的回忆，以及听到篮球进网时的成功的喜悦。

九班教给我的，是敬业乐群和全面发展。从此我真正明白了，有一群志同道合的朋友，是最大的幸福。我也真正明白了水涨船高的道理。在学生时代，个人的发展需要各个方面能力的提升；而每一个人也不是孤立的存在，他需要与周围的世界互动，来寻求认可，来获得克服困难的勇气和动力，集体的带动会让个体得到持续的提升。

初中时我是班长，在大大小小的评选中票数也都是最高。可是在陈老师潜移默化的教育中，我深深明白，九班有太多太多优秀的同学，在各个方面都有比我强的同学，我只是幸运罢了。有一次文明学生的评选，班里的得票第一的同学直接当选文明学生，第二的同学要在全年级竞选，争得这个称号。我的票数第一，刘莺的第二。通过陈老师的劝说和鼓励，我把文明学生的名额让给了刘莺，我去年级中竞选。结果我们班得了两个文明学生的称号。这一次竞选对我的触动很大。我懂得了欣赏美，欣赏每一个人。我懂得了要学会感恩，去报答给你力量的人。同时，我也第一次体会到了策略的力量。

九班教会我的，是不计回报的付出。那一颗心始终跳动，那一份爱始终不变。

“接受”的伟大

麻佩琪

我记得这么一个不得不提的人，柴子涵。

也许在九班，所有人都知道柴子涵和我在初中时是死对头。我是班委的一员，他是反班委的“一人军队”。现在说来有些搞笑，可是初中四年，我们两个没有和平过。陈老师还说，柴子涵曾经把我气哭过，这我倒是不记得了，不过当初我俩闹的矛盾，真是不少。

从六年级起，陈老师就告诉我，要把柴子涵当成我最大的财富。如果是绊脚石，我要把这块包袱背起来；如果是一滴水，我们要把它融入我们的大海。有缺陷，我们要包容，要爱护。一开始，我心里觉得很不公平，明明我们是对的他是错的，为什么我们总让着他。可是后来，我渐渐明白了“接受”这个词的伟大。

高中三年，我一直没有忘记陈老师对我说的：“有各种各样的人以各种各样的姿态生活在这个世界，你要学会的，是去接受。”我现在了解的还太少，但是我真的明白了，世界因为差异而美丽。

初中毕业三年了，当初和我对着干的柴子涵，现在已经是和我关系铁得不行的“腿哥”。和他深聊过很多次，发过很长篇的短信，也打过很长时间的电话。曾经和柴子涵只要面对面，就会吹胡子瞪眼睛；现在和腿哥，各种玩笑随便开，各种要求随便提。

如果不是陈老师对“腿哥”的呵护，对我的引导，或许我和“腿哥”会是一辈子再也没有交集的过路人，甚至或许心中还存着对彼此的怨恨。但是现在，我很珍惜他这样一个铁哥们。我欣赏他的善良，他的执着，他的专注。我们都是真正让彼此成长的人。

九班，梦开始的地方

刘思彤

九班毕业不说再见。虽然不会像从前一样每天在一起，但大家其实都还没分开。

高一的某天，我收到一条短信："明天冷，多穿点儿啊。"七个字，像有魔法一般，在萧瑟的风中点亮了忧郁的天空。好像很多事并不必说，大家都明白，就像收到短信的瞬间，我们不约而同地按下转发。

毕业不是结束，是新的开始。

风吹雨成花，时间追不上白马，你年少掌心的梦话，依然紧握着吗？初中时代伴随着我们的幼稚与成熟，总在记忆最深处历历在目。陈老师饱经风霜的教学经验，呕心沥血对待学生如同亲子般体贴，让我思念。以情换情，以心换心，记得为了鼓励我们跑步，她拖着患有心脏病的身体坚持陪伴我们跑步，从未间断，直到她的病情严重。记得她动情地给我们讲她原来学生的来信，她曾经的故事，直到落泪。她曾经的学生啊，或是遭遇挫折，或是大获成功，陈老师都像妈妈一样陪伴我们走过，一直关注着我们，无论何时何地，只要一个电话一句问候，都能感受到一种温暖。记得端午节她送给我们每人的粽子，香甜中满怀真情。记得她次次家访，承担着孩子们的畏惧、不理解，承担着家长们期待的压力，她骑着那辆破旧的自行车，踏遍油田的每一个角落。

时间过得好快，曾经的军训、课间操、运动会，已过去了三年。那个时候的我们是最灿烂非凡的，是光彩夺目的，是满怀荣耀的，当然，更是值得留恋的。同学们，在那之后你们还经历过汗滴从背后滑落带来的刺痒吗？还忍受过脚跟的疼痛与麻木吗？还站在倾盆大雨中被淋透过吗？还曾几夜通宵不眠吗？或许那时的确是很辛苦，但为何，回忆起来却是如此美好？

想起自己的学生时代，最最怀念的竟是初中阶段。

九班的美好，不需要细想便可以浮现在眼前。九班是我们每一个九班人梦的开始。我们在互相陪伴走过的四年中，开始自己梦的旅程。我们的心中，始终有一个坚固的连接，那就是这个班级。九班就像一个母亲，照顾我们每一个人的快乐。九班就像一个朋友，陪伴我们每个人的成长。在那短暂的四年里，我们的梦一个个实现，所以我说，九班是一个梦传奇的地方。

团结的美丽

赵　婧

团结,一直是我认为九班成功的因素之一。无论之前同学们发生了什么不愉快,在挑战和困难来临时,大家都会团结在一起,共同面对。比如运动会。初中的时候,九班有专门的“组委会”组织大家,同学们也积极参加,努力写稿件,为自己和班级争得荣誉。体育课也是一个放松自己、增进同学感情的好机会,可以暂时放下学习的压力,与同学们一起聊天、运动,这些都是珍贵的回忆。

运动会、跳大绳比赛、歌唱比赛等,结果不算是最记忆犹新,那些过程中的团结精神才最打动人。这种精神化作了学习的动力,形成了九班的火热的学习气氛,或许“学习”一词可以换为“奋斗”。一帮一,“English only”,以及面对中考时那种整体上进的节奏。我觉得每一个身处其中的人都会感受到一股清新的、愿意为之奋斗的心境。

我最爱的,是您,陈老师。您就像我的妈妈一样,咱们的感情不是亲情却胜过亲情。在我离开您之后的高中三年里,我在我的高中英语老师胡老师的身上找到了您的影子,那时的我有多开心!

初中四年,带给我的是成长,是感动,也正是这四年中的点点滴滴,彻底地改变了我,让我有了今天的些许成绩。所以,我很乐意分享一些我记忆中珍藏的感动。

慈爱、正直与智慧的化身

郭世昊

在数不尽的形容词中费尽心思,最终找到我认为最贴切的三个词来形容陈老师:慈爱、正直、智慧。

她就像妈妈一样教导着我们,无论严厉也好,苛责也罢,却始终能感受到温暖和切实的关心。她给我们的温暖是无微不至的,她关注每一位同学的状况,深刻地剖析同学的心理变化,并据此制订切实可行的教育方法,达到因材施教的目的。对外低调不张扬,保证了我们良好的成长环境;占用英语课的时间给我们讲故事、讲哲理……也正是这些看似没用的东西,给了我们很大的启迪。在陈老师的教导下,我们学到的不仅仅是知识,还有做人的道理。陈老师希望我们成为善良的人、正直的人,就像家长对每个孩子的期待,充满了慈爱。

陈老师是个正直的人，并且也希望我们做一个正直的人。所以错误的事她会指出（当然是避开姓名），好人好事的事她会表扬。几乎每节英语课的前几分钟，都成了陈老师的专场演讲。她通过这种方式引导我们，让我们分清对与错、善与恶。面对嫉妒与排斥，她总是告诉我们要低调做人，做好自己的事情；要看清现在活在当下，坚持原则，赢得心安理得，输得心甘情愿。

陈老师的智慧，主要集中于她的为人处世和带班方法方面。低调做人可以将她在为人处世上的智慧体现得淋漓尽致了。在带班方面，给我印象最深的是以体育带动学习这个理念。九班的成绩是建立在良好的体育素质的基础上的，四年来我们的体育素养在逐渐提高，学习成绩也位居前列。中考前夕，陈老师依然鼓励我们多多运动，有时甚至将英语课让出，组织同学下楼活动。这使我们的注意力不会太多地被其他事物分散，也有助于我们保持良好的身体和心理状态。我想我们中考的成功，与这一方法有很大关系。

最让我怀念的是陈老师的教学与引领。这种自由的感觉是无法抗拒的。每次，陈老师讲课都不拘泥于书本，归结到最后发现这种类似于曲线救国的形式的确是有着极大的功效。而九班同学的成绩一直也都是最好的佐证。一个老师真正能做到抛开书本，让位于集体活动，在课上提供给学生自由发挥的空间去自主学习，我觉得这个方法的实施不只是基于某些教育理论，更是以陈老师丰富的教学经验、深厚的学识功底、有效的教育策略和无限的信任与爱心为基础的。

特别的九班，特别的你

刘一琳

教师的本质比教师所教的更加重要。陈老师会教书，更能触摸未来。教育有多种形式，不只是成绩和学位。

陈老师从六年级开始就重视我们的身体素质，十分注重我们的体育成绩，她不是那种只看重学习成绩的老师。六年级的班会课上，她临时通知我们去操场，我们都一头雾水，之后才知道陈老要测试我们的 800 米跑成绩，以此为参考，并且以后还要经常测试。当时我们非常不情愿，但也激发了我对于跑步的热情。在八、九年级时，我依然晚上抽时间和爸爸妈妈出来跑步，这才让我在八、九年级的运动会上能够展示自己，分别获得了 1500 米、800 米、400 米的第二名、第三名、第一名的好成绩。

正如“Good teachers are earthquakes. Students are aftershocks.”所说，好的教师是地震，学

生是余震。陈老师为我们全面发展奠定了良好的基础。虽然锻炼身体很苦,但是收获的果实是甜的。陈老师不仅仅是一个领导者,而且也是一个给我们建议,并且让我们独自在人生道路上走下去的导游,在她的手中,青春的黏土得以塑造。

九班,超级团结的一个班级。永不言败、无所畏惧、坚持到底,就是我对九班的印象。

而在团结之外,九班的每个人又都有着不同的个性、不同的爱好、不同的却同样明媚的笑脸。

九班是一个阳光、青春、充满活力的集体。九班的每个人都有动如脱兔的共性,又有着由陈老师教育的"并不那么在乎荣誉"的通性,所以九班向来低调却在各种比赛中出手不凡、一鸣惊人。例如九年级的最后一次运动会,九班竟然超出了第二名70多分!真的是太强悍了!虽然同窗仅仅一年,但这已经足以让我领略到九班的强大了。

陈老师曾说,从六十到六十五,和从九十五到一百,同样是提高五分,但后者较前者要难得多。一个差生可通过自己的努力提高五至十分,而好学生付出了比差生十倍的努力却只提高了一到两分。这让我想到了一句话,在你越是痛苦的时候,往往也是你越接近成功的时候。因此,当你想要放弃的时候,可否在心里默念这句话,直到你的信心足够支撑你继续走下去。

怀念初中的英语课堂

翟雨桐

学习的好与坏不能决定人生的成败,但是那些学习好的同学往往顺风顺水。陈老师讲过,这是一个人的素质和习惯,处事无定律,但态度决定命运,细节决定成败。人的一生要多培养好的习惯,良好的习惯可以帮助我们走向成功。李阳有句话,要逼迫自己干自己不想干的事情。一天背十个单词,坚持到你高中毕业,你的词汇量竟然有两万多。有人说,那么长时间怎么坚持啊!没关系,陈老师告诉你,坚持二十一天就养成习惯了,你以后想不背都难。而大多数人,往往没有坚持到二十天,甚至连一半都不到就放弃了。

每周五"English only"这天,每个同学必须用英语交流,积累得越多"奖"越大哦!记得有一次我想和班长谈谈 Billboard 上的一首新歌,刚一张嘴,坏了,English Only 啊!我刚"哎"了声,最后在一连串的肢体语言结束后,无奈地憋出了俩字"算了",就这样结束了谈话。不过慢慢就好了,我也敢说了,虽然都是简单句、简单词,但是我很享受用英语与别人交流的过程。

我在上高中时学英语很轻松，每次考试几乎都是在一百二十分以上，这其中陈老师功不可没。记得在初中，陈老师的课上一直都是比较轻松的，但效率绝对是最高的。陈老师将时间全部返还给学生，让学生之间互相讨论，不会的问老师，并让我们将自认为比较有价值的题目主动贡献出来，写到黑板上，临下课时统一讲给全班同学听。能够将自己的题拿出来与大家分享共同提高，不仅这是一种享受，而且当老师当着全班向学的面夸你的题讲得好时，那感受真不是能够用语言来形容的，概括起来就一个字，爽！慢慢地，黑板上的题越来越多，难度也越来越高。

每日必看的《希望英语》：上初中时，每天中午 CCTV10 的希望英语节目中，有很多非常时髦的俚语和常用语。那时陈老师要求同学尽量看，并利用每天第一节英语课前的十分钟将记下的单词写在黑板左侧。老师每次都会问，“今天都是谁写的啊？”写单词的人每次总是被点到，然后老师各种夸啊！这可不得了！掀起了全班看《希望英语》的热情。那时我总是准时守在电视机旁，因为是中午饭前点播，从此餐桌旁就多了俩物件：一个本、一支笔，那时吃个饭都得留神屏幕上闪过的小词条，搞得我一会儿扒拉两口饭，一会儿抓起笔就写，弄得我的本都是油腻腻的。家人都觉得我“魔怔”了，我告诉他们，没事，就当“开胃菜”了，哈哈！那时，不知怎地，饭越吃越香，当然单词也是越记越多。记得有一次因为错过了一个单词，我连查了好几个词典才找到，为的就是比别的同学多记一个单词。虽然之后老师就不点名了，但是我的饭桌上依然准时地摆放着笔和本，成为了一种习惯，直到《希望英语》停播……这就是陈老师，总能让我们爱上英语。

在九班，我认识了我决定要一直在一起的好朋友；在九班，我第一次决定用心做一件事；在九班，我发现了好多和学习一样重要甚至重于学习的东西。我在九班虽然不突出，却也感觉不到自己渺小。

在九班的学习：轻松而不失进取

李翔宇

九班能有今天这么辉煌的成就，绝大部分原因是陈老师的悉心引导。陈老师经常给我们讲各种有哲理的小故事。“重要的是过程，而不是结果”，陈老师一直让我们注重过程，过程走好了，结果自然差不到哪去。

犹记当年，刚刚转到九班时，还有着几分迷茫和陌生，而陈老师用她那温暖的笑容，一下子就把我拉进了九班这个温暖的大家庭。是的，在我心中，陈老师总是满面笑容，不管何时何地,总是能用这温暖的笑容鼓励我们,赞扬我们,给我们以力量。而在教学方面,陈老师也是优秀的代名词,她的英语课永远不会是枯燥的填鸭,在英语课上,我们总是兴致勃勃,陈老师把无限的乐趣注入其中,让英文变得生动可爱起来。还记得那时每天中午必看的 OUT LOOK,在英语课堂上,陈老师也会用 OUT LOOK 的词组来考我们,这种趣味的英语又怎能不让我们喜欢呢?

在习题方面,陈老师也不是强制性的要求,而是鼓励我们做“五三”,每天再去签个字。那时的学习好像不是苦差事,而更像是一种活动。陈老师的教学特色就好像陈老师给人的感觉一样,轻松,而又不失进取。

在口语方面呢,陈老师也不放松,在九班,就没有“哑巴英语”这么一说,还记得那时的“English Day”,每周一天的纯英文又是挑战又是娱乐。还记得最初“张口无言,词不达意”的尴尬,也还记得后来的轻松流利,每一次的“English Day”都有进步,每一次的口语练习都有惊喜。在学习中找到乐趣,在玩耍中学到知识,这就是我在九班的经历。

在活动中成长

刘陆施宇

九班,是个特别的班集体。

在这里,家政学习,让我们了解了父母平常的辛劳,每天辛勤工作后,还要在热气腾腾的炉火边做饭,再加上夏日的酷热,是我们难以想象的;布艺,教会了我们废物变宝,大胆去想,去做,你的作品永远是独一无二的;天文观测带领我们探索天空的奥秘;拔草让我们感受到农民的辛苦。

在这里,我们增长了知识,提高了素质,积累了经验。在“环球电影院”中,我们观看了星系的介绍,了解了有关天文学的知识;在家政和布艺的学习中,我们积累了生活经验,发扬了团队协作精神;在“心理健康”讲座中,我们明白了学会放弃的重要性,并且知道了如何正确地认识自我;在长达 16 公里的远足活动中,锻炼了我们的意志并体会到了军人的艰辛;在会操检验中,我们用实际行动诠释了我们坚韧不拔的意志和团结一致的精神。

除此之外,留给我印象最深的就是冬季长跑,那时的我们总是“好动”,就算是课间跑步也有些“不老实”,总是超过别的班,然后加速加速再加速,带动全年级跑得越来越快,而我们就有了领跑的感觉。也许这就是青春,加速的感觉,超越的感觉。

当然,运动会更是记忆中闪亮的一颗星。九班,不仅是学习上的强手,还是运动上的健将。经过同学们的共同努力，在 2010 年的运动会上，我们更是以 173 分的绝对领先优势取得了第一。谁说学习好的体育就不行，我们九班就是德智体美劳全面发展。

作为一个乐器特长班，当然少不了各种乐器，二胡、架子鼓、古筝……各种各样的乐器绝对能满足你的多方面需求。还记得当时我学的是二胡，虽然现在忘得差不多了，但当时的快乐，我是绝对会铭记一辈子的！虽然我没能参加九班的乐队，但我一直引以为豪。

九班的课外活动同样丰富多彩，学校的活动我就不一一赘述了，在这里我主要想讲讲我们九班参加的特色活动。让我印象最深的，是 TIP 英语训练营和情人节卖花。记得当时在课上，老师介绍了她参加的一个英语训练营，觉得挺好的，推荐我们去参加，结果最后在陈老师的组织下，还真的组成了一个小有规模的团队，浩浩荡荡地去北京参加 TIP 训练。这次活动带给我们的除了英语口语的提高之外，更重要的是给了我们一起学习、一起生活的一段时光。情人节卖花是一次自愿的、有组织的、大规模的活动，在一条街上一天的围追堵截，厚着脸皮地推销我们的花，以及多点分散打探市场价格信息等，让我们体会到了劳动的乐趣，也收获了课堂上学不到的东西。从九班丰富多彩的活动中，我们明白了学习不等于上学，课堂之外还有很多东西等着我们去发现去感受，将这种好奇心带到生活中去，我想你也能成为九班的一员。

不得不说的是，九班一直是个很特别、很有凝聚力的班级，这种凝聚力不是刻意表现出来的，而是在不知不觉中就形成的，大家没有刻意要做出什么贡献，而是自然而然地把九班当作自己的家，自然而然地为九班着想，想要为这个温暖的大家庭做些什么，这个时候，凝聚力就在不知不觉中形成了。

我心中的九班精神

宋一丹

九班精神教给我如何面对生活，或者说九班的精神又对我的高中生活产生了什么样的影响呢？上了高中之后，才发现了世界很大，也才发现了不同地域的人思维方式的不同。在融入高中新班的那段日子里，九班的点点滴滴给了我力量，告诉我不是一个人，让我始终心存感激，心怀感动，并且充满自信。后来融入了这里，成为了这里的一员。九班的精神告诉我要坚持原来的自己，“心慕鸿鹄，蓄势待发”这句话并不是四年的口号，而应是一生的口号，一生的信念。我要一生都去积累爱的力量，保持善良，坚持原则，面对外界的种种，保持自己的判断力，这是很重要的，也是九班教会我的。在高中的三年里，我不断提醒自己原来的自己是什么样,努力保持单纯,尽量不被改变太多,也从而获得了一个好心态,可以说九班的精神像一壶酒,酿得时间越长,发酵得越好,便越有滋味。初中觉得并无特别之处的事情,现在看来全部意义非凡,让人受益良多。

九班能让我铭记一生,因为那段日子是我的青春,是我的生活,是我纯真童年的最后一站。那段日子确确实实改变了我,改变了我们,也让我们聚在一起。三年时间,让我们改变了不少,我们当初的誓言也不知实现了多少,是我们改变了世界还是世界改变了我们?最终还是没有答案。不过在此,我记录下我的一些感受,如果能对大家有实际的意义,那便是我的心愿。一千个读者有一千个哈姆雷特,我不求大家完完全全地懂,但求大家仔仔细细地体会,倘若真有可以称之为有用的东西,那便再好不过了。

全班五十二人,如果一个人有一个闪光点,那么你可以学到五十一个闪光点。李阳有句话,寺院里的猪都会念经。五十一个人天天与你朝夕相处,还怕学不到东西?关键在于你是否有发现美的眼睛,是否有虚心求教的精神。黑夜有了繁星的点缀才更加美丽,班集体也是一样的,每个人都在闪光,班集体才会发光发热,这是陈老师不放弃每一个学生的原因。

“Feeling gratitude and not expressing it is like wrapping a present and not giving it.”心存感激却不表达出来就像包装好了礼物却不送人。我们九班人从来都不隐藏自己对老师的欣赏与感激之情。清楚地记得有一次数学张老师休假一段时间,班委组织我们每个同学在星星条上写上祝福的话语,并叠成小星星,放在小盒子里,送给张老师,希望老师快些回来给我们上课。每个人写的时候心里都充满了温暖与幸福,这种感觉在师生之间传递与蔓延。

还有九年级那年的教师节,班委们组织全班同学一起写贺卡送给老师,不仅是教我们班的老师,还有教育处的各位老师。这是四中校训中“博爱”的体现吧。

这样的一件件小事让我们心中一直被这种九班的正能量感染着,让我们怀着感恩在九班成长着。

在九班,我还学会了互相帮助,上了高中,我也一直贯彻此精神,学习上有不会的,互相帮助;生活上有烦恼的,互相解忧。这样一路扶持走来,身边的朋友越来越多,心底的温暖越来越多,不得不说,九班在我的人生中扮演了一个重要的角色,就仿佛导师一样,不断指导我前行的正确方向,告诉我什么才是真、善、美。

不仅如此,九班在学习态度与成绩上也给了我很多帮助,简而言之,就是四个字:尽力而为。最美的不是结果,而是不断奋斗的过程。只有试过拼过,才能无悔,至于结果好坏,那又怎样,我已经尽力了。所以不管结果如何,奋斗过就无悔。就像一句话说的那样“天空中没有翅膀的痕迹,但我已飞过”。

这又让我不禁想起了中考,那时的我们仿佛没有压力,在轻松而不失奋斗氛围的环境中，取得了优异的成绩。

九班，就像是一盏明灯，指给我前行的方向；就像是一位良师，告诉我人生的哲理。

无敌九班

丛晓萱

在九班我接触的第一位老师就是陈老师，那时不懂事，觉得她管得太多太严，毕业以后才知道有多舍不得她，才恍然大悟四年里她为我们班付出了多少。前几天在幸福广场碰见陈老师，她还和记忆中的一样，和陈老师聊了聊天，我得知她还有四年就退休了，那时我们正好大学毕业，好期待那时候的我们是以怎样的心情相聚，真希望陈老师还能带出一个像九班一样优秀的班集体来。

我还记得我刚刚踏入九班时的情景，虽说是初来乍到，但是大家并未给我陌生的感觉，都是有说有笑，好像许久未见的老朋友一般，我还从未有这样的感觉，之前的那些顾虑都无影无踪了。

九班，这个无懈可击的班级。

运动会上，由于我的体能不是很好，只能在场下做后援支持了，多写几份稿子，也是对班级的一点儿贡献吧。以前总是听到"团结就是力量"，但是却没有真实的体验，而在那时候我却清晰地感觉到了那份鼓舞人心的"力量"。

九班，这个和谐的家园。

我们的班主任陈老师，就像家长一样，一直在无怨无悔地照顾着我们，我们在外面闯了祸，她会责备我们，她会帮我们处理，也会让我们懂得如何去承担责任。在班里，她会责备我们，有时也会恨铁不成钢，但是在外面，她会护着我们，就像个溺爱孩子的家长。

陈老师教英语，上她的课，我不会觉得无聊，不会有想睡着的感觉，更不会害怕，是一种发自内心的轻松感，她上课不是一直在讲，而是给我们自己寻找问题的时间，让我们自己去开拓思路。她不仅认真传授我们英语知识，还会教我们如何做人，如何逐步完善自己。我们大家就像兄弟姐妹们一样，一起承担责任，一起解决困难。

九班，这个互帮互动的平台。

在我们学习的过程中，开创了"一师一徒"的学习方法，简单地说就是一个学习较好的同学帮助一个学习成绩较差的同学，把那个同学的不足提升之后，同时也巩固了自己，这就是所谓的一举两得吧！

在这个活动中我是被帮助者，那时我的英语成绩不太好，但是帮助我的同学一直在耐心地教我，有的问题我总是记不住，她也没有怨言，让我十分感动，我想如果我再不努力，既对不起我自己，也对不起耐心帮助我的老师和同学，更对不起养育我的父母。这让我就更加的充满了冲劲儿；无论前方有多么困难，我的身边总是会有伴我前行的良师益友。

九班，已经成为过去，但是，九班的精神却一直在影响着每一个人，这才是九班存在的意义，这个大家庭包容了我们这些懵懂的孩子，赋予了我们对班集体的热爱，使我们渐渐学会了坚持、勇敢拼搏、忍耐、互助……这些都是我一生中宝贵的财富。

初中毕业后，我把 QQ 的“九班”一栏改成了“无敌九班”，现在想想，还觉得挺幼稚的，但那是我当时最真切的感受，这个班真的太特别了。

九班人，聚是一团火，散是满天星

张佳楠

九班是个强大的班级，这个班拥有超强的凝聚力，要说为什么？也没有人能够解释，可能就是因为它太强，给我们每个人强烈的归属感吧，所以，班级荣誉感油然而生。九班的凝聚力体现在方方面面，哪怕是在最小的细节上，也可以让别人刮目相看。

2008 年汶川地震的时候，我们还在军训，回来之后才知道发生了这么大的事。后来学校组织捐款，班里的每个人都慷慨捐助，我们班的捐款数目是全校第一，并且遥遥领先，在这样助人为乐的事情上得到表扬更让我们骄傲。

印象里，班主任陈老师爱笑，为人谦和，对所有同学一视同仁，不以学习成绩论英雄，而是注重学生的品德教育，经常在课上给我们讲日常小事所反映的人生道理。好多陈老师讲的小故事至今清晰地刻在我的脑海里。我想，正是陈老师的指引，我们在成长的关键期才形成了正确的世界观、人生观、价值观。

不可否认，在九班生活的日子是我成长路上一段极为宝贵的过程。是它，让我们看到了老师的辛勤付出；是它，让我们收获了自信与成功；是它，让我们走进了理想的校园。而这一切，都得益于九班强大的凝聚力。

身为九班的一员，我们每个人都有奋进的意识，不图名，不慕利，而是为班集体的荣誉努力。所有同学的劲儿往一处使，大家就会朝着一个方向大踏步前进，这正是我身为九班一员深感自豪的重要原因。

总而言之，班级凝聚力的大小决定班级的成败，不论是运动会上同学们的积极报名，奋力拼搏,最后夺得桂冠,还是军训时同学们吃苦耐劳,团结互助,最后勇得第一,都是促成九班凝聚力的重要因素。正是一次又一次的磨练,一次又一次的考验,使得九班在众多班级中脱颖而出,成为四中乃至全区的佼佼者。

四年的初中生活,丰富的不止是我们的知识,更多的是做人的准则和道德规范。近朱者赤,近墨者黑。身边众多良师益友,自己的身心也会受到熏陶。

我认为九班的管理特点与一般模式不同的是:九班的管理是由老师、学生和家长来共同完成的。相对于传统的班主任管理模式不同,九班很多的活动,完全是由同学负责的,并且负责的同学也会经常轮换,尽量让每个人都参与进来,让每个人都感受到自己是班里的一员。这对班级凝聚力的形成很重要,尤其在上了高中之后,这种感觉越发强烈,如果班里的同学被分成好多的小圈子,那么班级是散的。我不敢说九班在这方面是第一,但绝对算得上是先进的。另外家长对班级管理工作的配合也给九班各项事务的顺利进行提供了强大的推动力,九班的家长是明事理的,他们支持我们健康有益的活动,并且一起帮助建设班级,参与班级活动,我们九班的纪念册,TIP活动,就少不了众多家长的支持。

凝聚力,大概是最强大、最坚实的一种力量吧。九班一路走来,有过欢笑,有过泪水,有过成功,有过失败,经历了很多。这些经历对于我们来说不是一种磨难,而是一种幸福,一次次地凝聚着大家,造就了今天密不可分的一个整体——九班。提起九班,我们会骄傲,微笑地骄傲着。我们有“天行健,君子以自强不息”的毅力,我们有“慕鸿鹄之志,蓄势待发”的豪爽与魄力。一次次的运动会,赛场的奋力拼搏,场外的竭力支援,让我们更加珍惜彼此;一次次班会,精彩而令人回味,让我们更加深爱着九班,愿为九班奉献自己的力量;一次次大扫除,辛苦而欢乐,汗水与幸福交织,让我们更加亲密……九班人,聚是一团火,散是满天星。

魅力“老陈”

麻佩琪

刚上初中的时候,陈老师支持我进篮球队,篮球成了我永远的快乐源泉。我和同学有矛盾的时候,陈老师总能让我心胸开阔起来,让我懂得接受与包容。她教育我欣赏,教会我分享。她总说的“养狼计划”,教会我要学会创造有益的竞争氛围,要给自己创造积极的竞争对手,彼此促进才能进步更快。

作为班主任,陈老师对我们非常尊重,而这尊重是出自于对我们的信任和理解,从而将我们作为一个平等的对象来看待。陈老师从不以老师自居,而是把我们当成好朋友,好伙伴，既教授我们知识，又为被琐事烦心的我们排忧解难。与其他老师相比，我们的班主任更像一位慈母，让我们感受到集体中的温暖，从而更加热爱班集体。

陈老师十分注重我们的体育锻炼，大课间跑步的时候，我们永远比别的班多跑几圈，即使学校没有组织课间跑步，陈老师也会亲自把我们轰下去盯着我们跑，那时的我们抱怨连连，直到体育中考时才觉得陈老师真的是煞费苦心，让我们能轻轻松松拿到满分。体育中考之后便是紧张的最后冲刺阶段了，即使在那样的情况下，陈老师也决不允许任何老师们占我们的体育课。陈老师还经常让我们在上英语课之前去跑楼梯，从五楼到一楼，又从一楼到五楼，把我们累得气喘吁吁才罢休。

正是这看似“吃亏”的小事，让我们在每年的运动会中成绩逐年攀升，直到最后一年以遥遥领先的成绩夺冠，并打破多项校运动会纪录。事实证明：暂时的吃亏是一种精神投资，为的是以后更大的收获。即使眼前布满荆棘，也要乐观向前，学会坚持、释然，不抛弃不放弃，坚信风雨过后是彩虹。

七年级军训时大家似乎都不在状态，训练没有全力以赴，虽然后来会操时表现得不错，但还是没有得到优秀。八年级军训，同学们的感觉完全不一样了，积极进取，坚强勇敢，俨然是一个个小军人了。

课下，陈老师最经常做的就是家访了，利用一个个晚上走遍了所有同学们的家。她在学校里经常和同学们交流、谈心，给予我们帮助、引导和鼓励。在生活细节方面，陈老师要求夏天女生不准穿领口太大的上衣，男生不准穿跨栏背心，平时校服拉链不准拉得太低，不准穿人字拖上课，总之穿着打扮要大方得体。

俗话说，“没有规矩，不成方圆。”这个班级之所以这么棒跟有一个完整的班规班训有着密不可分的关系，方正为人，勤谨治学，这是一个以品德为第一的班级，只要品德好，班风就好，成绩自然就上去了。

陈老师以她独特的人格魅力将我们这一群正在青春期的孩子教导得很好，具体是什么样的人格魅力，我也说不上来，又或许是只能意会，不能言传，反正我只知道所谓的青春期的躁动、叛逆统统没有发生。总而言之，陈老师是个神奇的人物。在九班，我学会了认真负责，学会了遵守纪律，学会了尊敬师长，学会了团结同学，学会了孝敬父母。在九班所学到的一切，我会铭记在心，就算环境在变，做人的原则不变。

在九班生活过的四年，是我成长路上收获最多的四年，知识、道理、体魄、友情、老师的恩情等，一切都值得我永久怀念。

九班传奇

徐　梦

我的初中是令我永远难忘的初中，永远感到自豪的初中。我们的九班是令每一个九班人都记忆犹新的传奇。

当然，陈老师是对每一个九班人来说最重要的人，可以说如果没有陈老师，就没有九班如此的辉煌，正是因为陈老师独特的教学和带班方式才铸就了九班的传奇。我从未见过一个老师，把课堂留给同学自由讨论，把“草稿纸”作为作业天天布置，自己花钱买粽子送给同学们。陈老师对我们的爱和呵护处处可见，她就像一位慈爱而又伟大的母亲，哺育着我们，让我们茁壮成长。

陈老师的“散养式”教育，锻炼了我们的自觉性，让我们能够自觉地学习，自然而然地创造了浓郁的自主学习氛围，“学的时候学得狠，玩的时候玩得 high”是我们一贯的作风。从六年级开始，陈老师就让我们每天大课间比别人多跑几圈来增强我们的体质，而之所以我们能够坚持下来，是因为每当我们累得想要停下来的时候，扭过头看到的，是陈老师紧随在后的身影，于是我们又充满了斗志。在陈老师的带领下，我们从六年级运动会成绩平平的雏鹰逐步成为九年级一鸣惊人的雄鹰，创造了无与伦比的辉煌。我们还开展了“English Day”“一帮一”等多种活动，既增强了同学们的学习兴趣，又提高了成绩，增进了友谊。

生活在九班这样一个集体，是既有压力又很轻松愉快的一件事。正是因为九班如此的优秀，所以其中每一个人都倍感压力，前面的同学怕被超越，后面的同学怕被落下，但同时所有人又都能慷慨地帮助别人。我们虽然都在奋进，可成绩并不是我们唯一的追求，我至今仍记得陈老师的那句调侃“总说学习多俗啊”，陈老师总在课堂上用幽默的语言给我们讲人生的哲理，让我们更好地理解人生。因此我们的集体才能在欢乐的氛围中持续不断地共同进步。

九班的精神并不止于初中四年，就像我们的九班还依旧存在一样，它鞭策了我的高中，也将伴随我的一生。是九班教会了我如何处理压力，如何善待和珍惜朋友，如何与人友好相处，如何成为一个有用的人。九班在我生命的夜空中，是最闪亮的一颗星星，照亮了我人生前行的路。

我们的初中生活经历了各种酸甜苦辣，身为九班的一员，我是幸运的！感谢九班和其中的每一位成员，感谢这一段传奇陪我走过的和将要伴我走过的漫长的一生！

三次感动

赵文杰

九班，先是带给我团结的震撼，令我陶醉其中。当我离开它之后，它的精神更是从心底浮出，带领我走向遥远的未来。

感谢你九班，感谢您陈老师，带给我无数的感动和温馨的回味……

细数感动，第一次是在一句赞美里。学生的军训其实就是在竞争中学会优秀，于是教官总组织参观优秀宿舍之类的活动，在路上，我无意中说：去别的宿舍受受打击，以激发我新一轮的动力。被陈老师在后来的班会课上赞美，让我很讶异。那次优秀宿舍之旅其实并没有给我足够的打击，但是后来老师的举动确实充分激发了我乐观面对一切的动力。而九班的优点之一就是善于发现细小事物中的美。这种欣赏，是最低标准的满足，但却是最高标准的幸福。与人相处要善于发现优点，这也是我坚持到现在的一个处事原则。

第二次是在英语学习中。中期的中考复习中，陈老师大胆地放弃了自己一半的课程时间让我们自己复习，当时我很怀疑这种做法，因为讨论的嘈杂很容易给聊天的微小声音做掩护。我的怀疑在开始确实被证实了，于是出现了两极分化的局面。为了应对新的问题，班里开展了“一帮一”工作，这让我记忆深刻。虽然在班里是中等生的我没能亲身参与进来，但是班里时刻弥漫着的浓浓的热情着实打动人，一面是无私奉献，一面是谦虚进取，早已进入佳境的我，无疑因此更有动力。“无需与别人比较，只需打败昨天的自己”，常被奉为座右铭，但真正能理解的人又有几个？我很庆幸，我能在初中就明白并且能够实行。这些，是因为她——我的陈老师。

第三次是在笑着留下的汗水中。我不太擅长体育，学校组织的运动会也无需我较精通的瑜伽和跳绳，所以也只是在其他同学取得荣誉后微笑鼓掌，要说真正的感动和自豪，着实比他们少了些。但最后的一次运动会让我不得不由衷地赞美。好成绩我就不一一列举了，大家早明了于心。让我感动的是过程。当我们无数次抱怨为什么要多流那么多的汗水时，结果给了我们解释：运动会骄人的成绩以及那一颗颗懂得磨练自己、懂得坚持、懂得自信的心。

陈老师很专注，也特别“不专注”。专注于自己决定做的每一件事，“不专注”是因为她从不认为学习的地位是坚固不可动摇的。其实我后来才发现，这些光环——体育、音乐等，又何尝不是在为学习供氧？别人都认为这会分心，殊不知体育精神和音乐的陶冶让学习和生活都变得很有品质。尤其是我在高中当了班长后才知道，我们会兼顾更多的东西，但为了建立自己的威信，就更加不能因为“琐事”耽误了学习的“正事”，我必须两头都做到优秀！这些“琐事”，给了我专注于“正事”的动力。

难忘九班

周凤慧

其实成绩不是陈老师最重视的，健康才是。我还清晰地记得，我们为了运动会，拼命地练习，在黑色的跑道上挥汗如雨，在骄阳下宣誓着我们的口号，整齐划一的白衬衫、红领带，是我们对于梦想的执着追求，我们用英姿，畅诉我们青春的豪放。

我们不服输的性格使得我们勇往直前。跑道上的运动员淋漓地发挥着自己的力量，跳高的运动员体会着腾空的快感，投掷场上的同学挑战着万有引力。终于功夫不负有心人，我们成功地摘得桂冠。

我们团结合作，用最少的力气创造最大的成功。

那一年盛夏，心愿许得无限大，我们手拉手也成舟，划过悲伤河流。

太阳东升西落，阴阳交替，海棠花开了又谢，一转眼我们已经分开了三年，但与九班同学在一起的美好时光却一直是生命中的一段愉快的经历。

四年的生活，四年的经历，将我们联系在一起，成为一个同心圆，我们彼此心连心，度过了青春最美好的岁月。

感谢你九班，令我不再孤单地走过漫长学习生涯。那美好的感觉也将伴我一生，陪我度过那些未知的艰难苦难。

难忘的五天训练

赵云鹏

当在家中娇生惯养的我，进入军训这个有强烈节奏感的生活中时，虽有疲惫，虽有不适应，但还是克服了困难成为合格的一员——每天准时六点起床，十点熄灯；训练时昂首挺胸，纹丝不动；宿舍里的整理内务，互相帮助；拔草时的不怕劳累，汗水直流；家政时的小心翼翼，辛苦劳作；布艺时的费尽脑筋，细心制作；远足时的齐步高歌，互帮互助；会操时的纪律严明，动作规范；晚会时的精彩绝伦，依依不舍——社会实践中的一点一滴，一丝一毫都被我“打好包”，牢牢地装在心中。

这不是简单的训练，是体现了人间真情的训练。同学之情，师生之情，官兵之情，让我这颗一直麻木于学校家庭两点一线的心重新沐浴了阳光，重新感受到了温暖，重新得到了奋斗的动力！

五天的训练，风雨中，有我们拼搏留下的汗水；汗水中，有我们不屈的坚强。没有人嫌苦，没有人喊累，所有人都默默地执行口令。拖着僵硬的身体，脸上是不向困难低头的坚毅。我们收获了坚强，收获了无言的感动，收获了宝贵的友情。

我们有了自强、自信的精神风貌，拥有了厚实宽大的翅膀，拥有了更加健壮的身体。

军训过后，我有自己的感动，也有说不完的话语。

感动一：献给进步最大的小车，因为他有着一种高尚的集体荣誉感，平时在队伍中总是忍不住动一下，却在会操时一动不动，那军姿！那身板！这是克服了多少习惯，克服了多少困难才坚持下来的四十分钟！

感动二：献给海博，跟小车一样，他也是从来不好好站队的。但是，他努力坚持着，坚持着，用最标准的军姿站了四十分钟，当看见队伍中有人累了时，他提醒：“站好了！”这对海博是一个质的飞跃！

感动三：献给第一排的女生们。她们相当了不起，当我们都在休息时，她们还在烈日的暴晒下一遍又一遍地练着；会操时为了九班的门面，挺直地站着。报数时声音那么响亮，那么有力整齐！

感动四：献给全班同学。每一次大型活动，都是考验一个班团结力的时候，远足那天，陈老师由于腿伤没有同行，但是看我们九班，队伍还是那么齐，就连外班教官都说：“你们班真自觉！”

感动五：献给全体男生。吃饭时，教官告诉全体男生饭后打扫饭堂。虽然大家都很累，虽然大家都有事，但大家全都留下，无一缺席，连续打扫了三天。

军训的感受数也数不尽，说也说不完，所有一切都汇成这难忘的记忆，它给了我太多的感动！

五月的太阳是具有生机与活力的，五月的汗水饱含着青春和甘甜的滋味。在这特别的五天里，让我学到了同学之间的互相帮助、团结友爱，还有一颗颗自立、自强、自信的心。

今后，我还会将这种精神延续，成就美好！

最难忘的运动会

李佳琦

5 月 12 日,我们再创辉煌!

早上从床上爬起来,飞快地穿衣服、吃饭,穿上白衬衫,系上红领带,临走时带着父母的祝福,拎着一大包食物下了楼,里面还装着白手套。

今天的天气格外好,黄澄澄的太阳已挂在了碧蓝的天空中,仔细倾听,嫩绿的呼吸声充满着五月的大地。

来到学校,运动会的开幕式开始了,我们穿着白衬衣,系着领带,戴着白手套,路过主席台前时,啪地一甩头,喊着响亮的口号,掌声响起,我为自己是九班人而自豪。宣誓、升国旗、升校旗、放气球……一切都是那么庄严,当比赛正式开始时,我心里说:该我们了,辉煌非九班莫属!

第一项是 1500 米,面对强劲的对手,康彦博、胡庆芳靠着坚强的毅力夺得第一、第二的好成绩。跳高运动员检录。我的心异常紧张,在同学们的加油声中,想着昨天爸爸教的要领:助跑、加速、起跳,然后重重地落在垫子上。我靠着笨拙的动作获得了第二名。郭世昊的跳高还破了校纪录,我要是能有那么帅的姿势多好啊！从跳高场地回来,看到同学们的热情很高,有的同学在写稿件,有的在看书,有的在吃东西……不亦乐乎!

400 米比赛也开始了,我拉着瞿孟维紧张地去检录,带着同学们的鼓励和信任的目光。你们知道吗？你们每一次的“加油”、信任的目光、竖起的大拇指,对我来讲都是心灵的震撼,看到你们,我就明白我们在一起,九班值得我去付出。在检录处,我看到许多陌生的面孔,我知道她们实力都很强,第一次报 400 米,我只想检验一下自己的实力。到了比赛场地,等了很长时间,终于到我了,我的眼睛盯着发令枪,心跳个不停,我一直不喜欢这种竞争的感觉。但现在,我必须迎战,做好冲锋的准备。发令枪“砰”的一声响了,我拼命地跑着,一个、两个、三个……我超过了所有人,我一直向前跑, 我第一了！我赢得了挑战,我懂得了坚持。回到班级后,同学们的鼓励令我更有信心了。

4 × 100 米比赛开始了,我在观众席为运动员们加油,你们听到了吗？我们班的男生(康彦博、刘天绎、郭世昊、赵云鹏),女生(杜禹橦、汪星明、麻佩琦、宋一丹)包揽了 4 × 100 米的冠军。当广播里说到第一名是九年九班时,我们全班都欢呼雀跃。

高潮部分来了——4 × 300 米,由于班里女生缺人,就让侯秋凡跑第三棒,我不停地告诉她怎样接棒、送棒,鼓励她跑出自己的水平就行,不要想名次。

眼看着杜禹橦跑了出去,落了第二名几米,然后是瞿孟维,到侯秋凡了,我目不转睛地盯着她。但她在最后被超了,庆幸的是没落太远,我心里想:别掉棒,别摔倒。最后一棒安全地到了我手中,很快我就超过了对手,到最后冲刺时我真的没劲儿了,只凭着几秒的优势得了小组第一,高兴的同时也有些内疚。当得知我们班女子 4×300 米年级第一时,我高兴地欢呼拍手,同学们也兴奋不已,对我们表示肯定,那些遗憾也烟消云散了。

九班,包揽了五个团体冠军,这是史无前例的。总分高于第二名 70 多分。

闭幕式上,班长让我代表九班上台领奖,多么光荣的事情啊!我们班获得精神文明与团体总分第一的双料奖,多么骄人的成绩啊!校长亲自给我班颁奖并对我说:“这是双重的荣誉,恭喜你们!”此时我深深地感到作为九班的一员是多么自豪,我转过身,朝九班方向看过去,挥挥手满足地笑了。

最后的盛宴

汪星玥

当你老了,头发花白,睡意沉沉,
蜷坐在炉边,取下这本书来,
慢慢读着,追梦当年的眼神,
那柔美的神采与深幽的晕影。
——叶芝

运动会结束了。

似乎还是那天,天空如水洗般的蓝,总是有聒噪在耳边,却觉得很幸福。拾着点点滴滴,仿佛贝壳般的纯白的青春,我们一直很好,很幸福。最后一场的美丽,在我们的欢呼中落幕了。盛大而澎湃。

准备得算不上充分,毕竟在中考前夕的运动会,只能排在第二位。

好在我们班很强大,庆芳的 1500 米让我们眼前一亮,实在是为前几年埋没了人才而后悔,而下午的 800 米,胡庆芳又包了一颗巨大的糖果扔到了我们面前,800 米第一!似乎是为了衬出我们最后的辉煌,一琳又捧回了 400 米第一和跳高第二。接着,是康彦博的 1500 米和郭世昊的跳高,我推完实心球急忙赶到跳高场地,郭世昊正帅气地越过高杆,一旁几个其他班的女生尖叫加油,另一边几个男生落寞着,我忙问怎么了,几个女生抢着说,“他要破纪录！破纪录！”我赶紧高叫加油，郭世昊镇静地甩甩头，开始奔跑，加速，上杆，过了！

记得吴培峣的腿脚一直疼着，我们不停地说着，“不行就别上了，别再伤了。”可是他面色平静地摇了摇头，直到跑完了 100 米，我们才稍微放下了心。

男生的 4×300 米同样辉煌无比，最让人无法忘却的就是吴培峣最后一圈的狂飙，像是开足了马力的跑车，闪亮而耀眼。

而到了最后，女生的 4×300 米却让我们头疼，没有人了！好在最后还有侯秋凡被我们“骗”到了检录处，要不然就真的不知道该怎么办了。记得最后在场边看 4×300 米的时候，一整天都闲适无比的心情突然就紧张了起来。耳边也一直回响陈老师的“威胁”声。开始了，前两棒是老手了，跑得很不错，最让人担心的是侯秋凡，没有经验，没有成绩，没有……可是，让我们所有人大跌眼镜的事就那样发生了，侯秋凡接过棒之后，一路领先，还时不时拽拽衣服。我的心脏回复了一点正常，尽管最后她还是让人超了，我们仍然把热烈的掌声送给了“三无”运动员侯秋凡，好样的！最后一棒的同学似乎是压力最大的，在所有人为她捏一把汗的情况下，就见她轻松地就超了对手，没过几秒，把对手越落越远，小半圈、半圈、大半圈……到了！第一个到了！一刹那，九班沸腾了！第一全回来了！一时间激动不已，我们的第一全回来了！

美丽的结尾，跳动着我们的青春，留下我们的快乐、哭泣、幸福和喜悦；美丽的结尾，并非终结，而是新的开始。

追　忆

刘　莺

把时间倒回到七天前，也就是上周的星期三，那天开运动会。

我记得那天天气很好，阳光明亮却不刺眼，空气里弥漫着梧桐花淡紫色的香气；我记得那天天很蓝，像打了蜡一样，空灵而澄澈；我记得那天风暖暖的，斜斜地掠过操场旁边的白蜡树，那树绿得纯粹，叫人感到了春天蓬勃的生机。

运动会的记忆是圆满的。第一名，第二名，每一次九年九班出现在广播里都是那样激动人心的消息。

我记得郭世昊跳高拿了第一还破了纪录开心的样子。

我记得胡庆芳跑完 1500 米疲惫但是开心地笑着的样子。

我记得我们班男女接力都得第一名的时候大家开心、自豪的样子。

我记得男生跑 4×300 米的时候比后面的那个班快半圈，你们真帅。

我记得大家在一起喊加油喊得声嘶力竭，可是一点儿也不觉得累。

我记得我们挤在一起看女生跑 4×300 米，拿到第一名的时候大家心满意足的样子。

我记得吴培峣早上安静地坐在班里不开心的样子。

我也记得他和赵云鹏忍着伤痛的样子，让人心疼。

我还记得郭世昊找成绩单时着急的样子，我还记得我告诉他找到了时他高兴的样子；我记得闭幕式上，暖色余晖里，听到台上宣布九年九班第一名的时候，我紧紧地握着王可心的手；即使看不到我也能想象每个人幸福的样子。

……

我记得，我都记得。

我多么想把那天的一切刻进记忆里，疼我也不怕，我希望能记住每一个细节，我怕时间长了我会忘记。

我多么希望能永远和九班在一起，我希望，即使毕业了，即使过了很多年，大家还是现在这样的好朋友。那些温暖而美好的记忆。年少轻狂的日子里，我们一起笑，我们一起闹，我们一起努力，一起奔跑，一起流泪，一起面对挫折，我们一起疯，一起放飞梦想。我们在一起。

九班让我懂得了阳光、勇敢和坚强。我从未设想一个集体有这么大的向心力，可以把五十多个人的心连在一起。九班教我懂得了团结协作和互助前行不只是套话，朋友原是这样彼此依赖，相濡以沫，那些漆黑的夜里，朋友的微笑和安慰居然蕴藏着那么大的力量。

运动会已经过去，且把那些耀眼的光环放在过去，我知道在不远的将来有一场更为重要的战役（中考），等着我们再创辉煌。让我们一起，吹响那胜利的号角。

我想用上所有温暖而美好、热血和正义的形容词和最真诚的感情描述九班。九班是我们的奇迹。如果青春就这样从掌心流逝，我亦无悔，因为我拥有这些年少时美好的记忆。既然韶华易逝，那么就好好珍惜今天的时光。

在这人间的五月天

宋棘菲

抬起那翠绿色的椅子已经是第四次了，那跳跃的颜色却依旧鲜活。踏过一层层阶梯，才发现路长了很多。金属与大理石摩擦着，发出淳厚的响声。椅脚的印记早已模糊，在这人间的五月天中，运动场上的九班却见证了一切。

比起往年，今年的春天似乎晚了一些。运动会也像是含苞欲放的花儿，酝酿了浓浓的蜜却迟迟未能绽放。进入了九年级，运动健儿们筹备运动会的时间少之又少，但身为九班的一分子，我们相信九班的运动员们，一定能驰骋于运动场上，摘金夺银，为全校师生上演一场完美的演出。

果然，今年的花儿比往年绽放得更加振奋人心，更加令人难忘。我们有成绩遥遥领先的团体第一名，我们有男女接力大满贯，我们有全校唯一破纪录的郭世昊，我们有写作水平一流的稿件小组，我们有加油声最大、最一致的啦啦队……我们还有从始至终贯穿全场的九班精神。

在这个充满爱的集体中，无论同学们做什么事都要想到其他成员。走方队需要用领带和白手套，只要家中有剩余，便带到学校以备不足。会系领带的人给不会的认真系好，在这纯美的花季中，舍弃了戒备与羞涩。就这样，春风洋溢，精神抖擞，一排排整齐划一的领带在老师到来之际已漂亮地系在每位同学的胸前。

不能忘记，集体项目中同学们的交接动作。即使已经疲惫不堪，前一位同学总会尽力为下位同学调整出最理想的交接姿势，并给予他们一个清晰的眼神。那眼神，写满坚定与执着；那眼神，传递信任与希望；那眼神，伴随一位位运动员们迎来了胜利的喜悦。这些瞬间，都被摄影师柴子涵敏捷地抓拍下来。

可以看到，走上领奖台的，不再全是九班的老队员了，还增加了一张张新面孔。领奖台上，九班运动员脸上洋溢着幸福的光彩，那光彩透射出的不仅仅是取得成就的兴奋，更是为班集体出力的自豪。

霞光洒过操场，为大地抹上一层动人的光晕。每一双灵动的双眸闪耀出喜悦与满足。在九班中成长，我们无憾。在体育方面，我们循序渐进，实现由年级倒数到遥遥领先的质的飞跃；在学习方面，我们经受住层层考验，稳稳坐在年级第一名的宝座上；在教师节到来之际，九班给全校教师送去的温馨朴实的祝福，感动了每一位教过和没教过我们的老师；在能力方面，我们协助不同科目的老师完成公开课，课上活跃的气氛感化了现场的每一个人，受到了评委的一致好评……分别将至，九班成员将各奔东西。但我相信：九班精神长存！如常青藤般，扎根于每位同学的心中，时刻鞭策同学们成长。

书写九班第一的神话

祁子涵

听着钟表的嘀嗒声，心中有丝丝痛楚，眼角又次次湿润，我第一次这样渴望留住时间，可它不给我机会。提起笔,只因心中有种感动,有种触动!

今天是我们作为四中学生最后一次在赛场上拼搏。我们骄傲,我们自豪,我们汗洒赛场。在这短暂的一天,我们只想欢乐,不去触碰那离别的篇章。

在短短50天中,我们华丽转身,"市级三好班集体"毫无异议地收入囊中。我们相信自己,我们最棒。

站在跑道上,我们意气风发,我们要给母校上演最精彩的一幕。我们倾情奉献,谱写最后的华美篇章。

篇章一:入场式。

高挑而挺拔的身躯,帅气而阳光的面容,开朗而活泼的性格。执旗手是走在队伍最前列的郭世昊、刘天绎、赵云鹏,自信的笑容中,仿佛预言着今天的成功!

接下来,在等待中迎来了我们班的方队,今年破天荒地我没有进方队,我知道我不应该后悔,因为我曾经是那里的一员,我为九班增添过风采。我不后悔,这次我作为场下一员,我亲眼目睹了九班耀眼的光辉。我知道,我自豪,一步步稳重矫健的步伐,展现着我们的自信与骄傲。

篇章二:齐心协力。

我自豪,我作为光荣的九班成员参加了"脚夹球"比赛。我骄傲,我没有在关键时刻放弃!我第一个出发,象征着我们的成功第一出发,我第一个到达,把接力棒交替,我成功地完成了每一步,我成功了。当然,整个队伍所有人都表现得和我一样精彩。接下来,孙乔琪、车文轩、王可心、郑重脚夹球组合完成了比赛。运球接力,麻珮琦班长带头往前冲,赵娟、严晗,九班女生也毫不逊色。九班!最棒!接下来霍雨桐、新同学杨松、安哲完美跳绳,徐梦、赵文杰、张佳楠完成比赛!

我们是第一!

篇章三:男子跳高。

我作为摄影组的一员去为跳高队员加油。郭世昊:助跑、起跳、飞腾、背跃,连落地都同样完美,他打破了学校纪录。帅气的动作震撼全场,他是当之无愧的冠军。他用完美的一跳把自己书写在了四中的历史上,把九班书写在了四中的历史上。

篇章四:500米。

长长的跑道,长长的数字,漫长的过程,但有了预知的结果,一切都是在享受,男子1500米,康彦博第一;女子1500米,胡庆芳第二。

我说过,还是同样,九班最棒。

篇章五:400米

吴培峣，我们班的大将，在比赛前一天受了伤，但他依旧冲了终点，拿了第一，将男子400 米冠军奖牌收入囊中。

篇章六：4 ×100 米。

康彦博第一棒，距离产生美，刘天绎第二棒，大步流星一般稳定着地位，郭世昊第三棒，临阵上场他一点儿也不犹豫，冠军正一步步走来，第四棒赵云鹏，红色的跑鞋飞过赛场，在冲过终点的那一刻，他是飞过去的，飞翔着夺冠。团结、努力、拼搏！这是九班精神。

女子组同样毫不逊色。第一棒的汪星玥，风中迸发，第二棒的麻珮琦，稳中有胜，第三棒的杜禹橦，拉开距离，第四棒的宋一丹，勇冲终点！又是第一！

篇章七：800 米

800 米，似乎近了，但不容易拿下。

首先是男子组，在最后半圈，康彦博还落后第一名近 30 米，哪里知道郭世昊这个勇夫，天来的神力，在最后 150 米全力加速，把金牌以一丝头发的差距揽入怀中。

胡庆芳，女中豪杰，不费力气，轻松夺冠。

篇章八：女子 4 ×300 米。

最后一次赛场拼搏，最后一个项目，最后一次尽情呐喊，“九班，加油！同学们，加油！”

我们的巾帼英雄马上就要上场。相信她们，相信九班，向着冠军进发！

杜禹橦的轻盈领先，瞿孟维的稳定优势，接下来，连棒都第一次碰到的侯秋凡，美丽的身影一扫而过。我的同桌侯秋凡，我由衷地感谢她，我佩服！她真棒！在最后依旧坚持，把象征着胜利的接力棒传给了刘一琳。九班的刘一琳啊，像一个蓝色的音符在赛场上飞舞，书写着九班的传奇。

我身处九班，我快乐，我自豪。我是四中人，我更是九班人。

九年九班，所向披靡。我们秉承九班的精神走进下一个赛场。

接下来的中考赛场，我们仍旧是第一！

有你同行，真好！

陆鹏程

已经很久没有看见同学们在操场上跳跃的身影了，我想念操场，想念同学们。这个暑假是我们相识四周年的日子，也是我们面临分开的时刻。我们相识是必然的，我们相遇是偶然的。我们都有着一样的自信，一样的执著，一样的坚强，一样的疯狂，一样的爱笑，一样的爱闹。因为我们都在青春的路口徘徊,所以我们走到了一起。一个星期的集训,一天的比赛,我们的最后一次,我们为之努力。

我们在运动会前“鬼鬼祟祟”地练习到傍晚,自信地告诉自己我们OK了。最终成功了,我们用五毛钱一袋的方便面就着一块钱一瓶的矿泉水庆祝,互相捶着对方的肩膀说,“你够雷人!”大家笑了,“我们同行,一起努力”。

当我们知道自己只输了1秒时,毫不掩饰地在众人面前大喊“可惜”,可是不经历风雨怎么见彩虹啊!我们依然自信!

快要分开了,我们谁都舍不得,我们一起的时间已经少得可怜,我们要好好利用它。疯狂地学习,疯狂地运动。晚自习时不放过每一分每一秒,手中的笔飞动着,很怕会失去这样的冲劲。

朋友们,过去有你同行,留给我最美的春天,最灿烂的笑脸,让我一辈子感到——有你同行,无比温暖。

美好的四年,永远的九班

严　晗

当我第一次迈进校园时,那份新鲜和好奇,仿佛就在昨天。而现如今,面临中考,我们都不免畏惧。但我清楚,我所真正畏惧的,是中考后的分离。因为,有些时候,我们认真说过再见的人,真的永远都不会再见了。

记得那天,我们在校运动会上,是那么耀眼。每每听到广播中播报九年级某某项目的名次,毫不意外地,“第一名”后永远都是“九年九班”。

我记得运动场上九班的风姿、

我记得观众席上九班的呐喊、九班的尖叫、九班的欢呼。

我记得我们文艺委员写出的优秀稿件。

我记得我们摄影师抓拍的每一个激动人心的瞬间。

我记得我们一尘不染的地面。

我记得开幕式上走得最齐的、口号喊得最响的、牌子举得最高的是我们伟大的九班。

我记得九班摘下一个又一个桂冠时,旁边班的一位女生说的:“九班就是一个神话。”

我记得,我都记得。

所有的一切都是那么记忆犹新。

作为九班的一员，我心中的骄傲无法用语言来描绘。我们多想把时间定格，但时间会流逝我们只是希望：记忆可以成为一把刻刀，把所有的辛酸、泪水、幸福荣耀全都刻下来，以便将来慢慢回忆。

我们一起走过最美好的四年，在这四年中，我们充分地施展才华，也免不了犯错、碰钉子。在成长过程中我们磨练了性格，积累了经验。我们有接受“苦其心智、劳其筋骨、饿其体肤”考验的勇气；我们有“让暴风雨来得更猛烈些”的气概；我们拥有傲人的回忆。

很快，我们将不能再坐在同一间教室，但这间教室，是九班人共同的起点；这间教室中的点点滴滴，成为九班人共同的、最宝贵的财富。

愿时间永远停留在我们奔跑的那一刻

刘敬文

记忆中，那天是最兴奋的一天，清晨，当艳红的领带整齐地系在雪白的衬衣上时，我知晓，这将是我们在四中参加的最后一个运动会了，带着一丝伤感，踏上征途……

学校里彩旗飘扬，人声鼎沸，我们在操场上紧张有序地等待着开幕，手里的相机将记录下运动会的故事。九班迈着整齐的步伐，喊着响亮的口号，气宇轩昂，用力甩头的那一刻，九班人的心凝聚在了一起，让我们共同书写下了最辉煌的篇章。

运动新秀胡庆芳在女子 800 米、1500 米比赛中夺冠；运动健将郭世昊在跳高比赛中刷新校运动会纪录；当选手们飞奔在赛场上时，我看见树在舞动，云在跳跃，我的心在翱翔；当广播里传来九班的好消息时，我在心中默默许下心愿：6 月底在无声的考场上，九班的所有人一定会齐心协力再次创造属于我们的奇迹！

回想过去，我们一起奋斗，一起收获；展望未来，我们会一起憧憬，一起欢呼。现在，我们还要肩并肩共同奋斗，为自己的未来而努力。

我一直觉得自己是个幸运儿，可以成为九班的一员，我们的故事里有哭、有笑、有痛、有乐，我会拾起每一粒青春的珍珠串在一起，我会把 最绚美的年少 时光 放在心间。伙伴们，让我们坚持理想，在今后的路上大胆地走下去，以一颗淡定而坚强的心去迎接挑战。

愿梦带你飞，飞过那片时间海，去寻找幸福。

昨日的梦助我们今日飞翔

柴子涵

时光如同白驹过隙,四年的初中生活即将成为过去,而它也并非消逝,只是化作了我们那丝缕般的回忆。

记得初中报到那天,年幼的我们走进陌生的教室,互不认识,因此气氛显得十分的严肃。我当时就一直在想,要是一直这样下去,一定会有人闷死,但再看现在,我们已经成为了并肩作战的战友,成了这个大家庭中不可缺少的一员。

记得有一次做值日,我正拖地,支书“深情”地看着我说:“小柴同学,你可真热爱劳动。”我顿时干劲十足,更加卖力,从此我明白了一个简单但又耐人寻味的道理——劳动最光荣,当然也许还可以受到表扬。

下面说一说运动会,今年运动会我们依旧是满载而归,当然那个活力的九班风采不减当年,首先1500米,康彦博毫无压力,一路下来轻松自如,游刃有余。回首四年运动会,每次他都是摘金夺银的主力干将,为九班在运动场上的腾飞立下汗马功劳。不过在这期间有一件关于我的小事,这也是我后来才得知的,当时正在进行1500米比赛,作为摄影师的我自是跟随运动员四处奔波,当比赛快要结束时,康彦博第一,遥遥领先,正在看台上的九班同学正准备欢呼时,意外发生了,一个人以飞快的速度超过了康彦博,大家以为第一已经离我们而去,但定睛一看后才发现那是照相的我,尽管当时虚惊一场,现在回想起来“心有余悸”。

记得六年级时,我们班的体育远非那么优秀,年幼的我们尽管奋力拼搏,却技不如人。但我们是九班,永远不服输的九班,365个日夜的奋斗,365个日夜的辛勤与汗水,终于在四年后我们证明了自己,那一刻我们杀死了悬念,我们是最棒的,当宣布第一名“九班”时,那一刻我们欢呼,我们雀跃,我们激动的心情无法言表。

都说赛场如战场,再好的军队没有后勤保障也是没有前途的,九班也是一样。同学们(当然也包括我)默默奉献着自己,在运动员奋力拼搏时,给他们加油鼓劲,当运动员胜利归来时,给他们送水扇风,虽然这些同学不是大家兴注的焦点,但他们依旧在自己的位置散发着自己的光芒。

当我们初中最后一次运动会画上句号时,我一个人走在操场上,看着方队一个一个地退场,心中有一种说不出的感觉,于是我将镜头转向了自己录下的一句话:“四年啦,一切都结束了,但一切都还没结束,只是化作了新的开始。”

离别也是一种美

王博涵

除了对你的思念/亲爱的朋友,我一无长物/

然而,如果你愿意/我将立即使思念枯萎,断落。

——席慕蓉

晴空万里,天上没有一丝云彩,太阳把地面烤得滚烫滚烫,一阵风吹来,从地面卷起一股热浪,使人感到窒息,整个城市像极了烧透的砖窑。

进入六月后,学校的五楼异常压抑,燥热的空气里密集了浓浓的伤感。只有经过六年级教室时,才能感受到曾经的美好。

我以前一直认为,初三毕业时,我们是不会哭的。因为我们将会有一个没有作业的暑假。我现在才渐渐知道当初的想法是多么白痴。初三学生不会因为没有作业而兴奋半天,他们更不会因为即将踏入高中校门激动不已。但是,初三学生会因不舍同窗情而泪下。四年的同窗,就此匆匆地告别了,不知这一离开,又要多久才会见面。

我们从没讨论过毕业时会怎样,因为没人会蠢到破坏大家心情的地步。我们一起说笑,一起唱歌,然后哈哈大笑,用大笑掩盖内心的悲哀。我们各怀心思,却彼此心知肚明。

我想起我们曾经经历过的事,谈不上惊天动地,却是值得我们纪念的。

喜欢和胡庆芳、王可心、韩鹏伟一起打闹。

喜欢和徐梦在体育课上躲在车棚讨论我们感兴趣的话题。

喜欢和周凤慧一起在放学回家的路上闲扯没有意义的话。

喜欢听杜禹橦说我长得很可爱。

喜欢……

喜欢……

原来有那么多的喜欢是二十天后不再拥有的。我们笑过、哭过,却从来没为争吵而分开过。

亲爱的,我们拉钩吧,我永远不会忘记你们的,当然,还有九班。这是誓言,是约定,我想坚持到最后,却在这时流下了眼泪。

很多感情,只有自己亲身经历过,才会懂得。中考后,我们将背上自己的行囊,走自己选择的道路，我们还会在心里想着彼此吧。

海内存知己，天涯若比邻。

很多东西不是一直相随相伴的，总有分开，总有泪水，不管是什么结果，我们都应该笑着走下去。

毕业班运动会在记忆中永恒

吴培晓

蓝色的天空，白色的云，扬尘的煤渣跑道上留下我们永恒的身影。听枪响，用尽全力向前冲，哪怕胜局已定，仍不会放慢脚步，哪怕追赶不上，也不放弃比赛。运动会拼搏、坚持的精神一次又一次激荡着我的心。七年级时我对十班的同学说："你们休想和我们争倒数第二。"如今九年级我说"第一永远是九班的"。

烈日下，观众席间，几位奋笔疾书的女同学创造了上千份稿件的奇迹，她们在别人写作业、玩游戏、看比赛的时候默默地认认真真地写下了一篇篇洋溢着激情的文章。广播站的同学也顾不上多读低年级的来稿，几十次广播了九班的稿件。

其他同学在场外，每到有九班运动员的身影，他们都大喊"加油！加油！"也许相隔几十米远，但运动员心领神会地奋力向前冲。每一个九班的观众的心也随着运动员的脚步跳动。

运动会的前前后后，我感受到的更多的是离别，大家每每提起这次运动会时都要加上"最后一次"，这总让我不舍这四年的情谊，我希望它永恒，我希望它可以是一辈子。

亲爱的同学们，我们每个人心中都有自己的理想，拼搏吧，让我们共同为自己的四年生活画上圆满浑厚的六个点，让这六个点把我们的初中生活延长至永恒；让这六个点化作彼此的鼓励，在我们人生的运动会上摘金；让这六个点包含我们彼此的心，我们永远同在！

花开四季

胡庆芳

每个人都会有不同的成长经历，不同的经历会成就不一样的人生。而我的人生转折出现在六年级的那个秋季。

刚刚结束毕业考的我们，在小学老师的带领下，第一次走进初中的校园，一切都那么的陌生而新鲜，但心中的好奇逐渐被一种恐惧的心理所代替，我有点害怕这陌生的环境，害怕开学。但是，当见到了我的班主任，陈树平老师温和的笑容，我感到了母亲般的亲近。我想，正是她的笑容，改变了我的人生轨迹。

六年级的我就像一个未脱离母乳的羊羔，事事依赖父母，需要别人的帮助，但这似乎并未影响陈老师对我的关爱。相反，她时常同我母亲沟通，探讨对我的教育方式。上初中后，每一篇英语课文都要求背诵，这对于小学不喜欢英语的我来说是一个巨大的挑战，我硬着头皮坚持了两天，后来发现，陈老师在课上抽查背诵情况时，无论背诵得如何，她都会发自内心地夸奖你、鼓励你，逐渐地，我不再讨厌背诵课文，反而变得积极起来，我渴望上课的时候被点名起来背诵，得到老师的夸奖，在这样的心理下，我的英语成绩开始上升。

然而故事并没有结束，陈老师不是一个只看重学习的老师，她同样注重我们的体育与班级的团结。那个时候，运动会还是我们最喜欢的一件大事，不过大部分人是看热闹的，只有那么寥寥几个人参与其中，陈妈妈发现了这个问题，她并未说我们不团结，她只是开始注重我们的体育活动。课间操的时候，她带领我们一起跳大绳，从开始的几个人慢慢增加到几十个人，每个人的水平参差不齐，她不会因为谁跳得不好就厉声指责，她在旁边笑着为我们指导，谁的姿势好看，谁的时间点掐得准确，谁绳子抡得圆。时间久了，同学们也从相互指责变为共享欢乐。第二次运动会来临之际，在陈老师的带领下，我们班参加跳大绳的人数达到了三十几人，陈老师没有急着挑选出谁来参加比赛，而是让我们一起锻炼，随着时间的临近，同学们变得着急起来，但是陈老师好像诸葛亮一般从容不迫，她利用自己上课的时间带领我们在操场上练习跳大绳，在一旁耐心地为我们指导。经过两天的练习，我们的进步飞速，每个人都可以完美地跳入跳出，大绳越摇越快，我们的信心越来越高。比赛前两天，陈老师依旧没有指定参赛的选手，但是，大家的心理却出现了变化，从开始的争着参赛变成了“他跳得好，让他上吧”“我跳得没他好，我替补”，气氛变得祥和起来，最终在同学们的谦让之下，精选了十几个参赛人员，他们也不负众望，取得了第一名的好成绩。我也在这一次的活动中变得有自信，学会了谦让。

时间转瞬即逝，大家还在享受这段美妙的时光时，毕业季就到了眼前。中考新增了体育考试，800 米的长跑成了许多人的难题。陈老师似乎又预见了这些，在作业堆积如山的日子里，她主动为我们减少了作业量，却留了另一个特殊的任务给我们——每天练习跑步。开始，大家并不认真对待，直到一个星期后陈老师开始验收我们的成果，我们开始慌了，她并没有任何责备的言语，而是用一字一句的激励在我们的心头点燃了小小的火花，整整一年的时间，几乎每一个人都在坚持跑步，或多或少，却从未间断，小小的火花在空中绽放了美丽的烟花，那一年，我们的体育成绩都超出了自己的预想，辛勤的汗水终于变成欣慰的微笑在脸上绽开。同年的中考，凭着坚持的信念，我们都考出了自己的好成绩。那一年毕业的礼物，陈老师送给我们的是坚持的力量。

四年的时光,没有浮夸的语言,没有令人生畏的恐吓,陈老师的慈爱与坚毅带领着我们走向正确的人生道路。

蜕　变

付昕玫

恍然如梦,短短四年一闪而过。四年中我们哭过,笑过,四年中我们在一起尝遍酸甜苦辣,在互帮互助中相偕长大,变得成熟稳重。是九班成就了我们这群不懂事的孩子,帮助我们成长;是九班养育了我们五十多个性格不一的孩童;是九班教会了我们做人的道理,使我们不再懵懵懂懂地面对这个世界。

四年,一千四百多个日日夜夜,曾经的我们或许会因为一个小小的纸飞机而大笑;曾经的我们或许会因为小小的一句玩笑而动手,曾经的我们或许会因为一次小小的考试失败而伤心。现在,我们已经有了一个大孩子的成熟,一个攀岩者的坚持,一个挑战者的勇气,一个成功者的喜悦。

还有十几天就要中考了,这就意味着我们在一起的日子只有十几天了,但是在这十几天,我们的态度应该只有两个字:坦然。坦然是一种失望后的乐观,坦然是一种平淡中的自信,坦然是一种付出后的欣慰,坦然是一种创造后的满足。人生最大的快乐不在于占有什么,而在于追求什么的过程。天空中不留下鸟的痕迹,但我已经飞翔过。没有蓝天的深邃可以有白云的飘逸;没有大海的壮阔可以有小溪的幽雅;没有原野的芬芳可以有小草的翠绿;但没有今天的努力绝对没有明天的幸福。

如果我们是小草,九班就是大树,为我们遮风挡雨;如果我们是小鱼,九班就是大海,包容着我们;如果九班是风儿,我们就是沙,缠缠绵绵到天涯海角我也不会忘记:我是九班的一员。

我们相逢在陌生时,我们分手在熟悉后。明天,我们要到生活的星图上找到自己的位置,让我们用自己闪烁的星光相互问讯,表情达意。

论九班管理——旁观者的心声

石国栋

作为与九班只有一墙之隔的十班的一员，我一直在窥视着九班的变化。俗话说当局者迷、旁观者清，我作为旁观者看九班，得出的结论与九班成员应该有所差异。我想就九班发表几句感言，其主旨意在希望能从中有所启示。于是搜集一些零碎的想法，并写下来，拙见仓促而就，如有错谬，希望各位不吝赐教。

六年级伊始，九班与十班同时诞生。其中两班虽经过几多人事变更，但整体上成员变动不大。但作为对照，其中的差异却十分明显。对于班级各项工作的组织、完成和效率都存在较大差异。有一段时间，作为十班的班委，我曾试图分析、研究九班的凝聚力，欲得出其中的正确道理，并用于十班的班级建设中，但由于种种原因未能落实，使我非常遗憾。

许多同学已经提到，九班的特色之一是集体凝聚力以及各成员之间妙不可言的相互感染力。在我看来，其成功原因有三：一是至关重要的“以导代堵”的理念，这一理念贯穿九班发展的始终；二是成绩的保证、立足之根本的“高效学习法”；三是正确高效的“先进管理方法和理念”。

首先解释第一点。理念是施政方针的核心。正确的理念在班级管理中会取得事半功倍的效果。品德的形成是分阶段的，各阶段的引导及培养对于学生的道德形成至关重要。同样的，由于在不同的年龄段，心理发展水平不同，就决定了应采用不同的教育方式。初中阶段正是由他律向自律过渡的关键时期，儿童开始从服从外部规则、接受权威制定的规范转而否认权威、开始试图独立地对规则进行判断，此时若不及时正确转型，仍然采用“铁山高压”的办法来维护秩序，结果只能适得其反。治标不治本的办法虽然在前期能取得很好的效果，但后期却在暗流涌动下越来越浑。

刚入学时，九班的班级纪律比较涣散。在正确观点和教育方式的指导下，九班的建设开始了，大小事务让班主任陈老师忙得不可开交。一段时间后，无名的九班却异军突起成为佼佼者，九年级一年的奋斗，更是使其巩固并完善了“霸主”地位。其中发生的大小插曲，哪怕遭人非议，陈老师都没有采取所谓的“高压铁山”政策，她平易近人，没有咄咄逼人的气势，和学生们打成一片。这异乎寻常的举动，使得全班同学在其他老师的“铁山政策”“制裁高压”下，纷纷逃向这块“海中陆地”“精神支柱”。陈老师在九班也成了名副其实的“精神导师”，深受同学们的爱戴。这种发自内心的爱也被用在其他同学的身上。为增强集体凝聚力,“所有人都抱成团,一个都不能少”,她对成绩不好的同学尽量提升弱势,发挥优势,让集体不再是千篇一律的“一个人的集体”。每个人都为它自豪并奉献自我,充分展现每个人的精神风貌,并在各项活动中培养技能,完善人格,最终形成了“九班是一个,也是无数个”的格局。

第二点很特别。陈老师的外语课一向是用特别的模式在教学。课堂中陈老师并不是“至高无上的权威”,她用一种不可抗拒的亲和力吸引你,用自谦及愉快的幽默引人入胜,用能放能收的思路调节课堂的学习氛围,你在她课上违纪,是会脸红的。她倡导的“高效学习法”,其核心便是分组讨论;对习题、对知识点的概念反复强化吸收;特殊的“优生讲,后进生讲,老师不能讲”则更是体现了这一点;学生们在反复地提问或经别人解答后,将知识网络熟练掌握,取得事半功倍的神奇效果。

第三点也是最令人感到不可思议的一点,就是在班级管理中应用分布式管理的“蜂群思维”。这种高效的管理方法与自由开放(注意:不是放任)的“主体思想”融合,诞生了复杂的工作网络,有力地推动着班级高效运转起来。有的班级的管理体系是由班主任、班长、各级班委、学生“自上而下”管理的“高度集中体制”。此管理体系往往造成低效、拖延、事不关己等现象,身处其中,使每个人都感到无限的疲惫。该贯彻的贯彻不到位,已经布置下去的却无人响应,参与活动永远都是那几个人,带头违纪者受追捧等乱象层出不穷。由此可见,一味的处罚并未得到收益,反而使集体、个体都陷入迷茫中。

九班则不然。同学们都很团结。任务布置下去就很快完成,说教工作几乎被全班同学替代,违纪的同学全因不好意思而脸红。大型活动的组织、交往联系的日益密切和似有似无的老师旁敲侧击,巩固并完善了这个完美的、由每一个个体自下而上的蜂巢管理机制。它的形成,在很大程度上推动了九班的发展,是集体高效率的催化剂。

第五章　像农人一样静待花开

——陈树平班级建设思想与方法跟踪研究

写在前面的话：

一个人，一生中如果能给予人智慧、能施予人帮助、能给予人心灵的阳光、能赋予人前进的力量……如果能做到其中一点，都令人敬佩，那么有没有人都能做到？思虑很久，脑中浮现出一个名字——那就是班主任们。

陈树平老师，于千千万万班主任中的一位，平凡的她在人群中实在不起眼，但她，在孩子们心中却是夜空中那一颗最亮的星，闪耀且温暖。

她的每一天都是重复的，她的每一天又是新鲜的。因为每一天，她和她的孩子们都会有故事发生，或平凡、或动人、或令人深思、或感慨万千，于是我便忍不住记录下来，把她的故事讲给你听……

一双鞋带

向青腾

2015 年 3 月 18 日的早晨，我在巡班的时候，突然发现陈老师的桌子上有一双鞋带，它有着春草般的嫩绿色，筷子般粗，两端各带着一个结结实实的水晶头，看上去很结实。我心里不禁嘀咕着，陈老师怎么用这么一副“嫩”鞋带？到了上午大课间，我们和学生一起跑操，在不经意间，我突然看见九班小梁同学的鞋带好眼熟呀，难不成……我一问，不出所料，鞋带果然是陈老师买给小梁同学的。

小梁同学，一双大大的眼睛镶嵌在圆圆的脸上，标志性的动作是你一喊他，他就害羞地一笑，随即将脸藏在打开的书本后面，然后偷偷从侧面瞄一下你，甚是可爱。他的父母进城务工，把他带到这里上学，父母在学校附近的市场卖菜，起早贪黑，无暇顾及他，由于小梁同学从小没有形成良好的学习习惯，在学习上有些吃力，但是他一直没放弃努力。

本学期开学第二周，陈老师发现在课间跑操的时候，小梁总是掉队，原因是鞋带总开，总要蹲下来系上，所以一来二去就掉队了。细心的陈老师发现，原来是他的鞋带已经被踩烂变短，不够打结了，看到这种情况，陈老师就买了一双今年最流行的果绿色的鞋带悄悄地塞给了小梁。

之后，每每看到小梁，不管换哪双鞋，总是系着那双鞋带，而且感觉他格外神气。是呀，谁有陈老师给的鞋带呀，他脸上的笑容洋溢，那双大眼睛仿佛在说：你们看，陈老师就是格外喜欢我！

呵，亲爱的孩子，连我都能感觉到你心里的甜蜜蜜！

爱，乘着歌声的翅膀飞翔

向青腾

今天举行了七年级合唱比赛，各班同学们的表现各具特色，精彩纷呈，孩子们的潜力和创造力着实不可小觑，但是，当其中一个班级——九班唱完后，我不禁热泪盈眶，脑海中浮现出去年合唱比赛时的情景。

九班在六年级初是一位年轻的班主任带班，新班主任热情洋溢，带班也有声有色，可是好景不长，她的丈夫得了白血病，她需要照顾病人，便不能再带班了。第二学期学校安排一位老教师带班，班级各项工作开展得也很顺利，学校的艺术节前夕，孩子们齐心协力地精心准备比赛。可就在比赛的前一天，班主任生病了，没能来到比赛现场，明显地，在比赛的时候孩子们有些心不在焉，最后的效果也没有完全发挥出来，拿了个三等奖，孩子们个个垂头丧气的，更让我难忘的是比赛结束后，班级合影留念时，九班的孩子就不肯照相了，一个孩子低声地嘟哝着，人家班里都有班主任，我们九班都成孤儿了，没人要啦！我抬头望去，九班孩子期盼渴望的眼神深深刺痛了我的心，他们像没有妈妈的孩子一样，无助、伤心。作为年级主任，我深深地感到愧疚，因为我也没能照顾好他们。

今年的合唱比赛，我又留意了九班，在准备期间发现九班的孩子格外投入，有组织、成系统，一打听原来是陈老师和班委精心策划，从选歌到服装，从队形到动作都反复研究，比赛时舞台上的九班真让人感动！服装整齐，歌声动听，表现完美，场下还有家长来助阵拍照、摄像，上上下下齐心协力，一举拿下了一等奖，全班同学士气高涨，和陈老师一起欢呼，紧紧地拥抱在一起。

一股暖流涌入到我的心田，孩子们开心了，我们的工作就有了意义，谢谢陈大姐，是您给孩子创造了成功的机会，让他们体会到成长的快乐。您的爱，已经乘着歌声的翅膀飞进了孩子们的心田，九班的孩子们，尽情享受吧！

2014 年 5 月 16 日

掌声为自己响起
——九班运动会总结

向青腾

傍晚六点钟了，从九班教室回到办公室，往常略显拥挤的大楼里格外安静，从远处传来九班孩子的欢呼声，我真为他们感到高兴，因为就在刚才，全班同学开了一次意义非凡的会议——运动会总结大会。

会议开始，陈老师发言："运动会结束了，现在我们来说一说这次运动会的昨天、今天和明天。"班长祁琳站起来说："六年级时咱们班拿了 18 分，全年级倒数第二；七年级时陈老师带班，开始体育跑步训练计划，那次运动会拿了 68 分，全年级第二；今天的运动会咱们收获 124 分，全年级第一，比第二名多出 30 多分，这是咱们启动全班体育训练计划的第二年的成果，还有一年的时间，明年的运动会以及体育中考请拭目以待！"

"总结得很到位，"陈老师接着说，"刚才咱们在外面都比较低调，现在关起门来在自己家里，把你们的喜悦都表达出来吧！"教室顿时开了锅，同学们欢呼、鼓掌、拥抱，教室里热火朝天，这时陈老师话锋一转："现在咱们每个人都十分疲惫，但精神却十分愉悦，这就是自己付出了辛苦，通过艰苦的努力获得的回报，这是收获的喜悦。一天下来，我们九班的 42 个同学都在努力，你有没有被咱班的一些人、一些事感动？"

同学们陷入了短暂的沉思，随即一个接着一个地发言，引发了一次次掌声，感动了在座的每一个人，因为他们不知道自己做的那么一点点事，竟然能感动别人，自己的一点点努力和进步，同学和老师竟然能那么认真地看在眼里、记在心里。

韩旭：张奕在 4×100 米的接力赛时，由于是刚跑完 800 米，累得脸煞白，但是看着同学们在给他加油，还是坚持跑了下来，还得了第一。

李鑫宇看到地上有垃圾就带头去捡。

田厚泽今天给大家照了 300 多张照片了，一直忍着没吃东西，连水也没喝几口。

常月、王一惠等同学看到其他班的稿件不断，便一直坚持写广播稿，从未间断。

李新奥跑完比赛后就去播音，一刻也没休息。

开幕式的服装换下来之后，梁家坤同学把24套衣服都叠好放在椅子上。

赛前李佳培带着董淘宁、祁琳练跑步，李新奥带着张奕、李鑫宇，彼此都说要是没有对方的陪伴就不会有今天的进步。

跑4×100米比赛前，男女运动员都很累，他们相互鼓励，加油。传递的是九班的精神。

运动会报名的时候，班主任在外地学习，班委们立即在班级开会，一次又一次地讨论排兵布阵，因为想要参加的人较多，就采用了按成绩来确定人选的办法，并鼓励没能参赛的同学继续训练，争取明年再上。

比赛前，杨昊东、徐敬哲课间天天练习投实心球，没有一次不认真的。

……

孩子们说了很多很多，陈老师语重心长地说："所以今天我的感动不仅仅是赛场上同学的奋力拼搏，也应该感谢没参赛的同学们，正是因为他们的努力，感染和鼓舞着赛场上的每一个人。同学们有感动，老师也有收获，愿和你们分享。

"本次运动会，咱们班没有一个人带手机、玩电子产品的，虽然我没有强调这个要求，但是今天咱班的同学竟然都做到了，所以，我要感谢在座的每一个同学。

"咱班曹禺当小记者，采访运动员和裁判员们，回来之后对我说：'哎呀，没想到当记者这么累呀！'是呀，人们往往只看到花儿的美丽，没有几个人会注意到花儿要扎根到又黑又臭的泥土里，才能吸取营养，开出美丽的花，你们现在正像花骨朵儿一样，把根深深地扎进肥沃的泥土里，吸取养料为的是来日的绽放。

"运动会后，韩旭建议从明天开始咱班每人一天写一篇运动会广播稿，到明年的运动会就是10950篇稿子，一定是最多的，虽然不太现实，但他是真心为班级着想，值得表扬。

"集体项目时，可能人员安排不是很好，球的气也不足，所以只拿了第三名，参加集体项目的同学很沮丧，我及时给他们开了个会，其实人生中经常会有一些小小的失误，成长中需要这些失误和挫折。没有失误、没有挫折的青春是很可怕的，一帆风顺对一个人的成长不一定是好事，人要不断地经历事，像大树一样，只有经过风吹雨打之后，才可能长得又高又壮，坚强挺立。

"会后，张奕对我说：'明年的运动会咱们的目标不是争第一，是要破纪录。'是呀，我相信，通过一年的共同努力，咱班的同学一定是实力满满，不仅在运动会上一举夺魁，在各个方面我们都会气质非凡，与众不同，我对你们有信心！"

此时此刻，每一个九班的孩子都斗志昂扬，悦纳自己，欣赏同伴，他们对未来充满信心与向往，他们憧憬着一年后的辉煌，他们更是做好了从现在开始努力的准备。

最后陈老师说："班里的'书呆子'高睿在听到运动会的成绩时兴奋地对我说：'老师，我怎么感觉到今天的阳光这么明媚!’”是呀,这就是九班,阳光普照,花儿正在蓄积力量,生长,向上,一直向上!

而那园丁正站在远处,微笑着望着她的这一园芬芳。

2015年4月29日

拥抱伸手可及的明天

——陈树平班级系列活动之“向师哥师姐取经”座谈会

向青腾

2015年8月28日,一个平凡得不能再平凡的日子,上午全体学生返校,修整了一个假期的校园因为孩子们的到来显得生机勃勃,下午却看到九班的同学提前来到教室,陈老师穿了一身玫红色套裙,还戴了一条珍珠项链。我不由得好奇,今天九班又有什么重要活动?

还没进九班教室,就听见阵阵欢笑和交谈声。探头一看,好家伙,陈老师带的上一届的学生(现在该上大三了)正在和八年九班的学生交谈,黑板上写着“向师哥师姐取经”座谈会,席间还有一些家长。

虽然陈老师与上一届的学生分开了好几年,但她依然能熟悉地叫出他们的名字:麻佩琪、郭世昊,李文阳、小车、文豪、刘英、李梦等;同学们虽然毕业了五年,现在已经到全国各地的大学就读,但他们的心却一直贴得很紧。陈老师介绍了座谈会的意图,然后由老九班的同学们一一自我介绍,分享自己初中阶段在陈老师的班级中成长的故事,再让新九班的学生提问,相互交流讨论。我聚精会神地听着每一个孩子的叙述,他们或说陈老师在初中的运动会上,天气很冷,陈老师把衣服披在自己身上,温暖的感觉终生难忘;或说至今觉得最有意义的一年是初三,因为这一年他们一帮一,在困难面前手拉手,实现了目标;或说每每倦了、累了、迷茫了,就翻看九班的纪念册,那里有自己青春最美好的回忆,不断鼓励自己一路前行。来的同学中有上国内一流大学的,也有马上要到国外深造的学生,当然也有在职大的学生。但是他们之间谈论的似乎没有成绩高低,没有谁是优等生谁是后进生,他们谈的都是谁帮了我,谁为班级尽心尽力做了些什么,在运动会中老师和同学们是怎么样拼搏的,或是初中时期老师对自己的疼爱与鼓励……运动会上创造的奇迹、军训时害怕黑暗紧紧抱在一起的温暖、陈老师佝偻着腰拍下的一张一张青春的喜怒哀乐的脸庞……也许,在生命的成长中,只要状态在,激情在,心思在,学习这件事可能是最容易的了。他们说,弟弟妹妹们,如果有什么需要的,尽管说,我们尽全力去帮你们,因为我们都是一家人,有一个共同的妈妈——陈老师。我注意到八年九班的小家伙们看着眼前这些大哥大姐,激动万分,因为他们每人都创造了自己精彩的生活。这些学哥学姐们初中的时候也像他们一样,平凡、不起眼,但是他们不断地攀登人生的高峰,领略人生的美景,激励了新九班的学弟学妹们。看着小家伙们个个激情昂扬,不能自已,我为他们感到高兴,有这样一位师长陪伴着他们成长。

置身其中,我不禁有点儿羡慕他们了,四年,对一个人的一生来说可能很短暂,但对于一个初中的孩子来说,这四年的教育有可能影响一生。在今天的交流中,八年级的弟弟妹妹们真真切切地能够预见自己的未来了,因为对面的学哥学姐们曾经也如自己一样,平凡、青涩、稚嫩,可是只要有高品质的积累,只要经受住生命的锤炼,自己也一定可以拥有无限美好的明天。

38 度班歌

——九班班歌录制始末

向青腾

2005 年 8 月下旬,天气出奇的闷热,夜里靠空调才得以入睡,就连早上也没有一丝凉爽。因为要和陈老师商量关于课题的事项,我便在上午十点左右拨通了她的电话,第一次,没通,又拨了第二次,许久,陈老师接了电话,可电话的那头声音嘈杂,信号断断续续,只听得她说,正和学生们一起骑车到什么地方去练歌,因为一个孩子的自行车链子掉了,她正在给修呢。天啊,我顿时就冒汗了,今天气温 38 度,而这时外面的地表温度早已超过 40 度了吧!陈老师,一个已经 53 岁的老教师,她这一年来一直在闹更年期,心脏也不好,晚上要靠安眠药才能入睡,在这炎热的夏日上午,带着一群孩子骑着车在外面奔波。我想要开车去接他们,可被她坚决地拒绝了,她说她和孩子们在一起呢,自己坐上车了,学生骑车走她自己也不放心。我问到了具体地址,不管她愿不愿意,我立刻起身,驱车赶往那里。

赶到录音棚的位置,我看到一个背影微驼、略显沧桑的身影正在录音棚外面等候着。陈老师身穿一件蓝色的运动 T 恤,外面罩着一件卡其色的长袖衬衫,就是她的防晒衫了。头发被风吹得凌乱,脸被晒得红红的,手拿着一顶旧草帽,不时地扇着风。不知为何,我的眼泪差点儿掉下来,我竭力忍住泪水,跑到陈老师跟前,递给她一瓶冰水,她连连摇头说不喝。我又忘了,她已经不能再喝太凉的水,因为一直在喝中药呢。我埋怨陈老师没有让我参与这件事,她说知道我刚从老家回来肯定很累,再说亲身参与这件事也能和孩子们一起成长。孩子们才第四遍练习,就已经很不错了,再练一两次就可以正式录了。是呀,有这样的老师的陪伴，孩子们能不全力以赴吗？想必这就是身教吧！

朋友，当你听到九班的孩子用天籁般的声音唱出他们的心声时，你能想象到，一个佝偻的、模糊的背影站在罩满了光彩的孩子们的身后，是怎样的一种幸福的微笑？

2015 年 8 月 20 日

没盖章的奖状

向青腾

快下班时，看着九班的孩子们从身边走过，再看看手中拿着这几张没有盖章的奖状，我的内心深处被阵阵涟漪激荡着，说不出是感动、还是温暖，总之觉得教育真的很美好，虽然不是我的故事，但我为能写陈老师的故事而感到骄傲。

事情是这样的，下午，我正在陈老师的办公室向她了解班里今天的情况，陈大姐跟我说孩子们争先恐后地写入团申请书的事。这时，下课铃响了，一名学生探着头往办公室看，正犹豫是进还是不进。陈老师看见了，微笑着说，进来，有什么事吗？进来的孩子是小华，他看我在好像有点儿不好意思，只听陈老师说向老师不是外人，有什么你尽管说，小华略带羞涩地说，陈老师，有件重要的事您还没办呢！我一听乐啦，什么重要的事呀，让这孩子这么惦记？他双手递给陈老师一张奖状，陈老师说：哦，我知道了，真对不起，这刚开学太忙了，没顾得上给你补上章了，放心吧，我明天一定去盖。陈老师收起他的奖状，孩子高兴地走出去了。我被搞糊涂了，这是怎么回事？一问陈大姐才知道，原来呀，上学期末的时候，班里开了一个学期总结表彰大会，小华由于在运动会上的出色表现获得了运动会标兵的荣誉称号，由于太匆忙，奖状打印好没盖章就发下去了，陈老师承诺说开学就把章给盖了。这不，小华等不及了，我在看陈老师的桌上还放着三张同样没盖章的奖状，一看名字，都是平时的皮小子呢。我和陈大姐说，表面上可看不出来他们还挺在乎这奖状的，陈大姐说，班级中的每一个孩子都积极上进，认真对待班级中的每一次活动。我知道陈大姐把每一次的学校大型活动都做到极致，真不知道这些调皮的孩子们已经全被激发起来了，真是星星之火，可以燎原呀。

是呀，一张在成人眼中微不足道的奖状，而对于一个普通孩子，一个农民工家庭的孩子，当他把这张奖状拿回家中，会成为家人的骄傲，会听到每天忙碌、无暇顾及他的父亲说一声："哎呀，想不到我儿子体育上还行呀，给老爹我争脸了，孩他妈，今天晚上多做几个菜，给儿子补补，让他更壮一点儿有力气跑步，我今天也得喝两口。"一个家庭的幸福指数就因这一张小小的奖状而提升了,孩子内心的快乐我们谁又能言说和体会呢?相信孩子会因一次又一次的激励,不断地发现自己的潜能,体会到成长中不可言说的愉悦,促使孩子的人格不断的健全,情感不断的丰富,因为他感受到了美好。这种快乐的滋味,有一个人知道,她更知道怎样拿捏,从而持续不断地让快乐滋长,不断地滋长。

那个人就是孩子们的班主任,陈树平老师。

我荣幸地去校办公室给那几张奖状郑重地盖上了"天津市滨海新区大港油田第四中学"的章,想象着孩子把奖状拿回家兴奋的样子,体会着陈老师的教育智慧,心中涌上一种叫幸福的滋味。

2015 年 9 月 24 日

心灵的救赎

向青腾

亲爱的朋友,现在请让我带您走进一个孩子的内心世界,作为成人的我们,感知一遭孩子心灵的震荡,首先,请读读小奕同学所作的《宽容》。

时间匆匆从指尖滑过,看似很久的四年时光不知不觉间已步入尾声,过往的种种都已渐渐模糊,不再清晰,唯有您在我生命中写下的那意义非凡的一笔,将伴我一起,迎接漫漫人生路上的风风雨雨、磕磕绊绊。

"今天,咱们练了这么久的模拟法庭就要拍摄了!下午两点半必须到校!千万别忘了!"向老师一遍一遍地嘱咐着我们,生怕出什么岔子,见我们都拍胸脯保证绝对不迟到,提在嗓子眼的心才稍微放下了几公分。

下午一点半,我双眼迷离,整个脑袋像装满糨糊似的完全无法思考,随时可能睡着,困意一次又一次席卷而来。我不顾父亲的劝阻,执意在闹钟有问题的情况下闭上了双眼。当我眼睛第二次睁开时,已经是 2:52 了,当看到时间的一瞬间,我的大脑瞬间死机。0.1 秒后,我陷入了无尽的自责之中,但没时间想这些了,当务之急还是抓紧时间到校,我匆匆穿上了厚重的律师制服,狂奔下楼。从三号院高层到四中这咫尺般的距离,这一刻却显得好似千里之遥。跑着跑着,我的心灵渐渐被自责所吞噬。

连续十多天,下午每天下午三点钟,十余位九班人顶着似火的骄阳,赶去学校排练,同一句台词,念了不下三十遍;同一个动作,重复了不止十遍,就连稿子,都不知改了多少遍;向老师一次次在百忙中挤出时间,跟随我们排练,一次次地纠正我们台词的问题,一次次因为恨铁不成钢而生气；陈老师今天上午的动员，也在耳边回荡……老师、同学们的努力仿佛因为我的贪睡而化为泡影，我简直不知道该怎么面对老师和同学们。想到这里我狠狠地甩了一下脑袋，迫使自己不去想这些，只是一个劲地跑。现在想来，当时的速度比起我在运动会的赛道上的速度丝毫不逊色吧。

该面对的总要面对，四中门口，周校长、向老师、陈老师无一不满脸焦急地等待着，看到我出现了，陈老师明显松了口气，领着我上了车，马不停蹄地奔向法庭。在车上，我坐立不安，仿佛车座上有钉子一样。这时，陈老师转过了头，我心里咯噔一声，仿佛世界末日了一般。陈老师慈祥的声音响起："张奕，你出门的时候太着急了，渴不渴啊，喝点儿水吗？"这一个无关痛痒的问题却晴天霹雳般击中了我的心——我把这么这么重要的事情搞砸了，陈老师就问我渴不渴，为什么？一个大大的问号横在了我的心头，忽然发现自己嗓子确实有点儿干，但一句"不用了"还是不假思索地脱口而出。"没事，别担心了，本来就是要三点开始的，让你们两点半到就是防止意外事故发生，过一会儿好好演就好。"陈老师说出的每句话，都是如此的轻描淡写，但在我耳中，却重如千钧。陈老师那双充满鼓励的眼睛，沁人心脾的话语，使我从自责中走出，我心中默默念道：不要辜负陈老师的期望！想着，拿起了手中的稿子，默读了起来。

最终，模拟法庭的圆满结束，同学们的发挥都很不错，没有辜负校方的期望。我也终于释然了，老师们悬着的心也终于放了下来。但是，我一辈子都不会忘记，陈老师的那句"渴不渴"，深深地打动并温暖着我的心！

看完小奕同学的文章，我的脸变得越来越热，诸位可能不解，因为我为自己的行为而感到害羞和惭愧，因为孩子描写的那一幕就发生在我眼前，而我对待孩子的一些做法和陈大姐比起来，让我觉得羞愧。

记得那是刚考完试的一个炎热的下午，我和孩子们在辛辛苦苦集中训练了四天之后，决定去滨海法庭录制我们的模拟法庭，我要求下午 2:30 一定要到学校，3:00 开始录制。这期间去法庭还有一定的路程，我一遍又一遍地嘱咐，千万不能迟到。其实我还是挺相信孩子们的，小奕一贯做事稳当，但过了 2:30 了，其他的学生和开车接送我们的家长都到齐了，再看表，2:40 了，还是没有小奕的影子，再一次看表，2:50 了，还不见人来，我有些急了。2:57 分左右，看见一个身影脚步慌乱地朝校门口跑来，果然是小奕，我当时就想大吼，看着孩子自责的样子，就压低了声音埋怨他：这种时候怎么会迟到呢？怎么是你迟到，耽误事呀！

孩子的脸已经看不出是难过还是羞愧得红透了，这时，感觉好像是陈大姐用胳膊碰了一下我，我下意识地忍住不说话了。然后陈大姐只说了一句话：小奕，来了，来了就好，来，跟我一起坐这辆车。师徒俩坐上车，去往目的地。后面的事诸位已经在孩子的文章中知道了。

我这样对他，而小奕却好像一点儿也不放在心上，也没有讨厌我，每次看见我都凑过来开心地和我聊这聊那，或许，他已经得陈大姐真传，学会了宽容，能用宽广的胸怀面对现在的、未来的人和事。这真说不好是谁救赎了谁的心灵呢！

会说话的哑铃

向青腾

看着小旭同学和同学们一起在足球场上尽情地奔跑，被风吹得红扑扑的脸上挂着甜蜜的笑容，悬在我心中一年多的担忧终于放下了。这个孩子长了一副笑模样，总是笑眯眯的，但幼小的他曾经历过山崩地裂般的挫折。在七年级上学期，也就是陈老师接班不到一个学期的时候，他的妈妈查出了癌症，几个月后治疗无效，永远地离开了人世。那时的小旭才12岁，我本想去看看他妈妈，但征求陈大姐的意见之后，了解到小旭同学不希望别人知道这件事，我也知道，就是我们去看一百次也无法挽回这个事实。幼小的孩子就要经历如此伤痛，我也真的不知道该如何安慰孩子。在他妈妈去世前，陈老师经常和他家里联系，还曾多次去看望，以一个母亲的身份给孩子以心灵的支撑与鼓励，孩子的爸爸面对孩子失去母亲的现实也不知所措，不知该如何安慰孩子。当看到孩子与陈老师在一起时就会显得平静时，他的爸爸悬着的心终于有了一点安慰，因为有了陈老师和九班同学的陪伴，小旭的心灵会一点一点地充盈，不会因为妈妈的突然离世而倾倒。

自从妈妈离世后，小旭不与任何人、也不准任何人提这个话题，但唯一可以谈的是陈大姐。是呀，只有在陈老师那里，孩子能感受到最实在的关怀与保护，所以愿意向她打开心扉，这样才得以让陈老师有了守护他的机会。老师的关怀、班级的温暖、积极上进的同学与朋友，让这个小家伙的成长令人欣喜，成绩保持名列前茅，在班级担任班委，积极参加学校的各项活动。我知道，他真的站起来了。到底陈老师是怎样帮助他的呢？很多细节我无从得知，但是一次不经意间看到孩子写的一篇文章，了解了一些事。

那还是七年级时发生的事。那时陈老师刚刚接我们班，但与其他老师不同的是，陈老师早就把我们了解得彻彻底底了。刚接手新班级的陈老师去每个同学家里家访，一是表达问候，二是了解一下学生们的家庭情况。正如她自己所说，孩子是带着家庭的风气的，什么样的家庭培养出什么样的孩子。

陈老师去我家时，让我最感动的是，她给我带了一副哑铃。可能因为早就了解到我是体育方面的后进生，所以贴心的陈老师给我带来了这样的礼物。当时父母告诉我这件事时，我的心情很是激动,久久不能平静。当时我肃然起敬,想道:这个满怀着诚意的老师,一定有什么不寻常之处。其实那时我家里已经有一副哑铃了,但是直到现在我用的还是陈老师送的哑铃,因为那个哑铃,可有不同寻常的分量,我能读懂它的意义。

其实,孩子不知道,他母亲得病后,他的爸爸第一时间就告知了陈老师,说明情况,请求陈老师关注孩子的状况,选择那个时候去小旭家家访是商议好的。那是孩子妈妈最后的几天了,陈大姐说也算是给孩子妈妈一个交代,让她放心地走。说实话,当时听到这里,我的心真的久久不能平静,一是替孩子难过,这么小就失去了母亲,我却无能为力,二是被陈老师所感动,一个刚接班几个月的老师能去担当这份生离死别的托付,这世上也是不多的了吧!

小旭同学一直用着陈老师送的哑铃,如今已经快 15 岁的他,经过体育锻炼已经变得结实多了,人格和性格发展得都很不错,是个阳光大男孩了,想必他远在天国的妈妈一定会为儿子感到欣慰的。

小旭读懂了哑铃的意义,我渐渐读懂了当老师的意义,就是用自己的爱心、慧心去陪伴每一个在你生命中过往的学生。

可以不优秀,但不能没有梦想
——陈树平班级系列活动之"草根榜样"座谈会

向青腾

今天下午第三节课照例是班会课,其他班级的孩子与老师都在班级中进行活动,只有九班的孩子排着队,整齐地来到了学校的录播室。不仅仅是学生,我竟然又看到了九班的十几个家长前来参加今天的班会课,甚至还有几个慕名而来的年轻班主任。这里,是陈老师为九班孩子召开的一堂特殊的班会课。她请来大港油田本年度的十佳青年,名叫李勇,陕西人,从职业学校毕业后被油田招为合同工。工作以后,他克服了种种困难,坚持梦想,脚踏实地,既钻研业务又发挥自己电脑技术的特长,在油区创出了自己的一条路。而他的成长经历又是坎坷的,父母都是残疾人,家庭条件很差,初高中学习成绩不好,高考后只上了个职专。但是不论何时,他对未来的憧憬和梦想始终没有改变,终于在一次次的摔倒后再爬起来,走到了今天,实现了自己的梦想和价值。

为什么会想到请他来给孩子们讲自己的成长经历呢?原因是这样的:九年级开学一个多月了,陈老师发现有一些学习成绩不佳的孩子缺乏信心,动力不足;成绩好的同学也因为压力过大学习效果不佳;班级中有一部分学生由于在青春期,觉得自己的某些不如意是因为父母没给提供更好的条件;更有甚者表现出嫌弃自己的父母没有本事,越来越不尊重父母,与家长的沟通产生了较大的问题,家长也越来越频繁地反映孩子不听话等等。所以,陈老师就安排了这次特殊的班会。

在会上,李勇叔叔把自己的成长经历娓娓道来,谈到了自己中学时代是一个典型的后进生,也曾经因为不懂事,不理解父母的一片苦心,没有好好学习,由于成绩不理想高考时只上了一个高职学校,但幸运的是自己醒悟得早,在大学时就意识到这个问题,然后开始努力地学习。工作之后,他勤劳能吃苦、爱钻研不服输,终于在自己的岗位上做出了一些成绩。他对孩子们说:所以,现在的你们,也许并不优秀,成绩或是中游,或是在下游,这都不要紧,重要的事你现在能够有梦想,有一个自己追求的方向,只要一直坚持,也许是在高中、也许是在大学,也许是在工作以后,总有一天你会实现自己的梦想,什么时候都不晚,人生的价值和意义就是在于不断地战胜自己,追逐自己的梦想,实现梦想。

他还特别给孩子们强调,记住,在你追逐梦想的过程中,有一件最重要的事情别忘了,你的父母一定是你最坚强的后盾,你的成功、失败、落魄、伤心、难过,统统都可以和你的父母交流,因为这个世界上,只有父母才是在任何时候都最爱你的人,他们能容忍你的一切。那么,就从现在起,好好和你的父母沟通吧!

整个讲话近半小时,但孩子们听得认真极了,不时地记录着。家长们、旁听的年轻班主任们都被深深地吸引了。我越发地佩服陈老师,她是怎样才结识这个年轻人的呢?她又是怎样说服他来给孩子们讲课的呢?后来才知道,陈大姐偶然听说了李勇的事迹,就多方寻访并发动家长委员会一起打听,于是就有了今天的活动,就有了家长的主动参与。其中一个学生的奶奶,60 多岁了,自己骑着电动车从十多公里外的住所来听这堂班会。这堂班会中,看似是李勇叔叔在给孩子们讲,其实最用心良苦的是陈大姐,她挖掘身边一切能够教育学生、感染学生、鼓舞学生的人和事,而且不辞辛苦地把他们请到课堂中来,让孩子们在真实的、草根的榜样中获取前进的力量,让每一个孩子都燃起冲锋的斗志,追逐属于自己的梦想,并向着梦想前进!

相信今天的班会课,孩子们一定会有自己的收获!

2015 年 10 月 11 日

一个也不能少
——记八年九班军训的故事

向青腾

一次又一次翻阅着九班的社会实践集锦，看到“安神犀利的眼神”“袋鼠专车”“风一般的男子”“惊现一只猫步培”“顺拐中”“童心泛滥”“我是飞人”等等趣语忍俊不禁，又或常常含着眼泪，被孩子们述说感动，感动于他们青春岁月中的天真与可爱，真情与温暖，苦涩与成长。我自私地想，如果我的孩子在初中阶段能有这样一本纪念册，纪念他的青春与同伴们一起走过的岁月，不论走到世界的每一个角落，在他心灵疲惫、孤寂的时候，翻开这本纪念册，一定会从中找到前进的动力与方向，这是多么有意义的事啊！虽然不是我的孩子，但是能和陈老师一起陪伴九班的孩子，我的心里也感到满满的幸福，这是一个老师最高的荣耀。

记得社会实践这一教育活动伊始，陈老师就率先有了这种意识，把社会实践当作一个很好的契机，让社会实践成为增进班级凝聚力的重要途径，那么要怎样做呢？记得上一届的九班军训之前，陈老师就做好各个环节的准备工作，开学生会、家长会、班委会、宿舍长会、特殊学生会，把各个方面需要预设的问题都想到了，然后自己备好“武器”，照相机和摄像机，从出发时起，她就端着照相机一个一个地给照照片，上车的、下车的、吃饭的、睡觉的、练军姿的、学农的、拉歌的、游戏的、做手工的、欢笑的、哭泣的、悲伤的、消沉的，一共照了几千张照片。在她这里，照相从来不是光照表现好的、关系近的、会和老师沟通的；在她这里，没有谁特殊，也没有谁不重要，都是她的宝贝，每个人的照片都很多很多。今年的社会实践，已经54岁的她身体不太好，完全可以让年轻人代替，但是她坚持和她的孩子们在一起。按她的话说，这么重要的时刻，我一定要见证他们的成长，他们也离不开我。今年的社会实践时间短，来回共三天，这么短的时间内，她给她的孩子们照了1745张照片。

1745次举起相机，1745次按下快门，捕捉她的孩子们成长的瞬间，你能和一个头发花白、身材矮小、背已经微驼、眼睛也花了的老教师联系在一起吗？由于身体原因，陈老师要用安眠药才能入睡，有两个晚上因为睡不着，晚上12点以后了，她还在学生宿舍门前守候，亲爱的朋友，看到这里，你有何感想呢？这样的老师怎能不让人感动呢？

一届又一届的孩子们都看着、听着、亲身体会着老师的倾情付出，所以他们在社会实践中的成长是可喜的，一次又一次都实现了质的飞跃。今年的八年九班的孩子们在实践基地表现出了良好的品质和惊人的班级凝聚力，并被评为优秀班集体。在训练中甚至连教官都感叹说九班的孩子真是不一样！按照传统，实践回来后要制作纪念册，陈老师的做法带动了全校的班主任都开始制作社会实践纪念册，学校还组织评选，这项工作作为我校的德育特色保持了下来。但是九班的纪念册仍然有自己的独到之处，他们的学生参与度高，图片多角度广，每个孩子都写了自己的收获，纪念册制作的水平高、有特色。也许在我们看来这只是一本普通的集子，但对孩子们来说这是珍贵的，因为这是他们第一次离家的生活、第一次大集体的生活、第一次与学校学习完全不一样的生活，而最重要的是他们和自己的小伙伴们同吃同睡，同辛苦共荣辱，那份情谊、那份感动、那份付出，他们会永生难忘。

正如孩子们写的："军训，难以忘记那吱吱作响的床板，难以忘记那杂虫纷纷的草丛，难以忘记和你们一起抬头望星空的夜晚，难以忘记你偷偷塞给我的一块馒头，和着泪水，不敢吱声，把你的情谊慢慢咀嚼，永远珍藏在心里。"每一个孩子都感受到了老师的爱与付出，他们也学着为别人、为班级付出，所以，在社会实践结束后，九班的班级凝集力更强了，每一个孩子都想要做到最好，每一个孩子都想要为班级尽自己的力，就像一列加速的快车，以前所未有的速度，前进，不断前进。

李同学的信

——一位蹲班生写给陈老师的信

向青腾

李同学，上一届休学的学生，在学期初被安排在了九班，我对这个孩子有一些了解，当得知他分在九班时，我为陈大姐捏了一把汗，这孩子会不会影响到班级建设？当我把我的顾虑告诉陈老师的时候，她安慰我，没事，咱们不怕他拉成绩，咱们先教育孩子做人吧。那好吧，只能这样了。开学到今天刚好是一个半月，在这周一开完个性班会后，李同学主动给陈老师写了一封信。信的内容是这样的：

陈老师：

我这次写的不是检查，也不是保证书，而是想告诉您我近期这一系列的事，对我内心的冲击。首先，向您说声对不起，我对不住您营造的氛围，更对不住同学们苦苦保持的学习风气，也对不起自己所浪费的每一分钟。我一直在提醒自己不要犯错误，可是江山易改，本性难移，我对自己有时痛心疾首，有时自暴自弃，因为我总感觉自己格格不入，可身边的同学又如此优秀，我知道问题出在我这里。面对错误时，我顽劣的本性又暴露无遗，确实欠抽，如果再有这种现象，希望您如我父母般，对我进行魔鬼式教育，我绝不反抗。

刚从办公室出来，心中或多或少有些不快，觉得您小题大做，殊不知，阳光积极的九班就是这么一丝不苟地培养起来的。我的不理解与我的不痛快，只是因为个人素质与境界问题，不能正确地理解老师。其实父母对我的关爱与沟通已经十分到位了，只是我身上的毛病太多，劣根性太深，这让我自己也蛮内疚的。

看到您给我妈妈的短信：李妈妈，你不必多虑，咱们共同努力加油，争取把颗颗卫星送上天空，让他们畅游浩瀚宇宙，加油！我心里像打翻了五味瓶，这还是对我“小题大做”的“陈扒皮”吗？简直成了“陈妈妈”（语言可能不敬，可真能表达我内心的想法）！看到您为我打掩护，既感激又心酸，我只能说您心胸宽阔，我心里是一万个没想到。

望老师不要放弃我，我也一定对老师的谆谆教诲铭记于心，刻之于骨。

信纸背后陈老师的一段话：

孩子，你七天假期不写一点儿作业，你可能认为是大事，我却不计较，而品行方面的事再小，我也不敢放松啊，请你理解。请原谅以后再次出现的小题大做，加油！

李同学收到信后的回复：

陈老师：

收到信，心里十分激动，这是十年学习生涯中收到的第三封信，同时它具有非同寻常的意义，是对我的认可、接受。

我不是一个坚强的人，所以我妈妈在小学的时候给我写了第一封家书。我不是一个执着向上的人，所以我的初中班主任刘雅男老师给我写了第二封信，这两封信对当时的我触动很大，可缺少自律的我只能让父母与老师低头叹息，我看在眼里，却疼在他们心上。

而今天，乙未年丙戌月的辛酉日，农历八月的最后一天，收到您的信，我带回家后从头到尾读了三遍。第一遍只是单单觉得老师肯定我了，第二遍产生了一个疑问，为什么老师说我单纯有余呢？这使我不得不正视这个词，第三遍，我明白了老师的苦心并深深感动了，我其实感情蛮丰富的，比如会有小得意，在大病休学后，看清了不少人和事，这使得我更加珍惜机会，更加珍惜身边的人，但看清归看清，我知道自己在学习方法、为人处世和“卫星”的差距，但我不愁，还有您呢！

信中您写了三次谢谢，我感觉受不起，我只是做了一个学生该做的事，做符合我身份的事，而且还做得不好，觉得您对我要求太低，请您更严格一点。

少说多做，望您保重身体。（看师兄师姐的回忆录得知您身体不好，这点我深有体会，身体才是革命的本钱。）

看完信后，我打心眼里为李同学高兴，也许他只有一点点的进步，但就是这迈出的第一步难能可贵。可能也只有我最了解，陈老师为他付出了多少，但是真的应了那句话，孩子毕竟是孩子,没有不要好的孩子,只要教育走心,一定会有效果的。看到我的乐观,陈大姐又说,不能高兴得太早,十年形成的不良习惯不可能一朝一夕就改掉,今后肯定会反复,但是就像我们的共产主义一样,道路是曲折的,前途是光明的,我们要充满信心,做总比不做的强,何况咱们一起努力呢!好的,我也充满信心。随时记录着他们的发展。

你就是我心中最美的云彩
——《九班人九班事》背后的故事

向青腾

拿到这个册子,我迫不及待地从头看到尾,看着看着,自己都不知道为什么眼里含满泪水,也许是感受着他们美好的青春年华,亲密无间的伙伴,息息相通的心灵,让我想到了我的年少时光。因为生长在湘西大山中的一个小镇,由于物质条件的匮乏,我的初中生活连一张照片也没有留下来,我自己竟不知道初中时代的我是什么样子,那段时光的记忆空白了。我在为我的空白而哭泣,更是为眼前这群活泼可爱、纯真幸福的孩子们而高兴,有这样一位师长,将他们这段精彩人生永远地珍藏,直到他们白发苍苍,在昏黄的灯下,摸索着这一本本青春年少的记忆,那一刻,他们的内心是何等的幸福和满足。

翻开这本文集,就仿佛走进了九班,同学们的性格特点和日常琐事新鲜而又温暖,尽管文笔很青涩,思想很稚嫩,但恰是这份青涩与稚嫩,最为纯真,最为珍贵。他们用纯真的眼睛捕捉到了彼此间的丝丝温暖,体会到了人生路上最初的温润与甘甜,同学们眼中,尽是美好,这种感觉妙不可言。

我一次又一次从头到尾默念着一篇篇的题目:《君子兰班长》《永存的意志》《用自己的方式迈向成功》《窗边的小豆豆》《活宝韩序》《你如阳光般温暖》《我心中的含羞草》《百变大咖田厚泽》《九班的阳光》《跑道上的对手》《蜕变》《向日葵女孩》《守护自己的小树成长》《足球场上的疯子》《岁月匆匆有你相伴》《与“君”共勉》《最美的她》《一个有趣的人》《锐不可当》《“艺”兄》《“邓”感超人》《我的“萌”友》……读着孩子们写的故事,在他们的眼里,每一个人都是彼此心中的云彩,亮丽地发着光。没有歧视,没有偏见,没有优劣,更没有特殊学生,彼此欣赏、相互学习,共同进步,这种感觉真好!

陈老师是怎样想到做这样一本册子的呢?我不由得找到她,了解这背后的故事。原来这都是在陈老师的班级建设计划之内。在经历了七年级的大合唱、跳绳比赛、短剧比赛、到班级中的一帮一互助小组的建立及实施,再由八年级的社会实践、运动会及校内外长跑运动的活动开展到八年级的下学期，班级中已经形成一个人人有特长、人人都有发光点、人人都是super star的氛围，每一个同学虽然学习成绩不一样，但是努力的热情和积极的态度是一样的，所以在此背景下，陈老师召开“说说我身边的super star”的班会，在此之前，每一个同学在班委处“领写”一名同学的事迹，在此环节陈老师的安排真叫人拍案叫绝：为避免有的同学没有人“认领”，陈老师悄悄安排6个班委先不领，看最后哪几位剩下了，就由班委“认领”，最后果然有5个同学没人“认领”，班委们将作为自己所写的对象，那几个同学因为班委写了自己还着实高兴了一阵子。班会课上一节课没说完，陈老师就顺势让孩子们把同学的故事写下来，班委提议将同学们写的文章汇编成册，书中附上两年中班级的各项活动，也可以算是对这两年时光的一个总结。

在制作过程中，一切都由学生自己设计、编辑，当整体文本编辑完毕后，陈老师又极好地发挥了家长委员会的作用，及时召开会议，与家长商议制作的细节，于是家长们积极配合，印刷成我们现在看到的集子。在这本集子完成之际，陈老师又开了一次家长会，请孩子和家长一起参加，当每一位孩子看到自己在纪念册中灿烂的笑容，读着同学们从心中流出的对自己的欣赏和肯定的话语时，他们得到了极大的满足和充盈，这一刻，每一个孩子都是明星，每一个孩子都是班级中不可或缺的一分子，每一个孩子都是老师的宝贝，每一个孩子都是同学眼中的偶像，每一个孩子都找到了自己的存在感，这种存在感让他们深深地爱上了这个班，并全力为之努力，由此班级凝聚力提升了，班级气氛也和谐了，这一切来得正是时候，一切都在意料之中，九班，到了九年级，一定会更精彩！我们拭目以待。

我的朋友，你在他乡还好吗？
——九年九班情系大山捐赠活动纪实

向青腾

看着孩子们一张张表情凝重的脸，环顾着师生们在教室里忙碌的身影，我深深地为之动容，为山那边的孩子，也为这些充满了爱的生命。

这不仅仅是单方面的帮扶，在孩子们的世界里，物质的匮乏不会成为他们成长的阻碍，唯有精神的缺失才会是成长的劲敌，而此次活动，无疑为大山两边的孩子都奉上了一场丰盛的精神大餐，足以让他们慢慢品味、吸纳，并转化为成长的营养，滋养着他们向上，继续向上生长。

也许您会问，这是怎样的一次活动呢？这一次的捐赠活动是九班与湖南省古丈县河蓬乡九年制中学的九年级41名学生结成互助对子之后,先后通了两次信,彼此有了基本的了解后开展的。

为了这次捐赠活动,同学们一个个憋足了劲儿,有的把自己多年积攒的心爱的物品拿了出来,有的用自己的零花钱给大山里的朋友购置学习用品和书籍,有的把自己的奖品贡献出来……

听孩子们说:陆小艺的包裹最大,衣服、裤子和十几条崭新的毛巾,为了买一双可心的手套,大中午地跑到离学校老远的一条街上,终于买到自己满意的手套;班中几个农民工的孩子也凑钱买来新的学习用品,还羞涩地说自己的东西太少了;郭展宏的妈妈听说给山区孩子捐献的事情之后,专门新买了一个背包、冲锋衣和床上用品;田厚泽的包最鼓,里面装了一件大羽绒服、棉衣及新买的文具;韩序的爸爸捐赠了新的保暖衣裤和两双崭新的旅游鞋;董淘宁由于借住在姨妈家,不能回家拿东西,就用自己的生活费买来新的学习用品和袜子;谭新宇的包和他的人一样又高又大,嘴里还不停地说:“老师,我家里还有呢。”祁琳本来捐了文具,到了捐献的那一天,又拿来一大包:裤子5条,外衣2件,保暖裤、毛衣、手套、帽子、围巾等,真是想得太周到了。但这些远远不够表达孩子们善良真诚的心。

捐献仪式开始了,首先是团委书记韩序给大家朗读了河蓬乡的学校总体情况介绍,孩子们认真地听着,信中情况的介绍让每一位在座的师生揪心,孩子们的心底在悄悄地起着变化。

捐赠开始,孩子排着队,双手捧着自己的包裹,郑重地递给老师,老师为每一位孩子拍了照,留下了孩子们人生中珍贵的瞬间,很快爱心物资堆得像小山一样高,孩子们越来越兴奋,恨不得自己的东西马上能飞到远方朋友的身边。

活动结束后,每一位孩子都自发地在当天的日记中写下了自己的感悟,老师们拿到后反复阅读,双眼满含泪水,不忍放下。我们设想这次活动可能会有一些教育效果,但是没有想到这些可爱的孩子们的内心如此丰富,更希望所有有爱心的人都能听到孩子们的心声,为他们的成长加油、呐喊、欣喜、赞叹!下面是部分孩子的感悟摘录。

哦,我最亲爱的朋友,愿你在他乡一定要好好的,快乐生活,努力学习,为自己的梦想奋斗,为我们共同的明天而拼搏!

杨慕涵

听了古丈县河蓬学校的情况概述,那里留守儿童居多,在今年的五月还下了两场暴雨,让他们失去了亲人,我心里十分难过。

这能让他们感受到,且是深深地感受到我们对他们的重视和关爱,更能体现出我们对于他们的尊重和对本次活动的热情。让大山里的孩子看到录制的视频,看到我们的样子,会更加欣喜和好奇，会让他们对外面的世界愈加地向往，想要走出那里的欲望也更加强烈，也就会在学习上更加刻苦努力，向前拼搏，为自己的未来立志开拓一片蓝天。

瞿蕾

同学们手捧大包小包的物品，有序地递到老师手中。大家捐了很多东西，榜样之一就是郭展宏，他捐了整整一盒笔，许多清华、北大的纪念笔记本，一个新书包、一套床单被罩，还有一件棉衣。真可谓学习、生活用品，方方面面都考虑到了。这让我对郭展宏更加佩服了，同时还为他妈妈的支持深深地感动。郭展宏只是我们班同学的一个代表，全班同学，乃至全组老师，哪个不想为大山里的孩子们尽一己之力呢？这次活动，让我看到了大家内心深处的纯真与善良。

这次“手拉手”活动，还让我对贫富差距有了更多的思考。入冬了，我们小区的供暖系统早早开始运转，屋里暖和得像春天一样，而他们，可能还要生火取暖。我们的学习用品丰富多样，吃得饱，穿得暖，而且还要追求吃得有营养，穿得有品质，他们呢？是什么造成了如此大的贫富差距呢？为什么同样大的孩子，却拥有不一样的生活？我想，这大概是他们祖祖辈辈的恶性循环，很难一下改变，我们的捐赠也是杯水车薪。惟有靠所有有能力、有爱心的人一起努力，才能尽快将他们拉出困境。

我又想，我们的努力，对得起父母、甚至社会为我们创造的优越条件吗？对得起山里那些物条件匮乏却在苦苦奋斗的孩子们吗？既然有条件，就应该加倍努力。

我还懂得了什么叫“公益的最高境界是尊重”，在面对他们的时候，我们渐渐学会忘掉自己那可笑的“优越感”，学会以最真诚的口吻与他们交流，向他们介绍外面的世界；学会尽最大的努力思考怎样在帮助他们时为他们留有最崇高的尊严，当然，这也是给我们自己留一份尊严。

我衷心祝愿他们能和我们一样，在社会主义的阳光下快乐成长。

祁琳

怀着激动的心情，我在大家的注视下，把我捐赠的物品交给了老师。我认为这不仅仅是物品的传递，而是情感的传递，是内心的沟通，是真正意义上的手拉手，心连心。

当韩序读他们那里的情况时，有一句：“我们希望外面世界的你们……”这使我很心酸，他们那里很闭塞，世界上应该有更多的人去帮助他们！

路梓涵

一个月前,我们与大山中的孩子取得了联系,并以书信的方式和他们进行交流。在信中,我们得知他们那里十分不富裕,甚至连一张照片都没有,再和我们现在吃穿不愁的生活相比,心中涌出千万种感情却无法说出。

班会课上,大家拿着自己捐献的物品,纷纷走上台前,双手托着交给班主任,再交给向老师。这不仅仅是物资的捐献,还是情感的付出。看着堆成山一样的物品,眼前浮现出他们收到之后喜悦的神情。虽然这些物品并不能从根本上改变他们的生活,但我们还是努力献出我们的微薄之力。

希望所有的学生都能在祖国光辉的照耀下茁壮成长!

刘禹培

什么是情?情是一种心连心的感觉。大山,是一道屏障,隔绝了我们与山里孩子的心,惟有情,才能使我们手拉手。

这不禁让我想到一个叫做"变形记"的节目,每一期都会有一个城里孩子与一个山区孩子互换几天生活环境,而这次与"古丈县手拉手"活动也是一种心灵的交流,一种心灵的变形——我们的变形,是增进了与他们的关系,体验了"爱心传情"的过程;而他们的变形是在物质上收到了我们的礼物,在心灵上体会到了温暖。

这次活动也让我明白了"爱心会传递"。其他老师们也纷纷捐出了物品,爱心就被传递给了老师,而齐老师知道后,又将消息告诉了她的学生,大家也都送出了自己的礼物。就这样,爱心又被传递给了学弟学妹……

李鑫宇

捐赠物资的交接仪式上,同学们整齐有序地捧着自己捐赠的物资,郑重地交给李老师,李老师交给陈老师……在这个过程中,我感受到了一种真情的传递。同学们、老师们的爱通过这种形式传递给了大山里的孩子们。

在这个活动中,我感到了所有人对山区同学的关怀。我通过这个活动更加了解那里的情况,同时也希望能帮他们更多。我更希望自己的努力对他们有一分帮助。虽然这微薄的力量也许起不到什么作用,但我坚信再小的水滴,也能汇聚成河流,汇聚成海洋!我们九班同学以及老师们的努力一定会对他们有所帮助!

加油!山区的同学们,让我们一起努力吧!希望我们都能实现自己的理想!

李佳培

在充满“苦难”的九年级生活中，本以为会枯燥、乏味，但事实却不是如此，手拉手活动就令我感触颇多。

活动有着十分积极的意义，让我们明白生活的不易以及生活困难的同龄人的处境。在我为我的朋友准备礼物时，每一件都是我亲手挑选的，也是我自己把礼物洗得干干净净，放得整整齐齐，饱含着我的心意，送给那远在大山的朋友。

听到我的朋友生活贫困，心中着实吃了一惊，反观自己有时对学习不上心，对生活不满意，瞬间，惭愧无比……

活动中，我并不觉得是在帮助别人，而是与远方的人交朋友，心中充满柔情与爱，我想让他们的生活快点儿富裕起来，让他们的父母多陪陪他们，让大山充满爱。

最后，愿我与大山的朋友一同在社会主义的阳光下成长！

李博文

通过书面的交流，我了解到，大山里虽然自然环境好，景色宜人，但办学条件较差，大部分村民为了维持生计外出打工，将孩子留在家乡。因此，大部分孩子的生活不能得到很好的照顾，学习方面也得不到有效的监督。

更让人堪忧的还是山区的贫困。一方面在于山区的青壮年劳动力（即山区儿童的父母们）缺乏致富能力，缺乏致富意识。一方面因为家庭人口多，人均收入少，时不时还可能遭遇天灾人祸。

所以我们要多多关心山区的儿童，还不仅仅是儿童，我们要关心大山里的所有劳苦人民。再进一步说，学校的这次活动，不仅是让我们与山区儿童交朋友，关心帮助他们，更是引起社会、国家对山区人民、山区教育与发展的关注！

韩序

同学们把捐赠的东西递给李老师，李老师再递给向主任，这不正是一个传递的过程吗？由我们把东西交给老师，再由老师给那边的同学们，多么形象生动的“手拉手”。其实我们捐献的，不只是衣服和文具，而是我们的心意，东西虽小，但仍能展示出我们为那边同学们着想的心情。

待所有同学都进行过这一仪式后，讲台的“半个江山”早已堆满了同学们捐赠的东西，并向下“蔓延”着。

同学们笑了，为自己能为远方小伙伴尽力高兴地笑了，这些东西，正是我们相隔千里的好朋友之间友谊的见证！

老师笑了，为我们的成长而笑了。

相信不久之后，我们相隔千里的伙伴也会笑的，为我们的友谊而笑！

高睿

今天的主题班会“情系大山”让我感受到了山里山外的联系是非常紧密的，没有间隔，心心相印，用心在交流。同时也看到了同学们满满的爱心和真诚，以及他们对于山里世界的关怀和善意。校长的一番话更是让我意识到此次活动的重要性和必要性。

许多同学伸出了援手，用真挚的感情来温暖山里孩子们的内心，给予他们更多的关注。讲台边堆起的衣物、包裹和学习用品，更像是堆起一丛希望，为他们看到外面的世界，感受到外面世界的温暖崭新的路。

冯雪莹

大山里的孩子都很贫苦，因为大多数都是留守儿童，父母外出打工。一次强降雨，给许多本来贫穷的家庭带来了巨大的灾难。古丈县河蓬乡九年制学校是我们捐助的学校，他们所处的大山很闭塞，几乎没有人能够一睹外面的世界的风采，很难想象他们是如何生活下去的。

今天，希望通过我们的一己之力，来帮助他们，虽然微不足道，但这是爱的传递。这个活动使我们与大山的孩子手拉手，希望他们的明天更加美好。

董淘宁

今日，我们九年级九班进行了一个十分有意义的活动，记忆深刻，令人难忘。

讲台上的美丽背景映衬着我们的笑脸，我们每个人都拿着自己所捐赠的物品，双手交给老师，老师再庄重交给向老师。看似繁琐的流程实则饱含着我们的深情与厚意。周校长、蔡主任、思品李老师以及向老师等都来录像，体现了他们对活动的重视。

其实，通过这次活动，我不仅不轻视大山那些贫困生，反而有些许赞佩，他们生活贫困，却从未放弃过梦想，验证了一句话：“只要向日葵向往阳光，我便不放弃梦想。”小树苗因为好奇天空的伟岸，而长成了参天大树；一滴水因好奇海的磅礴，而汇聚成了大海；愿大山里的朋友因好奇外边的世界，而奋力一搏，实现梦想。倚一扇老旧的轩窗，看落花飞雨，观明月中天，其实只要内心澄明，以笑面对生活，面对困难，面对一切，日子亦简净清朗。不管有多苦，有多累，千万别忘记微笑。

最后，衷心地对大山里的朋友说，“千淘万漉虽辛苦，吹尽黄沙始到金。”

崔依然

这是一份爱的传递，是我们班老师和同学们对大山中的同学们的关爱与祝福。

活动伊始，当得知山里的同龄人生活比较艰苦时，我的心被深深地触动。想到我们衣食无忧的生活，良好的学习环境，父母的陪伴与疼爱。再想到他(她)们的困境，我不禁感慨万千。我想尽己所能帮助他们，虽然我的力量是薄弱的，虽然我们素不相识，但我希望我的绵薄之力能带给他们些许的帮助，哪怕是心灵上的慰藉。

在这个寒冷的冬日，“手拉手”活动就像一股和煦的春风，带着我们全班师生的爱，传向遥远的大山。为山里的同学们传递着温暖，传递着祝福！

安沁忱

最美好的遇见
——一个九年级外班学生的求助

向青腾

这是九年三班张建瑞的家长写给陈老师的一封信，内容如下：

今天晚饭过后，陈老师打来电话，我们聊着聊着，陈老师就给我讲了一个故事，说有一对恩爱夫妻，丈夫总是很忙，忙于工作，忙于应酬，当他们的结婚纪念日到了，妻子想要一个婚礼，丈夫满足了她这个愿望，并在婚礼上说“我爱你”。(说明爱是唯一的)我从中受到的启示是，儿子是我的唯一，我爱你儿子，这是我从今要做的，爱就要勇敢大声地说出来。

两个月以来孩子的逐渐变化，笑容慢慢回到我的脸上，回想以前的我是怎样的境遇啊，幸好遇见了陈老师。

这事还得从孩子刚上九年级说起。九年级开学了，而孩子却完全不在状态，整天昏昏沉沉、心不在焉，对学习和学校都没有兴趣。在八年级的期末考试中，他的成绩已经和高中无缘了，我对此无能为力，一阵悲哀从心底涌出，我的眼泪不听话地流了下来，心里默念道：儿子，妈妈该怎么办呢？

就在我绝望无助的时候，听孩子念叨九班的活动怎样怎样丰富，九班的班主任怎样怎样有趣，把班级中转来的、留级的学生都教育得十分成功。我就像在黑暗中看见了一束光，因为儿子如此说，就证明他可能喜欢这个老师，于是我赶忙问，九班老师是谁呀，儿子说老师叫陈树平。

我一听，觉得世界都明亮起来了。因为26年前，我的英语老师就是陈树平老师，我知道她的教学是响当当的，教育学生更是拿手。她教我三年，我念她至今。我知道她目前也在教九年级，年过半百的她还是班主任，带班一定很忙的，就没敢给她找麻烦。可是现在我急切地想要找到她，求她带带我的儿子，把我儿子领到正道上来。2015 年 9 月 16 日晚，我拨通了陈老师的电话。我怯生生地问：请问您是陈老师吗？我是您 26 年前采油中学的学生唐淑玲，可能您不记得我了。陈老师回答道："你好，我还记得你。"我赶紧说："我儿子九年级了，可是不好好学习，现在的水平是连高中都考不上了，听他对您很有好感，您能不能和他谈谈呀，看您有时间吗？能一周跟他聊一次吗？还有他的英语成绩都及不了格，求您帮帮我！"我甚至带着哭腔了。陈老师说："来吧，别着急，咱们一起想办法吧。"

放下电话，我高兴地蹦了起来，许久没有这么开心了，我欢呼着大声对儿子说："儿子，陈老师是我的老师，她答应教你了。"儿子也露出了久违的笑容。

晚上，躺在被窝里的我竟偷偷地哭了……

陈老师每周和孩子见一次面，内容是聊天，也上英语课（当然是免费的），在这两个月的时间里，孩子发生了明显的变化。学习态度和学习习惯都有很大的改善，期中检测英语成绩由原来的 61 到了 89 分，整体名次由原来的 290 名到了 232 名，并拿回了上初中以来的第一张奖状，进步奖。

张妈妈在日记中还这样写道："孩子要求每周要和陈老师聊天，跟着陈老师学英语，甚至请求陈老师到自己的班级中向自己的任课老师了解自己的表现，一次比一次好，一天比一天有进步。每天回家，第一件事就是告诉我今天的数学小测得了 100 分，英语听写全对，物理作业全会等；在家也不和我顶撞了，全家人都说孩子变得懂事了；在陈老师的指导下，我的行为也发生了很大的变化，每天忙着和儿子讨论问题，给儿子听写，尽量不去外面吃饭了，孩子学习时不再看电视、不再玩儿手机也不再忙家务，和孩子一起读书，看着儿子的笑脸，我的心情也变得明亮起来。虽然现在儿子还存在不少的问题，但是我相信在陈老师的帮助下，在我们共同的努力下，孩子正行走在通往人生目标的正确道路上。谢谢您，陈老师，对我们娘俩来说，遇见您是我们人生中最幸运的事。"

那么在这 60 天里，都发生了什么呢？我们从孩子妈妈与陈老师的短信中可以看出端倪。

陈老师：听于老师（张建瑞的英语老师）说他英语 60 多分，点赞，咱们共同努力加油，坚持才能胜利！

张妈：好的！陈老师谢谢您！

陈老师：今天周末，我走访了部分老师，都给他以很高的评价，冯老师更是大大称赞他课上积极发言，让我很有面子，替我谢谢孩子，下周一再把周末在家的表现告诉我，问他我还能再收到一个惊喜吗？盼望着！

张妈:陈老师您好,张建瑞昨天很高兴,他课前做的数学小条五人全对就有他,他说他做得最快！谢谢您和冯老师。

张妈:陈老师,告诉您一个好消息,中午吃完饭我让张建瑞睡觉,他说:“不能睡,于老师上午抽查背课文,我没背下来,老师让我下午找她去背。”于是很认真地背,背得又快又好,半个小时整篇课文就差三句话,效率高,我特别高兴。昨天晚上他写完作业已经很晚了,看来以后得调整学习方法了。

陈老师:为孩子点赞！

张妈:陈老师,张建瑞外表看着满不在乎,不要好,可是内心还是想好的。周二物理课堂做的卷子全对,一放学就告诉我:妈,我今天物理卷子全对,开窍了,就是没判分很遗憾。而且更好的是这两天我心情不好,他不知怎么安慰我,就用实际行动来表达,他学习很用心,昨天让我看前天的数学作业,居然全对还得了个优;学习也很主动,主动让我给他每天听写30个单词,而且周一下午迟到后,老师提醒他以后早点到,他这些日子都坚持着,有时早饭吃了一半就赶紧上学去,有他的改变,我的心情也好了许多！

陈老师:别急,静静地等待花开,越急于求成越不行。他真的很好。加油吧！

陈老师:孩子考了88分。满意吗？加油！我挺满意的。

张妈:特别满意！不过比这更加满意的是您对他的关心和帮助,回报的是他的感恩和对您的心疼,更加的努力和听话。昨晚上,当我和儿子看到信息的时候已经十二点了,他嘱咐我这个点别打扰老师了,明天一定要给老师回信,打电话也行,但别在我们上课时间,老师这个点发信息,刚判完卷子很辛苦,嘱咐完我这三点,很安静地回屋坐在桌子旁看听写本的错题。

张妈:想想两个月来,儿子每一天都在一点一滴地进步,从讨厌英语,厌学,不自信,到每天先做英语作业,包括每天必保证背诵,到上课的质量,到更正错题的质量,到考前半月预计的七十多分,快考试的一周的八十多分,到考完预计的九十分左右,和考完问同学为什么你要选这个,及时更正的习惯,和觉得这个分数满分是120分是不是考得不多？跟以前容易满足判若两人,总之还有好多好多让我欣慰的事。

张妈:陈老师我是太激动了,儿子很自豪地对别人说,我现在在跟九班陈老师学,那是教我妈妈的英语老师！不光孩子听您的话,我是不是也很听话呦！哈哈哈……

张妈:陈老师是良师益友,在这两个月当中我深深体会到了。每一次与您交流,都让我内心平静下来,静静回想,反思,沉淀,老师,我爱您！

张妈:陈老师,我这个礼拜心情简直是一天不如一天。他学习劲头不如期中以前,又开始坐不住，周二王老师给我打电话，说周日的作业没做，周一让他补还是没补上，这次倒是我没跟他发火，只是婉转地告诉他老师对他的期望，他说我应该早找陈老师。这也是好事，他想好，还说您班里的××同学休学一年都能考这么好，而且还能到陈老师班里学习。还半真半假地说："妈，你也给我弄到在陈老师班里去。"通过他说出来的，还有他烦躁的心，我感觉他真的想好，但是感觉他压力特大，特别烦躁，我自认为可能是期中的成绩没达到他理想的效果。我特别自责这些年在教育儿子上很失败，把一个好孩子给毁了。更可气的是，昨天晚上他放学回来，告诉我昨天体育课啥也没干，体育老师找家长，他告诉我去后别承诺啥，没用。我的心情糟透了，一晚上没睡，早上起来给他留言，不管中考体育分，目前要努力表现争取现在的成绩，他说老师说的九年级体育成绩不作为中考的分数，前两年的分也找不回来了，说话很气人，早饭也没吃就走了，我现在不是气他，而是恨我自己没用！

陈老师：别急，他的表现一切都正常，我回头找找他，你控制好自己吧！

张妈：好的，我听您的。

陈老师：我在开会，和他谈了，冯老师后来也帮我说他，我让他别告诉你，你妈太辛苦了。咱们得时时准备他的复发。加油！

张妈：晚上六点多，"咚咚咚"有人敲门声，吓得我大气不敢出，"咚咚咚"又连串的敲门声，"谁啊？""我。"是儿子。我赶紧打开门。我对儿子说："你吓死我了，我以为是坏人呢，你怎么不带出门卡呢？""我去物理老师办公室回来后，同学把教室的门锁上了，书包给我放楼道里了。陈老师给我20元钱打的，我才回来的。"

2015年12月10日，儿子说："妈妈，您周六去陈老师家看看，上个礼拜她是不是把她的老父亲接来了？如果是，妈妈，咱得买东西去看看。"多有孝心，多懂得陈老师对他的爱呀！

陈老师，谢谢您给张建瑞20元钱打的。

陈老师：这也值得谢吗？太见外了。孩子的事最大，我的事都不必在意，今后不许再和我客气了！

自打儿子跟陈老师学习，他每天都很快乐。我们家的每日话题都是"陈老师说……陈老师给我讲做人的道理，今天在学校陈老师跟我说……"儿子每天都在进步，无论是在家还是在学校。家里的亲戚见着儿子再也不皱眉了，都说瑞瑞变了，懂事了，有耐心了，说话再也不急躁了；二姑说看着瑞瑞的眼神也不一样了，能看着光了。大舅说瑞瑞现在的状态很好，再也不是那个浑小子了；爷爷奶奶更高兴，说看到希望了。而最高兴的应该是我吧。每天，我在上班的路上都是边骑车边唱歌，到了单位同事见了都说人逢喜事精神爽，最近看着我的脸色特别滋润，跟以前不一样了。那得感谢我的好儿子，因为你的努力，你的勤奋，你的一点一滴的改变，你一放学就赶紧回家，不在外面多逗留一分钟，偶尔晚回去也说明原因，吃完饭赶紧回屋写作业，每天都是这样坚持着好习惯。谢谢你，我的好儿子！因为有你的改变，妈妈也改变了许多，从以前在外面逗留，让儿子回家没一口热饭吃，饿着肚子无心学习；或是打发儿子到爷爷家、姥姥家吃饭；到现在我一下班赶紧回家，抓紧一切时间赶在儿子放学后能吃上可口的饭菜；从前咱们没有一个安静的学习环境，每当你静静地思考问题的时候，到处是我们的脚步声、转动的洗衣机声、哗哗的刷碗声、打游戏声、上网声，而现在保证你坐到书桌旁，我就停止一切手头上的工作，静静地陪伴你。（不过这样，我是很忙哟，每天当你离开家门的时候，我就赶紧收拾凌乱的屋子，但是因为妈妈也得上班还不能迟到，所以有时也没空收拾，这一点儿也很无奈，既想让你有个整洁的学习环境，又想安静地学习，但二者不能兼得，所以我只能选择安静的环境，这点请你原谅妈妈哟！）

感谢你儿子！

我和儿子是幸运的，在这九年级为中考做准备的关键时刻，再次遇到了陈老师。在儿子与老师接触的点点滴滴中能感受到您的与众不同，儿子愿意听您说话，听您教诲。他说您会教育，您懂他。同时，他还很崇拜您。您带的学生都上名牌大学，现在每年都会回来看老师。第一次您给发的信息，儿子美了好几天。短短几个字，让儿子都感受了温暖！亲！何止是儿子，连我这个当妈妈的都有同感。每当我心情烦、无助的时候，都是您的一番话语让我看到了曙光；当然，在我心情好的时候，老师也会毫不客气地批评我，说我在教育上失败，把一个好孩子怎么怎么样了……我居然不生气还连连点头。

感谢您，我的老师，有了您的关心和帮助，我和儿子就有了努力的方向，有了您的支持，我们就有了前进的动力。真的！感谢你儿子！让我有机会重新拿起笔。虽然儿子身上还存在着一些不足，但是我相信会越来越好，期待，加油！当然，妈妈也不完美，但我会和你一起努力，一起加油！一起成长！

一个无助的妈妈，一个想要好却已经错过了三年学习时光的孩子，当他们遇到陈老师，一切就这样都改变了，这不是写小说，而是我正在经历的事情，真的为这纠结难过的妈妈和及时清醒的孩子而庆幸，因为他们遇到了陈老师，就一定会有奇迹发生。

到截稿之日，孩子已经稳稳地在普高的范围之内了，或许，还有更大的惊喜，让我们拭目以待吧！

2015 年 11 月 16 日

一名学生的便笺

向青腾　整理

一个偶然的机会，在陈老师的办公桌角上发现了一张泛黄的信笺纸，一看，竟是五年前的，再细看，是一个当时刚考上高中，可能是在高中觉得很失意的老九班学生，自己一人独自返回到四中的校园中，思考并剖析自己的成长历程，给陈老师留下的一个便条。

陈老师：

您好！

我是昔日九班的学生曹××。今天的到来有些突然，因为一中校庆，所以下午放假，我就回母校看看。在这里，我找到了六年级时的纯真，七年级时那种逐渐长大的感觉，八、九年级的“浮躁”。因为我感觉时间过得真快，说真的，我感觉我仿佛一直都没有长大。现在真的很后悔，当初在初中时没有抓紧时间学习，初中的东西是多么简单，可当初自己没有用心去学。说白了，我当初不明白什么最重要，不懂得低调，更不懂得踏实。现在到了高中，我加入了学生会，到了那里，与大孩子交流才知道了外面的世界真的不一样。感觉自己太幼稚了。和高一的同学交流时也感觉自己有些格格不入。说真的感觉那些学生都太不一样了。想当初九班学生自觉学习的氛围在六年级时就形成了。但一中的环境很一般，而且那些孩子都很复杂，他们的心都没放在学习上。所以高一一年都过得很一般，生活在混乱之中，慢慢地自己也松懈了。后来我重新开始调节自己，但浪费的时间太多了。

在九班生活了四年，一直没感觉出好来，直到失去了才觉得它好。说真的感觉到自己小的时候很傻，可九班人还在包容着我。后来我发现我无法改变他人，只能改变自己了，就放弃了一些事情。记得您说过，在人生中谁都要学会放弃些东西。我开始学会先管好自己，不管他人，不在乎别人的看法，只做好自己就行。

我不喜欢现在的学校，但是我并没有埋怨我母亲不给我转学，因为这一切都是自己选择的。

现在分了新班，一切都重新开始了。我过得很愉快，我也终于学会踏踏实实地学习了。虽然基础有点儿差，但我还是可以调整的。

可能您今天来不了了。但是我回忆了许多，明白了许多，虽然只是自己走走，但是，我还是有许多感慨，应该算是自我剖析了。

我还有时间再努力，请您等我的高考成绩！

您的学生：曹××

2011年10月22日15:43

陈老师说会给这孩子一直保留着这封信，直到他成熟懂事的那一天，再拿给他看，想必，到时这孩子会有更多的感慨。要知道这个孩子是当时老九班最让老师和同学头疼的学生，他一直融不到班级里去，家长和老师做的所有工作，他基本上都没有回应。当时他是个典型的愤青，怎么也感觉不到老师和同学的爱，过得那叫一个纠结呀！这不，上了高中，回过头来看，才知道自己错过了最美好的时间和那一群人。不过庆幸的是，他及时调整了自己，在离开大家一年后，他的心重新回到了九班这个大家庭，一起感受着九班的爱与奇迹。

“我得去他/她家看看”
——陈树平老师家访手记

陈树平叙述　向青腾整理

2015年12月初的一天，晨会上陈老师对同学们说：“孩子们，从今天起，我又要家访了。为了减少给家长带来的麻烦，今天统一打个招呼，你们回家告诉家长一声，什么时候去，去谁家就不再另行通知了，我会根据情况临时告知你的家长。”之所以有这样的安排，是因为这次月考后，由于老师们自己出的题较难，造成了大部分学生的分数较低，家长和学生都不太能接受，引发心情不好，从而家庭矛盾不断产生，甚至激化，学生们的学习士气也见低落，不是简单的电话沟通或是把家长请到学校就能解决的事了。于是陈老师再一次启动了她的家访计划。在这个寒冷加雾霾的冬天里，她骑着那辆跟随她已经很久的自行车，一脚一脚地踏着，奔波在大港油田的大街小巷。

12月2日 李鑫宇家

李鑫宇一年来的大考小考从没低于年级70多名，这次考了个190名，太出乎家长和本人的意料了，陈老师已发现他的状态不好，但通过电话与家长沟通的时候，家长说在家没发现有什么异常行为。那就怪了，陈老师决定亲自去他家看看。

晚上下班后，天色已完全黑下来，陈老师在学校门口的小店里随便吃了点东西，七点左右，估计要去的学生家中已用过晚餐，便骑车来到了李鑫宇家。一家三口坐下来，陈老师与他们一起分析近一个月的情况，原来是家长都觉得孩子已经大了，该自由发展了，所以作业不再检查，孩子也认为自己不会出错了，就整体都放松了，看开了课外书了，有时候还画个小画什么的。但是时间是定量，一旦这样，作业就不能保质保量地完成了。问题的原因找到了,那么解决起来也就简单了,他真的又变好了。

12 月 4 日 徐敬哲家

下午 4:00,去徐敬哲同学家,他这次考试英语不足 80 分,与上次期中考试的 114.5 分相比退步不少,他的问题是重理轻文,理科长期去市里补课,把大量的时间都占了,英语就没时间背,由于与他的家长较熟,因为他的父亲也是老师,先是开玩笑似地批评他的家长平时不怎么管,其作业完成得不认真(其实是他不听家长的话),把家长说一顿后再找他的原因,检查他的作业情况,有丢漏现象,我又用平时习惯的抽测,当着他家长的面考单词,结果错了 14 个。他是个要面子的孩子,在这种情况下脸挂不住了。此时,我建议让家长帮忙,每天给他听写,要求每天的听写要全对(他完全有这个能力),他同意了。事后他开始对英语用功了,家长再给他听写、检查作业也都认可了。他的家长在短信中说:陈老师,还是您有办法,我们说的话他是一点儿都不听。

12 月 7 日 路子涵家

小路平时英语还行,最近由于心浮气躁,又有个别女生对他有点意思,他就开始找不到北了,他的家庭是爸爸长期在国外工作,妈妈是护士,工作较忙,也算是个家庭教育较缺失的家庭。由于浮躁静不下心来,他一次测试错了 10 个单词,他自以为都是平时复习的作业,都反复做过,还能有什么问题？这下傻了。对他的办法就得罚钱,他是个财迷的小子,要我打两折,结果给了班级财务管理员 20 块,定期考核过关后再返还。于是他又乖乖地开始背单词了。

12 月 9 日 郭展宏家

这是个极有个性的男孩,爸爸常年在国外,妈妈被他的“桀骜不驯”搞得早已想放弃。上次期中考试后的家长会,唯一没来的就是他的家长。他有着与别的孩子完全不同的内心世界,面对我的来访表情木讷。三人坐下来一起讨论,终于发现了主要问题,就是沉迷于网络。我要求家长断网,尽管他很不情愿,但出于无奈还是同意了。看来他还是想把学习搞上去。因为断网他提出两个请求,一是不要他妈妈再管他的学习了,用他的话说就是烦死了;二是请求我为他补补课,我答应了他。他也是个有能力也好面子的男孩,而且还聪明,就是落得太多了。我形容他是只掉进山涧里的老虎,施展不开拳脚。但他还在努力着,他有吃苦的精神,性格直爽,喜欢做英语题,但就是懒得背单词、词组。所以在每次考试时,总因为单词和词组而影响得分。说好了听写不过关,我有权拒绝他的请求,这下他又硬着头皮背单词了。这个孩子已经反复好几次了,好在总体来说他还在努力着,坚持着,为我能回答他的问题而兴奋不已。每天都赶在我听写之前抓紧问,生怕听写后不合格,他紧张着、快乐着,我高兴着、欣慰着。

12 月 11 日 李新奥家

周日的晚饭后，我来到了他家，看得出来他既紧张又高兴，“我怕您来，把书房收拾得干干净净”，我说卫生习惯不错，但我今天主要来检查单词背诵。考核开始，第一次超时，错 5 个。问他怎么办，他说罚钱，一会儿他又要求补考，行啊，要的就是这个效果。小伙子在班里也算是个“高大帅”的热血男孩，“我一定会把钱收回来的！”我临出他家门时，他用他那少有的男中音的嗓门喊道。我心里想，好小子，我等你。

12 月 13 日 李浩铭家

他本来是个学习型的学生，但由于青春期的好玩，与游戏结了缘，从此不求上进，在师生中的威信不断下降，几次谈心都不管事，批评、罚钱也不见起色。周日的晚上，来到他家。恰巧在楼下遇到了他的父母刚刚从爷爷奶奶家吃饭回来，我们一同上了五楼，他自己去吃的拉面，显然他也是个被娇惯、溺爱的男孩 。

与家长聊了一会儿，发现他家是妈妈管他，爸爸一点都不过问，那哪行啊！我要求他父母都过来坐，建议男孩还是父亲参与管理多一些好。因为他近日作业非常不好，甚至不交作业，于是我请他把作业拿出来让大家一起欣赏一下，谁料他却说作业落在补课老师那里了。他的家长给他报了四个补课班，尽管我每次都在家长会上强调，不要轻易给孩子报那么多的补习班，会交叉感染，费时又费钱。但家长总觉得自己在学习上帮不上忙，花钱求个心理安慰，且不知，越补越坏，小李就是典型的例子。

“作业本放补课老师那里了？骗我吧，不可能。”“真的。”“那就给补课老师打个电话，我要落实一下。”完了，骗不了了，小子就说：“那我找找吧。”一会儿就找了出来，请父母看看他平时的作业本，空的，见此情形，妈妈很要面子地说：“我天天查问他的作业，他都告诉我说写完了。”太不负责了，每天的校讯通、每次的家长会要求，都没当回事呀，我把他的家长狠狠地说了一顿，并要求写出书面的落实计划。那天晚上，孩子补作业到凌晨 2:30 才睡觉，我也很心疼，但是怨谁呢？

12 月 19 日 侯月琪家

我又成了不速之客，她妈妈说：“听孩子说老师要家访，但我们想老师肯定不会来咱家，一定会去好学生祁琳呀朱文铎家呀。”我笑着说：“你们说错了。”当时是晚上 7 点多，孩子在睡觉，说是 8 点多起来写作业。这孩子的身体一直不太好，时不时地吐，出于对孩子身体的考虑，我一直不敢给她加码，总是照顾她，毕竟身体永远是第一位的。通过家访我发现她的问题是家长欠缺实际行动，妈妈脾气太急，总有过激的语言，作息时间不够完善。之后，对她的问题我们一起列出了几条建议，希望孩子在身体允许的情况下坚持执行下去。

12 月 25 日 梁家坤家

青春期反应最厉害的要属于梁同学了。最近班里发生的几件事情都与他有关，他，屁股坐不住，嘴闲不住，好多老师和同学都有反映，但是几次打电话，家长都没接。第一次他家没人接电话，我就遛达到幸福广场，正巧发现他（他没看见我）二楼、三楼、四楼地跑，然后躲在某个地方，用手机玩起了游戏。我打电话给他妈妈，问为什么不管他，他妈妈给我诉苦说："他也得让我管呀，拿着我的手机尽往外跑，一下子就没影了。"唉，真为我们这些女同胞们的无能为力感到惋惜。

第二次打电话家里又没人接，我在去别的同学家的路上正好遇见了这娘俩，说是卷子丢了，去复印卷子了，花了 50 多块钱，唉，对得起那么多的大树吗？

孩子的父母是从外地来油田打工的，工作忙是一方面，还有一方面他们是真的不会教育孩子，老师想帮忙吧，还总是插不进去手，唉，这真是没办法，只能尽我的力了。

12 月 28 日 李博文

由于他是这学期刚从上届初三留级下来的，考虑到与其家长不太熟悉，又怕白白爬了五楼家里没人，我就先打了个电话。妈妈说他去补课了，刚走，得 8:40 才能回来，我就先去了别的孩子家里。8:40 我准时来到他们小区的大门口，我正在向保安打听 23 号楼的大概位置时，发现小区门口有个人影好像在等人，仔细一看原来是李的妈妈，零下十几度的天气，很冷，她站在那里等我，着实让我感动了一把，也省得我瞎转悠了。

孩子还没有回来，和他妈妈聊了一会儿后，孩子回来了。3 个人坐在餐桌旁，距离很近，文主动给我倒水，很大气也很热情，很成熟很也懂事。我重点谈了谈文在班级中的各种情况，进班以来很让我满意，我心存感激，然后他主动请求我给他补课。我欣然同意，从明天开始，只要你想学，补课，简单。

他的妈妈自从他到九班之后，开始练习书法，营造家庭的学习氛围，临走时，我要了一页他妈妈的书法作品，贴在办公桌前的墙上，每当我抬起头，就想起文和他的妈妈以及这次家访带给我的感动，我想每当文看到这张书法，也会受到激励和鼓舞。

1 月 2 日 韩序家

近日来，他的状态一直不行，我就以为是他家里有什么事了呢！因为他的妈妈在两年前过世了，爸爸又长期出工在外，把他寄存在姥姥家，姥姥小脑萎缩，56 岁的大姨长期值班，负责这一家人的生活。大姨就像妈妈一样，毫不保留地把他近日的表现，以及对他的不满告诉了我。整整一个半小时，他的种种征兆都是青春期的表现，一个女孩子主动向他示好，他也产生了懵懂的情感，如内心的烦躁，整天闷闷不乐，不再像以前那么快乐了。但是这孩子非常懂事、守规矩、重情义，还懂礼貌，勤奋好学。可算得上是个优秀的男孩子了。第二天，我又与他大姨家的 26 岁的姐姐电话交谈了 48 分钟，共同商议制定方案。

我建议他们在家的沟通，可以通过聊天、谈心、写信等方式，多谈一些生活中和工作中的趣事，谈谈书中或电视剧中的人物；在家也搞一些小活动，分散其注意力；多陪孩子进行体育运动；还可建议他最佩服的爸爸在休息时多陪陪孩子。在学校，我准备给他多压点活动方面的担子，委派几个班委或同学多和他聊聊天，分散他对该女生的注意力。我随时关注他的一言一行，每天都会找点时间和他谈一会儿心，把握他的思想动态，尽量减少他在成长中的烦恼，从而让他走回到优秀学生的行列。

（李博文妈妈电话）2016 年 1 月 6 日 晚

今晚很累，晚自习听写又家访，又判小卷，9:05 发家校通通知学生和家长今晚再背近几日的听写，明天再听写。不一会儿，文的家长打来电话求助说：因为元旦三天假期里家里发生矛盾，文三个下午都出去玩了，还顶嘴，从而转为夫妻矛盾，儿子一气之下去爷爷奶奶家三天不回来了。他这是逃避，爸爸也不管。妈妈在电话里哭了，一个半小时的电话沟通，使她平静了许多。我建议她先找一下自己的不足，还有哪些地方需要改进，时间已经是十点半了。

第二天上学我找到文，他还一肚子委屈，我列举了他的师傅告知我的关于他的这三天的表现，他低下了头。我顺手把我刚买的一本刘晓庆写的《从头再来》递给他，让他转交给他的妈妈。

第二天我问他：“书给你妈妈了吗？”他说：“给我姐了，让她转交给她。”我有点生气了，便说：“那就要回来吧，不给了，这样就没什么意义了。”他看出我生气了，不知他是否真的在乎我？一个连自己妈妈都不在乎的学生，老师还能指望他什么呢？但是我也不能就此放弃，再观察他、再等等他吧！

2016 年 1 月 16 日 祁琳家

两天的期末统考结束了，我该去祁家了。之所以选在今天，我是特意安排的。最主要是怕影响她的学习，因为她的家庭特殊一些，人多，话就得多，时间也得长，她妈妈的身体不太好，还要早睡，所以今天较合适。

我和向主任共同走出学校大门，提前 5 分钟打电话，免得给人家添麻烦，尽管如此，琳还是跑出小区迎接了我。她妈妈也正好下班刚到楼下，我们三人共同走进楼道。开门迎接我的是奶奶和两个妹妹，两个孩子长得像双胞胎似的，个头胖瘦都差不多，奶奶和三个孙女已吃完饭，我和他们四人聊着，让祁妈妈赶紧去进餐。

这一看就是个学习型的家庭，到处是书。我这是第二次见奶奶了，我了解到她是位了不起的老人，儿女们都很优秀，她也很快乐，幸福，散发着余热的她为儿女们打点些生活小事，照看孩子、做做饭等。

两个小妹让我欣赏她们的各种技能，琴棋书画，真的了不起，琳也弹了一曲《梁祝》，让我更加敬佩几分。也使我有机会看到我从没有发现到的她的另一面。

妈妈也吃完饭了，奶奶便带着两个妹妹进屋看书回避了。我们三人聊了起来，这是我第一次与她妈妈谈话，平时接触不多，主要是我说得多，娘俩说得少，爸爸出差了。

显然妈妈对其晚回家很有意见，她不听，妈妈也无能为力。这半学期以来，我也是尽量让她少分散时间和精力，但她的素质降不下来，上个月各班评文明学生，当然每班的班长都选上了，9 个班长，只有琳是全班通过(除一票之外)，其他班的无法和她比。别的班长每天只顾自己低头学，不管他人的情况居多。只有琳，同学们说看不见她在学校学习，100% 都在给别人讲题，不知搭上了多少业余时间。这就是琳，一个让你爱着、气着、快乐着、担心着的班长。

我和她妈妈同样无奈，我说过她，批评她，开导过她，给她看相关的文章，背过叶帅的诗篇，调侃她是"昏鸦疲迷枯树"，还在她的小卷上面批注过，但她依旧，在同学们请教她问题的时候，就再也走不动了。这就是祁琳，祁琳就是这样，不知通过今天与她的交谈，她能否悟到我的良苦用心？

哦，她的小屋是我去过的家庭中最棒的小屋，显然不是临时收拾出来的。餐桌上放着一串吃剩下一半的糖葫芦，说是两个孩子给妈妈和姐姐留的，只有这种老人才会教育出这般优秀的子孙。两个半小时的聊天，临走时，我们 6 人一同出来，琳非要送我回来，她的担当和责任感，完全是发自内心的，绝对没有长辈的点拨和暗示。我马上骑上车，免得她们耽误更多的时间。

我的心装得满满的，在这种社会背景下，怎么还会有这样的家庭，养育出这样么优秀孩子？回到家，琳的妈妈的电话就打过来了，这又是一个少见的问候。

晚上我过电影般地回忆着今天家访的一幕幕，显然，只有这样的家庭，才能培养出琳这么优秀的孩子，这么一个优秀的孩子背后一定会有这么一个家庭，这是亘古不变的道理，为他们既高兴又自豪。

看到她的成长，我虽然知道不是我的功劳，但我还是感觉，我付出的一切一切，都值了。

1 月 17 日，庄恒昊家

小庄没考好可以理解，但我不能接受的是英语考了 71 分，让我太失望了。上午十点他独自一人来学习英语，我没有像其他老师那样着急上火训斥，而是更加愉快地对待他。因为他的心里已经够苦的了，他的心里可能已经装不下太多的批评和不解。我早就说过，他是班里近期成熟最快的一个男孩。这半学期，他从一个个顿悟中走出，不仅一次地和我交流他的悔悟，曾多次骂自己幼稚和不懂事。尽管他还是在成长期，但他近期的言行告诉我，小庄是个茧，正在痛苦的挣扎中，他要破茧成蝶，我只能鼓励、支持他，为他加油。小庄，你一定能行，我等待你的前行。

同一件事情，心甘情愿去做，这过程是享受，迫不得已去做，过程是痛苦的。小庄正在享受着成长中破茧的痛苦，我会一直为他加油！

1 月 19 日 李君瑞家

今天家长会后，尽管我已经很疲惫了，但不能再耽搁了，瑞已在家耽搁了好几天了，妈妈说他把衣服都拿到姥姥家去了，对此他爸妈是一点儿办法都没有。

晚饭后，我来到他家，聊了会儿回避孩子的事。半小时后，瑞从姥姥家回来了，自己便进了自己的小屋，也不像我们所想象的那样，还是蛮通情达理的。

三方 4 人达成协议，定出计划，互相监督执行。

这次家访主要是请他爸爸参与进来，不能要么不管，要么就是打，打得夫妻之间也有矛盾，儿子也不买账。

我回来后的第二天，听说家里就对客厅进行了整改，买了新沙发、茶几，尽量不再跑两边老人家用餐，营造三口之家的温馨环境，过自家的日子。家应是世界上最温暖的地方，心灵的归宿，事业的靠山、大本营，家和才能万事兴啊。

陈老师的家访手记写了十几本，从 2015 年 12 月到 2016 年 3 月，每一个孩子的家都走到了。看着她那么辛苦，我曾经不止一次地建议她用电话、用微信、用短信与家长沟通，她都拒绝了。她淡淡地对我说："我知道你说的那些都很方便，可是教育恰恰是不能图方便的，你说，一个是用键盘敲出来的冰冷的文字，另一个是老师、家长、学生促膝而坐，在一个放松的环境中，面对面地真诚地沟通，哪个好？"是啊，不用想也是后者好呀，也许在这个快节奏的世界里，陈老师能慢得下来，所以她的孩子们才能长得更好！愿陈老师的家访手记能找到知音，更愿能找到教育的知音！我想她必定会感到无比的幸福和欣慰！

关于九班家长会对陈老师的访谈

向青腾　整理

向老师：陈老师，九年级这么忙碌，压力这么大，您为什么想到要设计这样的家长会？

陈老师：我管这种会议叫"家庭会"，家校共融，一家人心往一处想，劲儿往一处使，彼此都对共同的工作、任务有了清楚的了解。便于达到家庭教育和学校教育的一致，没有什么相互回避的，目的就是使教育效果最大化。

要想完成任何工作和任务，我认为要具备两个条件：一是自身素质（能力），二是要认真学习。那么家长会本身就是一个学习的过程，家长、学生加老师一起开这个会，就是扩大学习的范围，要比单纯只开家长会的效果好。

同时也防止某些家长出于某种原因，回家后对孩子说：老师说你怎样怎样。造成师生关系的误解，不但没有达到家长会的沟通效果，反而起了副作用。

还有一点考虑是想让学生“展示才华”，要想在家长会上发言，你就得平时认真观察班级的情况，辨别是非，分析问题，提出解决问题的方法和建议。不仅锻炼了学生上台演讲的能力，也让家长亲眼目睹孩子的进步而高兴自豪，同时家长能在会上了解别人孩子的能力，找一下自己孩子的差距，免得扩大或缩小对自己孩子的评价。

孩子们说的，大人爱听，孩子们上台往那一站，大人们爱看，集中精力，效果还好。孩子们说的，可深可浅，家长们都能接受，也不至于找老师的不是。当然，学生的每一次发言，老师都得把把关，不能随意，因为他代表的是班级，要反映这一段时间来班级的问题和优点，让家长和学生知道下一步该怎么做。

向老师：陈老师，您开的家长会选取什么样的内容？

陈老师：一般选择的是近期班级里的大事小情，日常学生的行为规范，体育锻炼、作业上交情况、纪律等等。每个学生都有分工，不重复。

向老师：在选人方面怎么把握？

陈老师：让平时分管事情的同学上台说，还有进步大的同学也在选择的范围内，不管是学习还是行为方面进步的都会考虑，让进步大的孩子去说，谈自己的亲身体会，因为当着这么多人的面他说自己的变化和进步，他会更在意，可以避免反复。我再号召其他同学向他学习，以他为榜样，其实对他是一种无形的督促，从而达到较好的教育效果。

向老师：在您的家长会上，将成绩的篇幅压缩到了最小，您是出于什么考虑的？

陈老师：对于这个问题，我是这样想的，一是分数都以纸条的形式发到家长的手里，就不用再说了，考试情况各科老师在课上也已经和孩子们共同分析了。二是我一直认为，学习成绩只是学校教育的一个方面，要全面实施教育，一个孩子的素质整体提高了，他的学习成绩还会差吗？否则，你再喊“学习、学习、学习”，也是没有任何好作用的！

第六章　浸润学生心灵的哲理小故事
——学生的深情回忆

在九班，孩子们称陈老师为“故事大王”，不论是早自习还是英语课，不论是学生会还是家长会，不论是活动前还是活动后；也不论是班委会还是课代表会，不论是个别谈心还是集体发言。陈老师就像一个魔法师，总是能变出针对问题的小故事。从来没有空洞的说教，从来不会尖锐地指责，所有的道理都蕴含在那富有哲理的小故事中。九班的孩子每人都能随口说出许许多多的小故事，因为在他们最迷茫、最需要的时候，陈老师讲的故事走进了他们的心里，浸润着干涸的心灵，指导着迷惘的行为，鞭策着他们不断地前进。

这里有九班孩子记忆最深刻的那些小故事，现在就让他们讲给你听……

不必紧张

左梓楹

虽然我来这个班级的时间不到一学期，但听到陈老师讲的故事已经不少了，其中我印象较深的是这一篇。故事大概是这样的，小明洗澡时不小心吞下一块肥皂，他妈妈慌慌张张地打电话向家庭医生求助。

医生说：“我现在这里还有几个病人，可能要等半个小时才能赶过去。”

他妈妈说：“在你来之前，我该做些什么呢？”

医生笑着说：“给小明喝一杯白开水，然后用力跳一跳，你就可以让小明用嘴巴吹泡泡来消磨时间了。”

从这短短几行字的小故事中可以看出；做事情放轻松些，生活何必太紧张？事情既然已发生，何不坦然面对？当然，故事中医生对小明的情况轻描淡写，也是因为他知道那要不了命。小明及家人听到这样的处理方式心理上一定轻松了不少。

经常可以从网上看到因为考前压力大或者因没考好而失去生命的学生，他们那样的做法是不值得的,生活不只为了考试!

陈老师经常说的一句话:“如果做这件事情的过程中尽自己最大的努力了,那么结果就没有那么重要了。”后面其实还有一句,就是既然你已经尽最大的努力了,不管结果怎样,你的父母也不会指责你,你自己也不会懊悔了,一切就都可以坦然面对。

以前在考试之前,要进考场的我总是很紧张,甚至手上会冒冷汗,但现在回想起来,考试似乎也没有想象中的那么可怕。以后的我遇到事情时,想想陈老师讲的这篇故事,便不会紧张了,会变得泰然。

不忘初心

徐敬哲

有一段时间,全班不少人有些“不务正业”,心情都浮躁得很。或许是为了挽救我们这群迷途的羔羊,不希望我们就此沉沦下去,我们的陈老师在一节班会课上,为我们讲述了这样一个故事:

从前有一个猎人带着三只猎狗去打猎,他发现了一只土拨鼠,就派猎狗去抓。于是,土拨鼠在前面拼命地跑,猎狗在后面紧追不舍。然后前方出现了一个小洞,土拨鼠就钻了进去,猎狗就在外面等。突然,洞中蹿出了一只兔子,飞也似的跑了,猎狗一看出来只兔子,又开始追兔子。兔子跑进了森林,爬上了一棵树,猎狗只好在树下眼巴巴地看着树上的兔子。兔子逃离了猎狗的“魔爪”,正在得意的时候,一不留神从树上掉了下来,砸晕了三只猎狗,逃之夭夭了。

陈老师刚一讲完,同学们就开始议论这个故事的不合理之处,最终就剩下了两处:1. 兔子不会爬树。2. 那么小的兔子不可能同时砸晕三只猎狗。等同学们安静下来后,陈老师发话了:“你们大多注意到了故事中最明显的不合理之处,比如兔子不会爬树,也不可同时砸晕三只猎狗,但有一个问题你们都没有说,”陈老师顿了一下,微笑着看着同学们,而此时有的同学仿佛若有所思,“那三只猎狗最开始追的可不是兔子,而是土拨鼠,但兔子一出来,他们就忘记了自己本来的目标,改为追逐兔子了。而你们的注意力也大多放到了兔子身上,没有一个人提起最开始的土拨鼠。”

听完这段话,我不禁若有所思,陈老师仿佛意有所指……突然,我心头一震,陈老师不就是在说现在的我们吗?现在的我们,就好似那三只猎狗,走在前进的道路上,却在不知不觉间被一些不相关的事物所吸引,从而逐渐偏离了自己最初的目标……

我们之所以来到学校，是因为我们是学生。学校是什么地方？是学习知识的地方。学生的本职工作是什么？学习。由此可见，我们作为一名学生来到学校，自然是来学习的。可是，在我们都没有注意到的时候，本来只为求学的心中慢慢地掺杂了些别的东西。求学的道路上有形形色色的诱惑，它们都可能使你与当初的目标背道而驰，从而渐行渐远。我们要做到不受这些外界事物的干扰，坚持自己的初心。

勿忘初心，世间并无后悔药。

不忘初心，相信明天会更好！

坚持与放弃

侯玥琪

你是否用心地数过坚持与放弃之间相差的笔画？如果没有的话那么我告诉你，它们只差一笔。由此可见坚持与放弃只在你的一念之间。

我看到这句话时突然想到了陈老师所讲的一个故事：从前众所周知的哲学家苏格拉底让他的学生每天甩三百下胳膊，过了一个月，有九成的人坚持了下来，可过了一年，只有一个人——柏拉图坚持了下来，而最后他也成为了伟大的哲学家。

听完这个故事我颇有感触，原本甩胳膊是一件再简单不过的事情，可在这三百人中仅有一人坚持下来了，足可见坚持一件事是有多么困难。而我在以前下决心做什么事情后，常常是只坚持了一两天便放弃了，所以很难养成一个良好的习惯。我听完这个故事后心头一震，认为自己应该有所改变了，应该给自己制定一个计划，并且坚持下去。我认为坚持十分重要，在六年级的时候，我的跑步成绩一直处在班里的后三名中。但在七年级寒假的时候，陈老师留了一项坚持锻炼的作业，我每一天都在跑步，尽管有时会累到四肢无力但我依旧在咬牙坚持，就这样一天天过去了……返回学校时，陈老师要检查跑步成果，就在体育课上测了1500 米，由于我日积月累的练习，在这次考核中我跑了第三名……那是我第一次体验到坚持所带来的成功。所以在这个寒假中，陈老师一如既往地留了坚持体育锻炼这项作业，我一定会坚持下去，让自己的跑步水平上升一个高度，同时也会培养其他的一些好习惯。

有一句话我们耳熟能详：水滴可以石穿。要知道水滴的力量有多么的微弱，但却可以穿石，那么只要坚持不懈地做一件事情，也定可以获得不小的进步。

这个充满哲理的小故事，给人无形的力量，在我心中扎下了根，激励着我的一言一行。

陈老师的心灵鸡汤

祁　琳

用陈老师的话说,我这个人,就是“怪”。我的性格和其他同学相比,有那么一点不一样,起初还有一点小自卑,使我看上去“没有一点年轻人的张扬劲”,对社会的善恶也都毫无抵抗力的照单全收。这给陈老师添了不少麻烦,也出了不少难题。针对我这种特殊情况,陈老师格外费心,用一个个小故事、一句句劝导、一次次实际行动,开启我的心灵之窗。

(一) 想做就做的和尚

陈老师讲的故事中,留给我印象最深、带给我影响最大的,莫过于《两个和尚去南海》。

有两个和尚,他们计划去南海。第一个和尚说走就走,而第二个和尚却又是攒钱又是造船,总是希望一切准备就绪再出发。而到最后,第一个和尚已经从南海回来了,第二个和尚却还没有出发。

陈老师第一次讲这个故事,是在七年级时的一堂英语课上。老师鼓励大家自愿上台前背课文,可是只有比较勇敢的寥寥几人上前尝试。许多人的心情大概和当时的我都是一样的——“再准备准备”。这句话让曾经我们虚度了多少时间,这句话曾经让我们错失了多少机会! 陈老师讲完故事,我想,我不就像那一再拖延的和尚,到头来碌碌无为吗? 两个和尚的经历,带给我莫大的触动。“要做就做那说走就走的和尚!”我告诉自己。

再一次背课文,我没敢忘记这个小故事,只稍稍犹豫就走到了讲台前。我有些紧张,在心中默念,“没关系,没关系,迈出了第一步就好”。可是开始背时,大脑却一片空白,只能凭思维惯性磕巴地背了一段。第二次,在背课文有点打退堂鼓时,陈老师又对我说:“别忘了两个和尚!”渐渐地,我发现上台背课文并不是那么难,只要上去背了,再怎样磕巴也能背下来。对于陈老师这个故事,我有时喜欢把它解读成“车到山前必有路”。每次在选择的岔路口,我都会想起那个说走就走的和尚——哪怕做得并不完美,也要在尝试中成长。

我知道,陈老师的意思,并不是说任何准备都毫无意义,而是说,当机会来临时,我们要敢做不完美的自己,带着一颗勇敢的心,果断地上路。

(二) 丢脸就是成长

“有什么不明白的,一定要敢于问!”在去 TIP 之前,陈老师提醒大家。随后她还补充道:“别忘了,丢脸就是成长!” 我牢牢记住了这句话。

敢于丢脸是成长。TIP 是一个全封闭的英语口语训练营,而口语恰恰是我的弱项。每次在300多人的教室里上大课，外教都会提一些发散思维的问题，大家可以自由举手回答，阐述自己的想法。可是，最让我“逃避”的两个原因便是用英语、用话筒。要是我用话筒在这么多人面前讲上几句磕磕巴巴、语无伦次的英语，真是要不好意思到钻进地缝里。可是我想起了陈老师对我说的“丢脸就是成长”，我突然明白，参加TIP不就是为丢脸而来的吗？大家的水平其实都不太好，只是在于敢不敢“丢脸”罢了。陈老师的话带给我莫大的勇气。一次提问，我竟最先举起了手，没想到那一次我回答得还不错，赢得了外教的赞许和大家的掌声。我很高兴自己终于“敢于丢脸”了，还幸运地“没丢成功”。

后来，我又知道了乐于丢脸也是成长。TIP结业之前有个才艺展示，我们班出了个节目——跳儿童舞蹈 *Look at all the colors I can see*。当时我想，我再怎么说也是个十三四岁的中学生，还跳这舞，多不好意思呀。这时我再一次想到了陈老师的话——“丢脸就是成长”，便“大义凛然、视死如归”地参加了这个节目的表演。慢慢地我开始意识到这也不是什么所谓丢脸的事，我们跳得可爱，观众们看得也开心，多好呀！我开始乐于“丢脸”了，同时还觉得跳这个舞让我一下“年轻”了“好几十岁”，返璞归真了。

我曾经是一个特别放不开的人，总是愿意把自己好的一面展示出来。但人怎么会没有不足呢？若总是费尽心思地隐藏着，便没有把不足转化为长处的可能。唯有学会丢脸、敢于丢脸、乐于丢脸，才是一种真正意义上的成长。

（三）成功与失败，也许差的就是那一分钟的坚持

陈老师的话改变着我生活中的点点滴滴。一天，我去练习打羽毛球，教练要求我练步法。来来回回，总共有好几十组，还要配合一系列的挥拍动作。在羽毛球场上练步法比在操场上跑步更容易使人放弃。距离短总量却大，每跑完短短一趟就是一个新的临界点。跑到最后几组时，我实在是累得坚持不住了，脚磨得不行，每跑完一组仿佛都要用尽全身的力气才能做出再跑下一组的决定。此时我的体力和精神都快到了极限，我便想休息一会儿。突然，陈老师讲过的一句话跃入我脑海“成功与失败，也许差的就是那一分钟的坚持”。想到这句话，我突然打了个激灵。是呀，在繁忙的课业中我抽出时间来练球，不就是想要得到一种历练吗，既然来都来了，也都跑了这么多了，为什么不再坚持一下呢，也许我挺住了，体能会突破一个新的高度。我心中默念着陈老师说的这句话，打了鸡血一般跑完最后的几组步伐，如释重负……

（四）你只要想干这件事，就怎么着都能干好

我也常常有感到无助的时候，这时陈老师的实际行动便是我最好的心灵鸡汤。

一次班里工作特别忙，有好多资料需要写，可是不巧那天妈妈安排好带我去亲戚家吃饭，我十分不愿意，连声拒绝，妈妈有点儿生气。我一个人在屋里，不断地想着，要是陈老师

遇到这种情况会怎样处理。想着想着，我脑海中出现一个声音，是陈老师方才安排完工作叮嘱我的："你只要想干这件事，就怎么着都能干好。"我想，自己已经找到了答案，赶紧追上妈妈向她道歉，和她一起去了亲戚家。我时时想着陈老师的叮嘱，在去亲戚家的路上趴在车座上写，在大人们饭后闲聊时在嘈杂声中构思。每当我稍稍走神时，便想到，不管身处什么样的情况，只要想干这件事，就怎么着都能干好。陈老师不也常常在这样的环境下工作吗？这便是孟子说的"行拂乱其所为，所以动心忍性，曾益其所不能"吧。想到这，我顿时释然了。

（五）忙

有一段时间特别忙，我的心情也仿佛戴上了枷锁般飞不起来，分外郁闷。一般这时候，我都会去陈老师办公室转转，不为别的，单是看看她是怎样工作的，就能获得继续走下去的动力。因为陈老师实在比我们累得多，我们也实在没资格抱怨。没想到那天陈老师的心情可能也不太好，跟我"交流心得"……她桌上同时摆着四五个小本，我知道，那是在忙四五项不同的工作，会议记录、读书笔记、家校联系手册……我这才明白，原来每个人都很累，原来每个人都有自己的苦衷，原来有陈老师一直与我们一起"并肩战斗"。我的心情一下子好了很多，很快调整到一个更饱满的精神状态迎接未知的挑战。

仔细想想，现在我所做的每一件事、下的每一个决定，都或多或少地带着陈老师的经典故事和智慧语录的影子，她恰到好处地因材施教，一步一步引领着我成长为一个"心理健康""心智健全"的"正常人"。

（六）白开水

最近，我们填写了有关中考的操行评定档案。每人有五个项目待评，分别有 ABCD 四个等级。大家自然都想要得到 A，无奈名额有限。为了"平定民心"，开导那些对自己评级结果不满意的同学，陈老师讲了自己的故事。这个故事，在我们看来，更像是一场慷慨激昂的演讲。

她大概是这样说的："有人喜欢喝橙汁，有人喜欢喝可乐，而我觉得白开水才是最好的。我就做我的白开水，15 年来我不求任何先进，大会小会不允许任何领导表扬。我做得好，但从来不需要表扬，金杯银杯不如口碑。就像你们，同学们，把人做好，比 A 与 B 更重要。"陈老师的这段话，因讲在早自习，匆忙得让我们来不及鼓掌。但我相信，那渐渐被大家忘在脑后的 A 与 B，便是最好的掌声。

的确，只有白开水才是最好的，没有任何的所谓美好的味道，却最清、最纯、回味最长久。我们也应该如此，并不是与世无争，而是不能一味想着什么所谓形式上的名誉，因为你所做的一切，别人都看得到；你的芳香，别人都闻得到。

如果是这样，我也愿意做我的白开水。

（七）“拖”与“托”

陈老师说，成功最大的敌人，一个是“托”，一个是“拖”。在听到这句话之前，我可谓是“tuo”得彻底，“tuo”出风范。

在英语学习中少不了需要查阅字典的情况，我上学便一直带一本学生用的英汉词典，虽小，但日常的查阅也能应付得来。可一到大问题小字典就招架不住了。每每这时，我便要“托”有一本《牛津高阶》的朱文铎帮忙查，抑或是“拖”到回家上网查。殊不知我家里其实也是有一本大词典的，只是因为担心英英释义看不懂、翻厚词典费力费时等种种原因，不愿带来。

陈老师一句话让我明白，什么事要是指望别人、指望下次，就永远做不成。

转天我就搬来了词典。没想到在家看都不看一眼的词典，竟在学校派上了大用场。首先是打破了朱大哥的“垄断”，腰杆子直了不少，嘿嘿。并且我渐渐地发现，许多词汇的用法在大词典一查便知；英英翻译也不是想象中的艰涩难懂，反而比汉译更加地道详细；同学们的许多问题只需翻翻字典就能解决……这也正应了陈老师常常说的一句话“只有想不到，没有做不到”。

老师看我终于拿来一本“合格”的字典，说：“这就对了，不过还是有点儿晚了。”晚了就晚了吧，起码没错过。若不是陈老师一句话，还不知我要“tuo”到什么时候，“tuo”垮多少事情。班里的几位同学也因此话顿悟，抓住锻炼机会，抓住当下时间，少了许多“托”与“拖”。

切记切记，做人做事，勿托勿拖。

（八）班里的每个人都与你有关

我时常因一个问题而郁闷——我与全班同学日日相处，可是一周下来，竟因种种原因和几位同学没机会说上几句话。这样怎么算得上是真正的同学关系呢？

一日，陈老师谈到了梁佳堃、邓磊、田厚泽等同学的伟大。她说，班里的每一个人都与你有关系。就像一个家，大哥在外面挣钱，为家里买了房子、冰箱、彩电，就算你再不喜欢你大哥，你能不住他买的房子、不用他买的冰箱、不看他买的彩电吗？我们的班级中，有些同学默默无闻，而又恰恰是他们，为你们营造了良好的学习环境。如果没有他们，垃圾谁倒？黑板谁擦？地谁拖？听写条谁收？没有他们，哪有你啊！

陈老师以这样一种方法诠释集体中每一个人的关系，这对我来说是闻所未闻的。我突然明白，如果说我们都是一块块磁铁，那么班级就是一个大磁场，我们就算不接触，也会产生力的作用。我们大家都想让班级更好，即使不说话，心也是相通的，这便是“同学”吧！

坚　持

刘禹培

在一次复习阶段，卷子堆积如山，我们怨声连连，有些人耍小聪明偷工减料，陈老师知道后没有明说，只是给我们讲了个小故事。

从前，在某一个地方，每个人都背着一个很长、很重的十字架，有一个人坚持不住了，把这个十字架截掉了一节，然后再背起来就轻得多了。不久，这些人遇到了一条深沟，其他人都把十字架放在沟上面，轻松越过了这条沟，而那个人却因为十字架不够长而被困在那里。

讲完之后，教室里一片哗然，所有人都在说那个人太傻了。过了一会儿，老师又说："现在咱们班里就有这样的人，因为'十字架'太重而锯掉它，换来的结果可想而知。"教室里鸦雀无声……

是啊，为了一点儿眼前的轻松而放弃长久的利益，不就是一种愚蠢的行为吗？回想自己，其实我也有偷懒的时候，也做过这种傻事，但从那以后，我一直都背着这个"十字架"，不敢松懈，因为只有坚持，才能成功。

克服惰性

周恩童

惰性是每个人都有的，惰性有时会让你失去一些机会。你可能不比别人聪明，不比别人有天分，假如你也不勤奋，你总会被淘汰。

陈老师曾讲了这么一个故事：从前，两马各拉一货车。一马走得快，一马慢吞吞。于是主人把后面的货全搬到前面，后面的马笑了："嘁！越努力越遭折磨！"谁知道主人后来想：既然一匹马就能拉车，干嘛养两匹？最后懒马被宰掉吃了。这就是经济学中的懒马效应。

"懒马"本是比喻职场中那些偷懒的员工。但放在自己身上来说：懒是自己的最大缺点。每次我写完作业就直接钻被窝了，留下满桌的狼藉，不管不顾地就睡了，等转天早上再急急忙忙地收拾。妈妈老是说我懒，想让我勤快一些，有时我也会很突然地来个大扫除，可下次就不知道是什么时候了。可俗话说得好：一屋不扫怎么扫天下。我努力地让自己勤快一些，转过头才发现这也培养了我的坚持。

我们这一代的孩子，是捧在父母手心里长大的。父母恨不得什么都替你干了，这样，惰性也就在父母爱的浇灌下养成了。在中考来临之际，名额只有那么多，你不努力，就会被别人赶上、超过甚至被淘汰。你知道永远都有比你勤奋的人，难道你要像“懒马”一样碌碌无为最后被宰掉吗？

你没有克服惰性，只是一直在给自己找借口，你要记得永远没有“最佳时机”，所以从现在开始做，微小的起步远胜于徘徊不前。克服惰性，用勤奋给自己一个交代吧！

听陈老师的故事有感

李佳培

（一）天道酬勤

上个学期的一节班会课，陈老师为了激励我们努力学习，给我们讲了这样一个故事：

曾国藩是中国历史上最有影响的人物之一，然而他小时候的天赋却不高。有一天他在家读书，其中一篇文章重复不知道多少遍了，还在朗读，因为他还没有背下来。这时候他家来了一个贼，潜伏在屋檐下，希望等读书人睡觉之后捞点好处。可是等啊等，就是不见他睡觉，还是翻来覆去地读那篇文章。贼人大怒，跳出来说，“这种水平读什么书？”然后将那文章背诵一遍，扬长而去！

这个故事对我的触动很大，小偷是聪明，听一段时间便会背，但他却没好好利用这份天赋，不把聪明用在正确的地方，他再怎么聪明也是小偷；曾国藩天赋是没小偷高，但他通过自己不懈的努力、巨大的付出成为大家都钦佩的人。我们现在的学习也一样，一定要在自己不足的地方多下工夫，才能在学业上有所进步。“学霸”不是天生的，正所谓“天道酬勤”说的就是这个道理。

（二）换个角度看问题

陈老师曾经讲过这样一个故事：两个兄弟一人提着一筐沉重的东西在路上走，没多久，便累得不行。加上太阳的灼热，两人又热又累，一会儿把筐从右手换到左手，一会又换回来，可这仍然无济于事。大哥思索了一下，等经过路边卖扁担的小摊时，便买了一副扁担。接过弟弟手里的筐，把两人的筐都挑在了肩上，反而轻松了许多。

这个故事让我懂得了，在遇到问题的时候，不要只从一个角度来判断，要换多种视角来分析，通常会发现不一样的方法。还有，遇事要多为他人着想，给他人便利，有时候看似吃亏，其实并不是坏事。“赠人玫瑰手有余香”，在帮助别人的同时，往往对自己也有所裨益。

（三）干瘪的玉米

在一节班会课上，陈老师给我们讲了这样一个故事：有一个玉米，颗粒比别的玉米都饱满，它心里想：我这么优秀，老奶奶第一个摘的肯定是我！但老奶奶每次来，只摘别的玉米，一直把它留在地里。玉米渐渐地在一次次打击中消沉了，收获的季节快过去了，没被采摘的玉米们，一个个日渐干瘪，快烂在地里了。那颗粒最饱满的玉米绝望地想：我也要和别的玉米一样烂在地里了！就在这时，老奶奶来摘下了它，说道："这可是今年最饱满的玉米了！我一直留下它不摘，是想把它留下来，来年做种子，这样就能种出更好的玉米来！"

这个故事告诉我们，只要不抛弃自己的信念，不放弃自己的追求和努力，成功终将属于自己。

我也有像这个玉米一样的经历。记得小学的时候，每次运动会我都要报好几个项目，但每一次都没有像样的成绩，后来连老师都劝我别报了，我非但没有灰心丧气，反而越挫越勇。终于，在小学毕业那年我得了一个第六名。这个成绩激励了我！我愈发喜欢体育了。七年级的时候我在学校运动会上，取得了800和1500米第一名，这个成绩是我始料未及的。后来通过课间体育课和假期的训练，我的长跑成绩突飞猛进，在油田中学生运动会上取得了3000米和1500米的第一名。终于我在天津市中小学生运动会上取得了3000米的第四名，破了油田纪录。这些经历使我体会到：只要坚持不懈的努力，总有一天会成功的，一路上所有的挫折都将成为风景。正如陈老师常说的那句话：剩下的才是最好的。

我现在的学习成绩不是很好，但我一直在努力，我会把在体育上的越挫越勇的精神运用到学习上来！

断　箭

陆小艺

陈老师曾给我们讲过一个故事：春秋战国时代，一位父亲和他的儿子出征打战。父亲已做了将军，儿子还只是马前卒。又一阵号角吹响，战鼓雷鸣了，父亲庄严地托起一个箭囊，其中插着一支箭。父亲郑重对儿子说："这是家传宝箭，佩戴身边，力量无穷，但千万不可抽出来。"那是一个极其精美的箭囊，厚牛皮打制，镶着幽幽泛光的铜边儿，再看露出的箭尾，一眼便能认定用上等的孔雀羽毛制作。儿子喜上眉梢，贪婪地推想箭杆、箭头的模样，耳旁仿佛嗖嗖的箭声掠过，敌方的主帅应声落马。果然，佩戴宝箭的儿子英勇非凡，所向披靡。当鸣金收兵的号角吹响时，儿子再也禁不住得胜的豪气，完全背弃了父亲的叮嘱，强烈的欲望驱赶着他呼的一声就拔出宝箭，试图看个究竟。骤然间他惊呆了！一只断箭，箭囊里装着一只折断的箭。我一直挎着只断箭打仗呢！儿子吓出了一身冷汗，仿佛顷刻间失去支柱的房子，瞬间意志轰然坍塌了。结果不言自明，儿子惨死于乱军之中。

这个故事让我明白自己的命运并不掌握在别人手里，更不能寄托在某人或某物身上。自己的命运掌握在自己手中，不要太过依靠别人的帮助，不然只会像那个儿子一样惨死在"战场"上。依靠别人，就算得到了胜利，你也不会骄傲，有什么可骄傲的吗？因为这场胜利并不是你的努力造就的，所以你没有什么可骄傲可自豪的，你感到的只有莫名的空虚，仿佛与那些庆祝的人群不在同一个世界。唯有你自己不懈努力换来的成功才值得你去欢呼，让你感到踏实，感到问心无愧。

木　桶

庄恒昊

在一次考试成绩下发之后，其他科目还算过得去，但是英语成绩让我重重地叹了一口气，因为又是英语把我整体的成绩拉了下来，这时陈老师给我们讲了一个故事。

故事的大意是这样的：从前有两只材料相同的木桶，一只除了只有一个木板短，其他都很长；另一只的木板虽然都不是很长，但长度差不多，可是真正去装水的时候，第二只木桶却比第一只木桶装的水多。

这篇文章引发了我的深思：虽然其他木板长，仅仅一块短的，装的水竟没有另一只多，这是因为装水的多少取决于那块最短的板儿。其他再长也是无用的，这时我就联想到我的学习，虽然其他科目分高但唯独英语一科较低，但总体成绩确比那些"长度相同"的人低多了。

我想通过今后的努力，把英语的短板变长，只有这样我才能百尺竿头，更进一步。

强者？弱者？

刘禹培

那天正要评选三好学生，正在同学们等待开始的时候，陈老师仿佛若有所思。她给我们讲了一个故事。

很久很久以前，一头狮子遇到了一只老鼠，狮子正想吃掉它，老鼠急忙说："如果你放过我，当你有难时我一定会帮你的。"狮子大笑道："你这么一只不起眼的小老鼠还能救我这个丛林之王？幸亏我的肚子并不饿，要不然你就死定了。"说罢，狮子放走了老鼠。一日，狮子被猎人的绳网给套住了，是那只弱小的老鼠用牙齿咬断了绳子，狮子才得以逃脱。

同学们听到结尾都颇有感触。老师又说：“每个人都是狮子，每个人也都是老鼠，每个人都是两面的。”我心想：学习好难道是优秀的决定性因素吗？就因为我们是学生，所以就只关注学习吗？难道学习不好的人就没有优点了吗？每个人都有强者的一面，每个人也都有弱者的一面，我们不能光凭一个人的某一方面评判这个人的好坏。

回想我自己，虽然在学习方面小有成绩，但我忽略了其他方面，比如思想品德方面和生活技能方面，在这些方面我是一个弱者，所以我要向其他同学学习，把自己打造成一个真正的强者！

悟

瞿　蕾

曾经听陈老师讲过这样一个故事：

心理学家将一条饥饿的鳄鱼和一些小鱼放在水族箱的两端，中间用透明的玻璃板挡开。刚开始，鳄鱼毫不犹豫地向小鱼发动攻击，它失败了，但它毫不气馁；接着，它又向小鱼发动第十次更猛烈地攻击，它又失败了，并且受了重伤；它还要攻击，第十三次，第十四次……多次攻击无望后，它不再攻击了。这个时候，心理学家将挡板拿开，鳄鱼已经不再攻击小鱼了。它依然无望地看着那些小鱼在眼皮底下悠闲地游来游去，它放弃了一切的努力。

不知道你们听完之后是什么感觉，总之我是很为这条鳄鱼遗憾惋惜。

我曾经也对一件事情坚持过很长的时间，足有10个月左右之久。后来，我也一次又一次地失败和失望透顶，我不停地持续在振作、失败、振作、失败、振作又失败了的阶段，把我整个人都快逼疯了。后来是什么让我放弃的我不太清楚，或许是坚持太久了，和这条鳄鱼一样，也无望了、麻木了，所以不再坚持不再继续。可是我并没有像鳄鱼一样对一切都失望放弃，我低沉了一段时间后，就把全部精力投入到另外一件事上去了。我知道这一次不能再把希望寄托在别人的身上，我要靠自己的努力给自己希望，让自己乐观地生活下去。不仅是乐观，还依然留有着对未来的执着和热情。

我想，像这条鳄鱼一样，很多人在多次的挫折、打击和失败之后，就逐渐失去了战斗力，激情死了，梦想死了，剩下的只有黯淡的眼神和悲伤的叹息、无奈、无助和无力。我们不要像这条鳄鱼一样，要永不放弃，无论被击倒了多少次，都应该待那件事情如初恋一般的执着、迷恋和疯狂，像打不死的小强一样有着势在必得和完成才罢休的精神，这样才能赢得最终的胜利。

小羊救母羊

董洵宁

陈老师曾经在班会课上，为了让班里不听话的同学迷途知返，讲过这样一个故事：半个月前，羊汤馆的赵老板从一家农户买了一大一小两只羊。这天，赵老板准备先把大羊杀了，让伙计着手准备。伙计把刀放在屋外的长凳上，转身进屋拿盆以备接羊血用，可等他把盆拿出来却怎么也找不到刀了，店里的人都说没看到。

此时，那只大羊正低头流着泪舔舐着小羊，而小羊趴在地上仰脸看着大羊，眼泪已经打湿了眼睛下方的毛。看到这个情景，伙计叫来了老板。赵老板看到这一幕，心头也不禁一颤。回想起卖羊的人曾说过这两只羊是娘俩儿，看此情形，应该是这娘俩儿都知道临别将至，正在依依惜别呢。为了不让小羊亲眼看到大羊被宰杀，赵老板让伙计拉走小羊。可就在小羊被拽起来的一刹那，伙计在小羊趴着的地方发现了他正在找的那把刀。谁都不知道刀是怎么到小羊身底下的，但在场的人都一致认为，一定是小羊为了阻止妈妈被杀而将刀藏在身底的。

以前也曾听说过牛、马等牲畜在被杀前流泪的事情，但开羊汤馆已五年多的赵老板却是第一次亲眼目睹这种事，犹豫再三，他示意伙计留这两只羊一条生路。几天过去了，羊母子流泪惜别的情景总不时出现在赵老板的眼前，让他心里难安。这样经过几天的思想斗争，最后他决定关掉羊汤馆，不再从事这个行业。

这个故事是陈老师送给班里一些青春期的同学，最近有家长向陈老师反映有同学在家里不听话，甚至和父母吵架，更有甚者要和父母动手。

就连一个牲畜都懂得保护自己的母亲，而我们却常常因为自己的小不如意，就和父母怄气，可是你有没有想过，父母含辛茹苦地把你养大，你却只是因为自私，而去伤害自己的父母。

班里有一个同学，他曾经和父母吵架，为了出去玩儿甚至和父母动手，但父母不让走，于是他就打开了煤气开关，警鸣声随之响起，父母只好让他出去玩儿了。其实父母真的是很无奈，因为在他们眼中，你是最重要的人，但是你却一次次让父母失望，天下的父母都是望子成龙、望女成凤的。所以，请善待你的父母！不要一味地埋怨父母，和父母争吵，他们是世界上最爱你的人，想想你的父母对你的好吧！

父母辛辛苦苦将我们养育成人，其间吃了多少苦，受了多少罪！然而我们却动辄对父母呼来喝去，有时甚至破口大骂。殊不知，我们还不如这只羊！父母呼，应勿缓，父母命，行勿懒，这是《弟子规》中告诫过我们的道理，我们却忘得一干二净，这何尝不是一种悲哀？可能我们中间有人会说，家长这件事做得不好，那句话说得有毛病。父母也是人啊，有矛盾，坐下来谈谈，心平气和地谈话会架起亲子间心灵的桥梁。

父母者，人之本也。孝顺是我们的本分，如果连做人最简单的一点要求都做不到的话，不是连只羊羔都不如了吗？

请感谢你的父母对你不离不弃吧！

穿山甲妈妈

董洵宁

记忆深刻的还有陈老师讲的这样一则故事：

穿山甲被送进餐馆，按理来说在宰杀时应该把它拉直，但是杀它的人却怎么也拉不直，小伙把穿山甲往地上扔去，因为穿山甲遇痛就会把身体张开，但是它还是没有伸直，穿山甲嘴角流出鲜红的血，身体却一直蜷缩，反而越蜷越紧。又把穿山甲放到火盆上灼烧，待到鳞甲脱尽，它还和原来一样全身蜷缩，那小伙以为穿山甲生病了不能吃了，便扔到地上。地上的穿山甲终于伸直了身体，彻底没了气。原来，在它的肚皮上竟有一只老鼠般大小的小穿山甲嗷嗷待哺，小伙才明白，原来穿山甲为了保护她的孩子付出了生命。

这也让我想到了我的妈妈，还记得那次坐公共汽车，起床太晚了，可是车也快来了，当时外面下着雪，妈妈便用最快的时间给我做好早饭，虽然吃得很匆忙，但依然很美味。眼看就要到点了，妈妈赶紧帮我收拾好行李，连衣服都没多穿，却让我穿了最厚的衣服。到站后，我给妈妈打电话，却听到了重重的鼻音。在我眼里，妈妈永远是我最爱最爱的人，她总是不顾自己的身体，但是在我生病的时候却一直照顾我，在我有困惑的时候，我和妈妈就像好朋友一样谈心，在我难过时，妈妈给我鼓励和安慰。天下的母亲又何尝不是这样的呢？

母爱是世界上最伟大的爱，母亲是世界上最伟大的人，母亲经历了世界上最大的疼痛。母爱，是山间最温暖的阳光；母爱，是滋润的雨露；母爱，是美化心灵的彩虹。我的母亲也是如此伟大，世界上的母亲都是如此伟大。就连动物的母爱都这么伟大，人比动物更有感情，所以，请珍惜母爱！

征服自卑

李新奥

一位父亲带着儿子去参观梵高故居，在看过那张小木床及裂了口的皮鞋之后，儿子问父亲："梵高不是一位百万富翁吗？"父亲回答："梵高是位连妻子都没娶上的穷人。"

又过了一年，父亲又带儿子去了丹麦，到安徒生的故居去参观，儿子又困惑地问："爸爸，安徒生不是生活在皇宫里吗？怎么他生前会在这栋破旧的阁楼里？"父亲回答："安徒生是位鞋匠的儿子，他就生活在这里。"

这位父亲是一个水手，他每年往来于大西洋的各个港口，他儿子叫伊东布拉格，是世界上第一位获普利策奖的黑人记者。

二十年后，伊东布拉格在回忆童年时说："那时我们家不仅很穷，而且还是黑人，父母都靠卖苦力为生。有很长一段时间，我一直认为像我们这样地位卑微的黑人是不可能有什么出息的。是父亲让我认识了梵高和安徒生，也是父亲让我认识到了黑人并不卑微，这两个人的经历让我知道，上帝没有轻看黑人。"

其实我就像伊东布拉格一样，是一个自卑的"黑人"。以前，我不像现在这样活泼又开朗，而是一直沉浸在抑郁自卑的阴霾之中，我总觉得我做什么事情都不对，做什么事情都做不好。直到陈老师给我讲了上面的故事后，我才豁然开朗。我觉得，其实自卑并不可怕，一直被自卑征服才是最可怕的，每一个人都有多多少少的自卑心理，但重要的是如何去克服。

于是我便变得活泼了起来。有一次，陈老师想锻炼我一下，让我上台发言，如果换做是以前自卑的我，打死我，我都不会上台的。可是现在的我已然不同了，我一鼓作气，走上讲台发了言，当我完成演讲收获了满场的掌声时，我就知道自己完全走出了自卑的阴霾了。

阳光，洒在成长的路上

安沁忱

一个好的故事，就像一朵美丽的小花，点缀在我们成长的路上。陈老师讲的每一个故事，都是一支美妙的曲子，伴随着我们的成长。每一个故事，都是一抹明媚的阳光，照亮我们前进的路。

（一）乌鸦参赛

春天来了,百灵鸟提议举办一次歌唱会。广告发出后,百鸟奔走相告,报名者络绎不绝。乌鸦明知自己歌喉不佳,但还是决定去参赛。当它来到报名地点时,鸟儿们都看不起它。百灵鸟却说:“乌鸦是我们鸟类中的一员,不管声音怎样,总代表着自己。真正有价值的是自己的歌唱,因为这种歌声是你自己所特有的,是别人学不到的,这就是你的风格。如果百鸟一音,千鸟一曲,歌唱会就失去了意义。你的歌会因独特而变得动听起来。”乌鸦参赛了,它获得了鼓励奖。

这个故事告诉我们,每个人并不是十全十美的,但每个人都有自己的独特之处。只要尽了自己最大的努力,就不会遗憾。

比如,有次期末考试,我的成绩不理想,我十分沮丧,陈老师给我讲了《乌鸦参赛》这个故事,我从中受到了激励。于是,我开始查漏补缺,找出自己学习中的不足,总结学习方法,给自己制定出一套学习计划和近期的学习目标。每天,我按照学习计划,严格要求自己,不许偷懒。哪怕再累,也要坚持下去。就这样,在下一次的考试中,我终于取得了进步,也给了自己一个满意的答复。

所以,我们什么时候都不要放弃努力!不言弃、不放弃,就是胜利!

(二)染丝的道理

墨子有一次路经一个染坊,从门外看到一个人正在给一些丝染色。看了一会儿后,墨子就感叹地说:“当纯白的丝放进有黑颜料的缸里就变成黑色,当放进盛有黄颜料的缸里就变成了黄色……丝放进什么颜料的缸里就会变成什么颜色。因此,当要给纯白的丝染色的时候,就要事先想好要把它染成什么样的。这其中的道理,小到做人,大到治理国家都是一样的。”

这个故事告诉我们,只把丝放进缸里染,而不考虑把它染什么颜色,往往会造成不可逆转的后果。当人们在作出某种选择的时候,最重要的是事先规划好整体和未来,因为“近朱者赤,近墨者黑”。

在我们的日常学习生活中,我们要给自己寻找一个榜样,一个在我们身边的榜样。或许,是一位学霸;或许,是一位体育健将;或许,是一位演讲天才。总之,他或者她,一定要比自己优秀。他或者她的优点,是我们要学习的,是我们努力的目标与方向。与这样的榜样在一起,我们就会被他(她)们感染,被熏陶。渐渐地,我们也会变得优秀。所以,交往什么样的人很重要,这往往决定了自己的发展方向,自己会成为一个什么样的人。所以,我们要善于发现同学们身上的优点并学习它,才能不断地完善自己。

(三)不知后退的鱼

在海水深处有一种鱼叫马嘉鱼。平时它们栖息在大海深处,直到适合的季节才逆江水而上找到适当的地方产卵。人们就利用马嘉鱼产卵成群逆江而上时，在它们经过的水域撒上渔网拦截鱼群。马嘉鱼外表很是漂亮，但是头脑却十分简单，只知道一股劲地逆江水而上，即使半道上碰到渔网也不后退一点。钻进渔网的马嘉鱼还是继续游，这样一来，网就越收越紧。直到最后被渔网套得牢牢地不能脱身。

这个故事告诉我们，退一步海阔天空。在有些人看来是因为懦弱胆怯而做出的退步，而在有些时候，退后一步恰恰是在调整进取的步伐，实际上这更需要巨大的勇气。

记得在一次考前的复习时，繁重的复习令我头昏脑涨。真想不复习了，可又担心考不好；继续复习吧，脑子又昏昏沉沉的。正当我纠结的时候，爸爸说："出门遛达遛达，放松一下。"于是，我来到楼下的小公园。明媚的阳光，徐徐的清风，欢快的鸟鸣，还有一些嬉戏玩耍的小孩子……我瞬间身心愉快，头脑也清爽了。当我再次坐到书桌前时，就像换了个人，精神饱满，看着书本都是那么亲切，学习效率大大提高了。学习就是这样，有时一味地学呀学呀，弄得自己疲惫不堪。倒不如适当地放松，反而事半功倍。这应该就是以退为进的道理吧。

这些美好的小故事，让我学会了做人、处事的道理，这些道理是我学习生活的指南。无论是现在，还是将来，都会令我受益匪浅。

不被他人左右

杨慕涵

父子俩进城赶集，天气很热。父亲骑驴，儿子牵着驴走。

一位路人看见这爷俩，便说："这个当父亲的真狠心，自己骑驴子，却让儿子在地上走。"父亲一听这话，赶紧从驴背上下来，让儿子骑驴，他牵着驴走。

没走多远，一位过路人又说："这个当儿子的真不孝顺，老爹年纪大了，不让老爹骑驴，自己却悠闲地骑着驴，让老爹跟着小跑。"儿子一听此言，心中惭愧，连忙让父亲也上驴，父子二人一同骑着驴往前走。

走不多远，一个老太太见了父子俩共骑一头驴，便说："这爷俩心够狠的啊，那么一头瘦驴，怎么能禁得住两个人的重量呢？可怜的驴呀！"父子二人一听也是，又双双从驴背上下来，谁也不骑了，干脆走路，驴子倒也乐得轻松。

走了没几步，又碰到一个老头，指着这爷俩说："这爷俩够蠢的，放着驴子不骑，却愿走路。"父子二人一听此言，呆在路上，他们已经不知道该如何对待自己和驴了。

陈老师讲完这个故事后同学们哄堂大笑，但却引起了我的深思。

一次数学课上，老师提了一个比较难的问题。我想了很久，心中好不容易了有了答案，颤颤巍巍地举起手。我因为不确定自己的答案，我看了看前后左右的同学写的，他们的答案都和我的不一样。我于是对自己的答案产生了疑问，放下了手。最后，我的答案竟然是对的。

不仅仅是在学习中，在生活中也是这样的，在需要面对选择的时候，我们总是会在意别人的看法，相信他们是对的。但其实在大多数时候，我们应该坚持自己，相信自己，不能被他人的看法所左右。一番思考后，我也决定今后多多坚持自己，不轻易被身外之物所影响，才能走上成功之路。

粉碎一切

李博文

进入这个班已经半个学期了。在刚刚过去的期中考试，英语都没及格，真正的自暴自弃开始了。老师给我讲了这样一个故事，这是独一无二属于我的。

巴尔扎克一开始的时候并不是从事文学创作，因为当时他父亲给他安排了一个职业——律师，所以他学习的是法律专业，但他对法律知识没有一丝的兴趣，却对文学创作产生浓厚的兴趣，并情有独钟。

当他大学毕业后把想当作家的想法告诉给他父亲时，他父亲决然不答应巴尔扎克的这个看似过分的请求，并扬言道，如果巴尔扎克敢放弃律师这个行业，就不会再给他提供任何的生活费用，但巴尔扎克坚持着自己的这一理想。

没过多久他当律师的父亲便说到做到，再也不给巴尔扎克提供一点儿生活费了，而当时巴尔扎克写的那些东西不断地被退稿，他的生活陷入了困境，并负债累累。最困难的时候，他甚至只能就着白开水吃点面包渣。虽是这样，但他挺乐观，每当就餐，他便在桌子上画上一只只虚拟的盘子，并在盘子上面写着香肠、火腿、奶酪、牛排等字眼，然后自己就在想象当中欢乐地狼吞虎咽。

更让人震惊的是，也正是在这段最狼狈的日子里面，他竟然不惜花费了七百法郎买了一根镶着玛瑙宝石的手杖，并在手杖上面铭刻了一句话："粉碎一切障碍"。每当自己遇到难以跨越的障碍时，就用这句话提醒着自己去奋斗。正是这句鼓舞自己内心的名言一直支持着他，最终使他成为享誉全球的大文豪。

在困境中顽强的斗志求生存，在逆境中鼓起勇气求发展，就如同我们的学习，不能轻言放弃，要有决心，要有破釜沉舟的精神。想到自己也是要面临中考的斗士，区区中考都不能奈我何，何况只是一次考试，以前总是觉得自己心态好，现在才发现不是，很脆弱，这个故事就是我的后盾，前进的动力，是我粉碎一切的手杖。

梦想　努力　成功

杨慕涵

陈老师曾讲过这样一个故事，使我至今记忆犹新：一个农家孩子，偶尔看到一个人吹口琴，觉得那声音真是好听极了，于是他也想买一个学着吹。那时候一个口琴要三块多钱。这笔钱，在当时的农村人看来，算得上一笔巨款。他是不可能找父母要到这笔巨款的。他要实现拥有一个口琴的梦想，只有靠自己把那笔巨款挣回来。他出生在湖北通山，通山山多，柴也多。虽然还在读小学，但打一百斤柴去卖，可以换回八角钱的行情，他是知道的。一个口琴，等于五百斤柴，这个账，他也是算得过来的。他那时候一次只能挑五六十斤柴，但积少成多，在打够五百斤柴之后，他把口琴买回来了。几年之后，他又有了一个想买一个收音机的梦想。但最便宜的收音机，也要二十七块钱。那时候，一百斤柴，已经能卖一块钱了。这个账好算，打二千七百斤柴，就能把收音机买回来。有了收音机，他的视野，他的知识面，就连许多大人，也是没法跟他比了。几年之后，他又产生了想买一把小提琴的梦想。他到县城的商店里去看过，一把小提琴的价钱，是八十元。那时一百斤柴，已经可以卖到一块三角钱了。他打了六千多斤柴，买小提琴的梦想也实现了。他没有成为一个口琴演奏家，也没有成为一个小提琴演奏家，当然，听收音机，也不可能让他成为一个听收音机的专家。但通过打柴买回口琴、收音机、小提琴的经历，却让他得出了这样一个结论：再大的梦想，都可以用现实里的努力来获得。反过来说，现实里的努力，都是可以拿来实现梦想的。他没有成为口琴演奏家，小提琴演奏家，但他却成了通山县颇有名气的作家、硬笔书法家和摄影艺术家。有一次在一个笔会上认识了他，他对我说："你看，我的肩膀上，至今还可以看出打柴时磨下的伤痕。"他说着，用手扒开衣领让我看。不用说，他所实现的作家、书法家、摄影家的梦想，也都是他用现实里的种种努力换回的。

中考将至，几年的学习生涯也将画上一个完美的句号，又或者是一个新的开始。深夜昏黄的灯光下，陪伴着我们的只有如小山般的复习资料和睡意蒙胧的父母。这几年，我把自己交给了时间，几个月后，时间就会给我一个与我的付出等价的成绩。多少次我想到了放弃，但我懂得，成绩是要用"苦"来换取的。或许我们都有梦想，或许我们都得到梦想实现的美好，但在想到和得到中间，还有两个字：做到。“不怕学问浅，就怕志气短”，有坚持才会有收获，所有的梦想都需要努力，所有的收获都需要付出，几年勤学所流下来的汗水，都将会体现在我们的学习成绩中。

几个月后，我们将放飞梦想，崭露锋芒，我也将勇敢地踏进中考的考场，距离我的梦想又更进了一步。

暖心纸条

李鑫宇

陈老师给我们看过这样的一张照片，简单，却蕴含了夏花般的精彩，令我难以忘怀。

一位快递员在送货的时候，自己的三轮车不小心刮到了一辆停在路边的轿车，见司机不在，他将一张空白的快递单贴在被撞车辆上，写上道歉的话，还留下了自己的联系方式。而那位车主也非常感动，和快递员联系表示会自己花钱修理，并将这张“暖心纸条”的照片发到了网上——这便是照片背后动人的故事。

听陈老师说，这是近期发生在陕西咸阳的一个真实的小故事。而这张其貌不扬的照片，却已走红。这是一份社会需要的正能量，最为令人叹服的是它的践行者竟然是一位社会地位和经济地位都不高的普普通通的快递员，他本可以逃之夭夭，也并不会引来没有必要的麻烦，但是是什么，让他选择了坦然面对？我猜测那是一份在他心中根深蒂固的勇敢与诚实，因为诚实，才会坦然；唯有坦然，才会暖心。

我们岂不应该思考：既然他这样一个没有受到过高等教育的人都可以做到，我们这些受过良好教育的新生代学生，有什么理由不去向他学习，有什么理由不去践行这样一份正能量，又有什么理由不去为他人的心中轻轻留一份“暖心的纸条”呢？这个故事令我想到了我的班长，有一次，我们一起去学校，回来的路上，不小心碰到了一辆面包车的倒车镜，或许是因为年久失修，那镜子居然掉了下来，我草草地把它拼上了，班长却叫住了要走的我，说：“回头车主开车时要是掉下来了咋办？咱们还是给他留一张纸条吧。”我附和着，心中顿生了几分钦佩与惭愧，找来一张废纸写下了学校班级和姓名。

暖心与否，往往就体现在一些小的细节中，也许是被感动到了，也许是不需要那辆车了，车主却一直没有给我们回信，但我们的心里，都知道了这个小秘密——一张纸条尽是暖。

陈老师给我们讲过的故事可以说不胜枚举，但唯独对于这样的一个故事，我记忆犹新，难以忘怀。那张“暖心纸条”似乎时时刻刻在我身边，包裹着我，感动着我，鼓舞着我。这暖心的照片，暖心的故事，是最棒的心灵鸡汤。

真正的得到

高　睿

记得陈老师讲的一个故事，这个故事让在月考失利中深深不能自拔的我有了很大启发，故事大概是这样的：科学家们曾经做过一个实验，他们让两个一贫如洗的人得到了所有他们以前连想都不敢想的东西，车呀，豪华房子呀等等，然后就这样他们过了 6 个月的“富人生活”，6 个月后，科学家们又把他们的财产都拿走了，他们的生活和 6 个月之前一样了。其中一个人没有丝毫的抱怨，只是又埋头苦干起来，最终又过上了富人生活；而另一个人从此一蹶不振，整天都在抱怨，不久他比以前更穷了。

这个故事给了我很大的触动，当时老师讲的时候已是在知道月考分之后，我没有考好，每天都在低迷状态，提不起精神，想要自暴自弃，无论干什么事都萎靡不振的，以前的满腔热血也都荡然无存。但，老师的这一则小故事给了我很大的触动，我这次没有考好，可以继续地更加努力地去学；但如果我自暴自弃的话，就一点儿希望也没有了。就像故事里第一个人一样，用自己的努力去换取明天的胜利！所以我从这则简短却蕴含着大道理的故事里重拾自信，也有了希望！

责　任

路梓涵

记得陈老师给我们看过一幅图片，这幅图片的内容这样的：是一位送快递的小哥，他骑三轮车的时候不小心把一辆车给刮了，但是他没有选择“肇事逃逸”，而是选择了勇于承担这份责任。他在车上留了个纸条，上面写着“车被我不小心刮了一下，如果要维修请打我电话×××，实在对不起”。车主看到了这张字条，很受感动，认为在当今社会，这样的人不多了，所以也没有追究，只是拍了一张图片发到了网上。这图片被无数网友纷纷转载，而且加以善意友好的评论——一份小小的正能量引起了轩然大波。

我看过这幅图片之后感触很深，因为在班里这样的人也不少，比如我们的副班长韩序，有一次，他不小心把扫把弄坏了，转天就买了个新的。但反过来想想，如果是我，我会不会很坦率地承认错误并且新买一个送过来呢？我想是不太可能的。

诚信与勇气是脱不开干系的,没有勇气,何来诚信?没有诚信,何来暖心?

由此引申出另一项“世界性难题”,掉在地上的垃圾纸团谁来捡?

同学们看到掉在地上的纸团或者垃圾,到底是看见了就弯下腰捡起还是“装看不见”?

其实身边的榜样有很多,比如班长祁琳,她不论何时何地只要看到地上有纸团垃圾就弯腰去捡,难道不值得大家去学习吗?相比之下,有些同学的做法则是这样的,像在演一部话剧:“你怎么不把地上的纸条捡起来?”“不是我扔的。”“不是你扔的你在这个班,你也应该捡起来啊?”“反正不是我扔的!”……这样的情景我们见过的太多太多了,为什么不花那一秒钟的时间捡起来扔进垃圾桶而是争论不休?我们这些文化水平远远高于那位快递员的中学生,却把这样一种不负责任当作了理所当然。反之,如果每个人都能像这位快递员一样,班级中许多问题便能迎刃而解。

看到班里越来越多的同学,越来越积极地去维护班级和学校的环境,身为九班的一分子,是不是也应该出一份力?我想这个答案当然是肯定的。

最痛苦的事

李鑫宇

我曾经在书中读到过这样的一句话:人世间最痛苦的事情不是没有,而是失去。今天,陈老师给我们讲述了这样一个故事。

美国的一位心理学家选择不同的人做了一个实验。他先允诺给他们好多好多的钱,一栋豪华的别墅和一辆崭新的昂贵的车,那些人在得到这些后十分高兴,有的过起了挥金如土的生活,有的人娶到了娇妻。但半年之后,毫无征兆的,这位心理学家突然将一切收回。大多数的人都崩溃了,受不了一落千丈的境地。但有一些人释然了,他们觉得失去的是身外之物,甚至拥有了对自己并不是不可或缺的依靠,只有自己用努力得来的用着才踏实。

这使我不禁想到了我的学习,我的成绩原先是班里的中下等,后来也几乎是一鸣惊人地上升到上等和中上等之间,许多人开始叫我“学霸”,长辈都认为似乎我考95分是正常的。

但这次月考考砸了,没有一科上90分。许多人为我惋惜,而我的心情也如那些一夜间被没收了财产的人们一样崩溃——我岂不是和那些得到了意外之财的人一样荒唐?好不容易靠自己的努力把学习提上来了,这确实无可厚非,但上来之后便飘飘然了。没有想到“学霸”这个称呼和财富一样存在着隐患,正如陈老师说的:升得越高,摔得越惨。

但我认为又不一样,我不该像故事的前者那样自暴自弃,但也不能像后者那样听之任之，我应该努力回到原来中上的水平。

努力过，拥有得才踏实。

坚　持

张　奕

（一）挖掘宝藏

寂静的夜听不到半点儿杂音，整座城市都已经进入梦乡，而我还在点灯熬夜，上眼皮和下眼皮打架打得正酣，我看了看身旁堆成小山的作业本，叹了口气，不禁想道：放弃吧，作业太多，写不完的。就在我眼皮彻底闭合的前一秒钟，我想到了陈老师给我讲的一个故事：

很久以前，上帝说在某地有一处宝藏，吸引了无数人挖地三尺，想要找到宝藏，但没有一个人能找到。有位青年，扛着锄头，向地下挖，不断地挖，不知疲倦地挖，从二十岁挖到二十五岁，一直挖到三十岁，和他年龄相仿的人都已成家立业，娶妻生子，但他一直没有放弃，有一天，他遇到一个满脸胡茬的中年人，那个人看到他也挥舞着锄头，痛心地说："别挖了，孩子，我从二十岁开始挖，到现在挖了三十年，连宝藏的影子也没看到，说不定宝藏根本就不存在，放弃吧。"青年说："我认准的事，一定要做！"那位中年人叹了口气，说："我挖了这么久，挖得比你深多了，你从我挖的那条矿洞继续挖吧，起码能省一点儿时间。"当青年进入那中年人挖的那条矿洞后，用锄头在前面的土上敲了敲，随后，几块泥土掉落，珠宝折射的光将矿洞映照得富丽堂皇……

"有时，放弃与坚持只在一念之间；失败与成功只在一线之间。"陈老师那充满智慧的话语久久萦绕在耳边，清晰可闻，我狠狠地掐了自己一把，让自己清醒些，继续奋笔疾书……

（二）老鹰的重生

黎明咬破夜的唇，一抹微光洒下，拂过我的眼睑，我的眼睛缓缓张开，睡眼惺忪地看了看表。"才 6 点，继续睡"，随后翻了个身，合上了眼睛，准备与周公再续前缘，忽然想起陈老师讲过这么一个故事：

鹰是世界上寿命最长的鸟类之一，可以活到 70 岁。但当鹰活到 40 岁的时候将面临一次生死抉择！这主要是因为当它的生命到了第 40 个年头的时候，爪子开始老化，无法有力地捕捉猎物；它的喙变得又长又弯，会垂到胸脯的位置；它的翅膀会长出又密又厚的羽毛，让它的双翅变得沉重，难以飞翔。

此时的鹰只有两种选择：要么等死，要么经过一个十分痛苦的重生过程。如果想重生，鹰得独自飞到山顶,在山的高处准备重生。这是一个漫长而可怕的过程,重生的鹰要忍受莫大的痛苦和剧烈的身体创伤。重生的第一步是除去老化的喙,鹰用头抵着粗糙的岩石,在石壁上一下下地磨擦,把老化的喙皮一层层磨掉,直到完全被剥离。这时的鹰已经无法吞食食物,它不吃不喝,凭借体内不多的能量来支撑自己的生命,在痛苦的煎熬中静静等待。几个月后,新的喙慢慢生长出来,鹰开始了重生的第二步。当新的喙长出来后,鹰使用喙把爪子上老化的趾甲一根根拔掉,鲜血一滴滴洒落……然后又是痛苦而漫长的等待——奄奄一息的鹰在痛苦中长出了新的趾甲,而此时它还得熬过最后一关:用新长出来的趾甲把身上又长又重的羽毛一根根拔掉……当新的羽毛长出来后,鹰完成了涅槃般的重生!

老鹰之所以能够涅槃重生,再活30年,全仰仗于数月的痛苦和煎熬,还有那自断羽翼、自废尖喙的无与伦比的求生意志。老鹰都会为了自己的未来奋力一搏,我们呢？想到这里,我蓦然惊醒的同时,不禁暗自愧疚,同时下定决心,要对自己狠一些,这样才能在中考之后,回首往事,不因未尽全力而羞愧,不因虚度时光而悔恨。面对人生中第一个转折点,《老鹰的重生》教会了我:人生难得几回搏,此时不搏,更待何时?

台上一分钟,台下十年功,运动场上也是如此,作为校田径队队员,在所有同学都放松的暑假,我需要每天6:30起床去操场训练400米,一直练到8点,风雨无阻。世人只看到运动员在赛场上的飒爽英姿,却很少看得到他们背后的拼搏和努力。每当我训练到汗流浃背、精疲力竭,想停歇一会儿的时候,总会想起《老鹰的重生》,拼一次,再拼一次,一次一又次的拼搏铸就了跑道上的辉煌。

运动会上总是强中更有强中手,长达800米的赛程对每一位参赛选手都是一种考验,在离终点只有100米的时候,我的腿几近失控,似乎腿上有万钧重物,每迈一步都是一种煎熬,此时我想起了《老鹰的重生》,前面700米都挺过来了,最后一点路程,尽管坎坷,却也并不可怕,只要像老鹰一样敢于拼搏,收获的成果一定是珍贵的！想到这里,我的身体如枯木逢春一般,又生出一点点弥足珍贵的气力,同时奋力摆臂,终于顺利踏过了终点线,随后便狠狠地摔在了草坪上,大口大口地喘着气,不过我知道,我又迈过了我人生中一个重要的里程碑。

《老鹰的重生》在学习方面也给予了我极大鼓励。每当星夜入梦,众人安睡之时,我仍在台灯下苦读不辍,这正是老鹰教给我的。晚上比别人晚睡一小时,早上比别人早起一小时;校外比别人少玩儿一小时,校内比别人多学一小时。这个过程纵然痛苦、枯燥,但请记住,没有无缘无故的收获,老鹰不也是经历鲜血的磨砺才重振雄风的吗？不经一番寒彻骨,哪来扑鼻香,今天刻苦的学习,换一个将来的大好前程,值!

第七章　课题研究的回顾与展望

安文成

在“十二五”期间，我们承担了中国教育学会及天津市教育科学规划重点课题，两个课题组接力合作，对陈树平班集体建设的思想和方法进行了总结及验证性研究。

在2010年的初中英语毕业考试的阅卷工作中，初次与陈老师接触，其认真细致的工作态度与乐观向上而热忱待人的处事风格，给我留下了深刻的印象。之后在我的同事、英语教研员高金花老师处看到了一本小册子《恰同学少年——大港油田第四中学2010届九年级九班毕业纪念册》，对陈树平老师的工作有了进一步的了解。从小册子中可以看到，陈树平老师带领着2010届九班获得的辉煌成就：九班在学校体育运动会上的成绩从六年级时的年级中下游，到九年级时的年级团体第一，并摘得7项团体项目的第一名；九年级当年获得区内初中学校唯一的天津市优秀班集体荣誉称号；全班53名学生全部升入高中，其中30名、占总数56.6%的学生考入了市级重点中学（含2名南开中学、4名耀华中学），20余名学生进入高一时担任班长、班委、团支书、学生会副主席等职务；班中学生摘得油区中考第一名，前五名中有其四，英语成绩3人并列油区第一名，班级英语平均112.5分（满分120分），相当于百分制的93.75分。是怎样的一位班主任，又是用的什么思想方法获得这样的成就，由此拉开了对陈树平班级建设思想和方法研究的序幕。

为此，我们先后承担了天津市教育科学规划“十二五”重点课题和中国教育学会“十二五”教育科研规划课题的研究任务，从不同的侧面对陈树平班级建设情况进行了深入了解和课题研究，最后共同汇总完成了《九班奇迹的故事——陈树平班集体建设思想方法研究》一书的撰写工作。

通过课题研究，我们看到，陈树平老师在班级建设过程中有着其独特的方法和理念。在班级建设的过程中，不同的时期侧重完成不同的建设内容，且相互交融、环环相扣，不断增强班集体的凝聚力，并由集体带动个体，共同成长。

大家通过研究报告可以领悟陈树平老师通过“一树、二抓、三培+特色活动”，缔造强大的班级凝聚力的班级建设思想和方法;通过报告中的班级建设思维导图可以看到陈树平老师所秉承的“1+8+N”班级建设模式,并从中悟出班级建设的整体构想和思路,并看到绘制班级发展愿景、制定班级规章制度、注重班委群体建设、强身健体奠基发展基础、开展班级文化建设、设计系列团体活动、有效调试学生心理、营造和谐学习环境的清晰脉络及相对应的N种微观的操作方法与具体实施措施。通过报告中对班级建设模式的阐释和大家撰写的稿件还可以看到陈树平老师在班级建设中的具体操作思路和方法,并如何通过一个个特色活动作为班级建设平台来具体落实的。

说课题对陈树平班级建设思想和方法进行了总结性研究,是指课题组对陈树平老师所带的2010届九班的情况进行了梳理,归纳总结了其班级建设思想与方法;说课题对陈树平班级建设思想和方法进行了验证性研究,是指课题组在总结陈树平班级建设思想和方法的同时,由学校安排陈树平老师接手了2016届九班,就其班级建设思想和方法进行了进一步的验证性及创新性实践。陈老师于2013年9月接手九班任班主任,进行了验证性实践,历时三年多的时间,我们看到2016届九班同样显现出强大的凝聚力,家长、班主任、学生拧成一股绳,那场景让人羡慕不已,事迹让人动容。体育运动会上的成绩从六年级时的倒数第二到八年级时的团体第一;学习成绩在陈老师七年级接手时的倒数第二,到八、九年级的逐年上升;进入九年级时接收了两名上届的学生,其班级人数由七年级时的最少变为九年级时的最多,人数变化的背后所蕴藏的深意,作为门内人,大家是十分清楚的。陈老师的带班实践证实了其班级建设思想和方法是可以复制的,并在此基础上可以进一步创新方法与活动设计。

在课题结题前,我们没能够看到2016届9班的中考成绩,因此研究报告未能够对这一部分进行细致的总结与陈述。但在书稿的交付过程中,我们还是等到了天津市优秀班集体的评选结果,并了解到了一部分的中考成绩情况。九班通过学校的竞评与推荐,以及天津市滨海新区的竞评演讲,获得了天津市优秀班集体荣誉;九班学生再次摘得油区的中考状元,中考成绩达到重点高中录取线的人数在学校排第一名。

我们之所以要研究陈树平老师的班级建设思想与方法,一是因为其带班成效突出,二是她所运用的方法接地气、老师们看得懂。通过课题的梳理与总结,老师们看着亲切,其中的思想能够理解,方法能够学习与实践,对自己的班级建设能够起到很好的指导与借鉴作用。

通过文献研究,我们看到国内的很多优秀班主任在班级建设过程中都有其独特的方法,这给我们以启示,班级建设需要关注的要素或是途径与方法有多个方面,但所处的环境不同,面对的学生不同,需要我们充分利用好教育资源,审时度势,扬长避短,把班级带好。只掌握有限的几种方法是不够的。在班级建设的过程中,各种方法是相互融合、相互依托的,如果我们了解了这些方法和途径的作用与适用情况，就能做到适当协调与关注，并有意识有目的地去努力，班级建设可以在原有基础上更加完善。

通过文献研究与班级建设实践，我们还注意到，在陈树平老师“1 +8 + N”的班级建设模式基础之上，在班级建设的过程中，还有两个重要的方面需要特别关注：一个是班级文化建设，一个是阅读的熏陶。阅读对人的一生都有重要影响，班主任有必要对学生的阅读加以引导，形成班级阅读氛围；班级文化建设同样需要规划，有目的地去实现。陈老师在班级建设过程中虽然没有重点提及班级文化建设规划，其实，我们总结发现，陈老师通过班徽、班歌、班训、班规、学生间的学习帮扶等班级建设活动，已经逐渐形成了良好的班级文化。如果我们能够有意识、有计划、有序地进行班级文化建设，会使班级建设的总体效果会更好。

第一轮的课题研究结束了，第二轮的课题研究已经开始。我们将在第一轮研究成果的基础上，继续进行深入研究，进一步探寻班集体建设的规律，总结更为有效的策略和方法。在课题成果的推广过程中，融入国内班集体建设工作的先进经验与方法，并在不同的方面形成典型案例，以叙事的方法予以呈现。

具体研究中将从九个方面进行：

1. 陈树平班集体建设思想与方法的深入研究。

2. 班集体建设之文化建设研究。

3. 班集体建设之制度建设研究。

4. 班集体建设之班委建设研究。

5. 班集体建设之家长委员会建设研究。

6. 班集体建设之特色活动设计研究。

7. 班集体建设之学生互助机制研究。

8. 班集体建设之学困生的转化研究。

9. 班集体建设成果推广指导研究。

研究工作的重点之一是进一步深入总结陈树平班集体建设的思想与方法；二是通过成果的推广实践进一步总结提炼出更为有效的班集体建设的思想与方法，汇总编写《义务教育阶段班集体建设的基本规律和方法论》。其中的难点是如何准确地把握班集体建设的规律，进而形成较为系统的班集体建设的方略。

新一轮的课题研究还会从以下几方面提出新的观点：

1. 加强学生体育锻炼是奠定学生后发制胜的基础和高效学习的保障，也是班集体建设中“凝心聚力”的有效活动。而落实工作需要家校配合的有效运行、保障、监督与评价机制。

2. 家委会对于班集体建设具有不可替代的重要作用。其角色特殊、教育资源丰富，可从多角度助力班集体建设。只要家委会参与班集体建设的机制科学合理,广大的家长会表现出积极的参与热情,贡献诸多的智慧和力量。

3. "双轨制"的班委会机制可以有效拓展优秀学生群体,为每一个学生提供参与班级管理的锻炼机会,为学生的长远与全面发展奠定良好的基础。

4. 系列班级特色活动可为教育创建诸多良好契机,同时也是构建强大班级凝聚力的良好载体。

课题的研究得到了天津市教育学会学术委员会刘长兴主任的大力支持与帮助,为课题的理论总结与提升给予了很大的帮助;天津市教育科学规划办公室赵丽敏主任在课题的研究过程中给予了有益的指导和帮助;天津市教育学会王洪华会长对课题研究予以鼓励和支持。大家的支持、帮助与鼓励,为课题组顺利完成课题研究任务、实现课题目标树立了坚定的信心,在此表示衷心的感谢。

我们的课题有幸能够在陈国良主任的主持与策划下、赵增强校长及周红玲副校长的大力支持与组织下,以及向青腾主任的积极协助及课题组齐霁、任一寰、王峥、朱卫东、李玲、王春燕、胡清月等各位老师的共同努力下完成研究任务。课题研究的核心人物陈树平老师已年过五十,按照惯例本可不再承担班主任的工作,但为了课题研究,她再次承担了班主任工作,并出色地完成了任务。我受陈国良主任的委托,负责课题的具体设计与组织实施,能够与这样一支课题研究队伍共同从事课题研究,使得在课题研究完成的同时,课题组的成员自身也获得多方面的收益,可以说是一举多得。

在课题研究的过程中,2010 届九班的学生利用 4 个寒暑假与我们课题组的成员进行了深入的交流,并撰写了回顾性文章,其他班的几名同学从旁观者的角度也为课题撰写了文章,参加了课题的研究活动。2016 届九班的学生,全程参加课题研究活动,并且撰写了大量的文章,践行着陈树平班级建设思想与方法。在此,对同学们的努力与奉献表示诚挚的敬意和感谢! 没有你们的付出,就没有今天的课题成果。

在本书的编辑出版过程中得到了天津教育出版社有限公司的领导与第五编辑部徐彤主任的热情帮助,以及出版过程中各个部门同志的共同努力与付出,在此一并表示衷心的感谢;课题研究得到了滨海教育中心副主任芮秀艳、教研中心主任周寿山、督导室主任郑守江、办公室主任高居易的鼓励与支持,在此表示衷心的感谢。